Verfassungsrechtliche Vorgaben für die Steuerbelastung der natürlichen Person im Vergleich Deutschland – Venezuela

Europäische Hochschulschriften
Publications Universitaires Européennes
European University Studies

Reihe II
Rechtswissenschaft

Série II Series II
Droit
Law

Bd./Vol. 4156

PETER LANG
Frankfurt am Main · Berlin · Bern · Bruxelles · New York · Oxford · Wien

Ingrid Silveri Mason

Verfassungsrechtliche Vorgaben für die Steuerbelastung der natürlichen Person im Vergleich Deutschland – Venezuela

PETER LANG
Europäischer Verlag der Wissenschaften

Bibliografische Information Der Deutschen Bibliothek
Die Deutsche Bibliothek verzeichnet diese Publikation in der Deutschen Nationalbibliografie; detaillierte bibliografische Daten sind im Internet über <http://dnb.ddb.de> abrufbar.

Zugl.: München, Univ., Diss., 2004

Gedruckt mit Unterstützung
der Konrad-Adenauer-Stiftung.

D 19
ISSN 0531-7312
ISBN 3-631-53672-0

www.peterlang.de

in memoriam Francesco Silveri

Vorwort

Die Arbeit lag der Juristischen Fakultät der Ludwig-Maximilians-Universität München im Sommersemester als Dissertation vor.

Meiner Familie möchte ich in erster Linie danken für ihre liebevolle Unterstützung aus zwei Kontinenten, Michael, für seine wertvollen Anregungen und vorbehaltlose Hilfe, und meinen Freunden, die auch für wissenschaftliche Diskussionen stets da waren.
Meinem Doktorvater, Prof. Dr. Moris Lehner, danke ich für seine Betreuung und Offenheit, sowie Prof. Dr. Heinrich Amadeus Wolff für die schnelle Erstellung des Zweitvotums.

München, im Januar 2005

Ingrid Silveri Mason

Inhaltsverzeichnis

Abkürzungsverzeichnis

a.A	andere Ansicht
a.a.O.	am angegebenen Ort
a.F.	Alte Fassung
a.M.	andere Meinung
Abs.	Absatz
ACPS	Academia de Cinecias Políticas y Sociales (=Venezolanische Akademie für Politik- und Sozialwissenschaften)
AO	Abgabenordnung
AöR	Archiv des öffentlichen Rechts (Zeitschrift)
Art.	Artikel
Aufl.	Auflage
AVDT	Asociación Venezolana de Derecho Tributario (=Venezolanische Gesellschaft für Steuerrecht)
AVECI	Asociación Venezolana de Cooperación Intermunicipal (=Venezolanische Gesellschaft für Intermunizipale Kooperation)
BB	Betriebs-Berater (Zeitschrift)
Bd.	Band
Beschl.	Beschluss
BFH	Bundesfinanzhof
BStBl	Bundessteuerblatt
BVerfG	Bundesverfassungsgericht
BVerfGE	Sammlung der Entscheidungen des Bundesverfassungsgerichts (Amtliche Sammlung)
bzw.	beziehungsweise
C.A.	Compañía Anónima
CC	Código Civil
C.E.F.A.	Comisión de Estudios Financieros y Administrativos (des Finanzministeriums)
CGR	Contraloría General de la República
CN	Constitución Nacional
COT	Código Orgánico Tributario
CP	Corte en Pleno
CPC	Código de Procedimiento Civil
CSJ	Corte Suprema de Justicia
d.h.	das heißt
DBA	Doppelbesteuerungsabkommen
ders.	derselbe
Diss.	Dissertation

DÖV	Die Öffentliche Verwaltung (Zeitschrift)
DStJG	Deutsche Steuerjuristische Gesellschaft
DStR	Deutsches Steuerrecht (Zeitschrift)
DStZ	Deutsche Steuerzeitung (Zeitschrift)
DStZ/A	Deutsche Steuerzeitung, Ausgabe A (Zeitschrift)
DVBl	Deutsches Verwaltungsblatt (Zeitschrift)
e.V.	eingetragener Verein
ebd.	Ebenda / ebendort
EJV	Editorial Jurídica Venezolana (=Venezolanischer Juristischer Verlag)
EStG	Einkommensteuergesetz
etc.	et caetera
f	folgende
ff	fort folgende
FN	Fußnote
FR	Finanz-Rundschau (Zeitschrift)
FUNEDA	Fundación de Estudios de Derecho Administrativo
G.O.	Gaceta Oficial (=Amtsblatt)
G.O. Ext.	Gaceta Oficial Extraordinaria (=Amtsblatt, außerordentliche Ausgabe)
GF	Gaceta Forense
GG	Grundgesetz
h.	Hijo (=Sohn)
Habil.	Habilitationsarbeit
Hrsg.	Herausgeber
I.C.S.V.M.	Impuesto al Consumo Suntuario y Ventas al Mayor
i.e.	id est
i.V.m.	in Verbindung mit
IVA	Impuesto al Valor Agregado
JA	Juristische Arbeitsblätter (Zeitschrift)
JAp ISR	Junta de Apelaciones del Impuesto sobre la Renta
JuS	Juristische Schulung (Zeitschrift)
JZ	Juristen Zeitung (Zeitschrift)
LISR	Ley de Impuesto Sobre la Renta
Ltd.	Limited
LOPA	Ley Orgánica de Prcedimientos Administrativos
LUZ	Universidad del Zulia
m.w.H.	mit weiteren Hinweisen
m.w.N.	mit weiteren Nachweisen
MH	Ministerio de Hacienda (Finanzministerium)
N^0	Numero
NJW	Neue Juristische Wochenschrift (Zeitschrift)

Nr.	Nummer
NVwZ	Neue Verwaltungszeitschrift (Zeitschrift)
o.A.	ohne Angabe(n)
OPT	Oscar Pierre Tapia (Entscheidungdssammlung)
PGR	Procuradoría General de la República
R&G	Ramírez & Garay *(Hrsg.)*, Jurisprudencia Venezolana (Venezolanische Rechtsprechungssammlung)
RCF	Revista de Control Fiscal (Zeitschrift)
RDA	Revista de Derecho Administrativo (Zeitschrift)
RDC	Revista de Derecho Constitucional (Zeitschrift)
RDM	Revista de Derecho Mercantil (Zeitschrift)
Rdnr.	Randnummer
RDP	Revista de Derecho Público (Zeitschrift)
RDT	Revista de Derecho Tributario (Zeitschrift)
RFCJP	Revista de la Facultad de Ciencias Jurídicas y Políticas (Zeitschrift)
RFD	Revista de la Facultad de Derecho (Zeitschrift)
RIF	Registro de Información Fiscal
RPJ	Revista de Política Jurídica (Zeitschrift)
RTD	Revista Tachirense de Derecho (Zeitschrift)
S.	Seite
s.	siehe
s. u.	siehe unten
S.A.	Sociedad Anónima
s.o.	siehe oben
SC	Sala Constitucional (Verfassungssenat des *Tribunal Supremo de Justicia*)
SE	Sala Electoral (Wahlsenat des *Tribunal Supremo de Justicia*)
SENIAT	Servicio Nacional Integrado de Administración Aduanera y Tributaria
SPA	Sala Político-Administrativa (der *Corte Suprema de Justicia* oder -ab VV 1999- *des Tribunal Supremo de Justicia*)
st. Rspr.	ständige Rechtsprechung
StBl	Steuerblatt (Zeitschrift)
StE	Steuereinheit(en)
StuW	Steuer und Wirtschaft (Zeitschrift)
TSJ	Tribunal Supremo de Justicia
TTPN	Tinoco, Travieso, Planchart & Núñez (=Anwaltskanzlei)
u.a.	unter anderen

UCAB	Universidad Católica Andrés Bello
UCAT	Universidad Católica del Táchira
UCV	Universidad Central de Venezuela
Urt.	Urteil
v.	vom bzw. von
VerfGH	Verfassungsgerichtshof
vgl.	vergleiche
vs.	versus
VVDStRL	Veröffentlichungen der Vereinigung der Deutschen Staatsrechtslehrer
WRV	Weimarer Reichsverfassung
z.B.	zum Beispiel
ZaöVR	Zeitschrift für ausländisches öffentliches Recht und Völkerrecht
ZG	Zeitschrift für Gesetzgebung

Erstes Kapitel: Grundlegung des Vergleichs

Die vorliegende Dissertation stellt eine vergleichende Untersuchung über die verfassungsrechtlichen Ordnungen Deutschlands und Venezuelas dar und beschäftigt sich mit der Frage, wie die Steuerbelastung der natürlichen Person zu gestalten ist, damit sie den an die Steuergewalt von Verfassungs wegen auferlegten Anforderungen genügt. Der Schwerpunkt der Untersuchung liegt somit bei dem verfassungsrechtlichen Verhältnis zwischen der natürlichen Person als Steuerpflichtigem und dem Staat in Ausübung seiner Steuergesetzgebungshoheiten. Beeinflusst wird diese Relation einerseits durch die Form und Organisation des Staates und andererseits durch die Stellung des Einzelnen mit seinen Rechten und Pflichten diesem gegenüber. Herauszuarbeiten ist daher die Wirkung auf die staatlichen Besteuerungsbefugnisse und folglich auf die Steuerbelastung, die sowohl von dem verfassungsrechtlichen Grundrechtsschutz jedes Bürgers ausgeht, als auch von gewissen Normen und Prinzipien, die dem Staat eine Form und Organisation geben, ihm zur Erfüllung seiner Aufgaben Kompetenzen einräumen und ihm vorschreiben, wie diesen Genüge zu leisten ist.

A. Abgrenzung der Untersuchung

I. Zu den verfassungsrechtlichen Vorgaben

Unter verfassungsrechtlichen Vorgaben sind im Rahmen dieser Arbeit diejenigen deutschen und venezolanischen Normen und Prinzipien zu verstehen, die verfassungsrechtlichen Rang genießen und die Steuerbelastung der natürlichen Person, entweder unmittelbar oder mittelbar, prägen[1]. Das Steuerrecht und somit die darin regulierte Steuerbelastung soll das „Bild des Menschen" der jeweiligen Rechtsordnung widerspiegeln[2], daher entsprechen die Verfassungsvorgaben den tragenden Prinzipien des jeweiligen Steuersystems. Sie stellen zwar eigenständige Prinzipien mit besonderen individuellen Anwendungsgebieten dar, dennoch besteht zwischen diesen eine enge Verknüpfung, die aus ihrem Wesen und ihrem Zweck resultiert, nämlich das nationale Steuersystem dem Rechtsstaat und

---

1 So *Waldhoff, C.;* Verfassungsrechtliche *Vorgaben* für die Steuergesetzgebung im Vergleich Deutschland-Schweiz, München, 1997, S. 27 f. Bei den verfassungsrechtlichen Vorgaben für die Steuergesetzgebung gehe es nicht nur um die strikte Rechtsbindung der Gesetzgebung an die Verfassungsordnung, sondern auch um die Einwirkung solcher Normen im „leitbildhaften Sinn".

2 *Weber-Grellet, H.*; Steuern im modernen *Verfassungsstaat.* Funktionen, Prinzipien und Strukturen, des Steuerstaats und des Steuerrechts, Köln, 2001, S. 23 f.

der Gerechtigkeit entsprechend zu gestalten[3]. Somit geht es um die verfassungsrechtlichen Grenzen der Besteuerung[4].

Die verfassungsrechtlichen Grenzen für die Steuerbelastung werden im deutschen und venezolanischen Recht, zum einen aus denjenigen Organisationsnormen gewonnen, die die Aufgliederung des Staates in diversen Gebietskörperschaften und die Verteilung ihrer Steuerkompetenzen zum Regelungsgegenstand haben. Zum anderen sind sie den Normen zu entnehmen, die die wesentlichen Prinzipien vorsehen, die die Grundlagen für das Steuersystem bilden[5], sowie den Grundrechten, die dem Individuum Schutz gegenüber der Besteuerungsgewalt gewähren[6].
Die Vorgaben für die Steuerbelastung lassen sich in *formelle* und *materielle* klassifizieren[7]. Wesen der formellen Vorgaben ist die Regelung über die Form und das Verfahren, die bei der Steuerbelastung zu beachten sind. Materielle Vorgaben betreffen dagegen die inhaltliche Ausgestaltung und Begrenzung der Steuerbelastung. Auf diese Differenzierung stützt sich die vorliegende Rechtsvergleichung, wodurch eine einfache Strukturierung der zu untersuchenden Verfassungsnormen ermöglicht wird[8].

---

3 *Octavio, J. A.*; *Principios* del Derecho Tributario Venezolano, Caracas, 2002, S. 59.

4 Vgl. *Bergmann A., H.*; Materiell verfassungsrechtliche Beschränkungen der Besteuerungsgewalt in der brasilianischen Verfassung und im deutschen Grundgesetz, Baden-Baden, 2002, S. 27 f.

5 *Rámirez van der Velde, A./ Baute, P./ Planchart, A.*; Análisis del Régimen Tributario en la Nueva Constitución, Caracas, 2000, S. 11 (Übersetzung der Verfasserin).

6 *Waldhoff* erklärt in diesem Sinne, dass die Frage nach den verfassungsrechtlichen Vorgaben für die Steuergesetzgebung sowohl Aspekte des bundesstaatlichen Finanzverfassungsrechts, als auch des Staat-Bürger-Verhältnis behandele. *Vorgaben*, S. 26 m.w.N..

7 Auf diese Klassifikation greifen bei ihrer Untersuchung zurück auch *Waldhoff, Bergmann A.*, *Fraga P.* und *Ruan S., L.*; Las garantías tributarias de fondo o principios substantivo de la tributación en la Constitución de 1999, in: *Carrillo B., T. (Hrsg.)*, La Tributación en la Constitución de 1999, Caracas, 2001.

8 Eine Unterscheidung zwischen ausdrücklichen (bzw. expliziten) und impliziten (bzw. ungeschriebenen) Vorgaben für die Steuerbelastung würde in der vorliegenden Untersuchung nicht zweckentsprechend sein, da in diesem Sinne keine Äquivalenz zwischen dem Grundgesetz und der venezolanischen Verfassung besteht, wodurch die Differenzierung nur im Hinblick auf eine der beiden Ordnungen darzustellen wäre.

II. Zur Steuerbelastung

Die Steuerbelastung ist ferner von der Belastung durch weitere Abgaben, wie Gebühren, Beiträge und Sonderabgaben, abzugrenzen. Als eine von Verfassungs wegen dem Bürger hoheitlich auferlegte einmalige oder laufende Geldleistung an den Staat zur Deckung des zur Erfüllung seiner Aufgaben öffentlichen Finanzbedarfs[9], zeichnet sich die Steuer dadurch aus, dass die Leistungspflicht voraussetzungslos[10], zweckfrei[11], unabhängig[12] ist. Die Steuerpflicht besteht also, ohne dass der Bürger für die Auferlegung der Last eine korrelative staatliche Gegenleistung, einen individualisierbaren Vorteil erhält: Die steuerliche Belastungswirkung, als Wirkung staatliches Nehmens, wird ihrer Essenz nach nicht durch staatliches Geben kompensiert[13]. Die Frage nach den verfassungsrechtlichen Maßstäben der Steuerbelastung ist nicht nur im Hinblick auf die Belastungswirkung einer individuellen Steuer, sondern auch unter Berücksichtigung der Gesamtbelastung durch das Zusammenwirken diverser Steuern zu beantworten[14].

Unter Steuerbelastung ist die wirtschaftliche (ökonomische) Belastung des Bürgers durch die staatliche Steuergewalt aufgrund dessen Steuerpflicht zu verstehen. Diese Belastungswirkung besteht im Entzug von Geldmitteln beim Steuerpflichtigen, die dann dem Staat als Einnahmen zufließen. Die Steuerpflicht besteht lediglich als eine weitere Form der Unterwerfung unter die geltende Rechtsordnung und die Steuergesetzgebungsgewalt repräsentiert lediglich die normative Gewalt in Steuersachen, deren Ausübung in den verfassungsrechtlichen Grenzen erfolgen muss[15].

---

9 BVerfGE 63, 344 m.w.N.; *Vogel, K./ Waldhoff, C.*; Grundlagen des Finanzverfassungsrechts, Sonderausgabe des Bonner Kommentars zum Grundgesetz (Vorbemerkungen zu 104a bis 115 GG), Heidelberg, 1999, S. 247 ff (258). Bei Abgaben mit Lenkungseffekten ist die Funktion der Erzielung von Einkünften sekundär.

10 *Vogel, K./ Waldhoff, C.*; S. 258.

11 *Siekmann, H.*; Vorbemerkungen zu Abschnitt X, in: *Sachs, M. (Hrsg.)*, Grundgesetz. Kommentar, 3. Aufl., München, 2003, S. 2095.

12 *Valdés C., R.*; *Curso* de Derecho Tributario. 2. Aufl., Santa Fe de Bogotá, 1996, S. 105.

13 *Birk, D.*; *Leistungsfähigkeitsprinzip* als Maßstab der Steuernormen. Ein Beitrag zu den Grundfragen des Verhältnisses Steuerrecht und Verfassungsrecht, Köln, 1983, S. 70 f.

14 Vgl. BVerfGE 93, 121 (135). Ferner *Kirchhof, P.*; Die verfassungsrechtliche Rechtfertigung der Steuern, in: *Kirchhof, P./ Birk, D./ Lehner, M. (Hrsg.)*, Steuern im Verfassungssaat. Symposion zu Ehren von Klaus Vogel zum 65. Geburtstag, München, 1996, S. 43.

15 *García A., J.*; Una nueva Ley General Tributaria. Problemas Constitucionales, Valencia, 1998, S. 103 ff, im Bezug auf das spanische Steuerrecht. Übernommen von *Fraga P., L.*; Las Garantías Formales de los Contribuyentes en la Constitución de 1999, in: *Carrillo B., T. (Hrsg.)*; La Tributación en la Constitución de 1999, Caracas, 2001, S. 51. Dieser Beitrag befasst sich spezifisch mit den formellen Garantien des Steuerpflichtigen der Steuerverwaltung gegenüber und im Rahmen Verwaltungs- bzw. gerichtlicher Verfahren.

Nicht erörtert wird dagegen in dieser Untersuchung die durch das Steuersystem herbeigeführte gesamtwirtschaftliche Belastung, deren Grenzen sich durch die Anknüpfung an die Steuer- und Abgabenquoten festsetzen lassen[16].

B. Das Inkrafttreten der neuen venezolanischen Verfassung und dessen Auswirkung auf die Rechtswissenschaft

Die geltende venezolanische Verfassung wurde Ende Dezember 1999[17] verkündet, jedoch aufgrund redaktioneller Fehler korrigiert und im März 2000 neu veröffentlicht[18]. Diese zweite Version beinhaltet, neben einer in der Ersten fehlenden Begründung, diverse Änderungen, die den Inhalt der jeweiligen Artikel modifizieren[19]. Die zweite Bekanntmachung eines nunmehr korrigierten Verfassungstextes im Gesetzblatt sorgte allerdings für Verwirrung, „Ambiguität"[20] bezüglich dessen Inhalts. Im Schrifttum wird in diesem Sinne die Auffassung vertreten, dass unabhängig von der Natur der Änderungen, die zweite Version keine Gültigkeit besitze, da ihr im Gegensatz zur ersten nicht vom Volk, als Träger der verfassungsgebenden Gewalt, durch ein Referendum zugestimmt wurde[21]. Da allerdings die für diese Untersuchung relevanten Verfassungsnormen nicht durch die Zweiterscheinung berührt wurden, kann bei der Erörterung der untersuchten Normen sowohl die Literatur zur ersten, als auch zur zweiten Fassung berücksichtigt werden.
Das in der venezolanischen Verfassung von 1999 vorgesehene Steuersystem wird in großem Maße von dem der Verfassung von 1961 geprägt. Allerdings bestehen diverse spezifische steuerrechtliche Ergänzungen sowie allgemeine Änderungen, die zu beachten sind. Daher und aufgrund der Tatsache, dass die auf die geltende Verfassung bezogene Rechtsprechung und das Schrifttum noch

---

16 *Weber-Grellet, H.*; Der Steuerstaat – Inhalt und Grenzen, in: *Düwell, F. J.* (Hrsg.); Anwalt des Rechtsstaates, Festschrift für Diether Posser zum 75. Geburtstag, Köln, Berlin, Bonn, München, 1997, S. 413.

17 In G.O. 36.860 vom 30.12.1999.

18 In G.O. 5. 453 vom 24.03.2000.

19 Dies ist der Fall z.B. bei Art. 280 Abs. III, der in der ersten Version besagte, dass der Volksverteidiger – Ombudsmann - *(Defensor del Pueblo)* Venezolaner(in) sein muss, und in der zweiten soll er (oder sie) die venezolanische Staatsangehörigkeit von Geburtswegen haben.

20 *Planchart M., G.;* Vorwort zu: *TTPN (Hrsg.)*; Comentarios a la Constitución de la República Bolivariana de Venezuela, Caracas, 2000, S. 8.

21 So ausdrücklich: *Garay, J.*; La Constitución, Caracas, 2001, S. 23 (bei dieser neuen Ausgabe der kommentierten Verfassung legt der Autor aber den Text der zweiten Version zugrunde); *Planchart M., G.;* S. 8. Ferner implizit bei u.a. *Octavio, J. A*; *Principios*; *Rámirez van der Velde, A./ Baute, P./ Planchart, A.*; Análisis del Régimen Tributario en la Nueva Constitución, Caracas, 2000; *Romero-Muci, H., Fraga P., L.* und *Ruan S., G.;* in: *Carrillo B., T. E. (Hrsg.)*; La Tributación en la Constitución de 1999, Caracas, 2001, die die „Verfassung von 1999" analysieren und kommentieren.

über keine lange Entwicklung verfügen, werden in dieser Studie auch Entscheidungen der durch die Verfassung von 1999 aufgegebenen und durch das *Tribunal Supremo de Justicia* ersetzten *Corte Suprema de Justicia*[22] einbezogen. Zu prüfen ist somit die Frage, ob diese Rechtsprechung der neuen Verfassung entspricht, so dass sie weiter Anwendung finden kann. Diese Erwägungen gelten gleichermaßen für das unter der Verfassung von 1961 entwickelte Schrifttum und die Verwaltungslehre.

C. Ziele und Gang der Untersuchung

I. Untersuchungsziele

Bezweckt wird mit der vergleichenden Analyse und der Interpretation der verfassungsrechtlichen Ordnungen Deutschlands und Venezuelas abstrakt, d.h. nicht im Hinblick auf einen konkreten Sachverhalt, darzustellen, wie die Steuerbelastung in den zu erforschenden Rechtsordnungen zu gestalten ist, damit sie den verfassungsrechtlichen Vorgaben genügt und zugleich dem Bild des jeweiligen Staates, als Rechtsstaat, entspricht.
Durch die Rechtsvergleichung wird als allererstes die Erkenntnis darüber angestrebt, was in beiden Rechtsordnungen als verfassungsrechtliche Vorgaben für die Steuerbelastung der natürlichen Person betrachtet wird. Der daraus resultierende Erkenntnisgewinn, insbesondere hinsichtlich allgemeiner Grundsätze, verhilft durch eine umfassendere Betrachtung des Themas zur Bereicherung der Diskussion. Kann eine Äquivalenz dieser Vorgaben festgestellt werden, so würde dies Überlegungen hinsichtlich möglicher gemeinsamer Entwicklungstendenzen nahelegen, aus denen wiederum eine Universalität und grenzüberschreitende Geltung von Rechten der Bürger als Steuerpflichtigen gefolgert werden könnten.

Die Arbeit versucht ferner, einen gesamten Eindruck über die venezolanische Steuerverfassung zu vermitteln, und gleichzeitig eine klare Einschätzung über die tatsächliche Tragweite der Verfassungsänderung im Steuersystem zu ermöglichen. Die Gegenüberstellung zum Grundgesetz und zur deutschen Verfassungsrechtsprechung, d.h. die Untersuchung der venezolanischen Vorgaben aus der deutschen Perspektive, lässt Maßstäbe gewinnen, an Hand derer entweder bereits entwickelte und statuierte Auffassungen bekräftigt werden, oder mögliche Neuerungen erörtert werden können.

---

[22] Nach der Verfassung von 1961 entschied das *Corte Suprema de Justicia* u.a. über (Art. 215) die Verfassungswidrigkeit von Bundesgesetzen (3. Abs.), von Landesgesetze und Gemeindeordnungen – Gemeindegesetzen - (4. Abs.) sowie von Verordnungen (6. Abs.) und Verwaltungsakten (7. Abs.) der nationalen Exekutive. Diese Kompetenzen werden gemäß der neuen Verfassung vom *Tribunal Supremo de Justicia* ausgeübt und finden ihre verfassungsrechtliche Verankerung im Art. 266 i.V.m. Art. 334 Abs. 3; 335 und 336.

II. Gang der Untersuchung

Diese Dissertation wird die zu untersuchenden deutschen und venezolanischen verfassungsrechtlichen Vorgaben für die Steuerbelastung der natürlichen Person, ausgehend vom Text der jeweiligen Verfassungen, darstellen und analysieren. Die in Frage kommenden Normen werden herangezogen und an Hand der Rechtsprechung und des Schrifttums näher behandelt.
Die Arbeit besteht aus insgesamt fünf Kapiteln.
Im ersten Kapitel werden nach den bereits aufgeführten Bemerkungen über die der Dissertation zugrundeliegenden Begriffe, den Gegenstand und Ziele dieser Untersuchung, das Wesen der Rechtsvergleichung als Untersuchungsmethode skizziert und die Vergleichbarkeit der deutschen und der venezolanischen Rechtsordnungen, als Prämisse der Arbeit überprüft.
Im zweiten Kapitel werden die formellen Anforderungen an Steuergesetze erörtert. Das Fundamentalprinzip des Vorbehalts des Gesetzes für die Steuerbelastung wird nach einem einheitlichen Schema für beide Rechtsordnungen untersucht. Hierbei wird auch das Thema über die zeitliche Anwendung des Gesetzes erörtert.
Im dritten Kapitel werden die Normen zur föderalen Kompetenzverteilung untersucht. In Hinblick auf die steuerliche Bundesstaatlichkeit wird zunächst geklärt, welche der Gebietskörperschaften (Bund, Länder und Gemeinden) über eine originäre, vom Verfassungsgeber vorgesehene Besteuerungsbefugnis verfügen. Von besonderer Relevanz wird hierbei die Frage nach den Steuergesetzgebungshoheiten sein. Untersucht wird insofern, welche Gebietskörperschaft durch welche Steuer eine Steuerbelastung beim Einzelnen herbeiführen kann. Diese Steuerbefugnisse spiegeln die Autonomie der Gebietskörperschaften wieder und lassen somit erkennen, inwieweit die Bundesstaatlichkeit tatsächlich ausgeprägt ist. Die Elemente, die formell die Partizipation der Gliedstaaten beim Zustandekommen von Steuergesetzen die Bundesstaatlichkeit zum Ausdruck bringen, werden ausgeklammert.
Anschließend werden die materiellen verfassungsrechtlichen Vorgaben für die Steuerbelastung behandelt. Diese sind auf der einen Seite den Kompetenznormen zu entnehmen, auf der anderen Seite lassen sie sich aus den Rechten und Garantien der Einzelnen ableiten.
Zunächst wird der inhaltliche Gehalt der Kompetenznormen im vierten Kapitel dargestellt. Dabei ist zu beachten, dass diese Normen in der venezolanischen Verfassung durch weitere ausdrückliche Begrenzungen und Verbote ergänzt werden, auf die in diesem Zusammenhang näher einzugehen ist.
Im fünften Kapitel werden die Grundrechten des Steuerpflichtigen, beginnend mit den steuerspezifischen Aspekten des Gleichheitssatzes, untersucht: Dem Grundsatz der Allgemeinheit der Besteuerung und dem Prinzip der Steuerbelastung nach der wirtschaftlichen Leistungsfähigkeit, welches die wesentliche Maxime beider Steuersysteme darstellt. Diese Erläuterung setzt die zumindest abs-

trakte Definition dessen voraus, was unter Leistungsfähigkeit zu verstehen ist und wo diese beginnt. In diesem Zusammenhang ist dem Gedanken der Sicherung eines menschenwürdigen Lebens nachzugehen.
Im anschließenden Abschnitt wird der besondere Schutz, der der Ehe und der Familie in beiden Verfassungsordnungen zuerkannt wird, erörtert und dessen Wirkung auf die Besteuerungsbefugnis des Staates analysiert. Das Verbot zur steuerrechtlichen Benachteiligung von Ehe und Familie, das aus dem oben genannten speziellen Schutz beider Institutionen in Verbindung mit dem Gleichheitssatz resultiert, wirft aus einer umfangreicheren Perspektive die Frage nach der Steuerbelastung gemäß der wirtschaftlichen Leistungsfähigkeit auf.
Darauf folgend wird die Eigentumsgarantie herangezogen. An dieser Stelle wird einem erheblichen Unterschied zwischen dem deutschen und dem venezolanischen Verfassungstext besondere Bedeutung zukommen: Es handelt sich dabei um die ausdrückliche venezolanische verfassungsrechtliche Konkretisierung des allgemeinen Konfiskationsverbots als Obergrenze für die Steuerbelastung, also das Verbot von Abgaben mit konfiskatorischer Wirkung.
Zum Schluss wird der Berufsfreiheit bzw. der Handels- und Gewerbefreiheit nachgegangen.

D. Zur Verfassungsvergleichung als Untersuchungsmethode

I. Grundlegendes zur Verfassungsvergleichung

Die Rechtsvergleichung lässt sich als diejenige wissenschaftliche Erkenntnismethode definieren, deren Wesen in der Gegenüberstellung und Analyse diverser nationaler Rechtsordnungen besteht. In diesem Sinne werden aus der Rechtsvergleichung eine größere Anzahl an Lösungen gewonnen, als aus der „national introvertierten Rechtswissenschaft"[23]. Neben dieser primären Funktion der Rechtserkenntnis dient die Rechtsvergleichung als Hilfsmittel in der Praxis zur Gesetzgebung und Auslegung der Rechtsordnung, sowie zur Rechtsvereinheitlichung[24]. Der Vergleichung kommt nach den von ihr verfolgten Zielen eine angewandte, eine theoretische oder eine rein abstrakte Natur zu[25].

---

23 *Zweigert, K./ Kötz, H.*; Einführung in die Rechtsvergleichung auf dem Gebiete des Privatrechts, 3. Aufl., Tübingen, 1996, S. 14. In diesem Sinne auch *Krüger, H.*; Eigenart, Methode und Funktion der Rechtsvergleichung im öffentlichen Recht, in: *Ziemske, B. (Hrsg.)*, Festschrift für Martin Kriele zum 65. Geburtstag, München, 1997, S. 1403.

24 Vgl. *Zweigert, K./ Kötz, H.*; ebd. Die rechtsvergleichende Forschung verbessere auch das internationale Sichverstehen und sei besonders nützlich für die Rechtsreform in Entwicklungsländern sowie für die kritische Betrachtung der eigenen Rechtsordnung.

25 *Trantas, G.*; Die Anwendung der Rechtsvergleichung bei der Untersuchung des öffentlichen Rechts, Dresden, 1998, S 48 f.

Als eine Unterart[26] der Rechtsvergleichung beschränkt sich die Untersuchung bei der Verfassungsvergleichung auf die jeweiligen Verfassungsordnungen. Die Rechtsvergleichung im Bereich des öffentlichen Rechts bedeutet die Vergleichung der Regelung über die Form, die Organisation und die Handlungsweise des Staates und dessen Beziehungen zu den Einzelnen[27]. Sie begegnet daher und aufgrund dessen stark national geprägten Charakters auf weitere[28] Schwierigkeiten und Besonderheiten[29]:
Die grundlegenden, kennzeichnenden Elemente der gegenübergestellten Rechtssysteme sollen konform, wesensgleich sein[30]. Von zentraler Bedeutung ist in diesem Sinne die Frage nach den Rechtsquellen und deren Rang[31], denn die erfolgreiche Durchführung einer Rechtsvergleichung setzt die prinzipielle Vergleichbarkeit der zu erforschenden Rechtsordnungen voraus: Nur was im Wesentlichen ähnlich ist, kann verglichen werden[32]. Zweckvoll zu vergleichen sind daher Rechtsordnungen, die deshalb verwandt, komparabel sind, weil sie Sachprobleme und eine Rechtsstruktur von ähnlicher Art haben[33]. Die Gemeinsamkeiten stellen einen Bezug, eine Brücke[34] von einer Rechtsordnung zur anderen dar. Dabei geht es nicht um die Aufzählung der übereinstimmenden Begriffe mit der Annahme, es habe die gleiche Bedeutung wie im „Heimatrecht". Vielmehr kommt es auf die Erkundung der in beiden Rechtsordnungen tatsächlichen einheitlichen Institutionen, Figuren und Prinzipien an, also auf die Vergleichbarkeit des Inhalts, der hinter den Begriffen steckt[35].

II. Vergleichbarkeit der deutschen und der venezolanischen Rechtsordnungen

Die Vergleichbarkeit der deutschen und venezolanischen Verfassungsordnungen wird zum Zwecke dieser Arbeit basierend auf der Rechtsstaatlichkeit und der Bundesstaatlichkeit erörtert.

---

[26] *Münch, F.*; Einführung in die Verfassungsvergleichung, ZaöVR 33, 1973, S. 126.

[27] *Trantas, G.*; S. 64. Die Rechstvergleichung stoße auf die Frage, „wie dieses Phänomen der Macht in dem jeweiligen Land juristisch erfaßt wird.".

[28] Allgemein ist beim Vergleich diverser nationaler Rechtsordnungen zu beachten, dass „die fremde Ordnung durch die „Brille" unserer Welterfahrung, unserer Sprache, unseres Sprachverständnisses" vernommen wird; *Großfeld, B.*; Kernfragen der Rechtsvergleichung, Tübingen, 1996, S. 106. Diese Voreingenommenheit könne zum Missverständnis der fremden Rechtsordnung führen.

[29] Zu den Problemen der Rechtsvergleichung im öffentlichen Rechts s. *Trantas, G.*; S. 22 ff; *Krüger, H.*; S. 1396 ff (spezifisch für die Verfassungsvergleichung S. 1398 ff).

[30] *Trantas, G.*; S. 56.

[31] *Trantas, G.*; S. 85.

[32] *Zweigert, K./ Kötz, H.*; S. 33; *Trantas, G.*; S. 56.

[33] *Krüger, H.*; S. 1404 f.

[34] *Großfeld, B.*; S. 17.

[35] Vgl. *Großfeld, B*; S. 106 f.

1. Zum Prinzip des Rechtsstaates

a. Deutschland

i. Verfassungsrechtliche Verankerung

Der Begriff „Rechtsstaat" wird im Grundgesetz nur im Artikel 28 Absatz I Satz 1 im Rahmen der verfassungsmäßigen Ordnung der Bundesländer ausdrücklich verwendet[36]: Rechtsstaatlichkeit ist in Zusammenhang mit Demokratie, Republiksprinzip, Föderalismus und Sozialstaatlichkeit ein weiteres verfassungsrechtliches Staatsformprinzip Deutschlands[37]. Einigkeit besteht jedoch darüber, dass auch in Artikel 20 des Grundgesetzes die verfassungsrechtliche Verankerung der Rechtsstaatlichkeit Deutschlands ist[38], denn der Grundgesetzgeber regelt in dieser Norm die das Prinzip des Rechtsstaates konstituierenden Einzelelemente.

ii. Definition

Die Rechtsstaatlichkeit beschreibt ein vielfältiges Konzept, das sich durch die geschichtliche Entwicklung des Rechts in seinem Inhalt ausgedehnt und an Bedeutung gewonnen hat[39]. Ihre Essenz bestand allerdings stets darin, eine von staatlicher Einmischung freie individuelle Rechtssphäre zu sichern sowie in der

---

[36] Nach dem Bundesverfassungsgericht ist das Rechtsstaatsprinzip ein „ungeschriebener elementarer Verfassungsgrundsatz", BVerfGE 6, 32 (41).

[37] „Die in Art. 28 I 1 genannten Staatsformprinzipien – Republik, Demokratie, Sozialstaat, Rechtsstaat – wirken nur als Grundsätze. Diese Rezeption bedeutet letztlich einen Verweis auf Art. 20 I, III, da dort die gleichen Typenbegriffe die Staatsform des Bundes determinieren". *Löwer, W.*; Art. 28 GG, in: *v. Münch, I./ Kunig, P. (Hrsg.)*; Grundgesetz-Kommentar Bd. 2, 5. Aufl., München, 2001, Rdnr. 15.

[38] *Badura, P.*; Staatsrecht -Systematische Erläuterung des Grundgesetzes für die Bundesrepublik Deutschland-, 2. Aufl., München, 1996, S. 265; *Sachs, M.*; Art. 20 GG, in: *ders. (Hrsg.)*;Grundgesetz -Kommentar, 3. Aufl., München, 2003, S. 829 f; *Schmidt-Aßmann, E.*; Der Rechtsstaat, in: *Isensee, J./ Kirchhof, P. (Hrsg.)*; Handbuch des Staatsrechts der Bundesrepublik Deutschland, Bd. II, 3. Aufl., Heidelberg, 2004, S. 543 f. In manchen Entscheidungen sieht das Bundesverfassungsgericht das Rechtsstaatsprinzip im dritten Absatz dieses Artikels verankert, wie etwa in: BVerfGE 35, 41 (47); 39, 128 (143).

[39] Kurz zur Entstehung und geschichtlicher Entwicklung des Rechtsstaates *Stern, K.*; Das Staatsrecht der Bundesrepublik Deutschland, *Bd. I*, 2. Aufl., München, 1984, S. 764 ff. Ebenso zur Herkunft, Entstehung und Entwicklung s. *Schulze-Fielitz, H.*; Art. 20 GG (Rechtsstaat), in: *Dreier, H.* (Hrsg.) Grundgesetz Kommentar, Tübingen, 1998, Bd. II, Rdnr. 1 ff; zu „Dogmengeschichtlichen Einblicken" *Sobota, K.*; Das Prinzip Rechtsstaat. Verfassungs- und verwaltungsrechtliche Aspekte, Tübingen, 1997, S. 263 ff.

Vermeidung staatlicher Willkür durch die gesetzliche Bindung aller Staatsgewalten[40].

„Rechtsstaatlichkeit bedeutet, daß die Ausübung staatlicher Macht nur auf der Grundlage der Verfassung und von formell und materiell verfassungsmäßig erlassenen Gesetzen mit dem Ziel der Gewährleistung von Menschenwürde, Freiheit, Gerechtigkeit und Rechtssicherheit zulässig ist.“[41].

Der Grundgedanke, auf dem die Rechtsstaatlichkeit fußt, ist die Autorität der Rechtsordnung: Sie formt den Staat, schafft seine Organe, bestimmt deren Kompetenzen, grenzt deren Möglichkeiten zur Gewaltausübung ein, sichert die Erfüllung seiner Aufgaben. Die Rechtsordnung bestimmt in diesem Sinne aber auch die juristische Stellung der Bürger gegenüber dem Staat, in der Gesellschaft und in ihrer Beziehungen untereinander[42]: Die Rechte der Einzelnen sind geschützt und die Pflichten meßbar[43]. Sie besitzt deshalb einen Doppelauftrag: Eine Abwehrfunktion in der Begrenzung der staatlichen Gewalt und eine Gewährleistungsfunktion in der Garantie der Menschenwürde, Freiheit, Gerechtigkeit und Rechtssicherheit, nicht nur der Staatsgewalt gegenüber sondern auch gegenüber anderen Individuen, durch die Wahrnehmung seiner Aufgaben durch den Staat[44]. Die Begrenzung des staatlichen Handelns bedeutet seine Vorhersehbarkeit, aber insbesondere einen Schutz gegen staatliche Willkür: Das Verhältnis zum Staat ist ein Rechtsverhältnis, die Staatsgewalten dürfen ausschließlich ausgeübt werden, wenn die jeweiligen Befugnisse in der Rechtsordnung vorliegen[45]. Ferner ist die Gewährleistung des staatlichen Handelns in der staatlichen Pflicht zu sehen, die in der Rechtsordnung festgelegten Aufgaben zu erfüllen.

---

40 *Maunz, T./ Zippelius, E.*; Deutsches Staatsrecht, 26. Aufl., München, 1985, S. 86.

41 *Stern, K.*; *Bd. I*, S. 781; zur Schwierigkeiten der Definitionsversuche s. *Sobota, K.*; S. 19 ff (22 ff).

42 *Schmidt-Aßmann, E.*; in: *Isensee, J./ Kirchhof, P. (Hrsg.)*, S. 542.

43 *Badura, P.;* Rdnr. 45.

44 *Schmidt-Aßmann, E.*; in: *Isensee, J./ Kirchhof, P. (Hrsg.)*, S. 542, 544.

45 So *Badura*: „Die dem Gesetzgeber, der Exekutive und den Gerichten zukommenden Befugnisse sind im Rechtsstaat rechtlich geordnet und begrenzt, so daß die Rechte des einzelnen geschützt und seine Pflichten meßbar sind. Vom einzelnen aus betrachtet ist der Rechtsstaat der Staat gesetzmäßiger Freiheit.“ Staatsrecht, 2. Aufl., München, 1996, S. 265.

iii. Fundamentale Elemente des Rechtsstaatsprinzips

Aufgrund der Vielseitigkeit des Konzepts „Rechtsstaat" und dessen diffizilen genauen Definition wird sowohl in der Rechtsprechung[46], als auch im Schrifttum auf die grundlegenden Rechtsstaatselemente oder -bestandteile hingewiesen, die seinen Inhalt und Bedeutung näher bestimmen[47]. Allerdings ist die präzise Tragweite der Rechtsstaatlichkeit für jeden Staat (Rechtsstaat) in der jeweiligen Verfassung zu finden: Die Relevanz dieses Prinzips steht in Beziehung zu den verfassungsrechtlichen, den jeweiligen Staat charakterisierenden Wertentscheidungen. Aus Rechtsstaatlichkeit folgen Verfassungsstaatlichkeit, Legalitätsprinzip, das Prinzip des Rechtswegestaats, Rechtssicherheit, Vertrauensschutz und Verbot zur Rückwirkung von Gesetzen, Gewaltenteilung, Verwirklichung von Freiheit und Gleichheit und letztlich die Pflicht zur Entschädigung bei staatlichem Eingriff in Eigentum und Gesundheit.

Die Steuerbelastung als Ergebnis eines staatlichen Handels ist an das Recht gebunden. Die Befugnis zur Besteuerung bedarf einer Rechtsgrundlage und deren Vorgehen muß bestimmten rechtlichen Anforderungen genügen.

Es wird zwischen formellem und materiellem Rechtsstaat[48] unterschieden. Dabei ist zu beachten, dass diese nicht als gegenteilige Begriffe zu verstehen sind, sondern vielmehr als einander ergänzende Elemente eines komplexeren Konzepts. Die formale Rechtsstaatlichkeit garantiert Rechtssicherheit, durch die Bindung aller Gewalten an das Recht, die Gewaltenteilung, den Vorrang der Verfassung vor (Steuer)Gesetzen, Gesetzmäßigkeit der (Steuer)Verwaltung und Rechtsschutz durch unabhängige Gerichte. Im Steuerrecht ist die formale Rechtsstaatlichkeit in dem Grundsatz der Gesetzmäßigkeit der Besteuerung zu erkennen, was das Gebot zur Bestimmtheit und das Verbot zur Rückwirkung der Steuergesetze impliziert. Rechtssicherheit bedeutet für den Steuerpflichtigen schutzwürdiges Vertrauen in die Steuerrechtsordnung und den (gerichtlichen) Rechtsschutz[49].

---

[46] BVerfGE 7, 89 (92 f); 53, 115 (127); 65, 283 (290).

[47] *Stern, K.*, *Bd. I*, S. 784, 787; *Würtenberger, T.*; Zu den Wurzeln des Rechtsstaats in Deutschland, in: *Rill, B. (Hrsg.)*, Fünfzig Jahre freiheitlich- demokratischer Rechtsstaat. Vom Rechtsstaat zum Rechtswegestaat, Baden Baden, 1999, S. 15 ff; *Schnapp, F. E.*; Art. 20 GG, in: *v. Münch, I./ Kunig, P. (Hrsg.);* Grundgesetz-Kommentar, Bd. 2, 5. Aufl., München, 2001, Rdnr. 24 und 27. Einen „ausführlichen" Katalog von Kernelementen nennt *Schulze-Fielitz, H.*; Art. 20 GG, in: *Dreier, H.*, Rdnr. 37.

[48] *Schmidt-Aßmann* spricht über die Rechtsstaats"begriffe". *Schmidt-Aßmann, E.*; in: *Isensee, J./ Kirchhof, P. (Hrsg.)*, S. 552.

[49] *Tipke, K./ Lang, J.*; Steuerrecht, 17. Auflage, Köln, 2002, S. 71.

Materielle Rechtsstaatlichkeit verlangt im Steuerrecht demgegenüber als allererstes die Rechtfertigung von Steuern, da sie einen Eingriff in die Rechtssphäre des Einzelnen darstellen: Die Steuer hat „vor dem Verfassungsrecht und vor der Rechtswissenschaft nur Bestand, wenn sie sich auf einen einsichtigen, Freiheit und Gleichheit des Pflichtigen wahrenden Belastungsgrund stützen kann."[50]. In diesem Sinne ist zwischen der allgemeinen Rechtfertigung von Steuern „dem Grunde nach"[51] und der Rechtfertigung der konkreten Einzelsteuern zu unterscheiden[52]. Die Rechtfertigung des Steuereingriffs „dem Grunde nach", sowie die implizite Voraussetzung der Befugnis zur Besteuerung[53], ist in der Entscheidung des Grundgesetzgebers für das Prinzip des Steuerstaates[54] zu finden: Den aus der Wahrnehmung seiner Aufgaben, d.h. die Gewährleistung der Rechte und Freiheiten der Bürger, entstehenden Finanzbedarf wird im wesentlichen durch steuerliche Einnahmen gedeckt[55], der Staat beteiligt sich somit am Ertrag der produzierenden Wirtschaft.

Dem Grundgedanken nach zeichnet sich der so konzipierte Steuerstaat durch die prinzipielle[56] Trennung von Staat und Wirtschaft aus[57]. Eine Legitimation der Einzelsteuern ist demgegenüber nicht in der Steuerstaatlichkeit zu finden[58], sie lässt sich allerdings der Kompetenzverteilung der Finanzverfassung entnehmen[59], allerdings, wie sich zeigen wird[60], stellt der im Art. 106 GG verankerte Steuerkatalog keine institutionelle Garantie zugunsten der dort aufgeführten Steuern dar[61].

---

50 *Kirchhof, P.*; Besteuerung im Verfassungsstaat, Tübingen, 2000, S. 10

51 *Vogel, K.*; *Rechtfertigung* der Steuern: Eine vergessene Vorfrage, in: Der Staat, Bd. 25, 1986, S. 482.

52 *Rodi, M.*; Die Rechtfertigung von Steuern als Verfassungsproblem. Dargestellt am Beispiel der Gewerbesteuern, München, 1994, S. 12.

53 BVerfGE 55, 274 (301).

54 *Vogel, K./ Waldhoff, C.*; Grundlagen des Finanzverfassungsrechts, Heidelberg, 1999, S. 262.

55 *Vogel, K.*; Der Finanz und *Steuerstaat*, in: *Isensee, J./ Kirchhof, P. (Hrsg.)*; Handbuch des Staatsrechts der Bundesrepublik Deutschland, Bd. I, Heidelberg, 1987, S. 1173.

56 *Vogel, K./ Waldhoff, C.*; S. 225, insbesondere FN. 285: Dieser prinzipiellen Trennung ist allerdings kein striktes Verbot staatlicher Beteiligung am wirtschaftlichen Prozess zu folgern.

57 *Vogel, K.*; *Steuerstaat*, S. 1173 f, 1176 ff; *Vogel, K./ Waldhoff, C.*; S. 225. Im Gegensatz dazu bilden in Volkswirtschaften, in denen der Staat selbst produziert, Staat und Produktionsbereich ein einheitliches System.

58 *Friauf, K. H.*; Verfassungsrechtliche Anforderungen an die Gesetzgebung über die Steuern vom Einkommen und vom Ertrag, in: *ders. (Hrsg.)*, Steuerrecht und Verfassungsrecht, Köln, 1989, S. 5.

59 *Rodi, M.*; S. 161 ff.

60 Viertes Kapitel, A. II.

61 *Rodi, M.*; S. 167.

Ferner erfordert die materielle Rechtsstaatlichkeit die Realisierung von Steuergerechtigkeit[62]. Die im Artikel 20 Absatz 3 des Grundgesetzes verankerte Bindung an Gesetz **und** Recht stellt eine Anforderung an die Rechtsordnung zur Gerechtigkeit dar, zum *gerechten* Recht[63]. Mit der Formel Gesetz und Recht „will die Verfassung ... auf eine Grundfrage aller Rechtsstaatlichkeit, auf die Idee der Gerechtigkeit hinführen."[64] Steuergerechtigkeit im Sinne von materieller Rechtsstaatlichkeit setzt daher die Achtung der grundlegenden verfassungsrechtlichen Prinzipien und die effektive Verwirklichung der Grundrechte voraus.

Rechtsstaatswidrig ist somit jede willkürliche Anwendung der (Steuer)Rechtsordnung und Missachtung der Grundrechte, d.h. jede den rechtsstaatlichen Grundsätzen nicht entsprechende Tätigkeit, Handlungsweise oder Akt; in diesem Sinne bezeichnen rechtsstaatliche Grundsätze einen Mindestgehalt an rechtsstaatlichen Garantien: Neben der Wahrung der Menschenwürde, den unverzichtbaren Kern der materiellen Elemente Gerechtigkeit, Rechtssicherheit und Verhältnismäßigkeit sowie die Bindung an das geltende Recht.

Will die Steuerbelastung dem Rechtsstaatsprinzip entsprechen, muss sie einen Mindestgehalt an rechtsstaatlichen Garantien aufweisen: Wahrung der Menschenwürde, Rechtssicherheit und Verhältnismäßigkeit sowie die Bindung an das geltende Recht. Nur dann, wenn dem Rechtsstaatsprinzip und den weiteren sich aus diesem Prinzip ergebenden Vorgaben genüge getan wird, kann die Steuerbelastung des Individuums als rechtskonform, legitim und wirksam betrachtet werden.

b. Venezuela

In Artikel 2 der venezolanischen Verfassung von 1999 bezeichnet sich Venezuela ausdrücklich als demokratischer und sozialer[65] Rechtsstaat[66], zu dessen „essentiellen Zwecken ... die Achtung der Menschenwürde ... und die Gewährleistung der in der Verfassung anerkannten Prinzipien, Rechte und Pflichten"[67] zäh-

---

[62] Ein Rechtsstaat ist ein Gerechtigkeitsstaat und für die Bundesrepublik Deutschland sind die Gerechtigkeitsverbürgungen in den Grundrechten des Grundgesetzes zu sehen. *Tipke, K.*; *Steuergerechtigkeit* in Theorie und Praxis, Köln, 1981, S. 22.

[63] *Stern, K.*; *Bd. I*, S. 797 ff; *Tipke, K./ Lang, J.*; S. 73.

[64] *Schmidt-Aßmann, E.*; in: *Isensee, J./ Kirchhof, P. (Hrsg.)*, S. 563.

[65] Übernommen wurde die Bezeichnung und Charakterisierung aus der des Grundgesetzes. *Brewer-Carías, A.*; El Constitucionalismo Latinoamericano y la constitución para el Siglo XXI, in: *AVDT (Hrsg.)*, V. Jornadas Venezolanas de Derecho Tributario. Aspectos Tributarios en la Constitución de 1999, Caracas, 2000, S. LXII.

[66] „Artikel 2. Venezuela konstituiert sich als ein demokratischer und sozialer Rechtsstaat..." (Übersetzung der Verfasserin).

[67] Artikel 3.

len. Ferner werden im Artikel 136 die Gewaltenteilung[68] und im Artikel 137 die Bindung der Organe der öffentlichen Gewalt an die Verfassung und an das Gesetz[69] verfassungsrechtlich verankert. Auf der Grundlage dieser bestehenden Äquivalenz zwischen der deutschen und der venezolanischen Auffassung der Rechtsstaatlichkeit sind die oben aufgeführten Erwägungen zum Rechtsstaatsprinzip im deutschen Verfassungsrecht für die venezolanische Verfassungsordnung festzuhalten.

Anzumerken ist dennoch, dass im Hinblick auf die rechtsstaatlich notwendige Rechtfertigung von Steuern „dem Grunde nach" ein relevanter Unterschied besteht. Die venezolanische Verfassungsordnung weist keine der Deutschen vergleichbare prinzipielle Trennung von Staat und Wirtschaft auf, denn der Staat gibt der Ökonomie nicht nur eine rechtliche Grundlage und einen Rahmen vor, sondern trifft selbst Produktionsentscheidungen und steuert die Ökonomie[70]. Er ist somit Ordner, Planer, Förderer und tätig als Unternehmer[71] in der produzierenden Wirtschaft[72]. In diesem Sinne wird dem Staat laut Art 302[73] der venezolanischen Verfassung die Ölindustrie[74] vorbehalten und die Befugnis eingeräumt sich weitere Wirtschaftszweige zu reservieren. Ferner besagt Art. 303, dass der Staat alleiniger Eigentümer der Aktiengesellschaft *Petróleos de Venezuela, S.A. (PDVSA)* ist, welche die Leitung und Bewirtschaftung der Ölindustrie innehat.

---

68 Anzumerken ist hier, dass Venezuela mit der neuen Verfassung die klassische Gewaltentrennung durch zwei weitere Gewalten ergänzt hat: die Bürgergewalt und die Wählgewalt, so Art. 136 „Die öffentliche Gewalt ... teilt sich in Legislative, Exekutive, Judikative, Bürger[gewalt] und Wahl[gewalt]." (Übersetzung der Verfasserin).

69 „Artikel 137. Diese Verfassung und das Gesetz bestimmen die Befugnisse der die öffentliche Gewalt ausübenden Organe, an die die Tätigkeiten, die sie ausführen, gebunden sind." (Übersetzung der Verfasserin).

70 Wie etwa nach Art. 301 durch die Handelspolitik zum Schutz nationaler öffentlicher und privater Unternehmen, sowie nach Art. 305 Abs. 1 zur Förderung der Landwirtschaft durch finanzielle, kommerzielle und weitere Maßnamen oder nach Art. 309 zum Schutz des traditionellen Handwerks durch Kreditfazilitäten. Diese Normen wurden in der Verfassung von 1999 eingeführt und entsprechen keinen der von 1961.

71 *Brewer-Carías, A. R.*; La *Constitución* de 1999, 3. Aufl., Caracas, 2001, S. 207 ff; *Rondón de Sansó, H.*; Ad Imis Fundamentis. Análisis de la Constitución Venezolana de 1999 (Parte Orgánica y Sistemas), Caracas, 2002, S. 291 ff.

72 Nach Art. 300 der Verfassung von 1999, sowie ähnlich nach Art. 97 Abs. 3 der Verfassung von 1961.

73 Art.302. „Der Staat behält sich durch jeweiliges organisches Gesetz und aus Gründen des nationalen Nutzens die Ölaktivität vor, sowie andere Industrien, Ausbeutungen, Dienste und Güter von öffentlichem Interesse und von strategischem Charakter. ..." (Übersetzung der Verfasserin).

74 Dadurch wurde der unter der Verfassung von 1961, die im Art. 97 Abs. 2 die Möglichkeit zum Vorbehalt bestimmter Industrien und Wirtschaftszweige vorsah, im Jahre 1975 durch organisches Gesetz (*Ley Orgánica que Reserva al Estado la Industria y el Comercio de los Hidrocarburos*, G.O. Ext. Nr. 1769 vom 29.08.1975) durchgeführten Verstaatlichung der Ölindustrie Verfassungsrang verliehen.

Aus diesem Grunde und weil die staatlichen Einnahmen aus den Ölaktivitäten auch beachtlich zur Deckung des Finanzbedarfs beitragen, kann Venezuela nicht als ein zu Deutschland vergleichbarer Steuerstaat betrachtet werden. Die Rechtfertigung von Steuern „dem Grunde nach" ist daher in der verfassungsrechtlichen Pflicht der Bürger nach Art. 133[75] zur Mitwirkung bei den öffentlichen Ausgaben durch die Steuerzahlung zu sehen. Die venezolanische Verfassung weist somit nicht nur einen Katalog von Rechten und Garantien auf, sondern auch von Grundpflichten. Die verfassungsrechtliche Steuerpflicht legitimiert den Steuerzugriff und stellt die Kehrseite der staatlichen Steuerhoheit dar.

Einzelsteuern sind vergleichbar zu Deutschland durch die (Steuer)Kompetenzkataloge zu rechtfertigen.

2. Zur Bundesstaatlichkeit

Mehr als die Feststellung, dass sowohl die Bundesrepublik Deutschland[76], als auch die *República Bolivariana de Venezuela*[77] eine föderale Gebietsaufgliederung vorweisen, ist für die vorliegende Untersuchung die Feststellung einer Aufteilung der Besteuerungshoheit auf die diversen bundesstaatlichen Ebenen von Relevanz. Erörtert werden soll, in welcher Form und mit welchen Befugnissen den Steuerpflichtigen mehrere territoriale aktive Steuersubjekten stehen.

a. Deutschland

Im Artikel 105 des Grundgesetzes wird die Verteilung der Kompetenzen zur Steuergesetzgebung, d.h. zur Steuereinführung, geregelt. Träger dieser Befugnis sind der Bund und die Länder. Die Gemeinden verfügen dagegen über keine originäre Steuergesetzgebungskompetenz. Die Regelung teilt die Steuergesetzgebung in zwei Typen: Ausschließliche und konkurrierende. In diesem Sinne verfügt der Bund über eine ausschließliche Gesetzgebungskompetenz über die Zölle und die Finanzmonopole[78] und die Länder über die örtlichen Verbrauch- und Aufwandsteuern[79]. Schließlich besteht eine konkurrierende Gesetzgebungskompetenz über die übrigen Steuern[80], die sich Bund und Länder teilen. Die Länder

---

[75] Art. 133. „Jede Person hat die Pflicht zur Mitwirkung bei den öffentlichen Ausgaben, durch die Zahlung von Steuern, Gebühren und Beiträge, die das Gesetz festsetzt." (Übersetzung der Verfasserin). Die Verfassung von 1961 beinhaltete eine sehr ähnliche Norm im Art. 56: „Alle sind dazu verpflichtet, zu den öffentlichen Ausgaben beizutragen." (Übersetzung der Verfasserin).

[76] Art. 20 Absatz 1 GG

[77] Art. 4 der venezolanischen Verfassung

[78] Art. 105 Absatz 1 GG

[79] Art. 105 Absatz 2a GG

[80] Art. 105 Absatz 2 GG

haben die Befugnis zur konkurrierenden Gesetzgebung für diejenigen Steuern, deren Aufkommen den Ländern oder den Ländern und Gemeinden zusteht, soweit und solange sie keinen bundesgesetzlich geregelten Steuern gleichartig sind, d.h. solange und soweit der Bund von seinem Recht zur Gesetzgebung nicht Gebrauch gemacht hat[81].

b. Venezuela

In der venezolanischen Verfassung werden die Steuerhoheiten auf drei Gebietskörperschaften vertikal verteilt: Träger sind nach Art. 156 Nr. 12 und 14 die Zentralgewalt (Bund), nach Art. 164 Nr. 7 die *Estados* (Gliedstaaten) und nach Art. 168 Satz 2 Nr. 3 die *Municipios* (Gemeinden). Die Gemeinden haben eine originäre Besteuerungshoheit. Ausdrücklich wird in der Verfassung ferner auf die steuerrechtliche Autonomie der Gemeinden[82] hingewiesen. Dem Bund steht ferner eine Auffangkompetenz für die restlichen Steuern zu[83].

---

81 *Waldhoff, C.*; S. 51

82 Art. 180.

83 Art. 156 Nr. 12 *in fine*

Zweites Kapitel: Formelle Anforderungen an Steuergesetze

A. Deutschland

I. Das steuerrechtliche Legalitätsprinzip[84]

Unter dieser Überschrift werden die auf das Rechtsstaatsprinzip zurückzuführenden[85] Grundsätze des Vorbehalts des Steuergesetzes, der Bestimmtheit und der Klarheit der Steuerrechtsnormen erörtert.

1. Vorbehalt des Steuergesetzes

Der Vorbehalt des Gesetzes kann als dasjenige verfassungsrechtliche Rechtsinstitut definiert werden, nach dem bestimmte staatliche Maßnahmen, insbesondere Eingriffe in Freiheit und Eigentum, nur auf der Grundlage eines Gesetzes vorgenommen werden dürfen[86]. Das Grundgesetz sieht folglich einen Bereich, nämlich die Rechte und Freiheiten des Einzelnen, vor, in dem ausschließlich durch Gesetz, als rechtsstaatliche allgemeine und demokratisch-parlamentarisch legitimierte Regelung[87], sowie als das zentrale Steuerungsinstrument im Verfassungsstaat des Grundgesetzes[88], Einschränkungen vorgenommen werden können.

Steuern stellen Eingriffe in die Rechtssphäre, etwa

> „in die allgemeine Handlungsfreiheit ... in deren Ausprägung im vermögensrechtlichen und im beruflichen Bereich“[89],

---

[84] Begriff übernommen von *Tipke, K./ Lang, J.*; Steuerrecht, 17. Aufl., Köln, 2002, S. 97.

[85] *Lehner, M.*; Zur *Bestimmtheit* von Rechtsnormen – am Beispiel einer Entscheidung des Österreichischen VerfGH, NJW 1991, S. 892.

[86] *Vogel, K.*; Gesetzesvorbehalt, Parlamentsvorbehalt und völkerrechtliche Verträge, in: *Badura, P./ Scholz, R. (Hrsg.)*, Wege und Verfahren des Verfassungslebens. Festschrift für Peter Lerche zum 65. Geburtstag, München, 1993, S. 97.

[87] BVerfGE 8, 155 (166f).

[88] *Unruh, P.*; Der Verfassungsbegriffs des Grundgesetzes. Eine verfassungstheoretische Rekonstruktion, Tübingen, 2002, S. 495; *Stern, K.*; Das Staatsrecht der Bundesrepublik Deutschland, *Bd. I*, 2. Aufl., München, 1984, S. 797; *Sobota, K.*; Das Prinzip Rechtsstaat. Verfassungs- und verwaltungsrechtliche Aspekte, Tübingen, 1997, S. 77, sowie als entscheidende alle Staatsgewalt bindende Vorgabe der rechtsstaatlichen Nomokratie S. 464.

[89] BVerfGE 87, 153 (169).

des Einzelnen dar und bedürfen infolge dieser grundrechtserheblichen Belastungswirkung einer gesetzlichen Grundlage[90].

Bereits in einer früheren Entscheidung erklärte das Bundesverfassungsgerichts[91], dass das Steuerrecht von der

> „Idee der ‚primären Entscheidung des Gesetzgebers über die Steuerwürdigkeit bestimmter generell bezeichneter Sachverhalte' getragen"

werde und lebe

> „dementsprechend ‚aus dem Diktum des Gesetzgebers."[92].

Der Grundsatz des Vorbehalts des Steuergesetzes erfüllt eine Doppelfunktion[93], d.h. einerseits eine kompetenzabgrenzende Funktion: Die Auferlegung von Steuerlasten behält die Verfassung der gesetzgebenden Gewalt vor und ist nur dann zulässig, sofern und soweit sie durch Gesetz angeordnet ist[94], und andererseits eine den Grundrechtsschutz des Einzelnen ergänzende[95], gewährleistende Funktion, indem er autarke administrative Eingriffe in Rechte und Freiheiten verbietet und sie lediglich durch die gesetzgebende Gewalt zulässt[96].

Weitere Grundlagen findet der Vorbehalt des Steuergesetzes in der Bindungsklausel der staatlichen Gewalt des Art. 20 Abs. 3 GG[97] und im parlamentari-

---

90 *Vogel, K.*; Grundzüge des *Finanzrecht*s des Grundgesetzes, in: *Isensee, J./ Kirchhof, P. (Hrsg.)*; Handbuch des Staatsrechts der Bundesrepublik Deutschland, Bd. IV, Heidelberg, 1990, S. 46 f; *Vogel, K./ Waldhoff, C.*; Grundlagen des Finanzverfassungsrechts. Sonderausgabe des Bonner Kommentars zum Grundgesetz (Vorbemerkungen zu Art. 104a bis 115 GG), Heidelberg, 1999, S. 308; *Sachs, M.*; Kommentierung des Artikels 20 GG, in: *Sachs, M. (Hrsg.)*, Grundgesetz. Kommentar, 3. Aufl., München, 2003, Rdnr. 114.

91 BVerfGE 13, 318 (328).

92 Die vom Bundesverfassungsgericht verwendete Formulierung wurde von *Strickrodt, G.*, in: *Bühler, O./ Strickrodt, G.*, Steuerrecht, Bd. 1, 3. Aufl., 1960, S. 658, übernommen.

93 *Vogel, K.*; *Gesetzgeber* und Verwaltung, VVDStRL Heft 24, Berlin, 1966, S. 150 mit Verweis auf *Jesch, D.*; Gesetz und Verwaltung. Eine Problemstudie zum Wandel des Gesetzmäßigkeitsprinzips, Tübingen. 1961, S. 124 ff; *Unruh, P.*; S. 496 f.

94 Für *Ossenbühl* stellt daher der Vorbehalt des Gesetzes eine Zentralfrage der Gewaltenteilung dar. *Ossenbühl, F.*; Vorrang und Vorbehalt des Gesetzes, in: *Isensee, J./ Kirchhof, P. (Hrsg.)*, Handbuch des Staatsrecht der Bundesrepublik Deutschland, Bd. III, Heidelberg, 1988, S. 320.

95 *Vogel, K.*; *Gesetzgeber*; S. 149.

96 *Vogel, K.*; *Gesetzgeber*; S. 150; *Unruh, P.*; S. 496 f.

97 BVerfGE 20, 237 (248); 20, 40, 237 (249); 49, 89 (126); *Hesse, K.*; Grundzüge des Verfassungsrechts der Bundesrepublik Deutschland, 20. Aufl., Heidelberg, 1995, S. 89; *Stern, K.*; *Bd. I*, S. 805; *Sachs, M.*; Art. 20 GG, in: *Sachs, M. (Hrsg.)*, Rdnr. 114; *Benda, E.*; in: *Benda, E./ Maihofer, W./ Vogel, H.-J. (Hrsg.)*, S. 736.

schen Budgetrecht[98], sowie eine zusätzliche Bestätigung in der bundesstaatlichen Verteilung der Steuergesetzgebung und des Steueraufkommens[99].

Die Einführung, die Änderung und die Abschaffung von Steuern sowie die Gewährleistung von Steuervergünstigungen[100] bedürfen in diesem Sinne einem durch die parlamentarische Volksvertretung, nach dem verfassungsrechtlich vorgesehenen Verfahren zustande gekommenen und verabschiedeten formellen Gesetz[101]. In diesem Erfordernis eines formellen Steuergesetzes konvergieren somit Gesetzes- und Parlamentsvorbehalt[102].

Die dieses Thema betreffende Terminologie ist allerdings in einigen Fällen überschneidend: Zur Bezeichnung des Vorbehalts des Steuergesetzes oder Steuergesetzesvorbehalts[103] bezieht sich das Bundesverfassungsgericht auch auf die „Tatbestandsmäßigkeit der Besteuerung"[104]. Im Schrifttum werden etwa die „finanzrechtlichen Gesetzesvorbehalte"[105] zum Teil dem Begriff „Gesetzmäßigkeit der Besteuerung"[106] gleichgestellt, in Bezug auf den vom Verfassungsgeber gebotenen Urheber der Norm, bei dieser Nomenklatur bezieht sich dann die „Tatbestandsmäßigkeit" auf den Inhalt, auf den Regelungsbereich des Steuergesetzes, nämlich die steuerbegründenden Merkmale[107].

Die „Gesetzmäßigkeit der Besteuerung" wird allerdings auch als Oberbegriff verwendet und in einen Vorrang des Steuergesetzes und einen Vorbehalt des

---

98 *Kirchhof, P.*; Staatliche *Einnahmen,* in: *Isensee, J./ Kirchhof, P. (Hrsg.)*; Handbuch des Staatsrecht der Bundesrepublik Deutschland, Bd. IV, Heidelberg, 1990, S. 107, 123; *Vogel, K./ Waldhoff, C.*; S. 308.

99 *Kirchhof, P.*; Besteuerung nach Gesetz, in: *Drenseck, W./ Seer, R. (Hrsg.)*, Festschrift für Heinrich Wilhelm Kruse zum 70. Geburtstag, Köln, 2001, S. 18.

100 BVerfGE 93, 121 (147 f).

101 *Tipke, K./ Lang, J.*; S. 99; *Tipke, K.*; *Steuerrechtsordnung, Bd. I*, S. 128 f; *Brinkmann, J. A.*; Tatbestandsmäßigkeit der Besteuerung und formeller Gesetzesbegriff, Köln, 1982, S. 19; *Birk, D.*; *Steuerrecht*, S. 43; *Papier, H. J.*; Der Bestimmtheitsgrundsatz, in: *Friauf, K. H. (Hrsg.)*; Steuerrecht und Verfassungsrecht, Köln, 1989, S. 63 f.

102 *Vogel, K.*; in: *Badura, P./ Scholz, R. (Hrsg.)*, S. 98, als Beispiel hierfür wird Art. 104 Abs. 1 GG genannt. Dem Vorbehalt des Parlamentsgesetzes unterliegen im Algemeinen alle wesentlichen, grundrechtserheblichen Regelungen. *Kirchhof, P.*; in: *Drenseck, W./ Seer, R. (Hrsg.)*, S. 27.

103 *Waldhoff, C.; Vorgaben*, S. 116.

104 BVerfGE 34, 348, (365); 49, 343 (362).

105 *Papier, H. J.*; Die finanzrechtlichen *Gesetzesvorbehalte* und das grundgesetzliche Demokratieprinzip, Berlin, 1973.

106 *Birk, D.*; *Steuerrecht*, 5. Aufl., Heidelberg, 2002, S. 43.

107 *Hahn, H.*; Die Grundsätze der Gesetzmäßigkeit der Besteuerung und der Tatbestandsmäßigkeit der Besteuerung in rechtsvergleichender Sicht, Berlin, 1984, S. 87 f.

Steuergesetzes aufgegliedert[108]. Dieser unterschiedliche Begriffsgebrauch erfordert eine klare Abgrenzung der dieser Untersuchung zugrunde liegenden Auffassung des Vorbehalts des Gesetzes.

a. Abgrenzung zum Prinzip der Gesetzmäßigkeit der Verwaltung und der Tatbestandsmäßigkeit der Besteuerung

Die Grundidee des steuerrechtlichen Vorbehalts des Gesetzes ist vom Thema der Tatbestandsmäßigkeit der Steuerbelastung aus der Perspektive der generellen Bindung der (Steuer)Verwaltung an das (Steuer)Gesetz zu unterscheiden. Die Tatbestandsmäßigkeit der individuellen Steuerbelastung ist im Steuerrecht der dem verfassungsrechtlichen Vorbehalt des Gesetzes folgende rechtsstaatliche Schritt: Ist eine Steuer im **Gesetz** normiert (Vorbehalt eines Steuergesetzes), dann entsteht die Steuerpflicht, wenn der **gesetzlich** geregelte Tatbestand erfüllt wird, an den das **Gesetz** die Steuerpflicht als Rechtsfolge anknüpft[109]. Der Grundsatz des Vorrangs des Gesetzes, der den rechtlichen Vorrang des in parlamentarischer Gesetzform geäußerten Staatswillen vor allen weiteren Akten der Exekutive oder übrigen staatlichen Willensäußerungen postuliert[110], gebietet die Gesetzmäßigkeit der Verwaltung sowohl in der Form eines in Art. 20 Abs. 3 GG verankerten Anwendungsgebots[111], welches als Ausführungspflicht des Willens des Gesetzgebers den Erlaß von individuellen Verwaltungsakten, faktischen Maßnahmen sowie Rechtsverordnungen umfasst[112], als auch eines Abweichungsverbots[113], bei dem die Schrankenfunktion des das administrative Handeln begründenden Gesetzes zum Ausdruck kommt. Rechtsstaatlich betrachtet sind somit steuerliche Zugriffe lediglich auf Grund eines Gesetzes erlaubt und

---

[108] *Tipke, K.*; Die *Steuerrechtsordnung*, *Bd. I*, 2. Aufl., Köln, 2000, S. 118 ff. Nicht auf das Steuerrecht bezogen, d.h. „Gesetzmäßigkeit der Exekutive“: *Schmidt-Aßmann, E.*; Der Rechtsstaat, in: *Isensee, J. /Kirchhof, P. (Hrsg.)*, Handbuch des Staatsrechts der Bundesrepublik Deutschland, Bd. II, 3. Aufl., Heidelberg, 2004, S. 574 f; *Sobota, K.*; S. 463.

[109] *Tipke, K./ Lang, J.*; S. 97.

[110] BVerfGE 8, 155 (169); 56, 216 (241); *Schmidt-Aßmann, E.*; in: *Isensee, J. /Kirchhof, P. (Hrsg.)*; S. 575; *Stern, K.*; *Bd. I*, S. 802; *Benda, E.*; Der soziale Rechtsstaat, in: *Benda, E./ Maihofer, W./ Vogel, H.-J. (Hrsg.)*, Handbuch des Verfassungsrechts, 2. Aufl., Berlin, New York, 1994, S. 735.

[111] BVerfGE 25, 216 (228); 30, 292 (332).

[112] BVerfGE 13, 248 (254); 16, 332 (338).

[113] *Ossenbühl, F.*; Vorrang und Vorbehalt des Gesetzes, in: *Isensee, J./ Kirchhof, P. (Hrsg.)*, Handbuch des Staatsrecht der Bundesrepublik Deutschland, Bd. III, Heidelberg, 1988, S. 317 f.

soweit das zugrundeliegende Gesetz den Tatbestand des Eingriffs deckt (Tatbestandsmäßigkeit der Besteuerung)[114].

b. Abgrenzung zum Gesetzesvorbehalt der Grundrechte

Eine weitere Konfusion kann sich aus der homonymen Anwendung des Begriffes Gesetzesvorbehalt im Bezug auf die Grundrechte ergeben[115]. Die Gesetzesvorbehalte der Grundrechte bilden Erlaubnisnormen, welche die grundrechtlichen Anordnungen durchbrechen, und der Staatsgewalt somit ermöglichen, durch Gesetz die Grundrechte zu begrenzen[116]. Im Gegensatz dazu fungiert der Vorbehalt des Gesetzes als ein rechtsstaatliches Verbot der vollziehenden Gewalt, ohne gesetzliche Grundlage tätig zu werden[117], er mindert somit die staatlichen Verhaltensmöglichkeiten durch die Notwendigkeit der gesetzlichen Grundlegung[118].

Zu beachten ist hierbei, dass, sofern das Grundgesetz einen Vorbehalt zur Regelung des Näheren enthält, wie etwa in Art. 4 Abs. 3 Satz 2, dies keineswegs eine Ermächtigung impliziert, das Grundrecht in seinem sachlichen Gehalt einzuschränken[119].

2. Bestimmtheit von Steuergesetzen

Bei dem Bestimmtheitsgebot sind zwei Ausprägungen des Rechtsstaatprinzips[120] zu unterscheiden: Zum einen geht es um die allgemeine Anforderungen an die Bestimmtheit und Klarheit[121] von Steuergesetzen, zum anderen um die Bestimmtheitsanforderungen an die gesetzliche Ermächtigung als Konkretisierung des Vorbehalts des Steuergesetzes[122].

---

114 *Weber-Grellet, H.*; Die Bedeutung der Rechtsnatur des *Steuerrechts* für dessen Anwendung und Auslegung, StuW 1993, S. 101; *ders.*; in: *Düwell, F. J. (Hrsg.)*; S. 400; *ders.*; *Verfassungsstaat*, S. 37, 175, 189; *Tipke, K./ Lang, J.*; S. 97.

115 So etwa bei *Schmidt-Aßmann, E.*; in: *Isensee, J./Kirchhof, P. (Hrsg.)*; S. 575 f.

116 *Sachs, M.*; Die *Gesetzesvorbehalte* der Grundrechte des Grundgesetzes, JuS 1995, S. 693.

117 *Sachs, M.*; Art. 20 GG, in: *Sachs, M. (Hrsg.)*, Rdnr. 113.

118 *Sachs, M.*; *Gesetzesvorbehalte* S. 693.

119 *Sachs, M.*; *Gesetzesvorbehalte*, S. 694, mit Hinweis auf BVerfGE 12, 45 (53); 28, 243 (259); 48, 127 (163); 69, 1 (12).

120 *Lehner, M.*; *Bestimmtheit*, S. 892; *Maunz, T.*; Kommentierung des Artikels 80 GG, in: *Maunz, T./ Dürig, G. (Hrsg.)*, Grundgesetz. Kommentar, Loseblattsammlung, München, Stand: 42 Lieferung, Februar 2003, Rdnr. 1 f.

121 Vgl. zur Normenklarheit u. unter Gliederungspunkt 3.

122 *Lehner, M.*; *Bestimmtheit*, S. 892.

a. Allgemeine Bestimmtheitsanforderungen an das Steuergesetz

Das Gebot hinreichender Bestimmtheit der Gesetze[123] gebietet es, die gesetzliche Regelung der Eingriffsvoraussetzungen sowie der Rechtsfolgen[124] so zu definieren, dass die Betroffenen die Rechtslage erkennen und ihr Verhalten danach richten können[125]. Der rechtsstaatlichen Anforderung nach Rechtssicherheit[126] wird nur mit klaren und bestimmten Regelungen nachgekommen, welche das Verständnis der Rechtslage durch die Betroffenen „ohne Zuhilfenahme spezieller Kenntnisse“[127] ermöglichen.

Welche präzisen Anforderungen an die Bestimmtheit eines Gesetzes gestellt werden, kann jedoch nicht generell und abstrakt definiert werden, denn sie variieren je nach Eigenart des Regelungsgegenstands und Zweck der betroffenen Norm[128], sowie danach, in wie weit die Grundrechte tangiert werden[129]: Je intensiver der Eingriff, desto höher die Bestimmtheitsanforderungen[130]. Nach der Rechtsprechung des Bundesverfassungsgerichts gilt dieses Erfordernis den wesentlichen Elementen[131] der Regelung. Auch für Steuergesetze existiert keine generell-abstrakt formulierbare Anforderung an ihre Bestimmtheit[132]. Prinzipiell soll das Steuergesetz

> „nach Inhalt, Gegenstand, Zweck und Ausmaß“

so begrenzt und bestimmt sein,

> „dass die Steuerlast meßbar und in gewissem Umfang für den Staatsbürger voraussehbar und berechenbar wird“[133].

Somit reduziert das Bundesverfassungsgericht zunächst das allgemeine Bestimmtheitsgebot auf die Merkmale des Ermächtigungsgesetzes zum Erlass von

---

[123] BVerfGE 49, 168 (181); 69, 1 (43); 71, 354 (362);103, 332 (384), st.Rspr..

[124] *Papier, H. J.*; in: *Friauf, K. H. (Hrsg.)*, S. 63.

[125] BVerfGE 17, 306 (314); 31, 255 (264); 75, 329 (341); 78, 205 (212); 84, 133 (149); 87, 234 (263).

[126] BVerfGE 5, 25 (31).

[127] BVerfGE 5, 25 (33).

[128] BVerfGE 48, 210 (226 f); 78, 205 (212); 84, 133 (149); 87, 234 (263); 89, 69 (84); 103, 111 (135), st. Rspr..

[129] BVerfGE 56, 1 (12 ff); 59, 104 (114); 93, 213 (238).

[130] BVerfGE 49, 168 (181); 56, 1 (13); 83, 130 (145); 90, 1 (17); 93, 213 (238).

[131] BVerfGE 19, 253 (267).

[132] BVerfGE 48, 210 (221 f).

[133] BVerfGE 13, 153 (160). In diesem Sinne auch *Klein*, dem zufolge die Steuerpflicht durch eine Norm begründet werden müsse, deren Inhalt, Zweck und Ausmaß hinreichend bestimmt und begrenzt ist. *Klein, F.*; *Gleichheitssatz* und Steuerrecht. Eine Studie über Gleichheit und Gerechtigkeit der Besteuerung im System des Grundgesetzes, Köln/ Marienburg, 1966, S. 108.

Rechtsverordnungen nach Art. 80 Abs. 1 Satz 2 GG. Später fordert es, dass steuerbegründende Tatbestände so bestimmt sein müssen, dass der Steuerpflichtige die auf ihn entfallende Steuer vorausberechnen kann[134]. In diesem Sinne wird das Bestimmtheitsgebot im Steuerrecht aber auch mit dem rechtsstaatlichen Prinzip der Tatbestandsmäßigkeit der Besteuerung begründet[135].

Ist ein Gesetz von Verfassungs wegen erforderlich, dann darf sich der Gesetzgeber seiner Verantwortung nicht dadurch entziehen, dass er sich bei dessen Abfassung auf Formelkompromisse zurückzieht: Es ist in diesem Sinne alleinige Aufgabe des Gesetzgebers, den Steuergegenstand, den Steuerschuldner, die Bemessungsgrundlage und den Steuersatz zu definieren[136], gegenüber diesen für Steuergesetze *wesentlichen Elementen* besteht ein Delegationsverbot[137].

b. Besondere Bestimmtheitsanforderungen an die Ermächtigung der Steuerexekutive

Nach Art. 80 GG kann die Exekutive zum Erlaß von Rechtsverordnungen ermächtigt werden. Über das Erfordernis einer formell-gesetzlichen Ermächtigung hinaus gebietet das Grundgesetz in Art. 80 Abs. 1 Satz 2, dass Inhalt, Ausmaß und Zweck der erteilten Ermächtigung im Gesetz definiert werden. Hierbei werden zwei Aspekte zum Ausdruck gebracht: Einerseits das Streben nach einer genauen Begrenzung der Handlungsmöglichkeiten der Exekutive bei der Rechtsetzung, andererseits die Verstärkung der von der Legislative zu übernehmenden Verantwortung für den Inhalt der aufgrund der Ermächtigung erlassenen Verordnung[138]. Diese strengen Anforderungen werden zum Teil auf den Grundsatz der Gewaltenteilung zurückgeführt: Der Gesetzgeber darf seine Verantwortung durch eine weitreichende Delegation nicht dadurch umgehen[139], dass er einen Teil der Gesetzgebungsmacht der Exekutive überträgt, ohne genau die Grenzen dieser übertragenen Kompetenzen bedacht und definiert zu haben, und somit die Regierung in die Lage versetzt, gestützt auf unbestimmte Ermächtigungen zum Erlass von Verordnungen, an seine Stelle zu treten[140]. Die Delegation muss

---

134 BVerfGE 19, 253 (267);34, 348 (365); 49, 343 (362); 73, 388 (400).
135 BVerfGE 13, 153 (160); 19, 253 (267); 49, 343 (362).
136 *Papier, H. J.*; in: *Friauf, K. H. (Hrsg.)*, S. 63; *Hahn, H.*; S. 243; *Kirchhof, P.*; *Besteuerung* im Verfassungsstaat, Tübingen, 2000, S. 87.
137 *Vogel, K.*; in: *Badura, P./ Scholz, R. (Hrsg.)*, S. 104; *ders.*; *Finanzrecht*, in: *Isensee, J./ Kirchhof, P. (Hrsg.)*; S. 49 ff; *ders./ Walter, H.*; Rdnr. 134; *Papier, H. J.*; *Gesetzesvorbehalte*, S. 92 f.
138 *Stern, K.*; *Bd. I*, S. 817.
139 BVerfGE 101, 1 (19).
140 BVerfGE 1, 14 (59 f); 23, 62 (73).

daher hinreichend[141] bestimmt sein[142], d.h. im ermächtigenden Gesetz müssen Inhalt, Zweck und Ausmaß der Ermächtigung, mit hinreichender Deutlichkeit[143] definiert werden.

Dies bedeutet nicht, dass jede Detailfrage in die Ermächtigungsnorm aufgenommen werden muss, sie soll allerdings verdeutlichen, was geregelt werden soll, innerhalb welchem Rahmen sich die exekutive Regelung zu bewegen hat und welcher Zweck dabei verfolgt werden soll[144].

Nach der Rechtsprechung des Bundesverfassungsgerichts ist eine Ermächtigung dann zu weit gefasst, wenn

> „nicht mehr vorausgesehen werden kann, in welchen Fällen und mit welcher Tendenz von ihr Gebrauch gemacht werden wird und welchen Inhalt die auf Grund der Ermächtigung erlassenen Verordnungen haben können.“[145].

Das ermächtigende Gesetz soll daher so substantiiert[146] sein, dass schon aus ihm selbst und nicht erst aus der auf dieses gestützten Verordnung erkennbar und vorhersehbar sein muß, was von dem Bürger gefordert werden kann[147]. Auch hier ist die Intensität der Rechtsfolgen für den Einzelnen von entscheidender Bedeutung: Je gewichtiger die Folgen des Verwaltungshandelns für den Bürger sein können, desto strenger werden die Anforderungen sein, die an die Bestimmtheit des ermächtigenden Gesetzes zu stellen sind[148].

Im Hinblick auf das Steuerrecht bedeutet dies, dass das Steuergesetz, welches das „Wesentliche“ für die Steuer, d.h. die Belastungsgründe, die Struktur und die Erhebung, normiert, nach Art. 80 Abs. 1 Satz 1 GG eine Ermächtigung der Exekutive zur Regelung weiterer Details durch Rechtsverordnung vorsehen kann[149].

Zutreffend wird im Schrifttum zum Teil[150] darauf hingewiesen, dass aus der Eigenart der Steuern, die prinzipiell der Deckung des allgemeinen Finanzbedarfs

---

141 BVerfGE 62, 203 (209 f).

142 BVerfGE 8, 274 (325); 69, 1 (41); 78, 249 (272); 84, 133 (150).

143 *Maunz, T.*; Art. 80 GG, in: *Maunz, T./ Dürig, G. (Hrsg.)*, Rdnr. 32.

144 *Maunz, T.*; Art. 80 GG, in: *Maunz, T./ Dürig, G. (Hrsg.)*, Rdnr. 27.

145 BVerfGE 29, 198 (210).

146 *Maunz, T.*; Art. 80 GG, in: *Maunz, T./ Dürig, G. (Hrsg.)*, Rdnr. 28.

147 BVerfGE 7, 282 (302); 10, 251 (258); 18, 52 (61).

148 *Benda, E.*; in: *Benda, E./ Maihofer, W./ Vogel, H.-J. (Hrsg.)*, S. 736.

149 *Brinkmann, J. A.*; S. 20; *Kirchhof, P.*; in: *Drenseck, W./ Seer, R. (Hrsg.)*, S. 26.

150 *Vogel, K./ Waldhoff, C.*; S. 309 ff; *Kirchhof, P.*; *Einnahmen*, S. 106. A.A. *Osterloh, L.*; Gesetzesbindung und Typisierungsspielräume bei der Anwendung der Steuergesetze, Baden-Baden, 1992, S. 160 f; *Maunz, T.*; Kommentierung des Artikels 105 GG, in: *Maunz, T./ Dürig, G. (Hrsg.)*, Grundgesetz. Kommentar, Loseblattsammlung, München, Stand: 42 Lieferung, Februar 2003, Rdnr. 7.

dienen und daher weder eine Bindung zu einem speziellen Bedarf aufweisen, noch einen konkreten Zweck verwirklichen sollen, sich strengere Bestimmtheitsanforderungen ergeben[151]. Anhand des Ertragszwecks der Steuern kann das Verwaltungshandeln weder strukturiert, noch durch eine Zweck-Mittel-Relation begrenzt werden[152]. Daraus entsteht eine besondere Verantwortung, die auf dem Steuergesetzgeber lastet, und, die höheren Anforderungen auf die genaue Begrenzung des steuerlichen Rechtseingriffs stellt. Die besondere Abhängigkeit der Steuerverwaltung bei der Steuererhebung vom Gesetz im Vergleich zu anderen administrativen Eingriffshandlungen impliziert, dass die genaue Definition der Steuer nicht zur Disposition des Gesetzgebers steht[153] und daher nicht in das Ermessen der Verwaltung gestellt werden darf[154].

3. Normenklarheit

Neben dem Vorbehalt des Steuergesetzes und dem Bestimmtheitsgrundsatz ist dem Grundgesetz ein allgemeines Gebot zur Normenklarheit zu entnehmen[155]: Aus dem Rechtsstaatsgedanken und dem Grundrechtsschutz ergibt sich die Erfordernis nach klaren und verständlichen und somit der Rechtssicherheit dienenden (auch Steuer)Normen[156].

Das Gebot der Normenklarheit ergibt sich bereits aus dem „Wesen des Rechts"[157], aus der Funktion des Rechts als Kommunikationsmedium zwischen dem Gesetzgeber, dem Rechtsanwender und dem Rechtsunterworfenen[158]: Unklare, unverständliche und nicht nachvollziehbare Normen verfehlen ihr Ziel, den im Gesetz formulierten demokratischen Willen zu vermitteln[159].

---

151 *Vogel, K.*; *Finanzrecht*, in: *Isensee, J./ Kirchhof, P. (Hrsg.)*; S. 47.

152 *Papier, H.-J.*; *Gesetzesvorbehalte*; S. 76 f; *Kirchhof, P.*; *Einnahmen*, S. 106; *Vogel, K./ Waldhoff, C.*; S. 311 f.

153 *Vogel, K.*; *Finanzrecht*, in: *Isensee, J./ Kirchhof, P. (Hrsg.)*; S. 47; *ders.*; Die Steuergewalt und ihre Grenzen, in: *Badura, P./ Dreier, H. (Hrsg.)*, Festschrift 50 Jahre Bundesverfassungsgericht, Bd. II, Tübingen, 2001, S. 548 f.

154 *Papier, H.-J.*; *Gesetzesvorbehalte*, S. 155, 158 ff; *Weber-Grellet, H.*, *Verfassungsstaat*, S. 38.

155 *Stern, K.*; *Bd. I*, S. 829; *Lehner, M.*; *Bestimmtheit*, S. 892; *Vogel, K./ Waldhoff, C.*; S. 317.

156 *Stern, K.*; *Bd. I*, S. 829; *Kirchhof, P.*; *Besteuerung*, S. 86; *Weber-Grellet, H.*, *Verfassungsstaat*, S. 243.

157 *Stern, K.*; *Bd. I*, S. 829.

158 *Vogel, K./ Waldhoff, C.*; S. 316 f.

159 *Stern, K.*; *Bd. I*, S. 829; *Vogel, K./ Waldhoff, C.*; S. 316.

Dieser Gedanke ist sehr deutlich in einer sehr frühen Entscheidung des Bundesverfassungsgerichts zu erkennen:

> „Wenn die Fassung eines Gesetzes seinen wirklichen Gehalt nicht zum Ausdruck bringt, wenn sie mißverständlich oder irreführend ist, oder wenn das Gesetz in sich widerspruchsvoll ist, kann es wegen Widerspruchs mit den Grundsätzen des Rechtsstaates nichtig sein.“[160].

Das Erfordernis nach Normenklarheit ist allerdings nicht dahingehend zu verstehen, dass im Gesetzestext „jeder Zweifel“ ausgeschlossen werden muss[161].

Zwar können Bestimmtheit und Normenklarheit bei komplizierteren, sehr detailliert normierten Regelungsbereichen miteinander kollidieren[162], der Rechtsstaatsgrundsatz gebietet aber so überschaubares,[163] verstehbares und bestimmtes Steuerrecht, dass der Bürger in einem ersten Schritt erkennen kann, dass er steuerpflichtig ist, und im einen zweiten Schritt im gewissen Umfang zumindest das Ausmaß seiner individuellen Belastung selbst nachvollziehen kann[164]. In diesem Sinne verknüpfte das Bundesverfassungsgericht in seiner Entscheidung zum Betreuungs- und Erziehungsbedarf des Kindes[165] das rechtsstaatliche Gebot der Voraussehbarkeit und Berechenbarkeit der Steuerlasten mit dem Grundsatz der Steuergleichheit und forderte einfache und klare Regelungen,

> „die dem nicht steuerrechtskundigen Pflichtigen erlauben, seinen – strafbewehrten ... – Erklärungspflichten sachgerecht zu genügen. Soweit ein Steuertatbestand sich nach personenbezogenen Daten wie Familienstand, Anzahl der Kinder und Alter bestimmt, kann der steuererhebliche Tatbestand so definiert werden, daß die bloße Angabe dieser Daten die Anwendung des Gesetzes möglich macht.“[166].

Durch übersichtliche und verständliche Regelung von Lebenssachverhalten werde den steuerlichen Belastungsgrund verdeutlicht und in das Bewusstsein gerückt[167].

---

[160] BVerfGE 1, 14 (16).

[161] BVerfGE 31, 255 (264).

[162] *Waldhoff, C.; Vorgaben,* S. 136; *Vogel, K./ Waldhoff, C.*; S. 316.

[163] Gerade im Steuerrecht sei der Bürger in der „Flut von Gesetzen, Ausnahme-, Änderungs- bzw. Artikelgesetzen“ nicht mehr in der Lage, den seinen Lebenssachverhalt betreffenden Gesamtbestand von Steuerrechtsnormen zu übersehen. *Papier, H. J.*; in: *Friauf, K. H. (Hrsg.)*, S. 69.

[164] *Weber-Grellet, H.*; in: *Düwell, F. J. (Hrsg.)*; S. 400.

[165] BVerfGE 99, 216 ff.

[166] BVerfGE 99, 216 (243).

[167] BVerfGE 99, 216 (243) mit Hinweis auf 96, 1 (6 f).

II. Das Verbot rückwirkender Gesetze

1. Verfassungsrechtliche Verankerung

Das Grundgesetz kennt kein weiteres ausdrückliches Verbot rückwirkender Gesetze als das in Art. 103 Abs. 2 GG verankerte Prinzip *nulla poena sine lege praevia.* Nach diesem darf eine Tat nur dann bestraft werden, wenn die Strafbarkeit gesetzlich bestimmt war, bevor die Tat begangen wurde. Umformuliert bedeutet dies, dass eine Tat im Nachhinein nicht als strafbar erklärt und der Täter rückwirkend aufgrund dieser bestraft werden darf. Der Wortlaut dieses Artikels lässt allerdings als ausschließlicher Regelungsgegenstand[168] das Strafrecht sehr klar erkennen: Es geht ausschließlich um die Qualifizierung einer Tat als Straftat und um deren Bestrafung. Art 103 Abs. 2 GG stellt infolgedessen kein generelles Verbot rückwirkender Gesetze[169] dar und lässt sich daher nicht entsprechend auf andere Rechtsgebiete, wie z.B. das Steuerrecht, anwenden. Allerdings darf daraus nicht gefolgert werden, dass die Rückwirkung von Gesetzen in anderen Fällen verfassungsrechtlich unbedenklich ist[170].

Die Zulässigkeit rückwirkender Steuergesetze ist an dem in Art. 20 Abs. 3 GG normierten Rechtsstaatsprinzip zu überprüfen[171]. Aus diesem werden die verfassungsrechtlichen Prüfungsmaßstäbe der Rechtssicherheit und des Vertrauensschutzes abgeleitet, wobei Rechtssicherheit für den Bürger in erster Linie Vertrauensschutz bedeutet[172] sowohl gegenüber dem Gesetzgeber als auch gegenüber der Verwaltung[173]. Die Rechtsordnung soll eine verlässliche, vertrauenswürdige Grundlage für die Handlungen und Planungen des Bürgers darstellen[174], der Bürger soll darauf vertrauen können, dass die öffentliche Gewalt an sein Verhalten oder an ihn betreffende Umstände nachträglich keine belastenderen Rechtsfolgen knüpfen darf, als sie zum Zeitpunkt seines rechtserheblichen Ver-

---

168 In diesem Sinne BVerfGE 7, 89 (95); *Tipke, K./ Lang, J.*; Steuerrecht, 17. Aufl., S. 107; *Spindler, W*; Verfassungsrechtliche Grenzen einer Rückwirkung von Steuergesetzen, DStR 1998, S. 954; *Offerhaus, K;* Die Steuerreform - eine Herausforderung an den Rechtsstaat, DStZ 2000, S. 12.

169 *Schmidt-Aßmann, E.*; Der Rechtsstaat, in: *Isensee, J. /Kirchhof, P. (Hrsg.)*, Handbuch des Staatsrechts der Bundesrepublik Deutschland, Bd. II, 3. Aufl., Heidelberg, 2004, S. 589.

170 BVerfGE 72, 200 (257). Auszüge und Kommentare auch in *Pieroth, B.*; Die neuere Rechtsprechung des Bundesverfassungsgerichts zum Grundsatz des Vertrauensschutzes; JZ 1990, S. 279 ff.

171 *Spindler, W.*; DStR 1998, S. 954.

172 BVerfGE 30, 272 (285); 63, 152 (175); 68, 287 (307). Der Grundsatz des Vertrauensschutzes ist somit die subjektive, individuelle Konkretisierung des Rechtsstaatsprinzips.

173 Vgl. *Spindler, W.*; DStR 1998, S. 954.

174 *Sobota, K.*; Das Prinzip Rechtsstaat, 1997, S. 163.

haltens galten. Dürfte dies die öffentliche Gewalt, wäre das Individuum in seiner Freiheit erheblich gefährdet[175].

Gegenüber dem Gesetzgeber bedeutet Vertrauensschutz nicht der Schutz des Vertrauens auf einen endlosen, unveränderten Fortbestand eines günstigen Gesetzes[176], sondern des Vertrauens in den Bestand der ursprünglich geltenden Rechtsfolgenlage[177]. Demnach darf der Gesetzgeber ein Gesetz, auf das ein schutzwürdiges Vertrauen des Einzelnen beruht, nicht nach Belieben, ohne besonderen und überwiegenden Grund des öffentlichen Interesses rückwirkend ändern[178]. Die Achtungspflicht des Einzelnen der Rechtsordnung gegenüber begründet sein berechtigtes Interesse, dass seine an der geltenden Rechtslage orientierten Dispositionen nicht durch Gesetz rückwirkend beeinträchtigt und entwertet werden und die damit verbundenen Folgen aberkannt werden[179].

Das Rückwirkungsverbot schränkt somit den Gestaltungsspielraum des Gesetzgebers bei der Feststellung des zeitlichen Anwendungsbereichs einer neuen Rechtsnorm ein[180]. Die gesetzlichen Rechtsfolgen eines abgeschlossenen Sachverhaltes sollen anerkannt bleiben: Die steuerrechtliche Position des Steuerpflichtigen, die auf der geltenden Rechtslage basiert, darf nicht rückwirkend verschlechtert werden[181].

---

[175] BVerfGE 97, 67 (78), ständige Rechtsprechung: BVerfGE 30, 272 (285), 63, 343 (357); 72, 200 (257 f). Die Verläßlichkeit der Rechtsordnung ist als eine Grundbedingung freiheitlicher Verfassungen zu betrachten.

[176] Nach der Bezeichnung *Stüssers* „Kontinuitätsvertrauen", dessen vollständiger Schutz zu einer „Versteinerung" der Gesetzgebung führen würde. *Stüsser, J.*; Die Rückwirkung in der Rechtsprechung des Bundesverfassungsgericht, JURA 1999, S. 547.

[177] BVerfGE 97, 67 (79) m.w.H..

[178] *Badura, P.*; Staatsrecht, 2. Aufl., 1996, S. 273.

[179] *Wermeckes, B.*; Das Steuerentlastungsgesetz 1999/2000/2002 und dessen rückwirkende Änderung des EStG im Lichte des Verfassungsrechts – Zur verfassungsrechtlichen Zulässigkeit rückwirkender Steuergesetze -, DStZ 1999, S. 480.

[180] Vgl. *Pieroth, B.*; Die neuere Rechtsprechung des Bundesverfassungsgerichts zum Grundsatz des *Vertrauensschutz*es, JZ 1990, S. 280; *Wermeckes, B.*; DStZ 1999, S. 482; *Spindler, W.*; Vertrauensschutz im Steuerrecht, DStR 2001, S. 725.

[181] *Kaligin, T.*; Zur verfassungsrechtlichen Problematik der rückwirkenden Verschärfung der Besteuerung von Veräußerungsgewinnen gem. § 34 EStG, DStZ 1997, S. 524.

2. Rückwirkend belastende Gesetze

Im Hinblick auf das Rückwirkungsverbot sind ausschließlich rückwirkende *belastende* Gesetze von Bedeutung[182], rückwirkende Begünstigungen durch den Gesetzgeber sind unumstritten zulässig[183]. Als belastend sind solche Gesetze zu verstehen, die die Rechtspositionen des Bürgers verschlechtern[184], entweder weil sie rückwirkend eine Belastung anordnen, oder weil sie eine Vergünstigung einschränken oder aufheben[185]. Belastender Natur sind somit sowohl Gebots- und Verbotsnormen, als auch Abgabengesetze[186]. Nicht belastend sind dagegen solche Gesetze, die eine praktizierte Rechtsüberzeugung festschreiben oder eine bestehende Rechtslage klären[187].

> „Eine Rechtsnorm entfaltet Rückwirkung, wenn der Beginn ihres zeitlichen Anwendungsbereichs normativ auf einen Zeitpunkt festgelegt ist, der vor dem Zeitpunkt liegt, zu dem die Norm rechtlich existent, das heißt gültig geworden ist“[188].

Die Eigenart rückwirkender Gesetze besteht darin, dass sie eine bestehende Rechtslage mit Wirkung für die Vergangenheit durch neues Recht ändern; das neue Gesetz lässt eine andere Ordnung für einen vergangenen Zeitraum „ersetzend“ nachträglich an dessen Stelle treten[189].

3. Rechtsprechung des Bundesverfassungsgerichts

In der Rechtsprechung des Bundesverfassungsgerichts werden zwei Nomenklaturen verwendet, um das Thema der gesetzlichen Rückwirkung zu erörtern. Einerseits wird nach der traditionellen Rechtsprechung des Ersten Senats[190] zwischen prinzipiell unzulässiger „echten“ und zulässiger „unechten“ Rückwirkung

---

182 Vgl. *Spindler, W.*; Verfassungsrechtliche Grenzen einer Rückwirkung von Steuergesetzen, DStR 1998, S. 954; *Wermeckes, B.*; Das Steuerentlastungsgesetz 1999/2000/2002 und dessen rückwirkende Änderung des EStG im Lichte des Verfassungsrecht - Zur verfassungsrechtlichen Zulässigkeit rückwirkender Steuergesetze -, DStZ 1999, S. 479; BVerfGE 30, 272 (285).

183 BVerfGE 23, 85 (93).

184 BVerfGE 30, 367 (386).

185 *Offerhaus, K.*; Die Steuerreform – eine Herausforderung an den Rechtsstaat; DStZ 2000, S. 12.

186 BVerfGE 30, 367 (386); *Spindler, W.*; DStR 1998, S. 954.

187 *Spindler, W.*; DStR 1998, S. 954. *Wermeckes, B.*; DStZ 1999, S. 479.

188 BVerfGE 63, 343 (353); 72, 200 (241); 97, 67 (78).

189 BVerfGE 13, 279 (282); 30, 367 (386).

190 Die Differenzierung wurde vom Zweiten Senat gegründet, aber heute nur vom Ersten fortgeführt. *Reimer, E.*; Probleme der Verlängerung der Mindesthaltefristen des § 23 EStG – Zur Verfassungsmäßigkeit rückwirkender Verschärfung von Steuergesetzen -, DStZ 2001, S. 725 m.w.N..

differenziert[191]: Ob der Tatbestand, in den das Gesetz eingreift, an einem Stichtag vollständig abgewickelt oder nur partiell verwirklicht war, ist hier das Unterscheidungskriterium[192]. Andererseits unterscheidet der Zweite Senat zwischen Rückbewirkung von Rechtsfolgen und tatbestandlicher Rückanknüpfung. Die Rückbewirkung von Rechtsfolgen betrifft den zeitlichen Anwendungsbereich der Norm und besteht, wenn das Gesetz neue Rechtsfolgen an bereits abgeschlossene, der Vergangenheit angehörende Tatbestände anknüpft. Die Rückbewirkung von Rechtsfolgen ist grundsätzlich verfassungswidrig, erlaubt dennoch gewisse Ausnahmen. Demgegenüber betrifft die tatbestandliche Rückanknüpfung nur den sachlichen Anwendungsbereich der Norm.

a. Zur echten Rückwirkung/ Rückbewirkung von Rechtsfolgen

Nach ständiger Rechtsprechung des Bundesverfassungsgerichts liegt eine echte[193] Rückwirkung vor, wenn das Gesetz nachträglich ändernd in abgewickelte, der Vergangenheit angehörende Tatbestände eingreift[194]. Der Bürger würde in seinem Vertrauen auf die Verlässlichkeit der Rechtsordnung enttäuscht, dürfte der Gesetzgeber an bereits abgeschlossene, der Vergangenheit angehörende Tatbestände nachträglich ungünstigere Folgen knüpfen als diejenigen, von denen der Bürger bei seinen Dispositionen ausgehen durfte[195]. Der zeitliche Anwendungsbereich der Norm erstreckt sich somit auf Tatbestände, die zu einem Zeitpunkt abgewickelt worden sind, zu dem die Norm noch nicht existent war[196].

Die echte Rückwirkung ist grundsätzlich unzulässig[197], bedarf also präziser formuliert, als Durchbrechung des rechtsstaatlichen Rückwirkungsverbots eines besonderen Rechtfertigungsgrundes[198]. Die Ausnahmen[199] zur prinzipiellen Unzulässigkeit der echten Rückwirkung, die allerdings keinen erschöpfenden Katalog bilden[200], lassen sich in drei „Kategorien" umschreiben[201]: Zwingende Grün-

---

[191] BVerfGE 11, 139 (145 f); 30, 367 (386); 68, 287 (306).

[192] *Reimer, E.*; DStZ 2001, S. 725.

[193] Auch „**retroaktive**" von *Spindler, W.*; DStR 1998, S. 954; *Schwenke, M.*; Rückwirkung von Gesetzen und Vertrauensschutz im Lichte der aktuellen Steuerreformdiskussion; FR 1997, S. 45 f; *Wermeckes, B.*; DStZ 1999, S. 480; bzw. „**volle**" von *Reimer, E.*; DStZ 2001, S. 732, 735, genannt.

[194] BVerfGE 13, 261 (271); 57, 361 (391); 68, 287 (306); 72, 175 (196).

[195] BVerfGE 14, 288 (2).

[196] *Brockmeyer, H. B.*; Rückwirkung von Steuergesetzen – Wie weit reicht der Gestaltungsspielraum des Gesetzgebers?; Harzburger Steuerprotokoll 1998, S. 55.

[197] BVerfGE 13, 261 (270 f); 30, 272 (285).

[198] *Spindler, W.*; DStR 2001, S. 725.

[199] BVerfGE 72, 200 (258 ff).

[200] BVerfGE 97, 67 (80); 72, 200 (258); *Spindler, W.*; DStR 1998, S. 955; *Wermeckes, B.*; DStZ 1999, S. 481.

[201] Vgl. BVerfGE 72, 200 (258).

de des Allgemeinwohls, fehlendes schutzwürdiges Vertrauen und der sog. Bagatellvorbehalt.

i. Zwingende Gründe des Allgemeinwohls

Die Rückwirkung eines Gesetzes ist aus zwingenden Gründen des Gemeinwohls, die dem Gebot der Rechtssicherheit übergeordnet sind, verfassungsrechtlich erlaubt[202]. Zwingende Gründe des allgemeinen Wohls liegen in diesem Sinne vor, wenn ein sofortiges Greifen gesetzgeberischer Maßnahmen notwendig erscheint, um drohende Nachteile für die Allgemeinheit abzuwenden[203]. Das Bundesverfassungsgericht bejahte bereits das Bestehen zwingender Gründe des Gemeinwohls, wenn die Bundesregierung eine Regelung als „wirtschaftlich unsinnig" einschätzt und sie daher aufgeben möchte[204].

Zu Recht stieß diese Auffassung auf Kritik[205]: Danach könne jede von der Bundesregierung als „wirtschaftlich unsinnig" eingeschätzte (steuerliche) Regelung rückwirkend geändert werden, unabhängig davon, ob diese die Rückwirkung rechtfertigenden zwingenden Gründe objektiv bestehen[206]. Objektiv bestünden sie, wenn sich die rückwirkende Abschaffung einer Abschreibungsbegünstigung zur Vermeidung maßgebender haushaltsmäßiger oder volkswirtschaftlicher Nachteile als geboten darstellt[207].

ii. Fehlendes schutzwürdiges Vertrauen

Bei diesen Ausnahmen wird das Vertrauen des Bürgers auf eine bestimmte Rechtslage für nicht schutzwürdig erachtet, weil es sachlich nicht gerechtfertigt wäre[208]. Das Vertrauen des Einzelnen auf den Fortbestand einer ihm günstigen Regelung ist dann nicht schutzwürdig, wenn es „eine Rücksichtnahme durch den Gesetzgeber billigerweise nicht beanspruchen darf."[209].

Das Vertrauen ist nicht schutzwürdig, wenn der Bürger nach der rechtlichen Situation in dem Zeitpunkt, auf den das Gesetz zurückbezogen wird, mit der Regelung rechnen musste[210]. Zwar wird ein Gesetz gültig und existent mit dessen Inkrafttreten, das laut Art. 82 Absatz 2 GG durch dessen Verkündung bestimmt

---

202 BVerfGE 97, 67 (80); 72, 200 (260); 13, 261 (272).
203 BStBl II 1981, S. 595.
204 BVerfGE 97, 67 (81): Beschluss zu Sonderabschreibungen für Handelsschiffe.
205 *Spindler, W.*; DStR 1998, S. 958.
206 *Brockmeyer, H. B.*; Harzburger Steuerprotokoll 1998, S. 59.
207 *Spindler, W.*; DStR 1998, S. 958.
208 BVerfGE 30, 367 (387); 13, 261 (271 f); *Schwenke, M.*; FR 1997, S. 46 mit Hinweis auf BVerfGE 19, 127.
209 BVerfGE 63, 152 (175); 72, 141 (155).
210 BVerfGE 13, 261 (272); 30, 272 (286).

wird, das Vertrauen der Bürger gegenüber einer echten Rückwirkung ist aber nicht bis zu diesem Zeitpunkt schutzwürdig.

In diesem Sinne erklärte das Bundesverfassungsgericht, dass bereits mit dem endgültigen Beschluss des Gesetzes durch den Bundestag die Schutzwürdigkeit des Vertrauens so eingeschränkt wird, dass eine echte Rückwirkung der Norm bzw. die Erstreckung deren zeitlichen Anwendungsbereichs zu diesem Zeitpunkt - zwischen dem Gesetzesbeschluss und der Verkündung – allgemein als gerechtfertigt zu betrachten ist[211].

Dieser Zeitpunkt stelle eine Art zeitlichen Kompromiss dar, zwischen einerseits dem Interesse des Staates, die neue Regelung unverzüglich greifen und unumgänglich werden zu lassen – dies würde im besten Falle mit der Einbringung des Gesetzesentwurfs erfolgen - und andererseits dem Interesse des Einzelnen, sich an die neue Rechtsnorm erst halten zu müssen, wenn sie in Kraft getreten ist und er sich über sie Kenntnis verschaffen konnte, nämlich nach ihrer Verkündung[212].

Der Einzelnen muss von dem Tag des Beschlusses an mit der Verkündung und dem Inkrafttreten des neuen Gesetzes rechnen und es ist den Betroffenen von diesem Tag an zuzumuten, ihr Verhalten auf die neue Regelung einzurichten[213].

Somit ist der Beschluss des neuen Gesetzes durch den Bundestag generell der maßgebliche Zeitpunkt zur Beendigung des Vertrauensschutzes[214]. Obwohl in der Rechtsprechung stets wiederholt wurde, dass „das Bekanntwerden von Gesetzesinitiativen und die öffentliche Berichterstattung über die Vorbereitungen einer Neuregelung durch die gesetzgebenden Körperschaften die Schutzwürdigkeit des Vertrauens in die bisherige Rechtslage noch nicht entfallen lassen“[215], lässt die allgemeine Regel des Gesetzesbeschlusses manche Ausnahmen zu, die durch das allgemeine Wohl begründet werden[216]. Eine solche Ausnahme stellt die Entscheidung zum Wegfall von Sonderabschreibungen für Handelsschiffe dar[217].

In diesem Beschluss des Zweiten Senates wird das Entfallen des Vertrauens in die noch geltende Rechtslage mit der Ankündigung einer Gesetzesänderung als aus rechtsstaatlicher Hinsicht unbedenklich erachtet; begründet wird dies mit einer dem Gesetzgeber zuzuerkennenden Abwehrmöglichkeit, wenn die Bürger

---

211 BVerfGE 13, 261 (272); 14, 288 (298); 30, 272 (287); 31, 222 (227); 72, 200 (261); 95, 64 (87).

212 BVerfGE 72, 200 (261 f).

213 BVerfGE 72, 200 (260); 97, 67 (79).

214 *Offerhaus, K.*; DStZ 2000, S. 13.

215 BVerfGE 72, 200 (261), 30, 272 (287).

216 *Spindler, W.*; DStR 1998, S. 956.

217 BVerfGE 97, 67.

das Zeit beanspruchende Gesetzgebungsverfahren ausnutzen, um der vom Gesetzgeber beabsichtigten Wirkung zuvorzukommen[218].

Der Bürger kann auf das geltende Recht in seinen Planungen dann nicht vertrauen, wenn es unklar und verworren ist. Zur Beseitigung der unklaren bzw. verworrenen Rechtslage soll dem Gesetzgeber gestattet sein, eine rückwirkende, klärende Regelung zu erlassen[219]. Der Gesetzgeber darf ferner eine lückenhafte oder zu weitgehende Regelung – in der Regel mit Wirkung ex nunc - ändern[220].

Der Einzelne kann sich nicht immer auf den durch eine ungültige Rechtsnorm erzeugten Rechtsschein verlassen; der Gesetzgeber kann daher u.U. eine nichtige Bestimmung rückwirkend durch eine rechtlich nicht zu beanstandende Norm ersetzen.

iii. Bagatellvorbehalt

Schließlich verstößt ein Gesetz nicht gegen das Rückwirkungsverbot, wenn kein oder nur ein ganz unerheblicher Schaden verursacht wird[221]. Dies wird damit begründet, dass der Vertrauensschutz nicht soweit geht, den Einzelnen vor jeder „Enttäuschung" in seinen Erwartungen in dem Fortbestand der bisherigen Rechtslage zu bewahren[222]. Diese Kategorie entspricht im Grunde der der „zwingenden Gründen des Allgemeinwohls", mit dem Unterschied, dass hier der Enttäuschung des Bürgers im Vergleich zu dem Interesse der Allgemeinheit eine geringere Gewichtung zukommt.

b. Zur unechten Rückwirkung/ tatbestandlichen Rückanknüpfung

i. Definition

Eine unechte[223] Rückwirkung liegt vor, wenn das Gesetz auf gegenwärtige bereits ins Werk gesetzte Sachverhalte aber noch nicht abgeschlossene und Rechtsbeziehungen für die Zukunft einwirkt und dadurch die betroffenen Rechtspositionen nachträglich entwertet[224]. Diese Gesetze betreffen, auch wenn sie prinzipiell eine in die Zukunft gerichtete Regelung enthalten, Rechte und

---

218 BVerfGE 97, 67 (81 f).
219 BVerfGE 11, 64 (72 f); 13, 261 (272); 30, 272 (286); 45, 142 (173); 72, 200 (259).
220 BVerfGE 30, 367 (388).
221 BVerfGE 30, 272 (287); 367 (389).
222 BVerfGE 14, 288 (299); 30, 367 (389).
223 Oder **„retrospektive"** bzw. **„partielle"**, s. FN. 193.
224 BVerfGE 11, 139 (145 f);14, 288 (297); 31, 275 (292 ff); 43, 291 (391); 51, 356 (362); 63, 152 (175); 64, 87 (104); 72, 141 (154); 72, 200 (242); 97, 67 (79).

Rechtsbeziehungen, die in der Vergangenheit begründet worden sind, aber noch fortbestehen[225].

Im Gegenteil zur echten Rückwirkung ist nach ständiger Rechtsprechung des 1. Senats des Bundesverfassungsgerichts die unechte Rückwirkung grundsätzlich zulässig[226]. Um anpassungsfähig und handlungsfähig bleiben zu können, wird hierdurch dem Staat die Fähigkeit zugestanden, auf die bestehenden Rechtslage und Rechtsverhältnisse durch neue Gesetze einwirken zu können[227].

Weil Gesetze mit unechter Rückwirkung eine erworbene grundrechtlich geschützte Position, berühren können[228], kann im Ausnahmefall die grundsätzliche Zulässigkeit der unechten Rückwirkung verneint werden. Aus den rechtsstaatlichen Prinzipien der Rechtssicherheit und des Vertrauensschutzes[229] und dem Grundsatz der Verhältnismäßigkeit ergeben sich verfassungsrechtliche Grenzen, die der Gesetzgeber einzuhalten hat[230]. Diese Schranken sind jedoch weniger streng als bei der echten Rückwirkung[231]. Dies bedeutet, dass die Feststellung einer möglichen unzulässigen unechten Rückwirkung eines Gesetzes einer auf den konkreten Einzelfall bezogene Interessenabwägung bedarf; hierbei kommt es einerseits auf Bedeutung des gesetzlichen Anliegens für das Wohl der Allgemeinheit und andererseits den durch die rückwirkende Gesetzesänderung verursachten Vertrauensschaden (Vertrauensenttäuschung)[232] – Enttäuschung des Vertrauens des Einzelnen auf den Fortbestand der jeweiligen gesetzlichen Regelung – sowie die Beeinträchtigung der geschützten Grundrechtspositionen des Einzelnen an[233].

Das Vertrauen des Einzelnen wird dann enttäuscht, wenn das Gesetz einen entwertenden Eingriff vornimmt, mit dem er nicht rechnen mußte und daher bei seinen Dispositionen nicht berücksichtigen konnte[234]. Nur ausnahmsweise kann ein überwiegendes schutzwürdiges Vertrauen des Betroffenen an den Fortbestand der durch das neue Gesetz ersetzten, geänderten Rechtslage die grundsätzliche Zulässigkeit einer unechten Rückwirkung ausschließen[235]. Die unechte

---

225 *Schwenke, M.*; FR 1997, S. 46.

226 BVerfGE 63, 152 (175); 30, 392 (402);43, 291 (391); 72, 141 (154);72, 200 (242).

227 *Spindler, W.*; DStR 1998, S. 956.

228 *Vogel, K./ Waldhoff, C.*;. S. 319.

229 BVerfGE 51, 356 (362 f); 63, 152 (175).

230 *Wermeckes, B.*; DStZ 1999, S. 481; *Sachs, M.*; Kommentierung des Artikels 20 GG, in: *Sachs, M. (Hrsg.)*, Grundgesetz. Kommentar, 3. Aufl., München, 2003, Rdnr.136 f.

231 BVerfGE 97, 67 (79).

232 BVerfGE 72, 175 (196); 14, 288 (300); 30, 392 (404); 51, 356 (363); 63, 312 (329); 89, 48 (66); BStBl II 1993, 151.

233 BVerfGE 75, 246.

234 BVerfGE 63, 152 (175); 14, 288 (299); 51, 356 (363); 72, 141 (154).

235 BVerfGE 30, 250 (268); 63, 312 (330).

Rückwirkung ist dann unzulässig, wenn der Vertrauensschaden der betroffenen Bürger gegenüber dem gesetzgeberischen Anliegen für das Wohl der Allgemeinheit überwiegen würde[236]. In diesem Sinne erfährt der Vertrauensschutz eine kleinere Wertigkeit als im Falle einer echten Rückwirkung[237].

ii. Abwägung zur Unzulässigkeit einer unechten Rückwirkung

Bei dieser Abwägung ist zu beachten, dass das Vertrauen des Einzelnen in das Fortbestehen einer günstigen Regelung in alle Zukunft nicht schutzwürdig ist[238]. Die Abwägung ist in zwei Schritten zu realisieren[239]: Als erstes soll geklärt werden, ob der Betroffene nicht mit dem Eingriff zu rechnen brauchte. Sobald der Einzelne mit dem Eingriff hätte rechnen müssen, entfällt der Vertrauensschutz gegenüber der unechten Rückwirkung. Daher gilt es hier zu klären, ab wann der Bürger mit der Änderung der bisherigen Rechtslage rechnen musste. Im Allgemeinen soll mit dem Beschluss der Gesetzesinitiative durch die Bundesregierung mit der unechten Rückwirkung gerechnet werden[240]. An dieser Stelle gelten ferner die bereits aufgeführten Erwägungen zum Entfallen der Schutzwürdigkeit des Vertrauens im Rahmen einer echten Rückwirkung.

War der Eingriff des Gesetzgebers vom Bürger nicht vorauszusehen, dann ist in einem zweiten Moment festzustellen, ob das Vertrauen des Einzelnen schutzwürdiger als das mit dem Gesetz verfolgte Anliegen ist. Bei dieser zweiten Abwägung wird in der Regel das Vertrauensschutzinteresse der Bürger als schwächer im Vergleich zu dem öffentlichen Interesse an einer uneingeschränkten Gesetzesänderung erachtet[241]. Das Gewicht des Vertrauensschutzes hängt hierbei von den betroffenen (grund-) rechtsgeschützten Rechtsgüter und der Intensität der Nachteile sowie dem Maß des berechtigten Vertrauens ab[242].

Im Bereich der Alterssicherung hat das Bundesverfassungsgericht[243] ein schutzwürdiges Interesse derjenigen bejaht, die auf eigenen Antrag hin der gesetzlichen Rentenversicherung beigetreten waren, nachdem durch unechte Rückwirkung die Anspruchsvoraussetzungen erschwert worden waren. Ihnen wurde ein Recht zur Kündigung des Rentenversicherungsverhältnisses zuerkannt. Ausschlaggebend war in diesem Fall das erzeugte Vertrauen wegen der nicht mehr

---

236 BVerfGE 63, 312 (329 f); 14, 288 (297 ff); 50, 386 (395).

237 *Wermeckes, B.*; DStZ 1999, S. 481.

238 *Spindler, W.*; DStR 1998, S. 956.

239 „Abwägungssystematik" von *Brockmeyer*, in *Brockmeyer, B.*; Harzburger Steuerprotokoll 1998, S. 53

240 *Ders.;* ebd.; BVerfG NJW 1992, 2877.

241 *Schwenke, M.*; FR 1997, S. 46.

242 *Schultze-Fielitz, H.*; Kommentierung des Artikels 20 GG in: *Dreier, H. (Hrsg.),* Grundgesetz Kommentar, Bd. II, 1998, Rdnr. 156.

243 BVerfGE 71, 1 (13).

zu ändernden Dispositionen für die Altersversorgung[244]. Genauso hat es eine in nicht ausreichender Weise angekündigte vorzeitige Pensionierung für verfassungswidrig gehalten, weil sich der Betroffene nicht darauf einstellen konnte[245].

c. Zur Rückwirkung bei außerordentlich schutzwürdigem Kontinuitätsvertrauen

Der Gesetzgeber darf eine Übergangsvorschrift vorzeitig zu Lasten des Betroffenen nicht bedenkenlos beseitigen[246]. Das Vertrauen in die Kontinuität einer Übergangsregelung, die ebenfalls aus Vertrauensschutzgründen erlassen wurde und den befristeten Fortbestand und Wirkung des alten Rechts für einen begrenzten Personenkreis noch ermöglicht, sei somit besonders schutzwürdig und nur unter besonderen Anforderungen vom Gesetzgeber zu enttäuschen. In diesem Sinne sei die vorzeitige Aufhebung der Übergangsvorschrift aus rechtsstaatlicher Hinsicht nicht damit zu begründen, dass sich die Umstände, die die Übergangsregelung veranlassen hatten, zwischenzeitlich geändert haben. Zur Rechtfertigung der Vertrauensenttäuschung müsse vielmehr die Aufrechterhaltung der geltenden Übergangsregelung schwere Nachteile für wichtige Gemeinschaftsgüter mit sich bringen[247].

Spezifisch für das Einkommensteuerrecht bildet die Anerkennung einer besonders schutzwürdigen Vertrauensgrundlage bei Verschonungssubventionen (Sonderabschreibungen) durch den 2. Senat[248] eine wichtige Einschränkung[249] der bisherigen Rechtsprechung des Bundesverfassungsgerichts.

Das gesetzliche Angebot einer Verschonungssubvention, die nur während des Veranlagungszeitraums angenommen werden kann und die den Steuerpflichtigen dazu veranlassen, eine wirtschaftliche Disposition zu tätigen, die er ohne den steuerlichen Anreiz nicht getätigt hätte, schafft für diesen vom Tag seiner Entscheidung an eine schutzwürdige Vertrauensgrundlage; das Jährlichkeitsprinzip bestimme zwar den zeitlichen Rahmen, in dem der Subventionsanspruch erfüllt wird, davon sei die Entscheidung, ein Schiff zu bestellen, aber unabhän-

---

244 *Spindler, W.*; DStR 1998, S. 956.
245 BVerfGE 71, 255 (274 f).
246 BVerfGE 102, 68 (97).
247 BVerfGE 102, 68 (98).
248 BVerfGE 97, 67 ff.
249 *Spindler, W.*; DStR 2001, S. 727; *Wermeckes, B.*; DStZ 1999, S. 483. Spindler bezeichnet diese Entscheidung als einen wichtigen Schritt zur Verbesserung des Vertrauensschutzes im Steuerrecht.

gig[250]. Einer Verschonungssubvention, als Lenkungsnorm, ist somit zutreffend[251] ein erhöhter Vertrauensschutz einzuräumen[252].

d. Zur Rückwirkung bei periodischen Steuern

Gemäß § 38 i.V.m. § 37 Abs. 1 AO entsteht der Steueranspruch sobald der Tatbestand, an den das Steuergesetz die Leistungspflicht anknüpft, verwirklicht ist. Ferner entsteht nach § 36 Abs. 1 i.V.m. 25 Abs. 1 EStG die Einkommensteuer erst mit dem Ablauf des Kalenderjahrs (Veranlagungszeitraum). Mit dem. Jährlichkeitsprinzip, das aus einfachgesetzlichen Vorschriften resultiert, begründet das Bundesverfassungsgericht seine Ansicht, rückwirkende belastende Änderungen von Steuergesetzen im laufenden Veranlagungszeitraum als unechte Rückwirkung bzw. tatbestandliche Rückanknüpfung zu erachten[253].

Bei periodisch veranlagten Steuern liegt eine echte Rückwirkung bzw. eine Rückbewirkung von Rechtsfolgen nur in den Fällen vor, in denen der Gesetzgeber Gesetzesänderungen anordnet, die sich auf einen bereits „abgeschlossenen", der Vergangenheit angehörenden Veranlagungszeitraum erstrecken, d.h. wenn ein nach Ablauf des Veranlagungszeitraum verkündetes Gesetz mit Wirkung für diesen Veranlagungszeitraum beschlossen wird[254]. Eine verfassungswidrige echte Rückwirkung besteht dann, wenn die neue Regelung auch Einkünfte erfasst, die nach der ursprünglichen Rechtslage keiner Steuerpflicht unterlagen bzw. diese Pflicht vor Gesetzbeschluss weggefallen war[255].

In diesem Zusammenhang ist es dem Gesetzgeber nicht verwehrt, *zusätzliche* Steuerpflichten zu schaffen[256]. Eine zulässige Erhöhung der Steuertarife im laufenden Veranlagungszeitraum ist jedoch nur in maßvollen Grenzen möglich[257].

Die Rechtsprechung zur lediglich unechten Rückwirkung von Gesetzen bei periodischen Steuern ist im Schrifttum auf die Kritik gestoßen, dass ein Rückwirkungsverbot, welches unter Berücksichtigung der formalen Entstehung von Rechtsfolgen und der Erfüllung des Steuertatbestandes, nicht aber der Verwirk-

---

250 BVerfGE 97, 67 (80f).
251 Vgl. *Vogel, K./ Waldhoff, C.*; S. 321.
252 BVerfGE 97, 67 (80); *Wersmann, R.*; Grundfälle zur verfassungsrechtlichen Zulässigkeit rückwirkender Gesetze, JuS 2000, S. 40; *Wermeckes, B.*, DStZ 1999, S. 483.
253 BVerfGE 72, 200 (253); 97, 67 (80). *Vogel, K./ Waldhoff, C.*; S. 322.
254 BVerfGE 97, 67 (80); 72, 200 (253); 30, 392 (401); 11, 139 (145f). *Spindler, W.*; DStR 2001, S. 727; *Brockmeyer, B.*; Harzburger Steuerprotokoll 1998, S. 51.
255 BVerfGE 72, 200 (255 f).
256 BVerfGE 63, 312 (331); 38, 61 (83); 30, 250 (269).
257 BVerfGE 18, 135 (143). Wobei eine Erhöhung des Satzes der Körperschaftsteuer um 10% als maßvoll und verfassungskonform eingeschätzt wurde.

lichung des Sachverhaltes, gestaltet wird, keine Steuerplanungssicherheit gewähre[258]. Dem Rückwirkungsbegriff sei daher die vertrauensrechtlich relevante Disposition zugrunde zu legen[259]. Wann sich bei periodischen Steuern der „Steuertatbestand verwirklicht" und die „Steuerschuld entsteht" habe nur eine begrifflich-konstruktive Bedeutung[260].

Die rückwirkende belastende Änderung eines Steuergesetzes für den laufenden Veranlagungszeitraum wird als einen Schlag gegen die Verläßlichkeit der Rechtsordnung bezeichnet und die daraus resultierende Konstellation als vergleichbar mit dem Wettlauf zwischen dem Hasen (Bürger) und dem Igel (Fiskus) betrachtet[261].

e. Zur Notwendigkeit von Übergangsregelungen

Zur Milderung der Härten einer, wenn auch zulässigen, rückwirkenden Gesetzesänderung wird im Schrifttum nach schonender, angemessener Übergangsregelungen verlangt, die unter Beachtung des Grundsatzes der Verhältnismäßigkeit nach Abwägung zwischen dem Ausmaß des Vertrauensschadens und der Beeinträchtigung der geschützten Rechtspositionen des Einzelnen sowie der Bedeutung des gesetzgeberischen Anliegens vom Gesetzgeber vorgesehen werden sollten[262].

Allerdings stellt eine Übergangsregelung keine verfassungsrechtliche *conditio sine qua non* einer (zulässigen) Rückwirkung dar: Die Entscheidung, ob und in welchem Umfang Übergangsvorschriften zu erlassen sind, steht im Gestaltungsspielraum des Gesetzgebers[263].

---

258 *Spindler, W.*; DStR 2001, S. 727; *ders.*; DStR 1998, S. 958; *Wermeckes, B.*; DStZ 1999, S. 483.

259 *Offerhaus, K.*; DStZ 2000, S. 13 f.

260 *Vogel, K./ Waldhoff, C.*;. S. 322.

261 So *Steinberger* in seiner Abweichenden Meinung zum Beschluß des 2. Senats des Bundesverfassungsgerichts vom 14. Mai 1986, E 72, 200 (278).

262 *Spindler, W.*; DStR 2001, S. 728 f; *Wermeckes, B.*; DStZ 1999, S. 481 f. Ihnen komme somit eine besondere Bedeutung bei unechter Rückwirkung zu, da sie im Rahmen der Interessenabwägung, übrige Einwände zur Verfassungsmäßigkeit der rückwirkenden Norm beseitigen.

263 *Vogel, K./ Waldhoff, C.*;. S. 322; *Wermeckes, B.*; DStZ 1999, S. 324.

B. Venezuela

I. Das Legalitätsprinzip

Als ein Ausfluss des Rechtsstaatsprinzip[264] weist das allgemeine Legalitätsprinzip, welches die Bindung an die Verfassung und an die Gesetze aller Staatsgewalten gebietet[265], mehrere Funktionen auf: Den Gesetzesvorbehalt, die Gesetzmäßigkeit der Verwaltung, die Festlegung der untergesetzlichen Normhierarchie und schließlich die Bestimmung der im konkreten Fall anzuwendenden Norm(en)[266].

1. Vorbehalt des Steuergesetzes

a. Verfassungsrechtliche Verankerung und Bedeutung

Nach Art 317 Abs. 1 Satz 1 der venezolanischen Verfassung

> „... dürfen keine Steuern, Gebühren oder Abgaben erhoben werden, die nicht im Gesetz festgesetzt wurden, noch Befreiungen und Minderungen oder andere Formen fiskalischer Vergünstigungen gewährt werden, außer in den durch Gesetz vorgesehenen Fällen. ...“[267].

Der Steuergesetzesvorbehalt des Art. 317 wird durch Art. 133 der venezolanischen Verfassung ergänzt, welcher die Steuerpflicht in direktes Verhältnis zum Vorbehalt eines Gesetzes stellt[268]:

> „Artikel 133. Jede Person hat die Pflicht; zu den öffentlichen Ausgaben beizutragen, durch die Zahlung der vom Gesetz festgelegten Steuern, Gebühren und Beiträgen.“[269].

---

264 CSJ SPA vom 25.01.65 im Fall: Creole Petroleum Corporation *vs.* Concejo Municipal del Distrito Falcón del Estado Falcón, in GF Nr. 47, S. 47 (49); TSJ SPA vom 21.10.03, im Fall: C.A. Seagrams de Margarita, http://www.tsj.gov.ve/decisiones/spa/octubre/01626-221003-2003-0411.htm .

265 Art. 137. „Diese Verfassung und das Gesetz definieren die Befugnisse der Organe, die die öffentliche Gewalt ausüben, an welche sich die Tätigkeiten halten müssen, die sie ausführen.“. (Übersetzung der Verfasserin).

266 *Moles C., A.*; El Principio de Legalidad y sus Implicaciones, Caracas, 1974, S. 11.

267 Übersetzung der Verfasserin.

268 *Ruan S.; G.*; La Tributación en la Constitución de 1999, in: *ACPS (Hrsg.)*, La Constitución de 1999 (= Ciclo de Conferencias Dictadas en la Academia de Ciencias Políticas y Sociales 3 al 11 de mayo de 2000), Caracas, 2000, S. 433 f.

269 Übersetzung und Hervorhebung der Verfasserin.

Der Steuergesetzesvorbehalt bildet eine der Grundlagen des venezolanischen verfassungsrechtlichen Steuersystems und ist ein zwingender Grundsatz für alle Staatsgewalten, ebenfalls in der föderalen Perspektive: Er bindet nicht nur die Zentralgewalt, sondern auch die staatliche und die munizipale[270]. Daher sind Steuern auf staatlicher und Gemeindeebene ausschließlich jeweils durch staatliches und kommunales Gesetz einzuführen und zu definieren[271].

Der Vorbehalt des Gesetzes wird im Anschluss an die spanische Lehre[272] als die verfassungsrechtliche Bestimmung eines ausschließlich durch Gesetz zu regelnden Bereichs, der für das Steuerrecht, im Anschluss an das argentinische Schrifttum[273], das Prinzip der fehlenden Delegationsfähigkeit der parlamentarischen Befugnis zur Einführung, Modifizierung und Abschaffung von Abgaben an die Exekutive impliziert[274].

Nach der Rechtsprechung des ehemaligen *Corte Suprema de Justicia* findet der Gesetzesvorbehalt seine historische Grundlage in der Achtung der Garantien des Einzelnen: Solche Angelegenheiten, welche die Rechtssphäre der Bürger betreffen, dürfen lediglich durch Gesetz normiert werden, das zudem als demokratischer Ausdruck des allgemeinen Willens fungiert und die Willkürfreiheit der Regelung, und somit den Schutz der individuellen Rechte und Freiheiten, gewährleistet[275]. Das Gebot des Steuergesetzesvorbehalts, der in der Verfassungsordnung Venezuelas seit der aus der Unabhängigkeit von Spanien resultierenden

---

270 *Aragón C., I. B.*; Configuración Jurídica de la Autonomía Tributaria en los Municipios Venezolanos, TRIBUTUM X / 2000, San Cristóbal, 2000, S. 121 f; *Evans M., R.*; Introducción al Régimen Impositivo *Municipal* Venezolano, Caracas, 1998, S. 17.

271 CSJ SPA vom 12.05.1969 in Sache: A. Hernández B., GF 64, S. 166 (172); CSJ SPA vom 16.11.1989, im Fall: Asociación de Criadores de Caballos Pura Sangre de Carreras, R&G Bd. CX, S. 710 (712); CSJ CP vom 08.07.1998 im Fall: Asociación Civil Aeroclub Valencia, http://www.tsj.gov.ve/jurisprudencia/cp/cp08071998-660.html; *Ramírez van der Velde, A./ Baute, P./ Planchart, A.;* S. 28.

272 *García de Enterría, E. / Fernández, T.-R.*; Curso de Derecho Administrativo, *Bd. I*, 7. Aufl. (1995), Madrid, 1996 (Neuauflage), S. 230.

273 *Jarach, D.*; Finanzas Públicas y Derecho Tributario, 2. Neuauflage, Buenos Aires, 1993, S. 300.

274 *Romero-Muci, H.*; La Garantía de la Reserva Legal Tributaria, Deslegalización y Exceso Reglamentario: El caso de los Reglamentos de la Ley de Pilotaje, in: *AVDT (Hrsg.)*, La Administración Tributaria y los Derechos de los Contribuyentes. Libro Homenaje a la Memoria de Ilse van der Velde, Caracas, 1998, S. ; *Arvelo V., R.*; El Estatuto del Contibuyente en la Constitución de la República Bolivariana de Venezuela de 1999. Caracas, 2000, S. 205.

275 CSJ SPA vom 12.05.1969 in Sache: A. Hernández B., GF 64, S. 166 (172), sowie vom 24.11.1983, in Sache: Aeropuerto Caracas, C.A., *Romero-Muci, H., Jurisprudencia*, Bd. I, S. 199 (205 f); CSJ CP vom 08.07.1998 im Fall: Asociación Civil Aeroclub Valencia, http://www.tsj.gov.ve/jurisprudencia/cp/cp08071998-660.html .

ersten „Föderalen Verfassung der Staaten Venezuelas" von 1811[276] besteht, wird somit darauf zurückgeführt, dass Steuern Eingriffe in die Rechtssphäre des Einzelnen darstellen und daher einer gesetzlichen Grundlage bedürfen[277]. Er wird dementsprechend sowohl in der Rechtsprechung[278] als auch im Schrifttum[279] als ein Schutz- oder Garantiemittel zur Bewahrung des privaten Eigentums und der Verfügungsfreiheit über die Vermögensrechte vor abgabenrechtlichen Eingriffen betrachtet.

Geboten sind förmliche Gesetze[280]: Dem Erfordernis wird nur durch Normen Rechnung getragen, deren Zustandekommen die von Verfassungs wegen bestimmten Formen und Verfahren erfüllt[281], ungeachtet ihrer Bezeichnung[282]. Indes stellt der nahezu absolute Steuergesetzesvorbehalt kein subjektives Recht dar[283].

b. Bestimmtheit des Steuergesetzes

Die Bedeutung des Steuergesetzesvorbehalts wird darin gesehen, dass das Gesetz die gestaltenden Elemente jeder Steuer zu bestimmen hat[284]: Nur dem Gesetz steht, so die Verfassungsrechtsprechung, die Regelung zur Einführung, Än-

---

276 In Artikeln 5, 71 und 166.

277 *Rámirez van der Velde, A.*; La deslegalización que vincula el Impuesto al Valor Agregado con la legislación aduanera venezolana, in: *ACPS (Hrsg.)*; Boletín de la Academia de Ciencias Políticas y Sociales Nr. 138 (2001), Caracas, 2002, S. 469 f.; *Moreno de Rivas, A.*; El Estado de Derecho y el Principio de Legalidad Tributaria, in: *AVDT (Hrsg.)*, II. Jornadas Venezolanas de Derecho Tributario. Caracas, 1987, S. 33.

278 CSJ SPA vom 25.01.65 im Fall: Creole Petroleum Corporation *vs.* Concejo Municipal del Distrito Falcón del Estado Falcón, in GF Nr. 47, S. 47 (49); TSJ SPA vom 21.10.03, im Fall: C.A. Seagrams de Margarita, http://www.tsj.gov.ve/decisiones/spa/octubre/01626-221003-2003-0411.htm .

279 *Moreno de Rivas, A.*; S. 33.

280 *Ramírez van der Velde, A./ Baute, P./ Planchart, A.;* S. 27.

281 CSJ SPA vom 12.05.1969 in Sache: A. Hernández B., GF 64, S. 166 (172).

282 *Ramírez van der Velde, A./ Baute, P./ Planchart, A.;* S. 27.

283 TSJ SPA vom 21.10.03, im Fall: C.A. Seagrams de Margarita, http://www.tsj.gov.ve/decisiones/spa/octubre/01626-221003-2003-0411.htm; vom 23.09.2003, in Sache: Oster de Venezuela, S.A.; http://www.tsj.gov.ve/decisiones/spa/septiembre/01440-230903-2003-0137.htm .

284 *Octavio, J. A.*; *Principios*, S. 20; *ders.*; *Código Orgánico Tributario 1998*, S. 84; *Ramírez van der Velde, A./ Baute, P./ Planchart, A.;* S. 24; *Rámirez van der Velde, A.*; in: *ACPS (Hrsg.)*; S. 470 f; *Carmona B., J. C.*; Viabilidad de la descentralización fiscal esdadal en el marco de la Constitución de 1999, in: *AVDT (Hrsg.)*, V. Jornadas Venezolanas de Derecho Tributario. Aspectos Tributarios en la Constitución de 1999, Caracas, 2000, S. 62; *Ruan S.; G.*; in: *ACPS (Hrsg.)*, S. 435; *Aragón C., I. B.*; S. 121; *Anzola P., O.*; La *actualización monetaria* en materia tributaria, RDT 67, Caracas, 1995, S. 27; *Evans M., R.*; *Municipal*, S. 16.

derung und Abschaffung von Steuern zu, indem es die grundlegenden Elemente definiert[285]. Später wird diese Formulierung konkretisiert: Die wesentlichen Elemente einer Steuer, der Steuergegenstand, die Bemessungsgrundlage, der Steuersatz und die Steuersubjekte, sind durch das Gesetz zu definieren[286]. Der Steuergesetzesvorbehalt verwirklicht somit die im Rechtsstaat gebotene[287] Bestimmtheit des Steuergesetzes[288].

Im Rahmen des verfassungsgebenden Prozesses schlug die Venezolanische Gesellschaft für Steuerrecht vor, eine genauere Beschreibung der Bestimmtheitserfordernisse des Vorbehalts des Steuergesetzes in den Verfassungstext einzufügen, der Vorschlag wurde jedoch nicht angenommen[289].

c. Flexibilisierung des Steuergesetzesvorbehalts

Der prinzipiell starre (Steuer)Gesetzesvorbehalt erfährt zwei Flexibilisierungen in der venezolanischen Verfassungsordnung: Durch die Gesetzdekrete (*Decretos-Leyes*) und die Rechtsverordnungen. Dennoch bedürfen die Grundelemente der Steuern stets einer gesetzlichen Regelung[290], denn ihre Definition steht nicht zur Disposition des Gesetzgebers.

Zutreffend erklärt das Verfassungsgericht, dass das Prinzip des Steuergesetzesvorbehalts eine formelle Schranke der Besteuerung darstellt, indem es garantiert, welches Organ zur Einführung von Steuern verfassungsrechtlich berufen ist: Nämlich die gesetzgebende Gewalt und nur ausnahmsweise vorbehaltlich einer expliziten und außerordentlichen Delegation, die Exekutive. Allerdings steht es auch, in diesem letzten Fall, dem Gesetzgeber nicht zu, das bloße Bestehen der Steuer zu erklären und ihre Definition dem ausführenden Organ zu überlassen: Das Gesetz hat den Steuertatbestand, die Bemessungsgrundlage und den Steuer-

---

285 TSJ SC vom 14.02.2001, in Sache: Ley de Promoción y Protección de Inversiones; http://www.tsj.gov.ve/decisiones/scon/febrero/186-140201-00-1438%20.htm .

286 TSJ SPA 20.08.2003, im Fall: Contraloría General de la República *vs.* TS 4° CT, http://www.tsj.gov.ve/decisiones/spa/agosto/01294-210803-2000-0687.htm .

287 Aus dem Gesetzesvorbehalt i.V.m. der Rechtssicherheit und der Steuergerechtigkeit läßt sich die Erfordernis der Bestimmtheit des Steuergesetzes herleiten.

288 *Octavio, J. A.*; *Principios*, S. 19.

289 Kritisch dazu *Ramírez van der Velde, A./ Baute, P./ Planchart, A.;* S.24.

290 *Romero-Muci, H.*; La Garantía de la Reserva Legal Tributaria, Deslegalización y Exceso Reglamentario: El caso de los Reglamentos de la Ley de Pilotaje, in: *AVDT (Hrsg.)*, La Administración Tributaria y los Derechos de los Contribuyentes. Libro Homenaje a la Memoria de Ilse van der Velde, Caracas, 1998; *Arvelo V., R.*; S. 204 f; *Meneses C., J. E.*; Los Principios de Tributación en el Régimen Tarifario fijado por el Instituto Nacional de Puertos, con aprobación del Ministerio de Transporte y Comunicaciones, in: *Meneses C., J. E.*, Diez Temas sobre Derecho Financiero y Derecho Tributario, Caracas, 1991, S. 89, 99; *Ruan S.; G.*; in: *ACPS (Hrsg.)*, S. 433.

satz zu determinieren, sowie die Steuerbefreiungen oder -vergünstigungen und gegebenenfalls die Sanktionen[291].

i. Gesetzdekrete

Nach Art. 236 Abs. 1 Nr. 8 der venezolanischen Verfassung ist der Präsident der Republik dazu befugt, bei vorherigem habilitierendem Gesetz Dekrete mit Gesetzes Kraft (*i.e.* Rang) zu erlassen. Nach Art. 203 Abs. 4 der venezolanischen Verfassung werden habilitierende Gesetze

> „... von der Nationalversammlung kraft drei Fünftel ihrer Mitglieder verabschiedet, um die Richtlinien, Zwecke und den Rahmen der dem Präsidenten ... delegierten Materien... zu bestimmen. Die habilitierenden Gesetze müssen den Zeitraum ihrer Ausübung festlegen.„[292].

Gesetzdekrete sind Gesetze nur im materiellen Sinne, genießen aber trotzdem den Rang eines förmlichen Gesetzes. Verfassungsrechtlich erforderlich ist eine parlamentarische sachliche und zeitliche Begrenzung der Ermächtigung: Das habilitierende Gesetz soll daher präzise festlegen, welche Steuer eingeführt, modifiziert oder geändert werden darf, mit Definition ihrer Elemente[293]. Im Schrifttum wird in diesem Zusammenhang darauf verwiesen, dass die vermehrte Einführung von Steuern durch Gesetzdekrete den Ausnahmecharakter dieses juristischen Instituts verzerrt und verletzt nicht nur das Prinzip des Gesetzesvorbehaltes, sondern berührt auch den Grundsatz der Gewaltenteilung[294].

ii. Rechtsverordnungen

Diese untergesetzlichen Regelungen der Exekutive dienen der Durchführung der Gesetze. Art. 236 Abs. 1 Nr. 10 der venezolanischen Verfassung verleiht dem Präsident der Republik die Befugnis um

> „Gesetze vollständig oder partiell [zu] reglementieren, ohne ihren Geist, Zweck und ihre Ratio zu ändern."[295].

---

291 TSJ SPA 20.02.2003, in Sache: C.A Venezolana de Ascensores (CAVENAS); http://www.tsj.gov.ve/decisiones/spa/febrero/00290-250203-2001-0222.htm .

292 Übersetzung der Verfasserin.

293 *Octavio, J. A.*; *Principios*, S. 20.

294 *Barnola, J. P. (h.)*; Nuevas *Tendencias* del Derecho Tributario en el Siglo XXI, Revista Dictamen Nr. 2, Caracas, 1999, S. 13; *Vidal H., E.*; El modelo de Código Tributario para América Latina y la necesidad de su actualización, in: *PGR (Hrsg.)*, Revista de la Fundación Procuraduría, Nr. 9, Caracas, 1994, S. 303 f.

295 Übersetzung der Verfasserin.

Die Verordnung soll somit den Regelungsgehalt des Gesetzes achten, sowie dessen Daseinsbegründung und die verfolgten Ziele[296]: Die Grundmerkmale einer Steuer dürfen durch die Exekutive mittels Verordnung nicht verändert werden; dies ergibt sich aus der Normhierarchie und aus dem daraus resultierenden Prinzip des „Einfrierens des Rangs“[297] der Steuerdefinition.

Nach der Rechtsprechung des ehemaligen *Corte Suprema de Justicia* erfasst der Regelungsbereich der Verordnungen insbesondere organisatorische Aspekte: Entstehende Pflichten sowie Rechtsbeschränkungen für den Einzelnen dürfen ausschließlich durch Gesetz definiert und durch die Verordnung lediglich ergänzt werden. Das Grundlegende einer Verordnung soll im jeweiligen Gesetz zu finden sein[298]. Unter keinen Umständen ist es verfassungsgemäß, durch Verordnungen Steuern einzuführen, ihre Merkmale zu definieren, zu verifizieren, steuerliche Vergünstigungen zu gewähren oder abzuschaffen[299]. Die Rechtsprechung akzeptiert allerdings, dass das Gesetz in Bezug auf den Steuersatz nur ein Maximum bestimmt und es der Verordnung überlässt, den genauen Tarif unter Beachtung dieser Grenze festzulegen[300].

Im Schrifttum wird auf diverse Beispiele hingewiesen, in denen die Delegierung an die Exekutive über die vom verfassungsrechtlichen Gesetzesvorbehalt zugelassene Grenze hinausgeht[301]. So etwa das Organische Zollgesetz vom 17.09.1999[302], das in Art. 3 Nr. 8 dem Präsidenten der Republik die Befugnis einräumt, Zusatzsteuern einzuführen, sie zu modifizieren oder abzuschaffen, ohne dabei die grundlegenden Elemente jener näher zu definieren. Eine ähnliche Situation ergibt sich bezüglich des Zolltarifs, welcher nach Art. 3 Nr. 2 auch durch den Präsidenten zu erlassen ist. Die Zollsteuer ist in dem in Art. 84 vorgesehenen Rahmen festzulegen, welcher sich unter anderen auf prozentuale Höhe des Zollwertes des zu versteuernden Gegenstandes bezieht. Nach Art. 85 wird die Verordnung die konstitutiven Elemente sowie das Verfahren zur Verifizierung und Festlegung der Bemessungsgrundlage definieren.

---

296 *Moles C., A.*; La Potestad Reglamentaria y sus modalidades, in: *UCV – FCJP (Hrsg.)*, Estudios sobre la Cosntitución. Libro homenaje a Rafael Caldera, Bd. IV, Caracas, 1979, S. 2090.

297 *García de Enterría, E. / Fernández, T.-R.*; *Bd. I*, S. 243; *Romero-Muci, H.*; in: *AVDT (Hrsg.)*, S. .

298 CSJ CP vom 07.10.1992, o.A., OPT Bd. X / 1992, S. 76; *García de Enterría, E. / Fernández, T.-R.*; *Bd. I*, S. 234.

299 *Ramírez van der Velde, A./ Baute, P./ Planchart, A.;* S. 38.

300 CSJ CP vom 08.07.1998 im Fall: Asociación Civil Aeroclub Valencia, http://www.tsj.gov.ve/jurisprudencia/cp/cp08071998-660.html .

301 *Octavio, J. A.*; *Principios*, S. 31; *Rámirez van der Velde, A.*; in: *ACPS (Hrsg.)*; S. 475 ff.

302 Gesetzdekret veröffentlicht in GO Ext. Nr. 5.353.

Als keine Verletzung des Gesetzesvorbehalts sah das Verfassungsgericht die durch das Gesetz zur Förderung und Schutz von Investitionen eingeführten Verträge über juristische Stabilität. Mittels dieser Vereinbarungen, zwischen dem Staat und dem Investor, soll eine Beständigkeit der Besteuerung für einen festgelegten Zeitraum vereinbart und gesichert werden. Diese Verträge werden durch die Exekutive verhandelt und beschlossen, sie bedürfen allerdings der Genehmigung der Legislative. Die erteilte Genehmigung wird von der Rechtsprechung als ein formelles Gesetz bewertet, das keinen normativen Gehalt hat. Auch wird davon ausgegangen, dass diese Verträge eigentlich keine Steuern schaffen oder ändern, diese bestehen von Gesetzes wegen[303]. Trotzdem wird durch diese Stabilitäts- bzw. Investitionsschutzverträge ein bestimmter steuerlicher Status quo festgehalten, der von möglichen Veränderungen im Steuersystem unberührt bleibt.

2. Normenklarheit

In Anschluss an die argentinische Lehre[304] werden dem allgemeinen Legalitätsprinzip die Grundsätze der Bestimmtheit und Rechtssicherheit entnommen: Rechtssicherheit impliziert die Voraussehbarkeit der juristischen Folgen der eigenen Handlungen und erfordert somit die Gewissheit über den Inhalt des Gesetzes, die lediglich durch klare, vollständige und präzise Normen möglich ist[305].

Rechtssicherheit im Steuerrecht setzt dementsprechend Klarheit und Bestimmtheit der Steuernormen voraus, denn die materielle Rechtsstaatlichkeit und die Steuergerechtigkeit können nur dann gewährleistet werden, wenn das Steuerrecht verständlich für die Einzelnen ist[306].

Vereinzelt werden die Erfordernisse nach Bestimmtheit und Klarheit von Steuernormen durch das Leistungsfähigkeitsprinzip bekräftigt: Nur durch klare und bestimmte Formulierung des Steuergegenstandes, des Steuerschuldner, der Be-

---

303 TSJ SC vom 14.02.2001, in Sache: Ley de Promoción y Protección de Inversiones; http://www.tsj.gov.ve/decisiones/scon/febrero/186-140201-00-1438%20.htm .

304 *Spisso, R.*; Derecho Constitucional Tributario, Buenos Aires, 1993, S. 225 f.

305 *Anzola P., O.*; *actualización monetaria*, S. 27.

306 *Meier G., E. E.*; La Interpretación de la norma tributaria en la Constitución de 1999, RDT 89, Caracas, 2000, S. 22 f; *Octavio, J. A.*; El *Derecho Tributario* venezolano, in: *AVDT (Hrsg.)*, Temas Tributarios. Compilación de estudios y sentencias publicadas en las Revistas de Derecho Tributario N° 1 a la 50, Caracas, 1999, S. 279; *Bóveda, M.*; Los agentes de Retención en la Ley de Impuesto sobre la Renta de 1986 y el Principio de Legalidad Tributaria, in: *AVDT (Hrsg.)*, II. Jornadas Venezolanas de Derecho Tributario. Caracas, 1987, S.; *Evans M., R.*; *Municipal*, S. 16.

messungsgrundlage und des Steuersatzes lasse sich feststellen, ob eine bestimmte Steuer tatsächlich eine Leistungsfähigkeitsäußerung belaste[307].

II. Rückwirkungsverbot

1. Verfassungsbefund

Der venezolanischen Verfassung ist in Art. 24 Abs. 1 Satz 1 ein allgemeines Verbot rückwirkender Gesetze zu entnehmen[308], der zufolge keine gesetzliche Norm Rückwirkung entfalten darf, außer wenn sie eine mindere Strafe auferlegt. Die dort vorgesehene Ausnahme bezieht sich ausschließlich auf Normen mit Sanktionsfolgen und lässt daher das generelle Rückwirkungsverbot von Gesetzen völlig unberührt. Dieses Verbot erstreckt sich folglich auch auf das Steuerrecht[309]. Die venezolanische Verfassung statuiert somit die grundsätzliche Unzulässigkeit von rückwirkenden Gesetzen und daher von Steuergesetze[310]. In Art. 8 Absatz 3 des organischen Steuergesetzbuches wird das verfassungsrechtliche Prinzip für das Steuerrecht bestätigt.

Nach Ansicht des *Tribunal Supremo de Justicia* ist das verfassungsrechtliche Verbot zur Rückwirkung von Gesetzen auf den Grundsatz der Rechtssicherheit zurückzuführen[311].

---

307 *Heredia A.-P., E.*; Derecho de propiedad en materia tributaria. Las garantías de la capacidad contributiva y no confiscatoriedad, in: *TTPN (Hrsg.)*; Temas sobre Derechos Constitucionales, Caracas, 2003, S. 117.

308 Art. 24. „Keine gesetzliche Vorschrift darf rückwirkende Wirkung entfalten, außer wenn sie eine niedrigere Strafe vorsieht ... ." (Übersetzung der Verfasserin).

309 *Rámirez van der Velde, A./ Baute, P./ Planchart, A.*; S. 48 f. *Romero-Muci.* ; Aspectos Tributarios de la Ley Orgánica de Descentralización, Delimitación y Tranferencia de Competencias del Poder Público, in: *Brewer-Carías, A. R. (Hrsg.)*; Leyes para la Descentralización Política de la Federación, Caracas, 1990, FN 208.

310 *Valdés Costa, R.*; *Curso*, S. 241. Der Autor gibt ferner zu erkennen, dass im Bereich der ungünstigeren Gesetze das Rückwirkungsverbot seine größte Rechtfertigung aufgrund dessen Zusammenhanges mit den Grundsätzen der Rechtssicherheit und der Gleichheit gewinnt. *Op. cit.* S. 243.

311 TSJ SE 28.11.2000 im Fall Pedro Manuel Ontiveros. Dabei handelte es sich um die rückwirkende Anwendung einer Universitätssatzung. Das TSJ betonte in dieser Entscheidung, dass sich das Rückwirkungsverbot auf alle legislativen Normen sowohl im formellen, als auch im materiellen Sinn erstreckt.

2. Definition von rückwirkenden Gesetzen

Ein Gesetz ist als rückwirkend zu betrachten, wenn es in seiner Geltung vorangegangene Geschehnisse bewertet bzw. wenn es vorangegangene Rechtsfolge beeinträchtigt bzw. wenn es zukünftige Rechtsfolgen von vorangegangenen Tatbeständen beeinträchtigt[312]. Somit fallen unter den Verbot grundsätzlich alle irgendwie vergangenheitsbezogene Wirkungen.

In der Entscheidung der damaligen *Corte Suprema de Justica* vom 14.12.1983[313] wurde die Rückwirkung eines kommunalen Gesetzes über die Steuer auf Industrie und Handel untersucht, das eine für ein Jahr im voraus zu zahlende Gewerbe- und Handelssteuer einführte. In einem ersten Schritt begründete das Verfassungsgericht eine strenge Auseinanderhaltung der Konzepte des Steuertatbestands, das Betreiben eines Handelns oder eines Gewerbes im Gebiet dieser Gemeinde, und der Bemessungsgrundlage, die in dem vorherigen Jahr erzielten Einkünften. In einem zweiten Schritt entschied es, dass das Gemeindegesetz deswegen keine Rückwirkung entfaltet habe, weil sich die auf die Vergangenheit gerichtete Anwendung der Vorschriften nur auf die Bemessungsgrundlage bezog, nicht aber auf den Steuertatbestand: Es handele sich dabei ausschließlich

> „um die unmittelbare Anwendung der Gemeindeordnung auf zukünftige Folgen (neuer Tarif) einer vorherigen Situation (die erzielten Einkünfte)...“[314].

Relevanz und Zustimmung in der Diskussion gewann aber nicht die Entscheidung selbst, sondern die abweichende Meinung von *Farías Mata*[315]. Der Richter des Obersten Gerichtshofes erklärte, dass auch bei der kommunalen Steuer auf Industrie und Handel keine komplette Trennung, vielmehr eine Kongruenz, zwischen dem Steuertatbestand und der Bemessungsgrundlage bestehen müsse, denn gerade diese Bemessungsgrundlage ermögliche die Untersuchung und Überprüfung ihrer tatsächliche Eigenschaft der Steuer. Ferner seien stets die verfassungsrechtlichen Erfordernisse und Schranken –unter ihnen das Rückwirkungsverbot- sowohl in Bezug auf das Steuerobjekt, als auch auf die Bemessungsgrundlage zu beachten[316].

---

312 CSJ (Sala Plena) vom 05.03.1990 im Fall: Consejo Venezolano de la Industria (CONINDUSTRIA), im Original konsultiert, S. 6.

313 CSJ (Sala Plena) vom 14.12.1983 im Fall: Becoblohm, Boccardo, Boulton und andere. Zu lesen ist diese Entscheidung in GF N° 122 (Tercera Etapa, Sept.-Dez. 1983), S. 14.

314 A.a.O., S. 23.

315 A.a.O., S. 34.

316 A.a.O., S. 49.

Das Verbot zur Rückwirkung von Gesetzen bezieht sich im Steuerrecht auf alle Merkmale, die die Steuer bilden[317].

3. Rückwirkung bei periodischen Steuern

Von besonderem Interesse ist bei dieser Untersuchung Art. 8 Abs. 4 des Organischen Steuergesetzbuches. Nach dessen Wortlaut gelten die Normen, die Steuern einführen und die Höhe der Steuerpflicht bestimmen, bei periodisch zu veranlagenden und auszugleichenden Steuern, vom ersten Tag des jeweiligen Veranlagungszeitraums des Steuerpflichtigen an, der sich nach Inkrafttreten des Gesetzes eröffnet. Das Rückwirkungsverbot bezieht sich somit auf den Steuertatbestand, die Bemessungsgrundlage und den Steuersatz.

Mit dieser Norm – so auch die Steuerverwaltung[318]- wurde das Problem bezüglich der Anwendung von Steuernormen über die Höhe der Steuerpflicht auf laufende Veranlagungszeiträume gelöst, und den übereilten Änderungen von Steuergesetzen, insbesondere des Einkommensteuergesetzes, ein Ende gesetzt. Dem Steuergesetzgeber bleibt die Möglichkeit verwehrt, neue Gesetze bzw. Gesetzesänderungen auf den laufenden, noch nicht abgeschlossenen Veranlagungszeitraum anwenden zu können[319]. Das Argument, dass derartigen Anwendungen keine Rückwirkung entfalten, weil der Tatbestand als am letzten Tag des Veranlagungszeitraums verwirklicht zu betrachten sei, kann darüber nicht hinweg täuschen, dass es sich wohl um überraschende und schädliche (Steuer)Erhöhungen auf schon realisierten Aktivitäten handelt[320].

---

317 *Romero-Muci, H*; Aspectos Tributarios de la Ley Orgánica de Descentralización, Delimitación y Tranferencia de Competencias del Poder Público, in: *Brewer-Carías, A. R. (Hrsg.)*; Leyes para la Descentralización Política de la Federación, Caracas, 1990, S, 268 f; *Romero-Muci, H.*; *Jurisprudencia*, Bd. I, S. CXXIX; *Arvelo V., R.*; S. 217; *Anzola, O.*; La *actualización monetaria* en materia tributaria, RDT 67, 1995, S. 28.

318 SENIAT, *Resolución* (Verwaltungsbeschluss) Nr. HGJT-103 vom 26.03.96. Zu lesen in: *SENIAT (Hrsg.)*; Compilación Doctrinal, Bd. II, Caracas, 1996, S. 569 (575).

319 *Octavio, J. A.*; Comentarios Analíticos al Código Orgánico Tributario, Colección Textos Legislativos N° 17, Editorial Jurídica Venezolana, Caracas, 1998, S. 93; *Garay, J.*; Nuevo Código Orgánico Tributario –Comentado-, Caracas, 2002, S. 98.

320 *Octavio, J. A.*; Comentarios Analíticos al Código Orgánico Tributario, Colección Textos Legislativos N° 17, Editorial Jurídica Venezolana, Caracas, 1998, S. 93.

C. Vergleichende Betrachtung

Im Hinblick auf den Grundsatz des Steuergesetzesvorbehalts lässt sich überwiegend eine übereinstimmende Auffassung in beiden Rechtsordnungen erkennen.

Durch den Steuergesetzesvorbehalt wird die Steuerbelastung (kompetenzabgrenzend) der gesetzgebenden Gewalt zur Regelung durch förmliches Gesetz vorbehalten und gleichzeitig dem Steuerpflichtigen ein Schutz vor selbständigem Handeln der Steuerverwaltung gewährt. Auch bezüglich der rechtsstaatlichen Eigenschaft und der primären Begründung der Grundrechtserheblichkeit des Steuereingriffs dieses Erfordernisses decken sich Rechtsprechung und Schrifttum, wobei aufgrund der traditionellen verfassungsrechtlichen Verankerung des Steuergesetzesvorbehalts in Venezuela die Frage nach den weiteren Grundlagen nicht erörtert wird. Eine zusätzliche Begründung durch das parlamentarische Budgetrecht ließe sich bejahen. Als wesentliche und daher gesetzlich zu definierende Elemente werden parallel Steuergegenstand, Steuerschuldner, Bemessungsgrundlage und Steuersatz angesehen.

Was das Erfordernis der Bestimmtheit betrifft lässt sich eine Nuance erkennen: Werden in der deutschen Diskussion unter diesem Begriff zwei unterschiedliche rechtsstaatliche Ausprägungen erörtert, *i.e.* die allgemeinen Bestimmtheitsanforderungen an jedes Gesetz einerseits, und die Anforderungen an Bestimmtheit an die gesetzliche Ermächtigung der Verwaltung zum Erlass von Rechtsverordnungen nach Art. 80 Abs. 1 GG als Konkretisierung des Gesetzesvorbehalt, so wird in Venezuela unter diesem Begriff lediglich ersteres verstanden.

Der gesetzlichen Beschränkung der Rechtsverordnung nach *Inhalt, Ausmaß und Zweck* ähnelt die venezolanische Bindung der Rechtsverordnung nach *Geist, Zeck und Ratio*. Einen wichtigen Unterschied stellen die venezolanischen Gesetzdekrete dar, mittels derer Steuern durch die Exekutive eingeführt werden dürfen, deren Grundlage ein habilitierendes Gesetz ist, das inhaltlich lediglich die *Richtlinien, Zwecke und Rahmen* bestimmt.

Das Rückwirkungsverbot stellt sowohl in Venezuela als auch in Deutschland ein wichtiges Thema dar, allerdings aufgrund des ausdrücklichen allgemeinen verfassungsrechtlichen Rückwirkungsverbots und vor allem durch die organisch gesetzliche Regelung für periodische Steuern, im Sinne einer nachgelagerten Anwendung, befindet sich der Steuerpflichtige in Venezuela in der Regel in einer klaren Ausgangslage. Dem Steuergesetzgeber wird dadurch eine disziplinierte Planung abverlangt, ihm bleibt die Möglichkeit verwehrt, am Ende des Veranlagungszeitraums eine finanzielle Anpassung vorzunehmen.

Drittes Kapitel: Kompetenznormen als formelle Vorgaben für die Steuerbelastung

In einem Bundesstaat spiegelt die Aufgliederung der Gesetzgebungskompetenzen die reale Tragweite der föderalen Organisation, Staatlichkeit wider[321]. Die Verteilung der Steuergesetzgebungskompetenzen gibt indes den Grad finanzieller Selbstständigkeit der Glieder im Bundesstaat, sowie der Einheitlichkeit des Steuerrechts und der Steuerbelastung zu erkennen[322].

In Bezug auf den Steuerpflichtigen wirft das Thema der Gesetzgebungszuständigkeit die Frage auf, welches Rechtssubjekt in der föderalen Organisation zur Steuerbelastung einer bestimmten Leistungsfähigkeitsäußerung des Einzelnen und somit zur Beschränkung der Freiheit und der Rechtssphäre per Gesetz befugt ist.

A. Das Grundgesetz

Die Erläuterung der spezifischen Kompetenznormen des Finanzverfassungsrechts und die anschaulichere Erarbeitung ihrer Besonderheiten setzt das prinzipielle Verständnis der allgemeinen Systematik voraus, nach der die Gesetzgebungskompetenzen im Grundgesetz geregelt und zwischen Bund und Ländern verteilt werden. Aus diesem Grund werden im Folgenden die Grundlagen der Verteilung der Gesetzgebungszuständigkeiten skizziert, die den Rahmen der steuerlichen Verteilung der Gesetzgebungshoheit konstituieren.

I. Grundlegendes zur Verteilung der legislativen Kompetenzen

Die Verteilung der Gesetzgebungskompetenzen wird im Grundgesetz in Art. 70 ff im Allgemeinen geregelt[323].

---

321 *Stehr M.;* Gesetzgebungskompetenzen im Bundesstaat. Ein Beitrag zur Reform des Föderalismus und zur Stärkung der Landesparlamente (Diss.), Hannover, 2001, S. 10 f.

322 *Heun, W.*; Kommentierung des Artikels 105 GG, in: *Dreier, H. (Hrsg.)*, Grundgesetz. Kommentar, Bd. III, Tübingen, 2000, Rdnr. 8.

323 In diesem Sinne bezieht sich die Kompetenzordnung auf den Erlass förmlicher Gesetze, d.h. nach dem im Grundgesetz vorgesehenen parlamentarischen Verfahren. Vgl. *Rengeling, H.-W.*; Gesetzgebungszuständigkeit, in: *Isensee, J./ Kirchhof, P. (Hrsg.)*, Handbuch des Staatsrechts der Bundesrepublik Deutschland, Bd. IV, Heidelberg, 1990, S. 725; *Sannwald, R.*; Kommentierung des Artikels 70 GG, in: *Schmidt-Bleibtreu, B./ Klein, F. (Hrsg.)*, Kommentar zum Grundgesetz, 9. Aufl., Neuwied/ Kriftel, 1999, Rdnr. 11.

Dem ersten Absatz des Art. 70 GG ist die Grundregel[324] zu entnehmen, wonach die Länder für die Gesetzgebung zuständig sind, soweit das Grundgesetz dem Bunde keine Gesetzgebungsbefugnis verleiht. Art. 70 Abs. 1 GG ist hierbei als Konkretisierung für die Staatsfunktion der Gesetzgebung und somit als eine spezielle Regelung[325] des Grundsatzes der Länderkompetenz[326] von Art. 30 GG zu verstehen, wonach die Ausübung staatlicher Befugnisse und Erfüllung staatlicher Aufgaben[327] vorbehaltlich anderer verfassungsrechtlicher Regelungen, Sache der Länder ist. Die Regelung des Art. 70 Abs. 1 GG ist daher lückenlos, der Rückgriff auf Art. 30 GG als Auffangklausel[328] im Bereich der Gesetzgebung weder erforderlich, noch zulässig[329].

---

324 BVerfGE 16, 64 (79); *Degenhart, C.*; Kommentierung des Artikels 70 GG, in: *Sachs, M. (Hrsg.)*, Grundgesetz. Kommentar, 3. Aufl., München, 2003, Rdnr. 2; *Rozek, J.*; Kommentierung des Artikels 70 GG, in: *v. Mangoldt, H./ Klein, F./ Starck, C. (Hrsg.)*, Bonner Grundgesetz. Kommentar, Bd. 2, 4. Aufl., München, 2000, Rdnr. 10.

325 Vgl. *Degenhart, C.*; Art. 70 GG, in: *Sachs, M. (Hrsg.)*, Rdnr. 4; *Pieroth, B.*; Kommentierung des Artikels 70 GG, in: *Jarass/ Pieroth*; Grundgesetz für die Bundesrepublik Deutschland. Kommentar, 6. Aufl., München, 2002, Rdnr. 1; *Rozek, J.*; Art. 70 GG, in: *v. Mangoldt, H./ Klein, F./ Starck, C. (Hrsg.)*, Rdnr. 6; *Sannwald, R.*; Art. 70 GG, in: *Schmidt-Bleibtreu, B./ Klein, F. (Hrsg.)*, Rdnr. 1.

326 *Vogel, K./ Walter, H.*; Kommentierung des Artikels 105 GG, in: Bonner Kommentar zum Grundgesetz, Loseblattsammlung, Hamburg/ Heidelberg, Stand: 1971 (Zweitbearbeitung), Rdnr. 56.

327 Die Norm bezieht sich ausschließlich auf die öffentlichen Befugnisse, dabei ist es unbedeutend in welcher Rechtsform die staatlichen Tätigkeiten ausgeführt werden; in diesem Sinne vgl. *Maunz, T.*; Kommentierung des Artikels 30 GG, in: *Maunz, T./ Dürig, G. (Hrsg.)*, Grundgesetz. Kommentar. Loseblattsammlung, München, Stand: 1982, Rdnr. 4. Näheres zu den Begriffen „Ausübung staatlicher Befugnisse" und „Erfüllung staatlicher Aufgaben" in: *Maunz, T.*; Art. 30 GG, in: *Maunz, T./ Dürig G. (Hrsg.)*, Rdnr. 5; *Erbguth, W.*; Kommentierung des Artikels 30 GG, in: *Sachs, M. (Hrsg.)*, Grundgesetz. Kommentar, 3. Aufl., München, 2003, Rdnr. 31 ff.

328 Als Auffangklausel für die Länderkompetenz dient Art. 30 GG im Falle einer lückenhaften speziellen Kompetenzzuweisung. *Pietzcker, J.*; Zuständigkeitsordnung und Kollisionsrecht im Bundesstaat, in: *Isensee, J./ Kirchhof, P. (Hrsg.)*, Handbuch des Staatsrecht der Bundesrepublik Deutschland, Bd. IV, Heidelberg, 1990, S. 696.

329 *Degenhart, C.*; Art. 70 GG, in: *Sachs, M. (Hrsg.)*, Rdnr. 4. A.A. *Vogel, H.-J.*; Die bundesstaatliche Ordnung des Grundgesetzes, in: *Benda, E./ Maihofer, W./ Vogel, H.-J. (Hrsg.)*, Handbuch des Verfassungsrechts, 2. Aufl. (Studienausgabe Teil 2), Berlin/ New York, 1995, S. 1064:"... für die in dieser Aufzählung (der Bundesgesetzgebungskompetenzen) nicht enthaltenen Bereiche bleiben gemäß Art. 30 und Art. 70 Abs. 1 GG die Länder zuständig.".

Die grundgesetzliche Abgrenzung der Zuständigkeiten zwischen beiden öffentlich-rechtlichen Gemeinwesen knüpft an Sachbereiche[330] an, die Bund und Länder zur ausschließlichen oder zur konkurrierenden Gesetzgebung[331] zugewiesen werden. Die Kompetenzgeneralklausel[332] des Art. 70 Abs. 1 GG folgt einem Regel-Ausnahme-Schema[333]: Der Bund ist nur für solche Sachgebiete zur Gesetzgebung befugt, die ihm vom Grundgesetz durch ausdrücklichen[334] Kompetenztitel zugewiesen wurden. Dabei wendet das Grundgesetz die Technik an, sämtliche Zuständigkeiten, sowohl zur ausschließlichen als auch zur konkurrierenden Gesetzgebung des Bundes aufzuzählen und alle sonstigen, nicht aufgezählten Materien pauschal den Ländern zuzuweisen[335]. Die Länder besitzen die Residualkompetenz[336]. Die Kompetenzzuweisung an den Bund entspricht in der Regel einer vollen Zuweisung, die ein gesamtes Sachgebiet umfasst[337]. Sie kann jedoch die Form einer Teilzuweisung, indem ein Regelungsbereich der Gesetzgebungsbefugnis den Ländern erhalten bleibt[338]. Beispiel dafür war Art. 105 GG a.F., demgemäß die Zölle der ausschließlichen Gesetzgebung des Bundes unterlagen, die Verbrauch-, Verkehr-, Einkommen-, Vermögen-, Erbschaft-, Schenkung- und Realsteuern dagegen der konkurrierenden Bundesgesetzgebung unterstellt waren. Auf diesen nicht ausschöpfenden Steuerkatalog ließ sich das Erfindungs- und Regelungsrecht weiterer Steuern auf Landesebene zurückführen[339]. Neben der vollen Zuweisung an den Bund kann allerdings eine Teilrückzuweisung an die Länder bestehen. In diesem Fall wird den Ländern die Gesetz-

---

330 *Degenhart, C.*; Art. 70 GG, in: *Sachs, M. (Hrsg.)*, Rdnr. 1a. Das Grundgesetz verteilt die Kompetenzen jeweils für die einzelnen Staatsfunktionen. Die Aufteilung der Gesetzgebungszuständigkeiten erfolgt nach Sachbereichen, die einer konkreten Gesetzgebungskompetenz ausdrücklich bzw. in Form einer Residualkompetenz zugewiesen werden.

331 Art. 70 Abs. 2 GG.

332 *Rozek, J.*; Art. 70 GG, in: *v. Mangoldt, H./ Klein, F./ Starck, C. (Hrsg.)*, Rdnr. 11.

333 *Pieroth, B.*; Art. 70 GG, in: *Jarass, H./ Pieroth, B. (Hrsg.)*, Rdnr. 1; *Rozek, J.*; Art. 70 GG, in: *v. Mangoldt, H./ Klein, F./ Starck, C. (Hrsg.)*, Rdnr. 1; *Vogel, K./ Walter, H.*; Art. 105 GG, Rdnr. 57; *Waldhoff, C.; Vorgaben*, S. 46. Kritisch dazu: *Degenhart, C.*; Art. 70 GG, in: *Sachs, M. (Hrsg.)*, Rdnr. 2.

334 Im Grundgesetz soll die entsprechende Festlegung zu finden sein. BVerfGE 68, 319 (328); *Rozek, J.*; Art. 70 GG, in: *v. Mangoldt, H./ Klein, F./ Starck, C. (Hrsg.)*, Rdnr. 33. Als explizit bzw. ausdrücklich ist hier auch zu verstehen, wenn die Grundlage der Gesetzgebungskompetenz des Bundes zwar nicht unmittelbar dem Wortlaut des Grundgesetzes zu entnehmen ist, sich diese jedoch aus umfassender Auslegung der Verfassung ergibt. In diesem Sinne *Pieroth, B.*; Art. 70 GG, in: *Jarass, H./ Pieroth, B. (Hrsg.)*, Rdnr. 3.

335 *Pietzcker, J.*; *Isensee, J./ Kirchhof, P. (Hrsg.)*, S. 694.

336 *Pieroth, B.*; Art. 70 GG, in: *Jarass, H./ Pieroth, B. (Hrsg.)*, Rdnr. 1; *Rozek, J.*; Art. 70 GG, in: *v. Mangoldt, H./ Klein, F./ Starck, C. (Hrsg.)*, Rdnr. 11; *Degenhart, C.*; Art. 70 GG, in: *Sachs, M. (Hrsg.)*, Rdnr. 2.

337 *Vogel, K./ Walter, H.*; Art. 105 GG, Rdnr. 58.

338 *Waldhoff, C.; Vorgaben*, S. 47.

339 *Vogel, K./ Walter, H.*; Art. 105 GG, Rdnr. 59.

gebungskompetenz über einen Teil der dem Bunde als Gesamtbereich bereits zugewiesenen Materie zurückgegeben[340].

In die Notwendigkeit einer im Grundgesetz vorzufindenden Kompetenzverleihung zur Gesetzgebung an den Bund wird zum Teil eine Zuständigkeitsvermutung zugunsten der Länder hinein interpretiert[341], die als Auslegungsbehelf und Beweislastregelung[342] der Lückenfüllung der Regelung dienen soll[343]. Diese Auffassung stößt jedoch zutreffend auf die Kritik, dass die lückenlose Regelung des Art. 70 Abs. 1 GG keinen Platz und keine Notwendigkeit für eine „Vermutung" lässt, da bereits mittels der Regelungstechnik der Kompetenzgeneralklausel die Zuständigkeit über eine Materie zu ermitteln ist. Bei der Frage nach der Gesetzgebungszuständigkeit handelt es sich somit um keine Beweislastverteilung[344], sondern um eine Auslegungsfrage, ob der Bund im Grundgesetz seine mögliche Gesetzgebungsbefugnis begründen kann. Ist die Bundesgesetzgebung auf keinen Kompetenztitel im Grundgesetz zu stützen, so ergibt sich aus Art. 70 GG Abs. 1 positiv die Gesetzgebungszuständigkeit der Länder[345]. Die Kompetenznormen sind dementsprechend strikt, d.h. sach- und funktionsgerecht[346], nicht aber restriktiv zu interpretieren[347], Art. 70 Abs. 1 GG ist indes kein Auslegungsgrundsatz zu entnehmen[348].

---

340 *Vogel, K./ Walter, H.*; Art. 105 GG, Rdnr. 60.

341 BVerfGE 42, 20 (28); *Stern, K.*; Das Staatsrecht der Bundesrepublik Deutschland, *Bd. I*, 2. Aufl., München, 1984, S. 677 ff; *v. Armin, H. H.*; Finanzzuständigkeit, in: *Isensee, J./ Kirchhof, P. (Hrsg.)*, Handbuch des Staatsrechts der Bundesrepublik Deutschland, Bd. IV, Heidelberg, 1990, S. 988; *Waldhoff, C.; Vorgaben*, S. 46; *Vogel, K./ Walter, H.*; Art. 105, Rdnr. 58. Bezogen auf Art. 30 GG: *Stern, K.*; *Bd. I*, S. 672 ff; *Maunz, T.*; Art. 30 GG, in: *Maunz, T./ Dürig, G. (Hrsg.)*, Rdnr. 2: die Zuständigkeitsvermutung greife dort ein, wo die Zuständigkeitsverteilung Anlass zu Zweifeln gibt, und suche diese Zweifel zu beheben.

342 *Maunz, T.*; Art. 70 GG, in: *Maunz, T./ Dürig, G. (Hrsg.)*, Rdnr. 29.

343 *Maunz, T.*; Art. 70 GG, in: *Maunz, T./ Dürig, G. (Hrsg.)*, Rdnr. 29 f.

344 A.M. *Stern, K.*; *Bd. I*, S. 672: „Den Bund trifft die „Beweisführungslast", einen Titel im Grundgesetz für seine Tätigkeit angeben zu können."

345 In diesem Sinne *Degenhart, C.*; Art. 70 GG, in: *Sachs, M. (Hrsg.)*, Rdnr. 2 f; *Rozek, J.*; Art. 70 GG, in: *v. Mangoldt, H./ Klein, F./ Starck, C. (Hrsg.)*, Rdnr.13; *Sannwald, R.*; Art. 70 GG, in: *Schmidt-Bleibtreu, B./ Klein, F. (Hrsg.)*, Rdnr. 32. Bezogen auf Art. 30 GG: *Pieroth, B.*; in: *Jarass, H./ Pieroth, B. (Hrsg.)*, Rdnr. 1; *Erbguth, W.*; Art. 30 GG, in: *Sachs, M. (Hrsg.)*, Rdnr. 8; *März, W.*; Kommentierung des Artikels 30 GG, in: *v. Mangoldt, H./ Klein, F./ Starck, C. (Hrsg.)*, Bonner Grundgesetz. Kommentar, Bd. 2, 4. Aufl., München, 2000, Rdnr. 24.

346 BVerfGE 12, 205 (228); 26, 281 (297); 42, 20 (28); 61, 149 (174).

347 *Sannwald, R.*; Art. 70 GG, in: *Schmidt-Bleibtreu, B./ Klein, F. (Hrsg.)*, Rdnr. 2.

348 *Degenhart, C.*; Art. 70 GG, in: *Sachs, M. (Hrsg.)*, Rdnr. 2.

Genauso wie für Art. 30 GG[349] ist die getroffene Verteilung der Gesetzgebungskompetenzen zwingend und prinzipiell indisponibel[350]: Bund und Länder können keine Kompetenzüberlassungen bzw. Kompetenzverschiebungen vereinbaren, die keine Grundlage im Grundgesetz haben[351]. Vorgesehen ist allerdings nur die Delegation der Gesetzgebungsbefugnis vom Bund zugunsten der Länder im Bereich dessen ausschließender Gesetzgebung, kraft Ermächtigung durch ein Bundesgesetz[352]. Unzulässig ist dagegen eine Überlassung einer Länderkompetenz an den Bund[353].

Art. 71 GG regelt die ausschließliche Bundesgesetzgebung. Hat der Bund die ausschließliche Gesetzgebungskompetenz, so ist von Verfassungs wegen eine Landesregelung für das betroffene Sachgebiet ausgeschlossen[354], unabhängig davon, ob der Bund seine legislative Befugnis wahrgenommen hat[355]. Dem Bund steht es zu, die Länder in einem Bundesgesetz[356] zur Gesetzgebung ausdrücklich zu ermächtigen[357]. Durch diese Delegation wird die Sperrwirkung aufgehoben. Gegenstand der ausschließlichen Bundesgesetzgebung sind einerseits die in Art. 73 GG aufgezählten Bereiche, andererseits diejenigen Sachgebiete, für die entsprechende Kompetenztitel dem Grundgesetz an diversen Stel-

349 *Erbguth, W.*; Art. 30 GG, in: *Sachs, M. (Hrsg.)*, Rdnr. 11; *März, W.*; Art. 30 GG, in: *v. Mangoldt, H./ Klein, F./ Starck, C. (Hrsg.)*, Rdnr. 26 ff.

350 BVerfGE 32, 145 (156); *Degenhart, C.*; Art. 70 GG, in: *Sachs, M. (Hrsg.)*, Rdnr. 1; *Rozek, J.*; Art. 70 GG, in: *v. Mangoldt, H./ Klein, F./ Starck, C. (Hrsg.)*, Rdnr.14; *Stern, K.*; Das Staatsrecht der Bundesrepublik Deutschland, *Bd. II*, München, 1980, S. 609; *Vogel, H.-J.*; in: *Benda, E./ Maihofer, W./ Vogel, H.-J. (Hrsg.)*, S. 1055; *Rengeling, H.-W.*; in: *Isensee, J./ Kirchhof, P. (Hrsg.)*, S. 729.

351 BVerfGE 4, 114 (139), 32, 145 (156), 63, 1 (39); *Pieroth, B.*; Art. 70 GG, in: *Jarass/Pieroth*, Rdnr. 11 mit Verweis auf Art. 30 GG Rdnr. 8.

352 Art. 71 GG.

353 *Pieroth, B.*; Art. 70 GG, in: *Jarass/ Pieroth*; Rdnr. 11 mit Verweis auf Art. 30 GG Rdnr. 9; *Rozek, J.*; Art. 70 GG, in: *v. Mangoldt, H./ Klein, F./ Starck, C. (Hrsg.)*, Rdnr. 14 und 20; *Sannwald, R.*; Art. 70 GG, in: *Schmidt-Bleibtreu, B./ Klein, F. (Hrsg.)*, Rdnr. 16.

354 *Pieroth, B.*; Art. 71 GG, in: *Jarass, H./ Pieroth, B. (Hrsg.)*, Rdnr. 1 f.

355 *Degenhart, C.*; Art. 71 GG, in: *Sachs, M. (Hrsg.)*, Rdnr. 3a; *Heintzen, M.*; Kommentierung des Artikels 71 GG, in: *v. Mangoldt, H./ Klein, F./ Starck, C. (Hrsg.)*, Bonner Grundgesetz. Kommentar, Bd. 2, 4. Aufl., München, 2000, Rdnr. 1.

356 Es handelt sich dabei um ein **formelles** Bundesgesetz. Vgl. *Heintzen, M.*; Art. 71 GG, in: *v. Mangoldt, H./ Klein, F./ Starck, C. (Hrsg.)*, Rdnr. 43; *Degenhart, C.*; Art. 71 GG, in: *Sachs, M. (Hrsg.)*, Rdnr. 5; *Stettner, R.*; Kommentierung des Artikels 71 GG, in: *Dreier, H. (Hrsg.)*, Grundgesetz. Kommentar, Bd. II, Tübingen, 1998, Rdnr. 10.

357 Ermächtigungsadressat ist der Landesgesetzgeber. Delegatar(e), Inhalt, Zweck und Ausmaß der Ermächtigung müssen mit hinreichender Bestimmtheit zu erkennen sein. *Heintzen, M.*; Art. 71 GG, in: *v. Mangoldt, H./ Klein, F./ Starck, C. (Hrsg.)*, Rdnr. 43.

len zu entnehmen sind[358], wie etwa für die Steuergesetzgebung in Art. 105 Abs. 1 GG genannten.

In Art. 72 GG wird der konkurrierende Zugriff von Bundes- und Landesgesetzgeber auf eine gleiche Materie geregelt[359]. Materien zur konkurrierenden Gesetzgebung sind in Art. 74, 74a, 105 Abs. 2 und 115c Abs. 1 GG vorgesehen. Teilen sich Bund und Länder die konkurrierende Gesetzgebung eines Gebietes, sind die Länder laut Art. 72 Abs. 1 GG zur Gesetzgebung befugt[360], solange und soweit kein Gebrauchmachen des Bundes seiner Gesetzgebungszuständigkeit vorliegt. Macht der Bund von seiner Gesetzgebungskompetenz rechtmäßig Gebrauch, tritt die Sperrwirkung für die Landesgesetzgebung ein, so dass keine neue Landesregelung entstehen kann[361]. Die Gesetzgebungsbefugnis des Bundes ist allerdings von bestimmten Umständen abhängig. Laut Art. 72 Abs. 2 GG setzt das Gebrauchmachen seines konkurrierenden Gesetzgebungsrechts durch den Bund die Erforderlichkeit hinsichtlich des Zeitpunktes[362] („wenn") und des Umfangs („soweit") der bundesgesetzlichen Regelung voraus. Diese Erforderlichkeit ist wiederum durch drei alternative[363] angestrebte Ziele zu begründen: Die Herstellung gleichwertiger Lebensverhältnisse im Bundesgebiet, die Wahrung der Rechts- oder Wirtschaftseinheit als institutionelle Voraussetzungen des Bundesstaates und Wahrung der Wirtschaftseinheit im gesamtstaatlichen Interesse. Erforderlich ist die bundesgesetzliche Regelung allerdings nur, wenn die oben genannten Ziele nicht durch selbstkoordinierte, gleichgerichtete Landesgesetze in angemessener Zeit[364] zu verwirklichen sind. Die Erforderlichkeit einer bundesgesetzlichen Regelung ist nach dem Wortlaut des Art. 72 Abs. 2 GG nicht mit einer bundeseinheitlichen Regelung gleichzusetzen, vielmehr kann sogar geboten sein, regionale Unterschiede durch Bundesgesetz zu berücksichtigen[365].

---

358 Die Vorschriften, die exklusiv den Bund als Gesetzgeber vorsehen, sind insbesondere durch die Formulierung „Das Nähere regelt ein Bundesgesetz" zu erkennen. *Rozek, J.*; Art. 70 GG, in: *v. Mangoldt, H./ Klein, F./ Starck, C. (Hrsg.)*, Rdnr. 34. Eine Liste ausschließlicher Bundeszuständigkeiten außerhalb des Katalogs des Art. 73 GG ist bei *Degenhart, C.*; Art. 70 GG, in: *Sachs, M. (Hrsg.)*, Rdnr. 2a zu lesen.

359 *Degenhart, C.*; Art. 72 GG, in: *Sachs, M. (Hrsg.)*, Rdnr. 1.

360 Der allgemeine Grundsatz der Länderkompetenz als Residualkompetenz ist hier wiederzuerkennen. Vgl. *Degenhart, C.*; Art. 72 GG, in: *Sachs, M. (Hrsg.)*, Rdnr. 2.

361 *Pieroth, B.*; Art. 72 GG, in: *Jarass, H./ Pieroth, B. (Hrsg.)*, Rdnr. 1 und 5.

362 Diese Erforderlichkeit muss nur zum Zeitpunkt des Gesetzerlasses bestehen. Vgl. *Pieroth, B.*; Art. 72 GG, in: *Jarass, H./ Pieroth, B. (Hrsg.)*, Rdnr. 9.

363 BVerfGE 106, 62 (143). A.A. *Pieroth, B.*; Art. 72 GG, in: *Jarass, H./ Pieroth, B. (Hrsg.)*, Rdnr. 11; *Degenhart, C.*; Art. 72 GG, in: *Sachs, M. (Hrsg.)*, Rdnr. 11.

364 *Pieroth, B.*; Art. 72 GG, in: *Jarass, H./ Pieroth, B. (Hrsg.)*, Rdnr. 9.

365 *Siekmann, H.*; Kommentierung des Artikels 105 GG, in: *Sachs, M. (Hrsg.)*, Grundgesetz. Kommentar, 3. Aufl., München, 2003, Rdnr. 11.

II. Zur Verteilung der Steuergesetzgebungskompetenzen

Im Grundgesetz ist das Sachgebiet Finanzwesen vollständig im X. Abschnitt geregelt[366]. Innerhalb dieses Abschnittes sind zwei Normengruppen zu erkennen: Das bundesstaatliche Finanzverfassungsrecht (Art. 104a-108 GG) und das Haushaltsverfassungsrecht (Art. 109-115 GG)[367].

Als „Eckpfeiler" oder „tragender Pfeiler der bundesstaatlichen Ordnung" sollen die Normen der Finanzverfassung des Grundgesetzes eine sachgerechte Beteiligung des Gesamtstaates und der Gliedstaaten am Ertrag der Volkswirtschaft sichern[368]. Die Stabilität der bundesstaatlichen Verfassung setzt die strikte Beachtung der Zuständigkeitsverteilung voraus[369], über welche keineswegs Bund und Länder, auch nicht im Einvernehmen, disponieren können[370].

Normiert werden im Finanzverfassungsrecht die Steuerhoheiten[371], einschließlich der Steuergesetzgebungshoheit[372] in Art. 105 GG, der die zentrale Norm zur finanzverfassungsrechtlichen Kompetenzverteilung bzw. zur Verteilung der Steuergesetzgebungshoheit im Bundesstaat[373] darstellt. Die Regelung betrifft somit die Frage der Kompetenz zur Einführung, Abschaffung und Ausgestaltung der Steuern, inklusive die Festlegung des Steuersatzes, die Regelung des materiellen Steuerrechts[374], sowie der Steuervergünstigungen[375].

---

366 Aus der separaten Normierung im Grundgesetz dieses Rechtsgebietes lässt sich nicht die Selbständigkeit der „Finanzverfassung" gegenüber der Gesamtverfassung ableiten. Vgl. *Vogel, K./ Waldhoff, C.*; S. 7 f.. Ebenso wenig stellt die „Finanzfunktion" eine weitere Staatsgewalt neben der Legislative, der Exekutive und der Judikative dar, in diesem Sinne: *Wacke, G.*; Das Finanzwesen der Bundesrepublik. Die Einwirkungen der Finanzfunktion auf Gesetzgebung, Verwaltung und Rechtsprechung im Bonner Grundgesetz (Beihefte zur Deutschen Rechts-Zeitschrift), Tübingen, 1950, S. 13.

367 Vgl. *Stern, K.*; *Bd. II*, S. 1051 f.

368 BVerfGE 55, 274 (300); 72, 330 (388); 86, 148 (264); 105, 185 (194); BVerfG Urt. v. 19.03.03 – 2 BvL 9/98 – NVwZ 2003, S. 715.

369 *Selmer, P.*; *Finanzordnung* und Grundgesetz. Die Rechtsprechung des Bundesverfassungsgerichts in Finanz- und Steuersachen, AöR 101, 1976, S. 240 f.

370 BVerfGE 32, 145 (156); 39, 96 (109); 55, 274 (300 f); 105, 185 (194).

371 *Tipke K./ Lang, J.*; Steuerrecht, 17. Aufl., Köln, 2002, § 3, Rdnr. 1.

372 Geregelt werden ferner die Steuerertragshoheit (Art. 106 und 107 GG) sowie die Steuerverwaltungshoheit (Art. 108 GG). Die Regelung weicht indes von der sonstigen Gliederung nach Staatsfunktionen ab und enthält somit einen Querschnitt durch alle drei Funktionen in diesem Bereich, *Siekmann, H.*; Vorbemerkungen zu X. Abschnitt, in: *Sachs, M. (Hrsg.)*, Rdnr. 4.

373 *Stern, K.*; *Bd. II*, S. 1111.

374 *Heun, W.*; Art. 105 GG, in: *Dreier, H. (Hrsg.)*, Rdnr. 6; *Siekmann, H.*; Art. 105 GG, in: *Sachs, M. (Hrsg.)*, Rdnr. 1.

375 *Siekmann, H.*; Art. 105 GG, in: *Sachs, M. (Hrsg.)*, Rdnr. 1.

Die Steuergesetzgebungskompetenzverteilung ist somit von der allgemeinen Regelung der Kompetenzverteilung zur Gesetzgebung zwischen Bund und Ländern des Art. 70 GG vom Verfassungsgeber ausgenommen worden. Art 105 GG ist *lex specialis* zu Art. 70 ff GG[376].

In diesem Sinne findet Art. 70 Abs. 1 GG bei der Steuergesetzgebungshoheit keine Anwendung[377]. Die Finanzverfassung enthält eine „abschließende Regelung“[378] für Bund und Länder, daher wird auf diesem Gebiet Art. 70 Abs. 1 GG von Art. 104a-109 GG verdrängt[379]. Nach den allgemeinen Regeln von Art. 70 ff GG richtet sich dagegen die Gesetzgebungskompetenzverteilung für nichtsteuerliche Abgaben[380], die auf der Grundlage der jeweiligen Sachkompetenz nach Art. 73 ff GG von Bund und Ländern erhoben werden[381].

Es bestehen bei Art. 105 GG keine Residualkompetenzen der Länder und kein rechtstechnisches Regel-Ausnahme-Verhältnis im Sinne von Art. 70 GG bei der Steuergesetzgebungshoheit[382]. Ungeachtet dessen, dass für den Bund im Art. 105 Abs. 1 und 2 GG keine Grundlage für eine Steuergesetzgebungskompetenz bestünde, wäre keine Länderkompetenz aus Art. 30 oder 70 Abs. 1 GG zu folgern[383].

Art. 105 GG schließt Art. 70 GG aus, denn dieser hat das Gesamtgebiet „Steuern“ dem Bund entweder zur ausschließlichen, oder zur konkurrierenden Gesetzgebung zugewiesen. Ausgenommen werden nur die Verbrauch- und Aufwandsteuern sowie die Kirchensteuer, in Form einer Teilrückzuweisung an die

---

376 *Pieroth, B.*; Art. 105 GG, in: *Jarass, H./ Pieroth, B. (Hrsg.)*, Rdnr. 1; *Jachmann, M.*; Kommentierung des Artikels 105 GG, in: *v. Mangoldt, H./ Klein, F./ Starck, C. (Hrsg.)*, Bonner Grundgesetz. Kommentar, Bd. 3, 4. Aufl., München, 2001, Rdnr 20; *Siekmann, H.*; Art. 105 GG, in: *Sachs, M. (Hrsg.)*, Rdnr. 4; *Degenhart, C.*; Art. 70 GG, in: *Sachs, M. (Hrsg.)*, Rdnr. 6.

377 *Rozek, J.*; Art. 70 GG, in: *v. Mangoldt, H./ Klein, F./ Starck, C. (Hrsg.)*, Rdnr. 8.

378 BVerfGE 67, 256 (286).

379 *Vogel, K./ Walter, H.*; Art. 105 GG, Rdnr. 62; *Heun, W.*; Art. 105 GG, in: *Dreier, H. (Hrsg.)*, Rdnr. 44; *Jachmann, M.* Art. 105 GG, in: *v. Mangoldt, H./ Klein, F./ Starck, C. (Hrsg.)*, Rdnr. 20; *Siekmann, H.*; Art. 105 GG, in: *Sachs, M. (Hrsg.)*, Rdnr. 4 ;*Pieroth, B.*; Art. 70 GG, in: *Jarass, H./ Pieroth, B. (Hrsg.)*, Rdnr. 1.

380 BVerfGE 4, 7 (13); 55, 274 (297); 81, 156 (187); BVerfG Urt. v. 19.03.03 – 2 BvL 9/98 – NVwZ 2003, S. 715 (st. Rspr.); *Siekmann, H.*; Art. 105 GG, in: *Sachs, M. (Hrsg.)*, Rdnr. 1; *Heun, W.*; Art. 105 GG, in: *Dreier, H. (Hrsg.)*, Rdnr. 6 und 18; *Jachmann, M.*; Art. 105 GG, in: *v. Mangoldt, H./ Klein, F./ Starck, C. (Hrsg.)*, Rdnr. 20; *Pieroth, B.*; Art. 105 GG, in: *Jarass, H./ Pieroth, B. (Hrsg.)*, Rdnr. 8; *Rozek, J.*; Art. 70 GG, in: *v. Mangoldt, H./ Klein, F./ Starck, C. (Hrsg.)*, Rdnr. 8.

381 *Jachmann, M.*; Art. 105 GG, in: *v. Mangoldt, H./ Klein, F./ Starck, C. (Hrsg.)*, Rdnr. 7.

382 *Rozek, J.*; Art. 70 GG, in: *v. Mangoldt, H./ Klein, F./ Starck, C. (Hrsg.)*, Rdnr. 8; *Degenhart, C.*; Art. 70 GG, in: *Sachs, M. (Hrsg.)*, Rdnr. 6.

383 *Rozek, J.*; Art. 70 GG, in: *v. Mangoldt, H./ Klein, F./ Starck, C. (Hrsg.)*, Rdnr. 8; *Pieroth, B.*; Art. 70 GG, in: *Jarass, H./ Pieroth, B. (Hrsg.)*, Rdnr. 1.

Länder. Durch die volle Zuweisung eines Sachgebiets an den Bund wird die Länderkompetenz im Falle der ausschließlichen Gesetzgebung verfassungsrechtlich ganz ausgeschlossen und im Rahmen der konkurrierenden diese in Bundes Ermessen zur Verdrängung gestellt[384].

Die Kompetenzverteilung zur Steuergesetzgebung folgt allerdings der gleichen Systematik von Art. 70 Abs. 2, 71 und 72 GG, wonach die auf das Steuerrecht bezogenen Gesetzgebungszuständigkeiten zwischen Bund und Ländern verteilt und der ausschließlichen bzw. der konkurrierenden Gesetzgebung des Bundes zugewiesen werden.

1. Der Bund

a. Ausschließliche Gesetzgebung

Gemäß Art. 105 Abs. 1 GG hat der Bund die ausschließliche Gesetzgebungszuständigkeit über die Zölle[385] inne.

Zölle, als Sonderform[386] bzw. Unterfall[387] von Steuern, sind als solche Abgaben zu definieren, „die nach Maßgabe des Zolltarifs von der Warenbewegung über die Zollgrenze erhoben werden."[388] Als Anknüpfungspunkt für die Zölle dient das Überschreiten der Staatsgrenze der zu besteuernden Ware, wodurch sie ein- bzw. ausgeführt werden[389]. Die volle Zuweisung der Zölle an die ausschließliche Gesetzgebung des Bundes hat zur Folge, dass die Länder zur Gesetzgebung nicht befugt sind, auch wenn der Bund untätig geblieben ist und kein entsprechendes Gesetz erlassen hat[390]. Dadurch wird ein Verbot für Länder und Gemeinden begründet, den den grenzüberschreitenden Warenverkehr steuerlich belasten und dadurch interne Zölle zu schaffen[391]. In diesem Zusammenhang wurde z.B. eine Gemeindeeinfuhrsteuer für verfassungswidrig erklärt[392]. Die nur der Vermeidung von Warenbewegungen über die Grenze dienenden Prohibitiv-

---

384 *Vogel, K./ Walter, H.*; Art. 105 GG, Rdnr. 58.

385 Genauso wie über die Finanzmonopole, die hier jedoch außer Betracht bleiben, da sie keine Steuern sind.

386 *Siekmann, H.*; 105 GG, in: *Sachs, M. (Hrsg.)*, Rdnr. 15.

387 *Pieroth, B.*; Art. 105 GG, in: *Jarass, H./ Pieroth, B. (Hrsg.)*, Rdnr. 24.

388 BVerfGE 8, 260 (269); BFH, BStBl. II 1970, 246 (250).

389 *Jachmann, M.*; Art. 105 GG, in: *v. Mangoldt, H./ Klein, F./ Starck, C.*, Rdnr. 38.

390 *Jachmann, M.*; Art. 105 GG, in: *v. Mangoldt, H./ Klein, F./ Starck, C.*, Rdnr. 39; *Siekmann, H.*; 105 GG, in: *Sachs, M. (Hrsg.)*, Rdnr. 14.

391 BVerfGE 8, 260 (272 f); *Siekmann, H.*; Art. 105 GG, in: *Sachs, M. (Hrsg.)*, Rdnr. 17; *Jachmann, M.* Art. 105 GG, in: *v. Mangoldt, H./ Klein, F./ Starck, C. (Hrsg.)*, Rdnr. 39; *Maunz, T.*; Art. 105 GG, in: *Maunz, T./ Dürig, G. (Hrsg.)*, Rdnr. 30.

392 BVerfGE 8, 260 (261).

zölle stellen dagegen keine Steuern dar und fallen daher nicht unter die Regelung des Art. 105 Abs. 1 GG[393].

Durch die Entstehung der Europäischen Zollunion hat die Bundesgesetzgebungskompetenz für die Zölle ihre Bedeutung verloren: Laut Art. 23 ff EGV sind Binnenzölle und alle gleichartigen Abgaben abgeschafft worden. Ferner besteht nach Art. 26 EGV gegenüber Drittstaaten ein gemeinsamer Zolltarif, der durch die Organe der Europäischen Gemeinschaft festgesetzt wird. Der Europäischen Gemeinschaft steht somit die volle Zolltarif- und die Zollertragshoheit für die Mitgliedsstaaten zu.

b. Konkurrierende Gesetzgebung

Nach Art. 105 Abs. 2 GG ist dem Bund ferner die konkurrierende Gesetzgebung hinsichtlich der „übrigen Steuern" verliehen, wenn ihm zumindest zum Teil das Aufkommen dieser Steuern zusteht[394] oder die Herstellung gleichwertiger Lebensverhältnisse im Bundesgebiet bzw. die Wahrung der Rechts- oder Wirtschaftseinheit im gesamtstaatlichen Interesse einer bundesgesetzliche Regelung bedarf[395], sofern (*conditio*) sie keine örtlichen Verbrauch- und Aufwandsteuern[396] oder Kirchensteuern[397] sind. Trifft keine der alternativen[398] Voraussetzungen zur Gesetzgebung zu, oder macht der Bund von seiner Gesetzgebungszuständigkeit nicht Gebrauch, so steht es den Ländern zu, ihre Gesetzgebungskompetenz auszuüben[399].

Das Gebrauchmachen des konkurrierenden Bundesgesetzgebungsrechts wirkt sich auf die Landesgesetzgebung in der Form aus, dass der geregelte Steuertypus zur Regelung gesperrt wird[400]. Der Ausschluss der Landesgesetzgebung erstreckt sich auch auf solche Steuern, deren Aufkommen nach Art. 106 Abs. 2

393 Vgl. *Jachmann, M.*; Art. 105 GG, in: *v. Mangoldt, H./ Klein, F./ Starck, C.*, Rdnr. 38. Zurückhaltender *Siekmann, H.*; 105 GG, in: *Sachs, M. (Hrsg.)*, Rdnr. 15.

394 Hiermit verweist Art. 105 GG auf die Ertragsverteilung vom Art. 106 GG, insbesondere auf die Absätze 1 und 3. Durch die Anknüpfung an die Ertragsverteilung wird die Kompetenz von den Voraussetzungen des Art. 72 Abs. 2 GG befreit. Vgl. *Heun, W.*; Art. 105 GG, in: *Dreier, H. (Hrsg.)*, Rdnr. 34.

395 Art. 105 Abs. 2 i.V.m. Art. 72 Abs. 2 GG.

396 Nach Art. 105 Abs. 2a GG sind die örtlichen Verbrauch- und Aufwandsteuern der Landesgesetzgebungsbefugnis unterworfen.

397 Nach Art. 140 GG i.V.m. Art. 137 Abs. 6 WRV sind die öffentlich-rechtlichen Religionsgesellschaften nach Maßgabe der Landesgesetze zur Steuererhebung berechtigt. Die Länder haben somit die Gesetzgebungshoheit über die Kirchensteuer. Vgl. *Tipke K./ Lang, J.*; Steuerrecht, 17. Aufl., Köln, 2002, § 10, RN. 4.

398 *Waldhoff, C.; Vorgaben*, S. 50.

399 Art. 105 Abs. 2 i.V.m. Art. 72 Abs. 1 GG.

400 *Siekmann, H.*; 105 GG, in: *Sachs, M. (Hrsg.)*, Rdnr. 22.

GG den Ländern zusteht[401]. Die Sperrwirkung für die konkurrierende Landesgesetzgebung hängt von der Frage der Gleichartigkeit der bundesgeregelten und der landesgeregelten Steuern[402] ab. Das Gleichartigkeitsverbot bezweckt aus staatlicher Perspektive, dass eine dem Bund zugewiesene Steuerquelle nicht gleichzeitig von den Ländern in Anspruch genommen und daher ausgeschöpft wird[403].

Mit dem Begriff „übrige Steuern" sind alle in Art. 106 GG genannten Steuern gemeint, mit Ausnahme derjenigen, die unter eine ausschließende Gesetzgebungszuständigkeit fallen[404]. Dadurch wird wohl in Art. 105 GG eine umfassende Zuständigkeit des Bundes über die Steuern niedergelegt[405]. In der Tat sind derzeit die bedeutsamsten Steuern durch Bundesgesetz geregelt, wie etwa die Einkommensteuer, die Körperschaftsteuer, die Erbschaft- und Schenkungssteuer, die Umsatzsteuer, weswegen von einer „Dominanz des Bundes" gesprochen wird[406].

2. Die Länder

Infolge der Zuweisung an den Bund zumindest zur konkurrierenden Gesetzgebung aller wichtigen Steuern[407], verbleibt den Ländern auf diesem Gebiet eine Zuständigkeit von untergeordneter Bedeutung[408].

a. Ausschließliche Gesetzgebung

Die ausschließliche Gesetzgebungsbefugnis der Länder erstreckt sich auf die örtlichen Verbrauch- und Aufwandsteuern, solange und soweit keine äquivalenten, gleichartigen Steuern bestehen, die durch Bundesgesetze geregelt werden[409]. Aus rechtstechnischer Sicht handelt es sich bei Art. 105 Abs. 2a GG um eine Teilrückzuweisung der Zuständigkeit zur Gesetzgebung an die Länder über die

---

401 *Jachmann, M.*; Art. 105 GG, in: *v. Mangoldt, H./ Klein, F./ Starck, C.*, Rdnr. 42.

402 Bestünde keine Gleichartigkeit und gäbe es somit keine Kollision zwischen einer Bundes- und einer Landesteuer, wäre die Sperrwirkung sinnlos. So *Heun, W.*; Art. 105 GG, in: *Dreier, H. (Hrsg.)*, Rdnr. 36.

403 *Siekmann, H.*; 105 GG, in: *Sachs, M. (Hrsg.)*, Rdnr. 22.

404 *Vogel, K./ Walter, H.*; Art. 105 GG, Rdnr. 66; *Jachmann, M.*; Art. 105 GG, in: *v. Mangoldt, H./ Klein, F./ Starck, C.*, Rdnr. 41; *Maunz, T.*; Art. 105 GG, in: *Maunz, T./ Dürig, G. (Hrsg.)*, Rdnr. 39.

405 *Brockmeyer, Hans-B*; Kommentierung des Artikels 70 GG, in: *Schmidt-Bleibtreu, B./ Klein, F. (Hrsg.)*, Kommentar zum Grundgesetz, 9. Aufl., Neuwied/ Kriftel, 1999; Rdnr. 1.

406 *Siekmann, H.*; 105 GG, in: *Sachs, M. (Hrsg.)*, Rdnr. 6 (m.w.N. in FN 16).

407 *Siekmann, H.*; 105 GG, in: *Sachs, M. (Hrsg.)*, Rdnr. 5.

408 *Vogel, K./ Walter, H.*; Art. 105 GG, Rdnr. 68.

409 Art. 105 Abs. 2a GG.

genannten Steuern[410], denn diesen wurden vom Grundgesetzgeber aus dem Begriff „übrige Steuern“ des Art. 105 Abs. 2 GG und somit aus dem Bereich konkurrierender Gesetzgebung herausgenommen.

Die **örtlichen** Verbrauchsteuern richten sich somit nach Art. 105 Abs. 2a GG und fallen in die ausschließliche Gesetzgebung der Länder, weitere Verbrauchsteuern werden vom Art. 105 Abs. 2 GG erfasst und sind daher der konkurrierenden Gesetzgebung des Bundes unterworfen. Es ist dem Bund nicht gestattet, örtliche Verbrauch- und Aufwandsteuern aufzuerlegen, jedoch ist er berechtigt, örtliche Steuern gleichartig den Verbrauch- und Aufwandsteuern zu erlassen. Dadurch kann der Bund mittelbar die Landeskompetenz beeinträchtigen[411].

So lässt sich behaupten, dass sogar die ausschließliche Gesetzgebungszuständigkeit der Länder für die örtlichen Verbrauch- und Aufwandsteuern nicht absolut ist, vielmehr ist sie vom Umfang und Ausgestaltung der Bundesgesetzgebung bedingt[412].

Nach Art. 140 GG i.V.m. Art 137 Abs. 6 WRV haben die öffentlich-rechtlichen Religionsgesellschaften zur Erzielung von Einnahmen die Befugnis, Steuern zu erheben, deren Grundlagen durch Landesgesetze zu regeln sind[413]. Somit haben die Länder die alleinige Kompetenz für die Kirchensteuer[414]. In diesem Sinne ist Art. 140 GG i.V.m. Art 137 Abs. 6 WRV als *lex specialis* zu Art. 105 GG zu verstehen[415]. Dem verfassungsrechtlichen Sonderfall der Länderzuständigkeit für die Kirchensteuer ist keine besondere Relevanz beizumessen[416].

b. Konkurrierende Gesetzgebung

Die restlichen Steuern, d.h. solche, die keine Zölle, örtliche Verbrauch- und Aufwandsteuern oder Kirchensteuern sind, fallen unter die konkurrierende Gesetzgebung des Bundes und der Länder. Darüber haben die Länder die legislati-

---

[410] *Vogel, K./ Walter, H.*; Art. 105 GG, Rdnr. 61.

[411] *Jachmann, M.*; Art. 105 GG, in: *v. Mangoldt, H./ Klein, F./ Starck, C.*, Rdnr. 47.

[412] *Vogel, K./ Walter, H.*; Art. 105 GG, Rdnr. 61.

[413] *Ehlers, D.*; Kommentierung des Artikels 140 GG (insbesondere Art. 137 WRV), in: *Sachs, M. (Hrsg.)*, Grundgesetz. Kommentar, 3. Aufl., München, 2003, Rdnr. 21.

[414] *Morlok, M.* Kommentierung des Artikels 140 GG (insbesondere Art. 137 WRV), in: *Dreier, H. (Hrsg.)*, Grundgesetz. Kommentar, Bd. III, Tübingen, 2000, Rdnr. 119. Zur Entwicklungsgeschichte der Kirchensteuer vgl. *v. Campenhausen, A.*; Kommentierung des Artikels 140 GG (insbesondere 137 WRV), in: *v. Mangoldt, H./ Klein, F./ Starck, C. (Hrsg.)*, Bonner Grundgesetz. Kommentar, Bd. 3, 4. Aufl., München, 2001, Rdnr. 265 ff.

[415] *Degenhart, C.*; Art. 70 GG, in: *Sachs, M. (Hrsg.)*, Rdnr. 7; *Pieroth, B.*; Art. 105 GG, in: *Jarass, H./ Pieroth, B. (Hrsg.)*, Rdnr. 1. Kritisch dagegen: *Maunz, T.*; Art. 105 GG, in: *Maunz, T./ Dürig, G. (Hrsg.)*, Rdnr. 54.

[416] *Vogel, K./ Walter, H.*; Art. 105 GG, Rdnr. 68.

ve Befugnis, wenn keine entsprechende bundesgesetzliche Regelung existiert[417]. Dabei ist genauso zu prüfen, ob es sich um gleichartige Steuern handelt[418].

3. Die Gemeinden

Die Gemeinden verfügen im Grundgesetz über kein originäres Steuererfindungsrecht.[419] In der „abschließenden"[420] Regelung des Art. 105 GG ist eine originäre kommunale Gesetzgebungskompetenz nicht vorgesehen, nur eine abgeleitete Steuerhoheit[421] durch landesgesetzliche Regelung und im Rahmen der Steuergesetzgebungskompetenz der Länder[422].

Die Gemeinden und die Gemeindeverbände werden den Ländern zugeordnet[423]. Angesehen als Bestandteile[424] der Länder gelten ihre Einnahmen und Ausgaben in der Steuerertragsaufteilung des Art. 106 GG nach Abs. 9 als Einnahmen und Ausgaben der Länder.

Das grundgesetzliche Prinzip des zweistufigen Staatsaufbaus Bund/ Länder, nach dem „die Kommunen staatsorganisatorisch den Ländern eingegliedert" sind[425], ist daher auch in der Finanzverfassung wieder zu erkennen[426], in der Bund und Länder die Hauptadressaten sind[427].

Aus der Zweistufigkeit der Finanzverfassung ergibt sich ferner, dass dem Bund jeglicher unmittelbare Durchgriff, d.h. ohne die Einschaltung der Länder, auf die finanziellen Verhältnisse der Gemeinden versagt bleibt[428].

---

417 Art. 105 Abs. 2 GG *in contrario.*

418 *Waldhoff, C.; Vorgaben,* S. 51 m.w.N..

419 *Jachmann, M.*; Art. 105, in: *v. Mangoldt, H./ Klein, F./ Starck, C.*, Rdnr. 21; *Stern, K.*; *Bd. II*, S. 1123.

420 *Stern, K.*; *Bd. II*, S. 1124.

421 *Siekmann, H.*; 105 GG, in: *Sachs, M. (Hrsg.)*, Rdnr. 43.

422 *Waldhoff, C.; Vorgaben,* S. 51; *Jachmann, M.*; Art. 105, in: *v. Mangoldt, H./ Klein, F./ Starck, C.*, Rdnr. 21.

423 *Waldhoff, C.; Vorgaben,* S. 52.

424 *Siekmann, H.*; Vorbemerkungen zu Abschnitt X GG, in: *Sachs, M. (Hrsg.)*, Rdnr. 10; *Pieroth, B.*; Art. 106 GG, in: *Jarass, H./ Pieroth, B. (Hrsg.)*, Rdnr. 12; *v. Armin, H. H.*; in: *Isensee, J./ Kirchhof, P. (Hrsg.)*, S. 988 f.

425 BVerfGE 86, 148 (215).

426 *Siekmann, H.*; Vorbemerkungen zu Abschnitt X GG, in: *Sachs, M. (Hrsg.)*, Rdnr. 9 f; *Vogel, K/ Waldhoff, C.*; Rdnr. 48; *Klein, F.*; Bund und Länder nach der Finanzverfassung des Grundgesetzes, in: *Benda, E./ Maihofer, W./ Vogel, H.-J. (Hrsg.)*, Handbuch des Verfassungsrechts, 2. Aufl. (Studienausgabe Teil 2), Berlin/ New York, 1995, S. 1127 f.

427 *Vogel, K/ Waldhoff, C.*; Rdnr. 47.

428 Vgl. BVerfGE 16, 171 (181 f).

Ausnahme[429] dieser Regel bildet der Ausgleich für atypische, vom Bund veranlasste und den Gemeinden unzumutbare, Sonderbelastungen des Art. 106 Abs. 8 GG[430].

Unberührt bleibt dieses Prinzip von dem in Art. 28 Abs. 2 Satz 3 Halbsatz 2 GG vorgesehenen Recht der Gemeinden, Hebesätze festzusetzen[431]. Gewährleistet wird hier ausschließlich eine bundesrechtlich einzuführende wirtschaftskraftbezogene Steuerquelle[432]. Die von der kommunalen Selbstverwaltungsgarantie umfasste finanzielle Eigenverantwortung der Gemeinden soll durch sie als weitere Grundlage gestärkt werden[433].

B. Die venezolanische Verfassung

I. Grundlegendes zur Kompetenzverteilung

1. Systematik der Kompetenzverteilung

Die Regelungstechnik zur Kompetenzverteilung der venezolanischen Verfassung unterscheidet sich von der des Grundgesetzes, nach der zuerst eine Differenzierung zwischen den Staatsfunktionen vorgenommen wird, um dann jeweils selbständig für Gesetzgebung, Verwaltung und Rechtsprechung[434]die Kompetenzen vertikal zwischen den Gebietskörperschaften nach Sachgebieten zu verteilen.

In der venezolanischen Verfassungsgebers wird die öffentliche Gewalt[435] nach Art. 136 Abs. 1 vertikal in drei verschiedene Ebenen eingeteilt: Die nationale im

---

429 *Siekmann, H.*; 106 GG, in: *Sachs, M. (Hrsg.)*, Rdnr. 42; *Schwarz, K.-A.*; Kommentierung des Artikels 106 GG, in: *v. Mangoldt, H./ Klein, F./ Starck, C.*, Bonner Grundgesetz. Kommentar, Bd. 3, 4. Aufl., München, 2001, Rdnr. 148; *Vogel, K/ Waldhoff, C.*; Rdnr. 48.

430 Ausführlich zu den Anspruchsvoraussetzungen s. *Schwarz, K.-A.*, Art. 106 GG, in: *v. Mangoldt, H./ Klein, F./ Starck, C.*, Rdnr. 149 ff. Im kurzen: *Pieroth, B.*; Art. 106 GG, in: *Jarass, H./ Pieroth, B. (Hrsg.)*, Rdnr. 20; *Siekmann, H.*; 106 GG, in: *Sachs, M. (Hrsg.)*, Rdnr. 43.

431 *Siekmann, H.*; Vorbemerkungen zu Abschnitt X GG, in: *Sachs, M. (Hrsg.)*, Rdnr. 10, insbesondere FN. 22.

432 *Nierhaus, M.*; Kommentierung des Artikels 28 GG, in: *Sachs, M. (Hrsg.)*, Grundgesetz. Kommentar, 3. Aufl., München, 2003, Rdnr. 70; *Tettinger, P.J.*; Kommentierung des Artikels 28 GG, in: *v. Mangoldt, H./ Klein, F./ Starck, C. (Hrsg.)*, Bonner Grundgesetz. Kommentar, Bd. 2, 4. Aufl., München, 2000, Rdnr. 250.

433 *Nierhaus, M.*; Art. 28 GG, in: *Sachs, M. (Hrsg.)*, Rdnr. 69.

434 *Degenhart, C.*, Art. 70 GG, in: *Sachs, M (Hrsg.)*, Rdnr. 1.

435 Auf Spanisch: „Poder Público“.

Sinne von bundesstaatlicher, die staatliche im Sinne von gliedstaatlicher und die kommunale Gewalt[436]. Jeder Gewaltebene werden dann bestimmte Kompetenzen zugewiesen, jedoch in der Regel ohne eine nach Artikeln durchgeführte Trennung zwischen der Gesetzgebung und den weiteren Staatsfunktionen[437] vorzunehmen.

Im IV. Titel[438] der venezolanischen Verfassung, der die öffentliche Gewalt normiert, lässt sich eine umfassende Regelung für Gliedstaaten und Gemeinden finden[439], die die fundamentalen Organe der Legislative und der Exekutive festlegt und die Zuständigkeiten beider Gewaltebenen bestimmt. Die Normierung in Bezug auf die bundesstaatliche Gewalt beschränkt sich dagegen an dieser Stelle ausdrücklich auf deren Kompetenzen[440]; die Organisation der nationalen Gewalt, im Sinne von horizontaler Gewaltentrennung wird gesondert im folgenden V. Titel festgelegt[441].

Im Gegensatz zum Grundgesetz, in dem nur die Zuständigkeiten des Bundes zur Gesetzgebung aufgezählt werden und alle sonstigen Materien gesamt den Ländern in der Form einer Zuständigkeitsklausel überlassen werden[442], definiert die venezolanische Verfassung für jede Gebietskörperschaft die jeweiligen Zuständigkeitsbereiche und vervollständigt diese Kompetenzkataloge mit mehreren Zuständigkeitsklauseln für alle im Verfassungstext unbenannten Sachgebiete.

Die Kompetenzverleihungen der venezolanischen Verfassung sind prinzipiell als ausschließliche zu verstehen[443], ungeachtet dessen, dass die Bezeichnung „aus-

---

436 Art. 136. „Die öffentliche Gewalt gliedert sich in kommunale Gewalt, staatliche Gewalt und nationale Gewalt auf. ...“(Übersetzung der Verfasserin).

437 Föderal verteilt werden nur Legislative und Exekutive, die Judikative bleibt dagegen im Bereich der nationalen Kompetenz.

438 *„Título IV: Del Poder Público“* (Übersetzung der Verfasserin). Artikel 136 bis 185.

439 So ist in den Überschriften des III. Kapitels: „Zur staatlichen öffentlichen Gewalt“ und des IV. Kapitels: „Zur kommunalen öffentlichen Gewalt“ zu lesen (Übersetzung der Verfasserin).

440 Überschrift des II. Kapitels: „Zur Kompetenz der nationalen öffentlichen Gewalt“.

441 Im ersten Kapitel des V. Titels wird die Gesetzgebung normiert, jedoch geht es dabei nur um die Organisation und Zuständigkeiten der Nationalversammlung sowie um das Verfahren zum Zustandekommen von Gesetzen.

442 S. o. unter A. I.

443 *Brewer-Carías, A.-R.*; La *Constitución* de 1999, 3. Aufl., Caracas, 2001, S. 95. Aus diesem Grund seien die Kompetenzen der drei Ebenen in der Verfassung genau angegeben.

schließliche“ und „konkurrierende“ Kompetenzen lediglich jeweils in Art. 164[444] und in Art. 165[445] im Hinblick auf den Zuständigkeitskatalog der Staaten angewendet werden. Dennoch ergeben sich konkurrierende Kompetenzen zwischen den verschiedenen Gewaltebenen, dabei beschreibt der Begriff konkurrierende Kompetenz diverse Konstellationen: Zum einen, ist von konkurrierender Kompetenz die Rede, wenn innerhalb eines Sachgebietes sowohl die Republik als auch die Gliedstaaten zur Betätigung ihrer Staatsgewalt, jedoch zur Ausübung diverser Staatsfunktionen ermächtigt sind, nämlich die nationale Gewalt durch die Legislative und die staatliche Gewalt durch die Exekutive. Zum anderen schließt dieser Begriff wohl die gesetzgebende Funktion mit ein und bedeutet, dass nationale und staatliche Gewalt zur Gesetzgebung in denselben Materien befugt sind. Diese Gesetzgebungsform fällt dennoch keineswegs mit der grundgesetzlichen Konzeption konkurrierender Gesetzgebung zusammen: Die venezolanische konkurrierende Gesetzgebung besteht gemäß Art. 165 Abs. 1[446] nur in der Form, dass die nationale öffentliche Gewalt die grundlegenden Gesetze, *„leyes de bases“*, für die Sachbereiche verabschiedet und die staatliche Gewalt, d.h. jeder Gliedstaat durch sein Gesetzgebungsorgan[447], dann ausführende und ergänzende Gesetze erlässt[448]. Hier ist der Unterschied zum Grundgesetz[449] zu betonen: Im Bereich der konkurrierenden Gesetzgebung haben die venezolanischen Gliedstaaten keine Befugnis zur Gesetzgebung, solange und soweit die nationale Gewalt nicht von ihrer Gesetzgebungszuständigkeit durch Gesetz Gebrauch gemacht hat. Vielmehr setzt die staatliche Regelung eine entsprechende nationale Grundregelung voraus. Die Gesetzgebungsbefugnis der Gliedstaaten ist lediglich ausführend und zwar eines bereits bestehenden und als Grundlage (Basis) dienenden nationalen Gesetzes, so dass, wenn keine nationale Regelung (Bundesregelung) besteht, der Staatsgesetzgeber keine nationale Ordnung auszuführen und an die staatlichen Gegebenheiten anzupassen hat, und somit keine Befugnis, eine staatliche Regelung (Landesregelung) zu verabschieden hat.

---

444 Art. 164. „Es ist ausschließliche Kompetenz der Staaten: ...“ (Übersetzung der Verfasserin).

445 Art. 165. „Die Materien, die Gegenstand konkurrierender Kompetenzen sind, werden ...“ (Übersetzung der Verfasserin).

446 Art. 165 Abs. 1: „Die Materien, die Gegenstand konkurrierender Kompetenzen sind, werden durch von der Nationalen Gewalt erlassene grundlegende Gesetze und durch von den Staaten verabschiedete ausführende Gesetze geregelt. Diese Gesetzgebung wird durch die Prinzipien der gegenseitigen Abhängigkeit, der Koordination, der Kooperation, der Mitverantwortung und der Subsidiarität geleitet werden.“ (Übersetzung der Verfasserin).

447 Zur Gesetzgebung auf gliedsstaatlicher Ebene ist gemäß Art. 162 Abs. 1 Satz 1 der venezolanischen Verfassung der „Legislative Rat“ (*„Consejo Lesilativo“*, Übersetzung der Verfasserin) berufen.

448 *Ramírez van der Velde, A./ Baute, P./ Planchart, A.*; S. 73.

449 Art. 72 Abs. 1 GG.

Im Gegensatz zu Deutschland weist Venezuela einen dreistufigen Staatsaufbau auf, in dem die politische Autonomie der Gliedstaaten und der Gemeinden anerkannt wird[450] und die Gemeinden somit den Rang der dritten Staatsebene innehaben. Dieser Staatsaufbau besteht seit 1925[451], dennoch wurde in der vorherigen Verfassung die vertikale Aufteilung der öffentlichen Gewalt nicht explizit wiedergegeben, sondern vorausgesetzt[452]. So waren Kompetenzbereiche für die nationale Gewalt in Art. 136, für die Staaten in Art. 17 und für die Gemeinden in Art. 30 geregelt, ohne explizit festzulegen, dass sich die öffentliche Gewalt in diese drei Ebenen vertikal aufgliedert.

Die Zuständigkeitstrennung der venezolanischen Verfassung versteht sich nicht als programmatisches, sondern als zwingendes Recht. Dies hat zur Folge, dass nur solche Kompetenzverschiebungen gestattet sind, die auf die Verfassungsordnung gestützt werden können.

2. Die Dezentralisierungsklausel

Nach Art. 157[453] der venezolanischen Verfassung ist die Nationalversammlung, als Gesetzgebungsorgan der nationalen Gewalt, dazu befugt, Materien nationaler Kompetenz, d.h. Materien ausschließlicher nationaler Kompetenz, zum Zwecke der Dezentralisierung den Gemeinden sowie den Gliedstaaten zu übertragen. An Hand dieser Norm lässt sich der Begriff „*dezentralisierter* föderaler Staat",

---

450 *Romero-Muci, H.*; La distribución del Poder Tributario en la nueva Constitución, in: *Carrillo B., T. E. (Hrsg.)*, La Tributación en la Constitución de 1999, Caracas, 2001, S. 27.

451 Seit der Verfassung von 1858 wurde die föderale Aufgliederung der öffentlichen Gewalt ausdrücklich in den Verfassungstext aufgenommen, jedoch war der Staatsaufbau bis 1925 zweistufig. Zur geschichtlichen Entwicklung der venezolanischen Staatsform s. *Brewer-Carías, A.-R.*; *Instituciones* Políticas y Constitucionales, Bd. I, Caracas/ San Cristóbal, 1996, S. 351 ff. Spezifischer *ders.*; El desarrollo institucional del *Estado Centralizado* en Venezuela (1899-1935) y sus proyecciones contemporáneas, in: Revista de Estudios de la vida local y autonómica, Nr. 227-228, Madrid, S. 487 ff, 695 ff. Kurz dazu: *Ayala C., C. M.*; Naturaleza y alcance de la Descentralización Estadal, in: *Brewer-Carías, A. R.*; Leyes para la Descentralización Política de la Federación, Caracas, 1990, S. 62 ff.

452 *Ramírez van der Velde, A./ Baute, P./ Planchart, A.*; Análisis del Régimen Tributario en la Nueva Constitución, Caracas, 2000, S. 54.

453 Art. 157. „Die Nationalversammlung kann kraft [Zustimmung der] Mehrheit ihrer Mitglieder den Gemeinden oder den Staaten bestimmte Materien der nationalen Kompetenz übergeben, um die Dezentralisierung zu fördern." (Übersetzung und Ergänzungen der Verfasserin).

der Staatsform zu der sich Venezuela in Art. 4 der Verfassung[454] bekennt, besser verstehen. Erstrebt wird eine territoriale[455] Dezentralisierung, die die Übertragung von Entscheidungskompetenzen von der Zentralgewalt (Bund) als öffentlich-rechtliches Gemeinwesen zu den unteren Gebietskörperschaften (Gliedstaaten und Gemeinden) erfordert[456]. Mit der Bezeichnung „dezentralisierter föderaler Staat" wurde die Existenz einer vertikalen Aufteilung der öffentlichen Gewalt betont[457] und der Wille ausgedrückt, die „zentralisierte Föderation", zu der sich Venezuela entwickelt hatte[458], tatsächlich zu überwinden[459]. Art. 157 der venezolanischen Verfassung schafft somit die Voraussetzung dafür, dass die konstitutionelle vertikale Kompetenzverteilung modifiziert wird, ohne dafür dem formellen Verfahren zur Verfassungsänderung zu folgen.

Dem Steuerpflichtigen gegenüber bedeutet dies, dass die Zentralgewalt ein anderes Gemeinwesen zum Eingriff in seine Rechtssphäre berechtigen darf, als das zuerst vom Verfassungsgeber Vorgesehene. Da die Steuerbelastung aufgrund nationaler Steuern *de facto* stets bundeseinheitlich ausfällt, könnte die Dezentralisierung eine differenzierte Besteuerung derselben Steuerquelle von einem Staat zum anderen zur Folge haben.

Der Dezentralisierungsnorm nach sind Kompetenzverschiebungen von Bundesebene auf Staatsebene, sowie auf Gemeindeebene von Verfassungs wegen nicht nur zugelassen, sondern sogar erwünscht. Demgegenüber sind Kompetenzübertragungen von Gemeinden auf Staaten oder auf die nationale Gewalt bzw. von Staaten auf die nationale Gewalt nicht zulässig, denn sie entsprächen einer „Zentralisierung".

Zu verifizieren wäre individuell für jeden Dezentralisierungsvorgang, ob dieser die Übergabe von Gesetzgebungszuständigkeiten umfasst, denn die übertragenen Kompetenzen können eine reine administrative Eigenschaft aufweisen.

---

454 Art. 4. „Die Bolivarische Republik Venezuela ist ein dezentralisierter föderaler Staat im Sinne dieser Verfassung, und richtet sich nach den Prinzipien der territorialen Integrität, der Kooperation, Solidarität, Wettbewerb und Mitverantwortung." (Übersetzung der Verfasserin).

455 Keine Funktionale Dezentralisierung.

456 *Brewer-Carías, A. R.*; *Introducción* al Estudio de la Organización Administrativa Venezolana, 3. Aufl., Caracas, 1983, S. 97 f.

457 *Romero-Muci, H.*; in: *Carrillo B., T. E. (Hrsg.)*; S. 26.

458 So *Arismendi*, der im Jahre 1979 auf den Zwiespalt zwischen dem theoretischen, sentimentalen Föderalismus und dem realen Zentralismus hindeutete. *Arismendi, A.*; Organización político-administrativa de los Estados en Venezuela, in: Libro Homenaje a Rafael Caldera, Bd. I, Caracas, 1979, S. 359.

459 *Brewer-Carías, A.-R.*; *Constitución*, S. 55.

Eine ähnliche Konstellation lässt sich für die konkurrierenden Kompetenzen zwischen Staaten und Gemeinden im zweiten Absatz des Art. 165[460] erkennen: Ist eine Materie konkurrierende Kompetenz der Gliedstaaten und der Gemeinden, so soll jeder Staat durch Gesetz Übertragungsmechanismen bestimmen und solche Kompetenzen innerhalb der Exekutive an die Gemeinden übertragen, deren Ausführung ihnen zuzumuten ist.

Unter der Verfassung von 1961, die in Art. 137[461] eine ähnliche Dezentralisierungsklausel[462] festschrieb, bestand im Schrifttum Unstimmigkeit darüber, ob diese Norm eine Verschiebung der Gesetzgebungshoheit überhaupt begründen könnte. Ausgangspunkt der Kontroverse war der Wortlaut des Artikels, der von einer Übertragung von Kompetenzen zur Förderung der *administrativen* Dezentralisierung sprach. Die wörtliche Auslegung der Verfassung hätte ergeben, dass nur eine Dezentralisierung administrativer Natur, *i. e.* die Verwaltung betreffend, zulässig wäre. Aus diesem Grund hätte Art. 137 keine Übertragung von legislativen Kompetenzen begründen dürfen[463]. Nach dieser Auffassung hätten die Staaten keine weitergehende Gesetzgebungsbefugnis auf die übergebenen Sachgebiete gewinnen können, sodass sie keine weitreichenderen Regelungen erlassen durften, als die zu ihrer administrativen Organisation Notwendigen[464]. Die Staaten hätten somit keine Steuergesetzgebungshoheit im Bereich der dezentralisierten Materien erhalten können[465], denn die Kompetenzverschiebung hätte lediglich die Steuerverwaltung betroffen.

---

460 „Artikel 165 Abs. 2: „Die Staaten werden an die Gemeinden die Dienste (bzw. Dienstleistungen) und Kompetenzen dezentralisieren und transferieren, die sie (die Staaten) führen und die diese (die Gemeinden) imstande zu leisten sind, sowie die Verwaltung der jeweiligen Mittel, innerhalb der Bereiche konkurrierender Kompetenzen zwischen beiden Ebenen der Öffentlichen Gewalt. Die Übertragungsmechanismen werden durch die staatliche Rechtsordnung geregelt werden." (Übersetzung und Klammern der Verfasserin).

461 Art. 137. „Der Kongress darf kraft Zustimmung von zwei Dritteln der Mitglieder jeder Kammer, den Staaten oder den Gemeinden bestimmte Materien der nationalen Kompetenz übergeben, um die *administrative* Dezentralisierung zu fördern." (Übersetzung und Hervorhebung der Verfasserin).

462 Der Ursprung der Dezentralisierungsklausel in der venezolanischen Verfassungsordnung ist auf Art. 139 der Verfassung von 1947 zurückzuführen.

463 *Linares B., G. J.*; *potestades transferibles*, S. 180 ff (182), 221; *ders*; Leyes Nacionales y Leyes Estadales en la *Federación* Venezolana, Caracas, 1995, S. 69.

464 *Linares B., G. J.*; *potestades transferibles*, S. 194, 222.

465 Widersprüchlich wird diese These, wenn der Autor behauptet, dass die Staaten doch solche Abgaben einführen können, die im Gesetz bestimmt werden. *Linares B., G. J.*; *potestades transferibles*, S. 195.

Demgegenüber verstand eine andere Meinung des Schrifttums[466] die Dezentralisierungsklausel der Verfassung von 1961 dahingehend, dass Art. 137 der Zentralgewalt das Recht verliehen habe, Materie ihrer Kompetenz den unteren Ebenen in dem von ihr durch nationales Gesetz bestimmten Umfang, zur Gesetzgebung oder zur Verwaltung, anzuvertrauen. Dadurch hätten die Staaten abgeleitete administrative und/oder legislative Befugnisse erlangen können, wie z.B. die abgeleitete Steuergesetzgebungshoheit auf die übertragenen Sachkompetenzen[467]. Der Terminus „administrative Dezentralisierung" wäre danach als allgemeiner Ausdruck auszulegen, der den Vorgang der Dezentralisierung selbst beschreiben wollte, ohne dabei eine Differenzierung in Untertypen wie z.B. Steuer- oder legislative Dezentralisierung, vorzunehmen[468]. Unzutreffend wurde im Schrifttum vereinzelt[469] die legislative Dezentralisierung der Verfassung von 1961 der Ermächtigung des Art. 71 GG gleichgestellt, durch die der Bund die Sperrwirkung im Bereich seiner ausschließlichen Gesetzgebung für den Landgesetzgeber aufheben kann. Der fundamentale Unterschied lag darin, dass die Ermächtigung des Art. 71 GG vom Bunde befristet, geändert, eingeschränkt oder widerrufen werden kann[470]. Die venezolanische Dezentralisierung von Gesetzgebungskompetenzen stellte eine definitive Änderung der verfassungsrechtlichen Kompetenzverteilung dar, für deren Revokation es keine verfassungsrechtliche Grundlage gab. Ob ein aufgrund der Dezentralisierungsklausel der Verfassung von 1999 verabschiedetes Gesetz, die keine qualifizierte Mehrheit für das Dezentralisierungsgesetz erfordert, gleichfalls als eine definitive Änderung der derzeitigen verfassungsrechtlichen Kompetenzverteilung zu betrachten sein

---

466 *Romero-Muci, H.*; Aspectos Tributarios de la Ley Orgánica de Descentralización, Delimitación y Tranferencia de Competencias del Poder Público, in: *Brewer-Carías, A. (Hrsg.)*; Leyes para la Descentralización Política de la Federación, Caracas, 1990, S. 177 ff; *Ayala C., C. M.*; Naturaleza y alcance de la Descentralización Estadal, in: *Brewer-Carías, A. R. (Hrsg.)*; Leyes para la Descentralización Política de la Federación, Caracas, 1990, S. 57 ff.

467 *Romero-Muci, H.*; in: *Brewer-Carías, A. (Hrsg.)*, S. 214; *Bérmudez, J. R.*; Las nuevas potestades tributarias de los estados en el marco de la reforma tributaria, RDT Nr. 52, Caracas, 1991, S. 51 ff.

468 *Ayala C., C. M.*; S 106.

469 *Linares B., G. J.*; Naturaleza de las *potestades transferibles* a los Estados y Municipios mediante el artículo 137 de la Constitución, RFD-UCAB Nr. 44, Caracas, 1992, S. 213 ff (214).

470 Vgl. *Heintzen, M.*; Art. 71 GG, in: *v. Mangoldt, H./ Klein, F./ Starck, C. (Hrsg.)*, Rdnr. 53; *Stettner, R.*; Art. 71 GG, in: *Dreier, H. (Hrsg.)*, Rdnr. 18; *Sannwald, R.*; Art. 71 GG, in: *Schmidt-Bleibtreu, B./ Klein, F. (Hrsg.)*, Rdnr. 28; *Degenhart, C.*; Art. 71 GG, in: *Sachs, M. (Hrsg.)*, Rdnr. 11; *Pieroth, B.*; Art. 71 GG, in: *Jarass, H./Pieroth, B.*, Rdnr. 5.

wird, ist noch unklar. Es gibt Ansätze dafür, sie als eine widerrufliche Kompetenzdelegation zu verstehen[471].

Die Debatte darüber, ob die verfassungsrechtlich vorgesehene Dezentralisierung auch die Übergabe legislativer Kompetenzen umfasst, oder nur eine administrative Eigenschaft vorweist, ist nicht mehr aktuell, denn in der Verfassung von 1999 ist von Dezentralisierung und nicht von administrativer Dezentralisierung die Rede[472]. Die Besteuerungskompetenz der unteren Ebenen kann somit auf abgeleiteter Weise, d.h. durch gesetzliche Ermächtigung und im Zuge einer Dezentralisierung durch die nationale Gewalt, erweitert werden. Je nach Umfang der Ermächtigung kann sie ebenfalls eine konkurrierende Gesetzgebungskompetenz oder eine einfache Übertragung der Steuerverwaltungshoheit zur Folge haben[473].

Auf der Grundlage des Art. 137 der Verfassung von 1961 wurde im Jahre 1989 das Dezentralisierungsgesetz verabschiedet[474], durch das die damals geltende verfassungsrechtliche Kompetenzverteilung modifiziert wurde.

Dabei wurden den Staaten die Kompetenzen für Siegelpapier (zu der auch die Gebührenstempel und –marken zählen), für nicht metallische Minen und unedle Steine, sowie für Salzbergwerke und auf Muschelbänke, jeweils mit der dazugehörigen Steuergesetzgebungshoheit, zugeschrieben. Das Dezentralisierungsgesetz von 1989 war ein Verfassungsgesetz[475] und die daraus resultierende neue Kompetenzverteilung daher Teil der Verfassungsordnung.

---

[471] So *Carmona B., J. C.*; *Viabilidad* de la descentralización fiscal esdadal en el marco de la Constitución de 1999, in: *AVDT (Hrsg.)*, V. Jornadas Venezolanas de Derecho Tributario. Aspectos Tributarios en la Constitución de 1999, Caracas, 2000, S. 353.

[472] *Guevara C., Eduardo*; Ley Orgánica de Haciendas Estadales: ¿Reto Constitucional?, in: *AVDT (Hrsg.)*, V. Jornadas Venezolanas de Derecho Tributario. Aspectos Tributarios en la Constitución de 1999, Caracas, 2000, S. 382.

[473] *Romero-Muci, H.*; in: *Carrillo B., T. E. (Hrsg.)*; S. 27.

[474] Veröffentlicht im G.O. Ext. Nr. 4.153 vom 28.12.1989.

[475] *Pérez L., G.*; La Actividad Normativa de la Administración, RDP Nr. 1, Caracas, 1980, S. 19; *Alfonzo P., J. D.*; La potestad tributaria de los Estados, RDT Nr. 51, Caracas, 1991, S. 84. Die nachträgliche Änderung der durch das Gesetz eingeführten neuen Kompetenzverteilung hätte des vorgesehenen formalen Verfahrens zur Verfassungsänderung bedurft. *Ayala C., C. M.*; S. 108 f. Kritisch dazu *Linares B.*, nach dessen Auffassung die Dezentralisierung gemäß Art. 137 der Verfassung von 1961 keine unwiderrufliche und absolute Übergabe von Kompetenzen darstellen konnte. Dies wäre mit dem wesentlichen Merkmal der „Starrheit" der Verfassungsordnung unvereinbar. Die Dezentralisierung wäre somit eine simple Delegation von Kompetenzen gewesen. *Linares B., G. J.*; *Federación*, S. 109.

II. Steuergesetzgebungshoheiten im Einzelnen

In der venezolanischen Verfassung ist die Regelung der Steuerhoheiten, einschließlich der Gesetzgebungshoheit, für jede Gewaltebene dem jeweiligen Kompetenzkatalog zu entnehmen. Zwar wird dem „Abgabesystem“ ein gesonderter Abschnitt[476], Art. 316 und 317, gewidmet, dieser enthält jedoch anders als im Grundgesetz keine Kompetenznormen.

Ferner enthält die Verfassung Venezuelas keine Norm, die eine dem Art. 106 GG entsprechende Ertragsverteilung vornimmt. Aufgrund dessen ist die Kompetenzverteilung in der Weise zu verstehen, dass die Verleihung einer Steuer als Zuständigkeit oder Einnahme in der Regel die Verleihung sowohl deren Gesetzgebungs-, als auch deren Ertragshoheit bedeutet, sofern nicht anderes in der Verfassung ausdrücklich vorgesehen ist[477].

1. Die nationale öffentliche Gewalt (die Republik)

Die venezolanische Verfassung befasst sich mit den Zuständigkeiten der nationalen öffentlichen Gewalt im II. Kapitel des IV. Abschnittes. Der Kompetenzkatalog ist in Art. 156 verankert, anschließend regeln Art. 157 und 158 die mögliche Kompetenzübertragung von der Zentralgewalt an die Gliedstaaten und an die Gemeinden zum Zwecke der Dezentralisierung.

Nach Art. 156 Nr. 12[478], Nr. 14[479] und Nr. 15[480] hat die nationale Gewalt die

---

[476] II. Abschnitt („Zum Abgabesystem“) des II. Kapitels („Zum Finanz- und Währungswesen“) des VI. Titels („Zum sozial-wirtschaftlichen System“). (Übersetzung der Verfasserin).

[477] So z.B. bei den Steuern auf ländliche Grundstücke und auf Immobilientransaktionen: die diesbezügliche Gesetzgebungshoheit steht nach Art. 156 Nr. 14 der nationalen Gewalt, jedoch ihr Aufkommen nach Art. 179 Nr. 3 den Gemeinden zu.

[478] Art. 156 Nr. 12 „Die Schaffung, Organisation, Erhebung, Verwaltung und Kontrolle der Steuern auf Einkommen, auf Erbschaft, Schenkung und übrige verbundene Zweige, [auf] Vermögen, [auf] Produktion, [auf] Mehrwert, [auf] Kohlenwasserstoffe und Minen; der Abgaben auf Einfuhr und Ausfuhr von Gütern und Dienstleistungen; der Steuern, die auf den Verbrauch von Likören, Alkohol und weiteren Alkoholgattungen anfallen, von Zigaretten und weiteren Tabakmanufakturen; sowie der übrigen von dieser Verfassung oder durch Gesetz den Staaten und den Gemeinden nicht zugewiesenen Steuern, Gebühren und Erträge.“. (Übersetzung und Ergänzung der Verfasserin).

[479] Art. 156 Nr. 14. „Die Schaffung und Organisation der Grundsteuern oder [Steuern] auf ländliche Grundstücke und auf Immobilientransaktionen, deren Erhebung und Kontrolle den Gemeinden gemäß dieser Verfassung zukommt.“. (Übersetzung und Ergänzungen der Verfasserin).

[480] Art. 156 Nr. 15. „... die Organisation und Regelung der Zölle.“.

(ausschließliche[481]) Kompetenz über:

- die Zölle
- die Einkommensteuer,
- die Vermögenssteuer,
- die Erbschaftssteuer
- die Schenkungssteuer,
- die Mehrwertsteuer,
- die Steuern auf Produktion,
- die Steuern auf Kohlenwasserstoffe und auf Minen,
- die Steuern auf den Verbrauch von Tabak- und Alkoholprodukten und
- alle Abgaben auf Ein- und Ausfuhr[482] von Gütern und Dienstleistungen,

inne.

Darüber hinaus steht der nationalen Gewalt nach Art. 156 Nr. 12 *in fine*[483] die Residualkompetenz[484] für die übrigen Steuern zu, die weder den Staaten, noch den Gemeinden zugeteilt wurden (unbenannten Steuern). Aufgrund dieser umfassenden nationalen Steuer-Residualkompetenz ist die Norm Art. 156. Nr. 33 Halbsatz 2[485], die eine nationale Kompetenz aufgrund der Natur der Sache begründet[486], im Bereich der Steuern irrelevant: Ist eine Steuer weder den Gliedstaaten, noch den Gemeinden zugewiesen, dann unterliegt sie der nationalen Gesetzgebung unabhängig davon, ob das Sachgebiet kraft Natur der Sache eine nationale Regelung erfordert[487]. Aus dieser Regelung lässt sich erkennen, dass die

---

481 Im Bezug auf den Kompetenzkatalog der Republik des Art. 136 der Verfassung von 1961 *Acedo P., G.*; *Régimen Tributario* Municipal Venezolano, Caracas, 1999, S. 61.

482 Die Ausfuhrsteuern wurden im Unterschied zu den Einfuhrsteuern im nationalen Kompetenzkatalog der Verfassung von 1961 zwar nicht genannt, wurden aber stets als nationale Kompetenz betrachtet.

483 S. o. FN. 478.

484 *Romero-Muci, H.*; in: *Carrillo B., T. E. (Hrsg.)*; S. 37; *Rachadell, M.*; La Distribución del Poder Tributario entre los diversos niveles del Poder Público según la Constitución de 1999; RDA Nr. 8, Caracas, 2000, S. 181.

485 Art. 156 Nr. 33. „Jede weitere Materie, die diese Verfassung der nationalen öffentlichen Gewalt zuweist oder aufgrund derer Beschaffenheit oder Natur ihr zukommt." (Übersetzung und Hervorhebung der Verfasserin).

486 Der erste Halbsatz des Art. 156 Nr. 33 fungiert als Auffangklausel für diejenigen Sachgebiete, die zwar im Kompetenzkatalog nicht aufgeführt sind, deren Kompetenztitel sich jedoch zerstreut im Verfassungstext finden lassen.

487 A.A. *Ramírez van der Velde, A./ Baute, P./ Planchart, A.*: die nationale Gewalt habe weitgehende Befugnisse „um Steuern innerhalb diejenigen Materien zu schaffen, die kraft deren Eigenart oder Natur ihr zustehen.". A.a.O., S. 57.

wichtigsten Steuern von vornherein im Kompetenzbereich der Republik konzentriert werden. Gegenüber der vorherigen verfassungsrechtlichen Kompetenzverteilung[488] bedeutet diese Regelung eine Erweiterung[489] der der Republik zukommenden Steuer-Residualkompetenz, denn in der Verfassung von 1961[490] beschränkte sich diese auf die übrigen durch Gesetz als nationale Abgaben geschaffenen Steuern[491]. Die unbenannten Abgaben waren dann als nationale zu betrachten, wenn sie aufgrund ihrer Eigenart oder kraft Natur der Sache einer zentralen Regelung bedurft haben[492], d.h. wenn sie einen erheblichen Einfluss auf die nationale Wirtschaft oder auf die Verwirklichung von Staatszielen hatten. Als Beispiel dazu dient die Mehrwertsteuer[493]. Da sie in der Verfassung von 1961 nicht vorgesehen und folglich keiner Gewaltebene explizit zugewiesen war, fiel diese Steuer prinzipiell in den Kompetenzbereich der Staaten, weswegen die Republik sie „als nationale Abgabe" und auf der Grundlage von Art. 136 achtens *in fine* im Jahre 1993 durch nationales Gesetz[494] eingeführt hat[495]. Diese partielle Verdrängung ließ somit den Staaten einen Spielraum zur Gesetzgebung hinsichtlich derjenigen Abgaben, die durch nationales Gesetz nicht geregelt waren.

---

488 Gemeint ist hier die Kompetenzverteilung der Verfassung von 1961 **mit** den durch das Dezentralisierungsgesetz von 1989 eingeführten Modifizierungen.

489 *Guevara C., E.*; in: *AVDT (Hrsg.)*, S. 381.

490 Art. 136. „Es ist Kompetenz der nationalen Gewalt:
8. Die Organisation, Erhebung und Kontrolle der Steuern auf ... sowie der übrigen den Staaten und den Gemeinden nicht zugewiesenen Steuern, Gebühren und Renten, die in Eigenschaft nationaler Abgaben das Gesetz schaffen würde.".(Übersetzung und Hervorhebung der Verfasserin).

491 Diese zwei zusammenzufallenden Elemente waren Bedingungen für eine nationale Kompetenz, so CSJ SPA vom 25.01.1965 im Fall: Shell de Venezuela Ltd. *vs.* Concejo Municipal del Distrito Bolivar del Estado Zulia, GF Nr. 47, S. 51 (54).

492 Art. 136. „Es ist der Kompetenz der nationalen Gewalt:
25. „Jede weitere Materie, die diese Verfassung der nationalen öffentlichen Gewalt verleiht, oder ihr aufgrund derer Beschaffenheit oder Natur zukommt.".

493 Kurz zur Einführung, Entwicklung und Bezeichnungsänderungen der Mehrwertsteuer in Venezuela *Barnola, José P. (h.)*; La prueba del *IVA* soportado, RFCJP (UCV) Nr. 121/ Sonderdruck, Caracas, 2001, S. 227 ff; *ders.*; El *Tratamiento Fiscal* del Transporte Internacional desde el punto de vista del Impuesto al Consumo Suntuario y a las Ventas al Mayor, RCF Nr. 141, Caracas, 1999, S. 13 ff; *Palacios M., L.*; *Anotaciones* para la sinceración de la imposición general al consumo tipo valor agregado en Venezuela, RDT Nr. 61, Caracas, 1999, S. 61 ff; *Carrilo B., T. E.*; El Impuesto al Valor Agregado en Venezuela, RCF 129, Caracas, 1995, S. 55 ff.

494 Veröffentlicht im G.O. Ext. 4.637 vom 16.09.1993.

495 *Rachadell, M.*; S. 180 f.

Zuletzt ist auf die Gesetzgebungshoheit der nationalen Gewalt gemäß Art. 156 Nr. 14[496] zu den Steuern auf ländliche Grundstücke und auf Immobilientransaktionen hinzuweisen. Zu beachten ist bei diesen Steuern, dass ihre Ertragshoheit nach Art. 179 Nr. 3[497] bei den Gemeinden liegt[498]. Dementsprechend unterscheidet sich Art. 156 Nr. 14 von den restlichen Kompetenztiteln dadurch, dass er eine Gesetzgebungspflicht für die nationale Gewalt begründet. Die Verfassung schreibt der nationalen Gewalt vor, diese Steuern zu schaffen, damit die Gemeinden diese, ihnen verfassungsrechtlich zustehenden, Einkünfte in Anspruch nehmen können[499].

2. Die Gliedstaaten

Die verfassungsrechtliche Regelung der staatlichen Zuständigkeiten entspricht einer Synthese aus den in Art. 17 der Verfassung von 1961 aufgezählten Kompetenzen und denen, die durch das Dezentralisierungsgesetz von 1989 übertragen wurden. Insofern ist der verfassungsrechtliche Zuständigkeitsbereich der Gliedstaaten Venezuelas unter der „**dezentralisierten** föderalen" Republik von 1999 gegenüber der vorherigen (nur) föderalen Republik von 1961, unverändert geblieben[500].

Normiert werden die Kompetenzen der Gliedstaaten in Art. 164 der venezolanischen Verfassung[501]. Unter der Nr. 4 dieses Artikels wird die staatliche Finanzhoheit anerkannt[502]. Um die Steuergesetzgebungshoheit der Staaten zu definieren, ist aber erforderlich, Art. 164 i.V.m. mit Art. 167 der venezolanischen Verfassung zu betrachten, der die staatlichen Einkünfte festlegt.

---

496 Art. 136. „Es ist Kompetenz der nationalen Gewalt: ...
Nr. 14. Die Schaffung und Organisation der Grundsteuern oder [Steuern] auf ländliche Grundstücke und auf Immobilientransaktionen, deren Erhebung und Kontrolle den Gemeinden gemäß dieser Verfassung zukommt." (Übersetzung der Verfasserin).

497 Art. 179. „Die Gemeinden werden folgende Einnahmen haben: ...
Nr. 3. Die ländliche Grundsteuer oder (Steuer) auf ländliche Grundstücke, ... und weitere nationale oder staatliche steuerlichen Zweige den Gesetzen gemäß, die diese Steuern einführen." (Übersetzung und Vervollständigung der Verfasserin).

498 *Rachadell* verweist daher auf die zentralistische Eigenart dieser Figur. A.a.O., S. 188.

499 Das nationale Gesetz hat den Steuertatbestand, die Bemessungsgrundlage sowie alle weiteren Elementen dieser Steuer zu bestimmen. Vgl. *Ramírez van der Velde, A./ Baute, P./ Planchart, A.*; S. 96.

500 Wie bereits erwähnt, hatte der durch das Dezentralisierungsgesetz modifizierte Kompetenzkatalog Verfassungsrang. Vgl. *Brewer-Carías, A. R.*; *Asamblea Constituyente* y Ordenamiento Constitucional, Caracas, 1999, S. 122 ff; *ders.*; *Constitución*, S. 55.

501 Art. 164. „Es ist ausschließliche Kompetenz der Staaten: ..." (Übersetzung der Verfasserin).

502 Art. 164 Nr. 4. „Die Organisation, Erhebung, Kontrolle und Verwaltung der eigenen Steuerzweige, den nationalen und staatlichen Gesetze." (Übersetzung der Verfasserin).

Nach Art. 164 unterliegen der staatlichen Gewalt u.a.:

- die Regelung und Ausbeutung der der nationalen Gewalt nicht vorbehaltenen nicht-metallischen Mineralien, Salinen (Salzbergwerke), Austernbänke[503],
- die Regelung, Erhebung und Kontrolle des amtlichen Siegelpapiers, der Steuerstempel und Steuermarken[504] sowie
- die Verwertung staatlicher Landwege[505] und der nationalen Landstraßen und Autobahnen, sowie der Häfen und Flughäfen[506].

Nach Art. 167 stehen den Staaten u.a. folgende Einkünfte zu:

- die Gebühren für die Nutzung staatlichen Guts und Dienstleitungen[507],
- der Ertrag aus dem Verkauf von Gebühren-, Steuerstempeln und -marken[508],
- sowie die weiteren Steuern, Gebühren und Sonderabgaben, die ihnen durch nationales Gesetz zugewiesen werden[509].

Aus diesen Normen ergibt sich, dass die Staaten von Verfassungs wegen dazu befugt sind, dem Einzelnen Geldleistungen für die Nutzung oder die Inanspruchnahme von öffentlichen Gütern, Dienstleistungen und Einrichtungen auf-

---

503 Art. 164 Nr. 5. „Das Regime und die Ausbeutung der der nationalen Gewalt nicht vorbehaltenen nicht-metallischen Mineralien, der Salinen und Austernbänke und die Verwaltung der unbebauten Böden in ihrem Hoheitsgebiet, gemäß dem Gesetz." (Übersetzung der Verfasserin).

504 Art. 164 Nr. 7. „Die Schaffung, Organisation, Erhebung und Kontrolle der Bereiche von Siegelpapier, Stempel und Marken.". (Übersetzung der Verfasserin).

505 Art. 164 Nr. 9. „Die Durchführung, Instandhaltung, Verwaltung und Verwertung der staatlichen Landwege." (Übersetzung der Verfasserin).

506 Art. 164 Nr. 10 „Die Instandhaltung, Verwaltung und Verwertung der nationalen Landstraßen und Autobahnen, sowie der kommerziell genutzten Häfen und Flughäfen, in Abstimmung mit der nationalen Exekutive." (Übersetzung der Verfasserin).

507 Art. 167 Nr. 2. „Die Gebühren für die Nutzung ihrer Güter und Dienstleistungen, ...". (Übersetzung der Verfasserin).

508 Art. 167 Nr. 3. „Der Einnahmeertrag aus dem Verkauf von fiskalischen Spezies.". (Übersetzung der Verfasserin).

509 Art. 167 Nr. 5. „Die übrigen Steuern, Gebühren und Sonderabgaben, die ihnen durch nationales Gesetz zugewiesen werden, um die Entwicklung der staatlichen Haushalte zu fördern.". (Übersetzung der Verfasserin).

zuerlegen[510]. Dagegen lässt sich die Frage, ob die Staaten über eine originäre Steuergesetzgebungshoheit verfügen, im Sinne der Einführung und Ausgestaltung von Steuern, nur in Hinblick auf ihre Kompetenz für Minen, Salzbergwerken und Muschelbänke beantworten.

Wird die Regelung dahingehend verstanden, dass den Staaten die Sachgesetzgebung verliehen wird, hingegen nicht die darauf bezogene Steuergesetzgebung, würde dies bedeuten, dass eine Belastung dieser Steuerquellen ausschließlich durch die nationale Gewalt eingeführt werden könnte, und zwar aufgrund ihrer Steuer-Residualkompetenz. Zu folgern wäre daraus, dass die Staaten keine originäre Steuergesetzgebungshoheit besäßen. Diese Auffassung entfernt sich vom Ursprung der Norm, der auf Art. 11 des Dezentralisierungsgesetzes zurückzuführen ist, mittels dessen sowohl die Sachgesetzgebung als auch die Steuergesetzgebung im Zuge der Dezentralisierung auf die Staaten übergangen waren[511]. Ferner wäre nach dieser Interpretation das Wort „Ausbeutung“ bedeutungslos und überflüssig[512].

Demgegenüber ist die Norm dahingehend auszulegen, dass staatliche Kompetenz zur Regelung und Ausbeutung auch die Besteuerung dieser Materien um-

---

510 Auch die fiskalischen Spezies sind ihrer Natur nach nichtsteuerliche Abgaben, denn die Geldleistungspflicht entsteht aufgrund der Inanspruchnahme einer öffentlichen Dienstleistung. Vgl. *Ramírez van der Velde, A./ Baute, P./ Planchart, A.*; S. 71 f; Kritisch dagegen *Romero-Muci,* der sie jedoch als Steuern betrachtet, wenn die öffentliche Leistung von einer anderen Stelle erbracht wird, als dem Steuergläubiger. *Romero-Muci, H.*; in: *Carrillo B., T. E. (Hrsg.)*; S. 37; *ders.*; in: *Brewer-Carías, A. (Hrsg.)*, S. 233 f. Das *Tribunal Supremo de Justicia* deutete vor kurzem schwach an, dass diese Vorzugslasten ebenfalls Steuern ohne korrelative Gegenleistung darstellen könnten, jedoch ohne dabei näher zu erläutern in welchen Fällen und unter welchen Umständen. Vgl. TSJ SC, vom 17.06.03 in der von British Airways eingelegte Beschwerde zur Normenkollision. Die Entscheidung ist unter folgendem Link zu lesen: http://www.tsj.gov.ve/decisiones/scon/junio/1664-170603-02-2910.htm .

511 So besagte Art. 11 Nr. 2 des Dezentralisierungsgesetzes, dass die Regelung, Verwaltung und Ausbeutung unedler Steine, der Salinen und der Muschelbänke an die Staaten übertragen werde, sowie die „Organisation, Erhebung und Kontrolle über die jeweiligen Steuern. ...“ (Übersetzung der Verfasserin).

512 *Brewer-Carías* setzt sich mit der staatlichen Kompetenz zur Regelung und Ausbeutung bestimmter Minen, von Salzbergwerken und Muschelbänken nicht auseinander und beschränkt von vornherein die originäre Abgabengesetzgebungshoheit der Staaten auf die fiskalische Spezies. *Brewer-Carías, A. R.*; La Descentralización Política en la Constitución de 1999: *Federalismo* y Municipalismo (una Reforma insuficiente y regresiva), in: *ACPS (Hrsg.)*; Boletín de la Academia de Ciencias Políticas y Sociales Nr. 138 (2001), Caracas, 2002, S. 320 f; *Carmona B., J. C.*; *Viabilidad*, in: *AVDT (Hrsg.)*, S. 351 f.

fasst[513], als Partizipation des jeweiligen Staates an dem aus der von Privaten durchgeführten wirtschaftlichen Verwertung dieser Quellen resultierenden Ertrag. Somit ist eine originäre staatliche Steuergesetzgebung zu bejahen[514].

Aus Art. 164 Nr. 4 i.V.m. Art. 167 Nr. 5 geht ferner hervor, dass die Staaten über eine abgeleitete Steuerhoheit für diejenigen Steuern verfügen, die ihnen die nationale Gewalt verleiht[515]. Der nationale Gesetzgeber entscheidet dabei über den Umfang der Kompetenzübertragung. Erfolgt diese Kompetenzübergabe, ist die nationale Gewalt nach Art. 167 Nr. 5 Teil 2 Satz 1 dazu befugt, diese zusätzlichen Einnahmen durch Kürzungen anderer Einkommensquellen auszugleichen[516]. Beabsichtigt wird nach dem Wortlaut des Verfassungstextes, die binnenterritoriale Gerechtigkeit zu garantieren, um dadurch den steuerlichen Ausgleich zwischen der nationalen Gewalt und den Gliedstaaten zu sichern und eine unzumutbare Erhöhung des Steuerdrucks auf die Steuerpflichtigen zu vermeiden[517].

Aus Art. 164 Nr. 11 folgt eine allgemeine Residualkompetenz der staatlichen Gewalt für diejenigen Materien, die weder der nationalen noch der kommunalen Gewalt zugewiesen wurden[518]. Diese Generalklausel wird jedoch von der in Art. 156 Nr. 12 enthaltenen *lex specialis* zur steuerspezifischen Residualkompetenz der nationalen Gewalt verdrängt. Somit haben die Gliedstaaten eine Residualkompetenz für alle Materien ausgenommen für Steuersachen[519].

---

513 Vgl. *Mizrachi C., E.*; Potestades tributarias de los entes políticos territoriales, in: *AVDT (Hrsg.)*, V. Jornadas Venezolanas de Derecho Tributario. Aspectos Tributarios en la Constitución de 1999, Caracas, 2000, S. 235; *Ramírez van der Velde, A./ Baute, P./ Planchart, A.*; S. 68; *Carmona B., J. C.*; *Viabilidad*, in: *AVDT (Hrsg.)*, S. 312.

514 Diese Auffassung wird im Schrifttum auch damit begründet, dass die aktuellen staatlichen Steuerhoheiten denen der Verfassung von 1961 mit den Änderungen des Dezentralisierungsgesetzes entsprechen. Vgl. *Carmona B., J. C.*; *Viabilidad*, in: *AVDT (Hrsg.)*, S. 365.

515 *Ramírez van der Velde, A./ Baute, P./ Planchart, A.*; S. 78.

516 Art. 167 Nr. 5 Teil 2 Satz 1: „Gesetze, die Steuerbranchen zu Gunsten der Staaten schaffen oder transferieren, können diese Zuwendungen durch Modifikationen der im diesem Artikel genannten Einkünftebranchen kompensieren, um die binnenterritoriale Gerechtigkeit zu bewahren.“. (Übersetzung und Klammer der Verfasserin).

517 *Ramírez van der Velde, A./ Baute, P./ Planchart, A.*; S. 78.

518 Art. 164. „Es ist ausschließliche Kompetenz der Staaten: ...
Nr. 11. Alles, was der nationalen oder der kommunalen Kompetenz gemäß dieser Verfassung nicht zukommt.“. (Übersetzung der Verfasserin).

519 *Carmona B., J. C.*; *Viabilidad*, in: *AVDT (Hrsg.)*, S. 318 f; *Ramírez van der Velde, A./ Baute, P./ Planchart, A.*; S. 74; *Rachadell, M.*; S. 181; *Mizrachi C., E.*; S. 235.

Im Schrifttum wird zum Teil die Meinung vertreten, dass Unklarheit darüber bestehe, ob die Norm des Art. 156 Nr. 12 die residuale Steuerkompetenz gesamt der nationalen Gewalt verleiht. Vermuten ließe sich, dass diese Verleihung nur eine partielle sei und die Staaten somit über eine Teil-Residualkompetenz für Verbrauchsteuern verfügen würden[520]. Unter Berücksichtigung des Art. 183 *in contrario*, der dem Art. 18 der Verfassung von 1961 entsprechend der staatlichen Steuerbelastung von Verbrauchsgüter Schranken setzt, ließe sich folgern, dass eine konkurrierende Kompetenz zwischen Bund und Gliedstaaten im Bereich der Verbrauchsteuern bestünde, mit Ausnahme diejenigen, die ausdrücklich dem Bund zugewiesenen wurden[521]. Dies würde den Staaten ermöglichen, weitere Steuern auf den spezifischen Verbrauch einzuführen[522].

Diese Überlegungen trafen auf die Verfassungsordnung von 1961 zu, sind aber keineswegs mit der verfassungsrechtlichen Kompetenzverteilung von 1999 zu vereinbaren. Im Gegensatz zu der Zentralgewalt und zu den Gemeinden, für die ausführliche Kompetenzkataloge bestimmt waren, wurden in der Verfassung von 1961 nur wenige Sachgebiete und Befugnisse aufgezählt und den Staaten namentlich zugewiesen.

Der staatliche Kompetenzbereich wurde allerdings durch eine Klausel ergänzt, die **alle** übrigen, nicht zugewiesenen Materien, zum Regelungsgegenstand hatte. Deshalb war die Kompetenz der Gliedstaaten als eine ihrer Eigenart nach Residualkompetenz zu verstehen[523], die auch Steuerkompetenzen mit einschloss[524]. Der Umfang der staatlichen Steuerhoheit war durch die Gegenüberstellung der staatlichen Residualkompetenz mit den ausdrücklichen Verleihungen von Steuerkompetenzen an die nationale Gewalt und an die Gemeinden zu definieren[525].

---

520 *Romero-Muci, H.*; in: *Carrillo B., T. E. (Hrsg.)*; S. 38. *Vallenilla T., M./ Malavé V., P./ Franquiz D., V./ Salcedo A., G.* sehen sogar nach wie vor die absolute residuale Steuerhoheit im Kompetenzbereich der Staaten. A.a.O. S. 131.

521 *Romero-Muci, H.*; in: *Carrillo B., T. E. (Hrsg.)*; S. 38.

522 *Vallenilla T., M./ Malavé V., P./ Franquiz D., V./ Salcedo A., G.;* S. 131.

523 *Alfonzo P., J. D.*; La potestad tributaria de los Estados, RDT Nr. 51, Caracas, 1991, S. 78; *Rachadell, M.*; S. 195; *Evans M., R.*; Introducción al Régimen Impositivo Municipal Venezolano, Caracas, 1998, S. 47.

524 In diesem Sinne vgl. *Alfonzo P., J. D.*; S. 77 f; *Brewer-Carías, A. R.*; *Instituciones*, S. 649; *Acedo P., G.*; Régimen Municipal, S. 28 (mit FN. 7); *Octavio, J. A.*; Comentarios Analíticos al Código Orgánico Tributario, Colección Textos Legislativos N° 17, Caracas, 1998, S. 32 f.

525 Vgl. *Brewer-Carías, A. R.*; Comentarios sobre la nueva Constitución del Estado Yaracuy del 22 de Diciembre de 1979, RDP Nr. 1, Caracas, 1980, S. 67; *ders.*; El sentido de la autonomía de los Estados y sus limitaciones, RDP Nr. 12, Caracas, 1982, S. 57 f; *López de La Roche, C. A.*; Aspectos Fiscales del Federalismo Venezolano, RFD-LUZ Nr. 40, Maracaibo, 1970, S. 93; *Romero P., R.*; La Reforma Tributaria. Instrumento de la Autonomía de los Estados, in: *AVDT (Hrsg.)*, III Jornadas Venezolanas de Derecho Tributario, Caracas, 1989, S. 92.

Dabei war insbesondere zu beachten, dass Art. 136[526] Ordinalzahl 8 der nationalen Gewalt die Steuern auf Produktion und Verbrauch nur partiell vorbehielt[527], zudem begründete er eine Steuerresidualkompetenz der Republik ausschließlich für diejenige Steuern, die als nationale Abgaben durch bundesstaatliches Gesetz geschaffen wurden[528]. In Bezug auf die gliedstaatliche allgemeine Residualkompetenz des Art. 17 Ordinalzahl 7 bedeutete dies, dass die Gliedstaaten eine Steuer auf staatlicher Ebene etablieren konnten, solange es sich dabei weder um eine der nationalen Gewalt oder den Gemeinden zugewiesenen Steuer noch um eine bereits von der Zentralgewalt nach Art. 136 Ordinalzahl 8 *in fine* als nationale Abgabe regulierte Steuer handelte. Bei diesem Sachverhalt war wohl eine Bestätigung der residualen Besteuerungsbefugnis der Gliedstaaten in Art. 18 zu erkennen: *In contrario* bedeuteten die darin erhaltenen Verbote, dass Verbrauchsgüter durch staatliche Steuern belastet werden konnten, nachdem diese ins Hoheitsgebiet des jeweiligen Staates gelangt waren, solange sie derselben Steuerbelastung wie die im jeweiligen Staat produzierten Verbrauchsgüter unterlagen, und es sich bei den Steuern um keine Steuern auf Vieh oder auf dessen Produkte und Nebenprodukte handelte[529].

Die Verfassung von 1999 hat durch die Erweiterung der nationalen Residualklausel die Restkompetenz in Steuersachen vollständig auf die Republik verlagert und somit die Kompetenz der Staaten ganz verdrängt. Im Verfassungstext werden zwar explizit traditionelle Verbrauchsteuern (Alkohol- und Tabaksteuer) aufgezählt und der nationalen Gewalt zugewiesen, jedoch werden ihr gleichermaßen alle übrigen, d.h. nicht aufgezählten und nicht zugewiesenen Steuern zugewiesen, inklusive sämtlicher Verbrauchsteuern. Dies hat zur Folge, dass die Gliedstaaten und die Gemeinden die Einzelnen nur aufgrund der Steuern belasten dürfen, die ihnen von Verfassungswegen oder im Zuge einer Dezentrali-

---

526 Art. 136 Ordinalzahl 8. „Die Organisation, Erhebung und Kontrolle der Steuern auf ... sowie der übrigen den Staaten und den Gemeinden nicht zugewiesenen Steuern, Gebühren und Renten, die in Eigenschaft nationaler Abgaben das Gesetz kreieren würde.".(Übersetzung und Hervorhebung der Verfasserin).

527 *Alfonzo P., J. D.*; S. 82; *Casado H., L. R.*; Temas de Hacienda Pública, Caracas, 1978, S. 419 ff; *Brewer-Carías, A. R.*; Instituciones, Bd. I, S. 650; *Ramírez van der Velde, A./ Baute, P./ Planchart, A.*; S. 74. Daher waren die Staaten dazu befugt, z.B. andere Verbrauchsteuer einzuführen. Vgl. *Luzardo B., R.*; La Competencia Fiscal de los Estados Venezolanos (=LUZ-Habil.), Maracaibo, 1992, S. 186. Sowie TSJ CP vom 08.07.1998 im Fall: Asociación Civil Aeroclub Valencia, zu lesen unter: http://www.tsj.gov.ve/jurisprudencia/cp/cp08071998-660.html .

528 S. o. unter den Gliederungspunkt II. 1.

529 *Alfonzo P., J. D.*; S. 80 ff.

sierung zugewiesen wurden[530]. Schließlich ist Art. 183 *in contrario* in diesem neuen Verfassungskontext lediglich die Aussage zu entnehmen, dass Verbrauchsgüter nur dann von den Gliedstaaten besteuert werden können, wenn sie bereits in das jeweilige Hoheitsgebiet eingeführt worden sind und der gleichen Besteuerung unterliegen wie im Staat hergestellte Güter. Das Verbot des Art. 183 Nr. 2 betrifft lediglich die Erforderlichkeit einer Anknüpfung zwischen dem zu belastenden Objekt und dem Träger der Steuerbefugnis. Die Frage nach dem Bestehen einer territorialen Anknüpfung zwischen dem Träger der Steuerhoheit und dem zu belastenden Objekt ist aber nicht mit der Frage zu verwechseln, ob die Verfassung eine „besondere" Residualkompetenz über Verbrauchsteuern den Gliedstaaten einräumt, die sich der residualen Steuerkompetenz der nationalen Gewalt des Art. 156 Nr. 12 *in fine* entzieht, zumal es in diesem Artikel um Besteuerung von Verbrauchsgütern und nicht um Verbrauchsteuern geht. Art. 183 ist keine Steuerkompetenz begründende Norm und entspricht keiner Rückholklausel, er stellt eine verfassungsrechtliche Schranke der staatlichen Steuergewalt dar, die als materielle Vorgabe im folgenden Kapitel näher erläutert wird.

In Anbetracht dessen, dass der Katalog staatlicher Steuern (und Abgaben) gegenüber der alten Kompetenzverteilung unverändert geblieben ist und überdies die Staaten ihre Residualkompetenz im Bereich der Steuern verloren haben, wird der neuen Verfassung vorgeworfen, in der Tat kein dezentralisiertes föderales Steuersystem eingeführt zu haben, das eine finanzielle Ausstattung und somit Autonomie der Gliedstaaten sichern würde[531], denn diese wurden in der Verteilung der Steuerhoheiten am meisten vernachlässigt, indem sie nur eine geringe Anzahl von wenig ertragfähigen Steuern erhielten[532].

---

[530] In diesem Sinne *Ramírez van der Velde, A./ Baute, P./ Planchart, A.*; S. 75, die in dieser Norm eine Art „Abschirmung" sehen, die eine Besteuerung des Verbrauchs durch die Staaten völlig ausschließt, außer im Falle einer Delegation.

[531] *Carmona B., J. C.*; *Viabilidad*, in: *AVDT (Hrsg.)*, S. 310; *Ramírez van der Velde, A./ Baute, P./ Planchart, A.*; S. 63; *Vallenilla T., M./ Malavé V., P./ Franquiz D., V./ Salcedo A., G.;* S. 131.

[532] *Brewer-Carías, A. R.*; *Federalismo*, S. 320 f, 355 ff (357 f); *Carmona B., J. C.*; *Viabilidad*, in: *AVDT (Hrsg.)*, S. 324.

3. Die Gemeinden

Im Art 168 der venezolanischen Verfassung ist die Autonomie der Gemeinden verankert, die nach Abs. 1 Satz 2 Nr. 3 auch Finanz- und Steuerhoheiten[533] umfasst[534].

Die Autonomie der Gemeinden ist allerdings nicht absolut, sondern besteht nur innerhalb des verfassungsrechtlich bestimmten, durch klare Befugnisse definierten, Rahmens[535]. Die Verfassung sichert dabei nicht nur das Bestehen der Gemeinden, vielmehr garantiert sie auch für das Finanz- und Steuerwesen die Stellung der Gemeinden als dritte Stufe des Staatsaufbaus[536].

Die in der Verfassung von 1999 verankerten Steuergesetzgebungskompetenzen der Gemeinden bilden sich, ähnlich wie die der Staaten, aus den originären Kompetenzen der Verfassung von 1961[537] und aus denen, die ihnen durch das organische Gesetz über Gemeindewesen[538] verliehen wurden[539]. Somit besteht die Veränderung im Wesentlichen darin, dass diese einst organisch gesetzlichen kommunalen Steuern Verfassungsrang erlangt haben[540]. Die Gemeindekompetenzen sind in Art. 178 geregelt, jedoch sind die kommunalen Steuern, als Gemeindeeinkünfte, in Art. 179 aufgezählt.

---

533 Näheres zur steuerlichen Autonomie der Gemeinden bei *Romero-Muci, H.*; *Jurisprudencia*, Bd. I, S. XXXV ff; *Aragón C., I. B.*; Configuración Jurídica de la Autonomía Tributaria en los Municipios Venezolanos, TRIBUTUM X / 2000, San Cristóbal, 2000, S. 107 ff; *Belisario R., J. R.*; La potestad tributaria de los Municipios y las potestades reguladoras del Poder Nacional en las Constituciones Nacionales de 1961 y 1999. Un estudio jurisprudencial y doctrinal, in: *AVDT (Hrsg.)*, V. Jornadas Venezolanas de Derecho Tributario. Aspectos Tributarios en la Constitución de 1999, Caracas, 2000, S. 405 ff.

534 Art. 168. „Die Gemeinden stellen die primäre politische Einheit der nationalen Organisation dar, sind rechtsfähige Körperschaften und genießen Autonomie innerhalb der Schranken dieser Verfassung und des Gesetzes. Die kommunale Autonomie umfasst:
Nr. 3. Die Schaffung, Erhebung und Investition deren Einkünfte." (Übersetzung der Verfasserin).

535 CF SPA vom 02.12.1937 im Fall: Gobernador del Distrito Federal *vs.* Concejo Municipal del Distrito Federal, *Romero-Muci, H.*; Bd. I, S. 18 f; *Ramírez van der Velde, A./ Baute, P./ Planchart, A.*; S. 84; *Bérmudez, J. R.*; Las nuevas potestades tributarias de los estados en el marco de la reforma tributaria, RDT Nr. 52, Caracas, 1991, S. 51.

536 *Aragón C., I. B.*; S. 127 f.

537 Geregelt waren die kommunalen Kompetenzen in Art. 28 und die Gemeindeeinkünfte in Art. 31 der Verfassung von 1961.

538 „*Ley Orgánica de Régimen Municipal*", verkündet in G.O. Nr. 4.109 vom 15.06.1989.

539 Hierbei geht es um die Steuer auf Spiele und zulässige Wetten und um die Steuer auf kommerzielle Werbung, die in dem organischen Gesetz über Gemeindewesen in Art. 113 Ordinalzahlen 1 und 2 vorgesehen waren.

540 Vgl. *Rachadell, M.*; S. 185.

Den Gemeinden ist die Gesetzgebungskompetenz eingeräumt über[541]:

- die städtische Immobiliensteuer
- die Steuer auf öffentliche Schauspiele und Aufführungen,
- die Kraftfahrzeugsteuer,
- die Steuer auf wirtschaftliche Aktivitäten von Industrie, Handel, Dienstleistung und gleichartigen Tätigkeiten,
- die Steuer auf kommerzielle Werbung und
- die Steuer auf Spiele und auf zulässige Wetten

Nach Art. 178 Abs. 1 Nr. 8 unterliegen der Kompetenz der Gemeinden alle weiteren Sachgebiete, die ihnen die Verfassung oder das Gesetz verleiht. Über ihre Funktion als Auffangklausel für diejenigen Materien, deren Kompetenztitel zerstreut im Verfassungstext zu finden sind, hinaus stellt diese Norm die verfassungsrechtliche Grundlage für Kompetenzübertragungen auf die Gemeindeebene dar. In Verbindung mit Art. 179 Nr. 3, der die Möglichkeit vorsieht, nationale oder staatliche Steuern den Gemeinden zuzuschreiben[542], ist aus der Regelung die Zulässigkeit der Aufteilung von Steuerhoheiten zwischen Republik und Gemeinden oder zwischen Staaten und Gemeinden herauszulesen[543]. Diese Normen beziehen sich ferner auf die Dezentralisierung der nationalen Gewalt gemäß Art. 157 sowie auf die weitere Dezentralisierung der Staaten gemäß Art. 165 Abs. 2 der venezolanischen Verfassung.

---

541 Zu den oben genannten Steuern kommen als weitere Gemeindeeinnahmen u.a. die Gebühren für die Nutzung kommunaler Güter und Dienste (Dienstleistungen), sowie die Sonderabgaben auf Wertzuwachs von Immobilien aufgrund einer Änderung des Gebrauchs durch die städtischen Ordnungspläne, deren verfassungsrechtliche Verankerung in Art. 179 Nr. 2 zu finden ist.

542 Art. 179. „Die Gemeinden werden folgende Einnahmen haben: ...
Nr. 3. Die ländliche Grundsteuer oder (Steuer) auf ländliche Grundstücke, ... sowie weitere nationale oder staatliche steuerlichen Zweige den Gesetzen gemäß, die diese Steuern einführen." (Übersetzung und Ergänzung der Verfasserin).

543 *Rachadell* interpretiert Art. 179 Nr. 3 in dem Sinne, dass er als kommunale Einnahmen nur die Partizipation der Gemeinden an nationalen und staatlichen Steuern normiere. *Op. cit.*, S. 191.

C. Vergleichende Betrachtung

Im Hinblick auf die föderale Verteilung der Steuergesetzgebungskompetenzen lässt sich in beiden Rechtsordnungen im Ergebnis eine „Dominanz" der zentralen Steuergesetzgebungshoheit erkennen. Der Unterschied besteht lediglich darin, dass die venezolanische Verfassung von vornherein die wichtigsten Steuern, etwa Einkommensteuer (die die Körperschaftsteuer mit einschließt), Erbschaftsteuer, Mehrwertsteuer, und darüber hinaus eine Residualklausel der nationalen Gewalt zur ausschließlichen Gesetzgebung zuschreibt. Das Grundgesetz eröffnet dagegen dem Bund diese Möglichkeit durch die Zuweisung zur konkurrierenden Gesetzgebung über die übrigen Steuern, d.h. ausgenommen die örtlichen Verbrauch- und Aufwandsteuer und die Kirchensteuern.

Allerdings bestehen im Hinblick auf die Regelungsweise der Steuergesetzgebungskompetenzen Unterschiede: Das Grundgesetz verfügt über einen eigenen finanzverfassungsrechtlichen Abschnitt, in dem die Steuerhoheiten, einschließlich die Steuergesetzgebungshoheiten geregelt und somit von der restlichen Kompetenzverteilung ausgenommen werden. In der venezolanischen Verfassung werden dagegen die Steuerkompetenzen gemeinsam mit weiteren Sachkompetenzen verteilt.

Die prinzipielle Trennung im Grundgesetz zwischen der Steuergesetzgebungshoheit und der Steuerertragshoheit ist im Hinblick auf die venezolanische Verfassung ein unterscheidendes Element, denn in der venezolanischen Verfassung impliziert die Verleihung der Steuergesetzgebungshoheit in der Regel ebenfalls die Verleihung der Steuerertrags- und -verwaltungshoheit. Aus diesem Grunde lässt sich in der venezolanischen Verfassung keine Art. 106 GG entsprechende Norm finden.

Ein weiterer Unterschied ergibt sich aus der originären Verleihung von Steuergesetzgebungskompetenzen an die Gemeinden, die dadurch die dritte Stufe des steuerlichen Staatsaufbaus darstellen.

Die Verteilungstechnik der Steuerhoheiten ist auch unterschiedlich: Anders als im Grundgesetz, indem dem Bund die Zölle zur ausschließlichen Gesetzgebung und die „übrigen Steuern" zur konkurrierenden Gesetzgebung zugewiesen werden und dann eine Teilrückzuweisung an die Länder für die örtlichen Verbrauch- und Aufwandsteuern vorgenommen wird, werden in der venezolanischen Verfassung Kompetenzkataloge für jede Gebietskörperschaft vorgesehen.

Schließlich ist auf die Dezentralisierungsklausel hinzuweisen, die es der Zentralgewalt ermöglicht, Steuerhoheiten an die Gliedstaaten und an die Gemeinden zu übergeben. Durch diesen Vorgang verzichtet die Zentralgewalt nicht nur auf ihre Gesetzgebungs-, sondern auch auf die Ertrags- und Verwaltungshoheit über die dezentralisierten Steuern.

Viertes Kapitel: Materielle Vorgaben für die Steuerbelastung aus den Kompetenznormen

Die verfassungsrechtlichen Kompetenznormen organisieren im föderalen Staatsaufbau die Ausübung der Steuerhoheit durch die verschiedenen Gebietskörperschaften. Zu diesem Zweck verteilen sie die Steuerquellen und ordnen diese der föderalen Gewaltebene (Bund/Republik), den Gliedstaaten (Ländern/Staaten) und den Gemeinden zu. Aus der Perspektive des Steuerpflichtigen bestimmen die Kompetenznormen hierbei, welches öffentlich-rechtliche Gemeinwesen dazu verfassungsrechtlich berechtigt ist, einen gewissen Sachverhalt gesetzlich zu regeln und, an diesen anknüpfend, ihm eine Geldleistung hoheitlich aufzuerlegen. An dieser Stelle soll aber der Frage nachgegangen werden, ob und wenn ja welche Angaben über die inhaltliche Gestaltung der Steuern und über die Grenzen der Steuerbelastung der natürlichen Person den Kompetenznormen zu entnehmen sind.

A. Deutschland

I. Vorgaben aus der Kompetenzverteilung: Zur Steuergesetzgebung nach Artikel 105 GG

Artikel 105 GG ist eine Schutzfunktion des Steuerpflichtigen gegen einen ungeordneten Zugriff mehrerer Besteuerungsgewalten beizumessen, welche dadurch erfolgt, dass die Norm die Voraussetzungen zur Ausübung der diversen Besteuerungsbefugnisse festlegt[544]. Das in Art. 2 Absatz 1 GG erhaltene Grundrecht zur freien Entfaltung der Persönlichkeit verleiht seinerseits dem Bürger als Normadressaten ein Abwehrrecht gegen eine kompetenzwidrige (der verfassungsmäßigen Ordnung nicht entsprechende) Grundrechtsbeschränkung[545]. Aus dem Rechtsstaatsprinzip folgt ferner, als Verdeutlichung der Pflicht zur Beachtung der Kompetenzgrenzen und zur Ausübung dieser in wechselseitiger bundesstaatlicher Rücksichtnahme[546], dass im Bundesstaat die Gesetzgebungskompetenzen so auszuüben sind, dass die jeweiligen Regelungen aufeinander abgestimmt werden und dem Normadressaten keine widersprüchliche Regelung begegnet[547].

---

544 BVerfGE 55, 274 (302); 67, 256 (288 f).

545 BVerfGE 6, 32 (41); 19, 206 (215 f); 21, 1 (3); 34, 139 (146); 55, 274 (302); *Tipke, K.*; Die Steuerrechtsordnung, *Bd. III*, Köln, 1993, S. 1115; *Papier, H. J.*; Grundgesetz und Wirtschaftsordnung, in: *Benda, E./ Maihofer, W./ Vogel, H.-J. (Hrsg.)*, Handbuch des Verfassungsrechts, 2. Aufl. (Studienausgabe Teil 1), Berlin/ New York, 1995, S. 845; *Vogel, K./ Waldhoff, C.*; S. 378.

546 Vgl. dazu BVerfGE 81, 310 (339).

547 BVerfGE 98, 83 (97); 98, 106 (118 f); *Degenhart, C.*; Art. 70 GG, in: *Sachs (Hrsg.)*, Rdnr. 58a.

In Bezug auf Art. 105 Absatz 2 GG, der auf Art. 72 GG verweist, ist zu beachten, dass sich aus dem Prinzip der „Herstellung gleichwertiger Lebensverhältnisse im Bundesgebiet“ oder der „Wahrung der Rechts- oder Wirtschaftseinheit“ kein Dogma „gleicher Steuerbelastung“ im Bundesgebiet folgern lässt[548].

Das Gleichartigkeitsverbot des Art. 105 Abs. 2a GG, das aus staatlicher Perspektive die Ausschöpfung und Entwertung durch die Länder der dem Bund zugewiesenen Steuerquellen zu vermeiden sucht, schützt schließlich den Bürger vor mehrfacher, übermäßiger und unkoordinierter Besteuerung sowie vor ungleichmäßiger Belastung durch unterschiedliche Steuergläubiger[549]. In diesem Sinne lässt sich die anzustrebende Belastungsgleichheit des Bürgers auf die Begrenzungs- und Schutzfunktion der bundesstaatlichen Finanzverfassung zurückführen[550]. Die Gleichartigkeit zwischen einer Bundes- und einer Landessteuer ist dann gegeben, wenn die wesentlichen Merkmale, die „steuerbegründenden Tatbestände“ wie Steuergegenstand[551], Steuermaßstab[552], Steuerschuldner[553] und wirtschaftliche Auswirkungen[554] der bundesrechtlich und der landesrechtlich geregelten Steuer zusammenfallen[555]. Vergleichselement ist im Wesentlichen die Belastung derselben Quelle wirtschaftlicher Leistungsfähigkeit[556] durch beide Steuern und die Herbeiführung einer gleichen wirtschaftlichen Wirkung[557]. In der Literatur wird indes auf die Notwendigkeit eines Gesamtver-

---

548 *Siekmann, H.*; Art. 105 GG, in: *Sachs, M. (Hrsg.)*, Rdnr. 11; *Waldhoff, C.; Vorgaben*, S. 94.

549 *Tipke K./ Lang, J.*; § 3, Rdnr. 33; *Siekmann, H.*; Art. 105 GG, in: *Sachs, M. (Hrsg.)*, Rdnr. 22; *Wendt, R.*; in: *Isensee, J./ Kirchhof, P. (Hrsg.)*; S. 1045 f.

550 BVerfGE 93, 319 (342 f).

551 BVerfGE 98, 106 (125); 65, 325 (351); 40, 56 (62); 16, 64 (75f); 13, 181 (193); 7, 244 (260 ff).

552 BVerfGE 65, 325 (351); 49, 343 (356); 16, 64 (76); 7, 244 (262 f). *Jachmann* weist darauf hin, dass das Bundesverfassungsgericht nicht stets den Steuermaßstab herangezogen und in BVerfGE 13, 181 (194) ihn überdies ausdrücklich ausgeschlossen hat. *Jachmann, M.*; Art. 105 GG, in: *v. Mangoldt, H./ Klein, F./ Starck, C. (Hrsg.)*, Rdnr. 43 (FN. 47).

553 BVerfGE 65, 325 (351); 49, 343 (356).

554 BVerfGE 98, 106 (125); 65, 325 (351); 7, 244 (263 f). Zugleich wurde die Art der Steuererhebung als Vergleichsmaßstab herangezogen, diese soll meines Erachtens allerdings kein ausschlaggebendes Kriterium sein.

555 *Jachmann, M.*; Art. 105 GG, in: *v. Mangoldt, H./ Klein, F./ Starck, C. (Hrsg.)*, Rdnr. 43; *Pieroth, B.*; Art. 105 GG, in: *Jarass/Pieroth*; Rdnr. 26.

556 BVerfGE 65, 325 (351); 49, 343 (355); 16, 64 (76); 13, 181 (193); *Pieroth, B.*; Art. 104a bis 108 GG, in: *Jarass, H./Pieroth, B. (Hrsg).*, Rdnr. 26; *Jachmann, M.*; Art. 105 GG, in: *v. Mangoldt/ Klein/ Starck*, Rdnr. 43.

557 BVerfGE 16, 64 (76); *Tipke K./ Lang, J.*; § 3, Rdnr. 33.

gleichs[558] hingewiesen, ein Vergleich „aller Voraussetzungen, von denen Entstehung und Höhe der Steuerpflicht abhängen“[559].

Bei der Untersuchung der Kompetenznormen als formelle Vorgaben[560] wurde die Meinung vertreten, dass die konkurrierende Gesetzgebungszuständigkeit des Bundes für die „übrigen Steuern“, sich auf die anderen im Grundgesetz genannten Steuern beschränkt, d.h. auf die in der Aufzählung des Art. 106 GG enthaltenen Steuerarten. Daher stellt sich hier die Frage nach der Relation zwischen beiden Vorschriften und somit nach dem normativen Gehalt der Verteilung des Steueraufkommens.

II. Vorgaben aus der Verteilung des Steueraufkommens nach Artikel 106 GG: Die Begriffe der Kompetenznormen

Im Grundgesetz kommt der Verteilung des Steueraufkommens eine überragende Bedeutung zu[561], in dem Sinne, dass die Steuergesetzgebungshoheit des Bundes und der Länder mit Rückgriff auf die Ertragsverteilung definiert wird[562]. Die Ertragshoheit ist somit unabhängig von der Gesetzgebungshoheit und bleibt unberührt durch deren Verschiebung (Delegation), die vorgesehene Ertragshoheit des Bundes besteht weiterhin auch für nicht bundesgesetzlich geregelte Finanzquellen[563].

Aus der Verteilung der Steuergesetzgebungskompetenzen des Art. 105 in Verbindung mit der Steuerertragsverteilung des Art. 106 GG ergeben sich materielle Vorgaben, einerseits hinsichtlich der Frage, nach der verfassungsrechtlichen Zulässigkeit steuerlicher Eingriffe aufgrund in der Aufzählung des Art. 106 GG nicht enthaltener Steuern und andererseits im Bezug auf die Tragweite der dort aufgeführten einzelnen Steuerbegriffe.

Art. 106 GG garantiert jedenfalls das Bestehen eines Vielsteuersystems, welches durch die Anknüpfung an verschiedene Äußerungen der Leistungsfähigkeit eine gerechte Steuerbelastung zu gewährleisten sucht[564]; diese Anknüpfung an ver-

---

558 *Vogel/Walter*, Art. 105 GG, Rdnr. 102 ff, 111.
559 *Vogel/Walter*, Art. 105 GG, Rdnr. 103.
560 S. o. bei FN 403 f.
561 *Vogel, K. / Waldhoff, C.*; S. 260.
562 *Vogel, K. / Waldhoff, C.*; S. 239.
563 *Siekmann, H.*; Art. 105 GG, in: *Sachs, M. (Hrsg.)*, Rdnr. 14. A.M. *Pieroth, B.*; Art. 105 GG, in: *Jarass, H./Pieroth, B. (Hrsg.)*, Rdnr. 24.
564 *Kirchhof, P.*; Die *Finanzierung* des Leistungsstaates, Jura, 1983, S. 508; *Weber-Grellet, H.*; Der Steuerstaat – Inhalt und Grenzen, in: *Düwell, F. J.*; Anwalt des Rechtsstaates, Festschrift für Diether Posser zum 75. Geburtstag, Köln, Berlin, Bonn, München, 1997, S. 402.

schiedene Formen der finanziellen Betätigung dient dem Belastungsausgleich und entspricht der Natur des Steuerstaates des Grundgesetzes[565].

1. Zur verfassungsrechtlichen Ausformung durch die Einzelsteuerbegriffe

Zur Verleihung der Steuergesetzgebungs- und insbesondere der Steuerertragshoheit verwendet das Grundgesetz Einzelsteuerbegriffe und legt somit bestimmte Steuertypen fest[566]. Zu klären gilt an dieser Stelle, welchen normativen Gehalt diese Begriffe haben, d.h. in wieweit sie die Steuerbelastung der natürlichen Person materiell prägen.

Festzuhalten ist, dass die verfassungsrechtlichen Einzelsteuerbegriffe keine konstitutionelle Rezeption der jeweiligen gesetzlichen Figuren darstellen. Sie beziehen sich vielmehr auf herkömmliche, historische Steuerarten des deutschen Steuerrechts und sind daher an Hand der traditionellen Unterscheidungsmerkmale auszulegen[567]. Die Einzelsteuerbegriffe entsprechen Typusbegriffen, daher bedarf es eines Gesamtvergleichs ihrer grundlegenden Merkmale mit denen des historischen Vorbilds[568], um bestimmen zu können, welchem Steuertyp eine bestimmte Steuer zuzuordnen ist[569]. Besondere Bedeutung wird dabei den belasteten Quellen wirtschaftlicher Leistungsfähigkeit beigemessen, denn die diversen Steuertypen sollen unterschiedliche Äußerungen der wirtschaftlichen Leistungsfähigkeit des Steuerpflichtigen erfassen[570]. Im Grunde handelt es sich um die Feststellung der Gleichartigkeit zwischen der zu beurteilenden Steuer und einer der im Steuerkatalog vorgesehen Steuern. Die Übereinstimmung der zu untersuchenden Steuer mit einem der Steuertypen ist nach Verfassungsrecht zu prüfen, d.h. die verfassungsrechtliche Qualifikation einer Abgabe soll stets nach ihrer tatsächlichen Wesensart, nach ihrem materiellen Gehalt und ungeachtet der Steuerbezeichnung durch den Gesetzgeber erfolgen[571].

---

565 *Weber-Grellet, H.*; in: *Düwell, F. J.*; S. 397.

566 *Vogel, K./ Walter, H.*; Art. 105 GG, Rdnr. 55; *Vogel, K./ Waldhoff, C.*;S. 386; *Vogel, K.*; in: *Isensee, J./ Kirchhof, P. (Hrsg.)*; S. 39 f.

567 BVerfGE 7, 244 (252); 14, 76 (91); 16, 306 (317); 26, 302 (309); 31, 314 (331). BVerfG Beschl. v. 01.03.97, DÖV 1997, S. 637 (637); *Stern, K.*; *Bd. II*, S. 1154; *Vogel, K.*; Der Verlust des Rechtsgedankens im Steuerrecht als Herausforderung an das Verfassungsrecht, in: *Friauf, K. H. (Hrsg.)*, Steuerrecht und Verfassungsrecht (= Deutsche Steuerjuristische Gesellschaft, Bd. 12), Köln, 1989, S. 142; *Kirchhof, P.*; *Besteuerung* im Verfassungsstaat, Tübingen, 2000, S. 80; *Vogel, K. / Walter, H.*, Art. 105 GG, Rdnr. 97 f; *Vogel, K. / Waldhoff, C.*; S. 386; *Waldhoff, C.; Vorgaben*, S. 187.

568 *Vogel, K./ Walter, H.*, Art. 105 GG, Rdnr. 102 ff; *Vogel, K.*; in: *Friauf, K. H. (Hrsg.)*, ebd..

569 *Kokert, J.*; Der Begriff des Typus bei Karl Larenz, Berlin, 1995, S. 275.

570 *Vogel, K.*; in: *Isensee, J. / Kirchhof, P. (Hrsg.)*; S. 42 f.

571 BVerfGE 7, 244 (251); 8, 260 (269); 55, 274 (304 f); 92, 91 (114).

Die Begriffe der Einzelsteuern bilden eine äußere Schranke, die es dem Gesetzgeber verwehrt, die von Verfassungs wegen vorgesehenen steuerlichen Eingriffsarten in ihrer Essenz zu verändern, und daher eine andere Form des steuerlichen Eingriffs vorzunehmen[572]. In seiner Entscheidung vom 27.07.1971[573] erklärte das Bundesverfassungsgericht, dass die dem Bund durch Art. 105 Absatz 2 GG a.F. zugewiesene Gesetzgebungskompetenz für Verbrauch- und Verkehrsteuern ihn keinesfalls dazu ermächtige, nach Belieben Tatbestände diesen Steuerarten zuzuordnen, denn der Verfassungsgeber habe dem Steuergesetzgeber durch die Verwendung dieser Steuerbegriffe „unüberschreitbare Schranken" gesetzt[574].

Die Merkmale einer Steuer stützen sich auf objektive Elemente, so bezieht sich die „Örtlichkeit" einer Steuer auf ihren örtlich bedingten Wirkungskreis[575]. In diesem Sinne ist eine Steuer örtlich, wenn die örtliche Radizierung sich aus der normativen Gestaltung des Steuertatbestandes ergibt, d.h. wenn sie an örtliche Gegebenheiten anknüpft[576], wie z.B. der Gebrauch oder Verzehr „an Ort und Stelle"[577].

Das Bundesverfassungsgericht erkannte die materielle einschränkende Wirkung der Kompetenznormen in diversen Entscheidungen an, dennoch ist die deutsche Rechtsprechung zu diesem Thema, wie zu zeigen sein wird, nicht so umfangreich wie die venezolanische.

Durch die Rechtsprechung wurden auch bestimmte Einzelsteuerbegriffe definiert, so ist etwa die Vermögensteuer von Verfassungs wegen auf die steuerliche Belastung der Ertragsfähigkeit des Vermögens begrenzt[578], ihrer Ausgestaltung nach soll sie einer Sollertragsteuer entsprechen[579] und die Vermögensubstanz (den Vermögensstamm) steuerlich unbelastet lassen[580].

Verbrauch- und Aufwandsteuern schöpfen die individuelle wirtschaftliche Leistungsfähigkeit des Steuerpflichtigen ab, die in der Einkommensverwendung für

---

[572] *Waldhoff, C.; Vorgaben,* S. 187.
[573] BVerfGE 31, 314 ff.
[574] BVerfGE 31, 314 (331).
[575] BVerfGE 40, 56 (60); 65, 325 (349).
[576] BVerfGE 16, 306 (327); 65, 325 (349).
[577] BVerfGE 44, 216 (226 f); 69, 174 (183); 98, 106 (124).
[578] BVerfGE 93, 121 (136).
[579] BVerfGE 43, 1 (7).
[580] BVerfGE 93, 121 (137).

den persönlichen Lebensbedarf zum Ausdruck kommt[581]. Das Bundesverfassungsgericht definiert **Verbrauchsteuern** als solche „Warensteuern, die den Verbrauch vertretbarer, regelmäßig zum baldigen Verzehr oder kurzfristigen Verbrauch bestimmter Güter des täglichen Bedarfs belasten“[582]. Im Gegensatz zu Verkehrsteuern, bei denen im Tatbestand beide Seiten, beide Vertragspartner, erfasst werden, genügt als Anknüpfungspunkt bei Verbrauchsteuern das Inverkehrbringen des zum Verbrauch vorgesehenen Gutes[583]. **Aufwandsteuern** dagegen sind solche, die den Einsatz von finanziellen Mitteln für die Aufrechterhaltung eines tatsächlichen oder rechtlichen Zustandes belasten[584], d.h. an die Aufwendungen für den Erwerb und das Halten von Konsumgütern sowie an den sonstigen nicht güterverbrauchenden Privatkonsum anknüpfen, an den Gebrauch eines Wirtschaftsguts[585]. Zu diesen Steuern zählt traditionell die Spielautomatensteuer, die den wirtschaftlichen Aufwand des Spielers erfasst, der sich zu seinem Vergnügen des Gerätes bedient[586].

Die **Umsatzsteuer** zeichnet sich durch die Verbrauchsbelastung und die Besteuerung des Leistungsaustauschs im Wirtschaftsleben aus, dennoch ist die im Grundgesetz vorgesehene Umsatzsteuer ihrem Wesen nach ausschließlich auf den privatwirtschaftlichen Leistungsaustausch zu beschränken[587].

Essentielles Merkmal der **Verkehrsteuern** ist ihre Anknüpfung an Akte oder Vorgänge des Rechtsverkehrs, an die Vornahme eines Rechtsgeschäfts, eines wirtschaftlichen Vorganges oder Verkehrsvorganges[588].

---

581 BVerfGE 16, 64 (74); 49, 343 (354); 65, 325 (347 f); *Schwarz, K.-A.*, Art. 106 GG, in: *v. Mangoldt, H./ Klein, F./ Starck, C. (Hrsg.)*, Rdnr. 131; *Jachmann, M.* Art. 105 GG, in: *v. Mangoldt, H./ Klein, F./ Starck, C. (Hrsg.)*, Rdnr. 51; *Hidien, J. W.*; Kommentierung des Art. 106 GG, in: *Dolzer, R./ Vogel, K./ Graßhof, K. (Hrsg.)*, Bonner Kommentar zum Grundgesetz, Loseblattsammlung, Hamburg/ Heidelberg, Stand: 103. Lieferung, Dezember 2002, Rdnr. 1412, 1416.

582 BVerfGE 16, 64 (74); 98, 106 (123).

583 BVerfGE 98, 106 (124).

584 BVerfGE 65, 325 (347); *Jachmann, M.* Art. 105 GG, in: *v. Mangoldt, H./ Klein, F./ Starck, C. (Hrsg.)*, ebd..

585 *Hidien, J. W.*; Art. 106 GG, in: *Dolzer, R./ Vogel, K./ Graßhof, K. (Hrsg.)*, Rdnr. 1419.

586 BVerfG Beschl. v. 01.03.97, DÖV 1997, S. 637 (637).

587 BVerfGE 31, 314 (333).

588 BVerfGE 3, 407 (437); 7, 244 (260); 16, 64 (72).

2. Zum Steuererfindungsrecht des Bundes und der Länder

Im Hinblick auf das Thema des Steuererfindungsrechts des Bundes und der Länder treffen im Schrifttum verschiedene Auffassungen aufeinander, wobei die vorgeschlagenen Thesen von der der Verteilung der Ertragshoheit des Art. 106 zugemessenen Bedeutung abhängen.

Wird die Ertragsverteilung als keine erschöpfende Aufzählung der im deutschen Steuersystem zugelassenen Steuern verstanden[589], dann stünde es dem Bund und den Ländern zu, weitere bzw. neue Steuern frei einzuführen[590]. Die Ertragshoheit für eine neuartige Steuer, die keiner der im Katalog des Art. 106 Steuerkategorien entspreche, sei einfachgesetzlich zu regeln und liege bei dem Gemeinwesen dessen Gesetzgeber die Steuerquelle in Anspruch genommen hat[591] bzw. es entstehe eine auf die Einführung einer nicht aufgelisteten neuen Steuer zurückzuführende „verfassungsrechtliche Lücke", die durch den verfassungsändernden Gesetzgeber zu schließen sei, damit die Stabilität des Steuerverteilungssystems weiterhin gesichert bleibt[592].

Völlig entgegengesetzt zu dieser Auffassung steht die Ansicht, nach der die Aufzählung des Art. 106 GG verfassungsrechtlich ein Steuersystem festlege, institutionalisiere und sichere[593], weshalb die Gesetzgeber dazu verpflichtet seien, dieses aus bestimmten geschichtlich entwickelten und geprägten Steuern gebildete Steuersystem getreu beizubehalten.

In Art. 106 GG ist eine Schranke für das Steuererfindungsrecht von Bund und Ländern in dem Sinne zu erkennen, dass nur diejenige Steuerbelastungen verfassungsrechtlich gestattet sind, die durch Steuern begründet werden, die in die Steuerarten dieses Kataloges zuzuordnen sind[594]. Die Einführung weiterer, die-

---

589 *Heun, W.*; Art. 106 GG, in: *Dreier, H. (Hrsg.)*, Rdnr. 14.

590 *Brockmeyer, H.-B.*; Kommentierung des Art. 106 GG, in: *Schmidt-Bleibtreu, B./ Klein, F. (Hrsg.)*, Kommentar zum Grundgesetz, 9. Aufl., Neuwied/ Kriftel, 1999, Rdnr. 7; *Wendt, R.*, Finanzhoheit und Finanzausgleich, in: *Isensee, J./ Kirchhof, P. (Hrsg.)*; Handbuch des Staatsrechts der Bundesrepublik Deutschland, Bd. IV (§104), Heidelberg, 1990, S. 1039 ff.

591 *Wendt, R.*; in: *Isensee, J./ Kirchhof, P. (Hrsg.)*; S. 1040 f; *Selmer, P.*; *Steuerinterventionismus* und Verfassungsrecht, Frankfurt a. M., 1972, S. 155.

592 *Tipke, K.*; *Bd. III*, Köln, 1993, S. 1095; *ders.*; Vom *Konglomerat* herkömmlicher Steuern zum System gerechter Steuern, BB 1994, S. 443.

593 *Wacke, G.*; Das Finanzwesen der Bundesrepublik. Die Einwirkung der Finanzfunktion auf Gesetzgebung, Verwaltung und Rechtsprechung im Bonner Grundgesetz, Tübingen, 1950, S. 62 ff.

594 Das Bundesverfassungsgericht sprach vom „numerus clausus der Leistungspflichten der Art. 106 ff", BVerfGE 67, 256 (286), *Siekmann, H.*; Art. 105 GG, in: *Sachs, M. (Hrsg.)*, Rdnr. 45; *Schwarz, K.-A.*, Art. 106 GG, in: *v. Mangoldt, H./ Klein, F./ Starck, C. (Hrsg.)*, Rdnr. 18; *Waldhoff, C.; Vorgaben*, S. 185.

sem Katalog nicht zuordenbarer Steuern, ist nach jetzigem Verfassungsrecht nicht möglich, dies bedarf einer vorigen Verfassungsänderung[595]. Die Steuerertragsaufteilung ist zu gewährleisten, denn sie stellt eine abschließende und erschöpfende Regelung dar[596], die nicht zur Disposition des einfachen Gesetzgebers stehen darf[597]. Dennoch ist in dieser Norm keine Festlegung des bestehenden Steuersystems bzw. keine Bestandsgarantie für einmal eingeführten Steuern zu erkennen[598].

III. Art. 106 Absatz 3 Satz 4 Nr. 2 Alternative 2 GG

Nach dieser Norm soll bei der gesetzlichen Festsetzung der Anteile von Bund und Ländern an der Umsatzsteuer zum einen die Einheitlichkeit der Lebensverhältnisse gewahrt, und zum anderen eine Überbelastung des Steuerpflichtigen vermieden werden.

Diese Norm wird unterschiedlich[599] verstanden, unter anderem als eine verfassungsrechtliche Maßnahme gegen einen „Ausgabenwettlauf zwischen Bund und Ländern“[600], diese sollen nur an letzter Stelle, d.h., wenn keine weitere Möglichkeit besteht, durch Steuererhöhungen gedeckt werden.

Der Norm dürfte dennoch, neben dem organisationsrechtlichen, ein die Steuerbelastung und somit die Steuergesetzgebung[601] begrenzender Aspekt anzuerken-

---

595 *Vogel, K./ Walter, H.*; Art. 105 GG, Rdnr. 67; *Vogel, K.*; Zur Auslegung des Artikels 106 Grundgesetz, in: *Lang, J. (Hrsg.)*, Die Steuerrechtsordnung in der Diskussion, Festschrift für Klaus Tipke zum 70. Geburtstag, Köln, 1995, S. 94; *Birk, D.*, Kommentierung des Artikels 105 GG, in: *Wassermann, R. (Hrsg.)*, Kommentar zum Grundgesetz für die Bundesrepublik Deutschland (Reihe Alternativkommentar), Bd. 2, 2. Aufl., Neuwied, 1989, Rdnr. 21 f; *Maunz, T.*; Art. 106 GG, in: *Maunz, T./ Dürig, G. (Hrsg.)*, Rdnr. 20.

596 *Siekmann, H.*; Art. 105 GG, in: *Sachs, M. (Hrsg.)*, Rdnr. 45; *Vogel, K./ Walter, H.*, Art. 105 GG, Rdnr. 66; *Birk, D.*; Art. 105 GG, in: *Wassermann, R. (Hrsg.)*, Rdnr. 21; *Stern, K.*; *Bd. II*, S. 1119, 1160; *Starck, C.*; Die Bundesstaatlichkeit im Spiegel der Finanzverfassung, StuW 1974, S. 278.

597 BVerfGE 55, 274 (300 ff); 101, 158 (218).

598 *Siekmann, H.*; Art. 105 GG, in: *Sachs, M. (Hrsg.)*, Rdnr. 45; *Schwarz, K.-A.*, Art. 106 GG, in: *v. Mangoldt, H./ Klein, F./ Starck, C. (Hrsg.)*, Rdnr. 20; *Vogel, K.*; in: *Lang, J. (Hrsg.)*, S. 94; *Tipke, K.*; *Konglomerat*, S. 437.

599 Ein klarer Überblick verschiedener Auffassungen lässt sich im *Waldhoff, C.; Vorgaben*, S. 254 ff entnehmen.

600 *Kirchhof, Paul*; Besteuerung und *Eigentum*, VVDStRL Heft 39, Berlin/ New York, 1981, S. 252.

601 *Vogel, K.*; Diskussionsbeitrag, Aussprache. Besteuerung und Eigentum in: *VVDStRL 39*, Berlin/ New York, 1981, S. 414 f.

nen sein[602], dessen abwehrrechtliche Funktion allerdings in der inexistenten Justitiabilität zu scheitern vermag. In seinem Urteil vom 11.11.2000 zur Verfassungsmäßigkeit des Länderfinanzausgleichs[603] forderte das Bundesverfassungsgericht vom Gesetzgeber den Erlass eines dem Grundgesetz untergeordneten, dem Finanzausgleichsgesetz übergeordneten[604] Maßstäbegesetzes, welches das nur in unbestimmten Begriffen definierte Steuerverteilung- und Ausgleichssystem konkretisieren solle[605], denn ohne diese gesetzliche Konkretisierung und Ergänzung kann, unter anderem, die Erfüllung des in Art. 106 Abs. 3 Satz 4 Nr. 2 GG normierten Verfassungsauftrags zur „Einheitlichkeit der Lebensverhältnisse" und zur „Vermeidung der Überbelastung des Steuerpflichtigen" nicht garantiert werden[606].

B. Venezuela

Inhaltliche Vorgaben für die Ausgestaltung von Steuern ergeben sich aus den venezolanischen verfassungsrechtlichen Kompetenzbestimmungen zum einen aus dem materiellen Gehalt, der entsprechend der deutschen Verfassungsordnung den ansonsten organisationsrechtlichen Steuerkompetenznormen beigemessen wird, zum andern aus den ausdrücklichen Beschränkungen (negative Kompetenznormen), die spezifisch für die staatliche und kommunale Besteuerung vorgesehen werden. Diese kompetenzrechtlichen Beschränkungen für die Steuerbelastung werden in der venezolanischen Rechtsprechung[607] und im

---

[602] *Waldhoff, C.; Vorgaben,* S. 257; *Depenheuer, O.*; Kommentierung des Artikels 14 GG; in: *v. Mangoldt, H./ Klein, F./ Starck, C. (Hrsg.),* Bonner Grundgesetz. Kommentar, Bd. 1, 4. Aufl., München, 1999, Rdnr. 166.

[603] BVerfG, NJW 2000, S. 1097 ff. Zu diesem Urteil vgl.: *Waldhoff, C.*; Reformperspektiven der *Bundesstaatlichen Finanzverfassung* im gestuften Verfahren, ZG 2000, S. 193 ff; *Degenhart, C.*; Maßstabsbildung und Selbstbindung des Gesetzgebers als Postulat der Finanzverfassung des Grundgesetzes, ZG 2000, S. 79 ff; *Pieroth, B.;* Die Missachtung gesetzter Maßstäbe durch das *Maßstäbegesetz*, NJW 2000, S. 1086 f.

[604] Kritisch dazu *Pieroth, B.; Maßstäbegesetz*, S. 1087.

[605] BVerfG, NJW 2000, S. 1097 (1097).

[606] BVerfG, NJW 2000, S. 1097 (1101).

[607] Vgl. CSJ CP vom 20.02.97 in Sache: Badell Madrid und Fraga Pittaluga, OPT 2/1997, S. 125 f. In dieser Entscheidung befasste sich der Verfassungsgerichtshof spezifisch mit den Beschränkungen der kommunalen Steuerhoheit, die Ausführungen sind dennoch auf die Staaten anzuwenden, zumal in der Verfassung von 1999 dieselben Beschränkungen für beide Gewaltebenen gelten. TSJ SC vom 10.10.00 in Sache: Fiscal General de la República *vs.* Concejo Municipal del Municipio Cajigal del Estado Sucre, http://www.tsj.gov.ve/decisiones/scon/Octubre/1153-101000-00-1241%20.htm .

Schrifttum[608] als *explizite* bzw. *direkte* Beschränkungen der Besteuerungshoheit der Gemeinden und der Gliedstaaten bezeichnet, im Gegensatz zu den *impliziten* bzw. *indirekten* Beschränkungen, die aus denjenigen Verfassungsnormen gewonnen werden, die zwar die Besteuerungshoheit der Staaten und Gemeinden nicht zum Regelungsgegenstand haben, dennoch eine begrenzende Wirkung auf sie ausüben, wie etwa die Grundrechte, die verfassungsrechtlichen Prinzipien, etc. Diese Nomenklatur wird hier bewusst vermieden, denn es können, wie zu zeigen sein wird, die ausdrücklichen negativen Kompetenznormen nach neuem Verfassungsrecht in *unmittelbare* und *mittelbare* Beschränkungen differenziert werden, je nachdem, ob die Verfassung selbst, unmittelbar den lokalen Besteuerungshoheiten Grenzen setzt oder der Zentralgewalt das Recht einräumt, diese einzuschränken. Diese Unterscheidung wird der Untersuchung zugrunde liegen.

I. Die Einzelbegriffe der Verteilung der Steuerkompetenzen als materielle Beschränkung für die Steuerbelastung

Zutreffend erklärt *Bergmann Á.*[609], dass die Definition der den einzelnen Gebietskörperschaften zustehenden Steuern dank der Normierung von bestimmten Rechtsbegriffen es dem Gesetzgeber verwehrt, diese Institute in ihrem Gehalt und ihrer rechtlichen Bedeutung zu verändern, denn dies hätte die Veränderung der Verteilung der Steuerhoheiten zur Folge. Die Missachtung der Kompetenzverteilung durch fälschliche Zuordnung eines Sachverhalts zu einem Steuertyp entspräche einer verfassungswidrigen Anmaßung von Kompetenzen und die dadurch herbeigeführte Steuerbelastung würde einen Eingriff in die Rechtssphäre des Steuerpflichtigen ohne rechtliche Grundlage darstellen.

Rechnung wird der verfassungsrechtlichen Kompetenzverteilung nur getragen, wenn die Zentralgewalt, die Staaten und die Gemeinde Steuern einführen, die dem Wesen nach zu der Typusbeschreibung der ihnen von Verfassungs wegen zugewiesenen Steuern inhaltlich entsprechen. Hierbei geht es um keine nominale Zuordnung, sondern um die substantielle, echte Äquivalenz zwischen der verfassungsrechtlichen Soll-Steuer und der eingeführten Ist-Steuer. Die Gleichartigkeit einer Steuer mit einem der verfassungsrechtlichen Steuertypen soll sich aus einer den Steuertatbestand, die Bemessungsgrundlage und den Steuersatz

---

608 *Palacios M., L.*; Marco jurídico de la tributación local en Venezuela. Una aproximación al reconocimiento y declaración constitucional de la autonomía municipal. Limitaciones directas o explícitas al Poder Tributario local, in: *PGR (Hrsg.)*, Revista de la Fundación Procuraduría, Nr. 10, Caracas, 1994, S. 319 ff; *Romero-Muci, H.*; *Jurisprudencia*, Bd. I, S. XCI ff, CXVIII ff; *Ramírez van der Velde, A./ Baute, P./ Planchart, A.*; S. 86 ff.

609 Die im Bezug auf die brasilianische Verfassung formulierten Aussagen treffen ganz auf die venezolanische Verfassung zu. *Bergmann Á., H.*; S. 165.

umfassenden Gesamtbetrachtung ergeben[610]: Demgemäß lässt sich etwa in den verfassungsrechtlichen Typ der „Steuer auf städtische Immobilien" eine Gemeindesteuer nicht einordnen, deren Steuertatbestand die Erzielung von Mietzinsen durch Vermietung einer städtischen Immobilie, deren Bemessungsgrundlage die Höhe der monatlichen Miete und deren Steuersatzes 10% der monatlichen Mitzinsen ist, deswegen, weil die Definition der Steuer ganz vom Konzept „städtische Immobilie" abstrahiere[611] und somit vom vorgesehenen Steuertyp abweiche.

Nach der Rechtsprechung des Verfassungsgerichtshofs weisen die verfassungsrechtlichen Einzelsteuerbegriffe traditionelle, historische Elemente auf, anhand derer ihr Inhalt bestimmt werden kann, und bedürfen daher einer engen Auslegung[612]. Dies führt dazu, dass nur diejenige Fakten, Sachverhalte den jeweiligen Steuer zugrunde liegenden verfassungsrechtlichen Steuertatbestand zugeordnet werden können, die nach objektiven Elementen und unabhängig von der gesetzlichen Definition oder Bezeichnung auf die verfassungsrechtliche Beschreibung zutreffen: Eine Immobilie ist nur dann städtisch im Sinne der Gemeindesteuer auf städtische Immobilien, wenn sich dies aus „rationellen und technischen Kriterien"[613] ergibt, d.h. wenn sich diese innerhalb der Stadtgrenze befindet, in einem Bereich, der von der zuständigen Gemeinde abgegrenzt und durch Gegenüberstellung zum Ländlichen als städtisch definiert und qualifiziert wurde, wobei das Merkmal Urbanität eine kommunale Versorgung, Bebauung und Ausstattung mit öffentlichen Dienstleistungen impliziert[614]. Ferner ist es dem einfachen Steuergesetzgeber nicht gestattet, die verfassungsrechtlichen Begriffe etwa durch zivilrechtliche Erwägungen zu erweitern: Die Gemeindesteuer auf „städtische Immobilien" darf nicht ausgedehnt werden und dabei solche beweglichen Güter belasten, die nach den Vorschriften des Zivilgesetzbuches unter bestimmten Umständen und zum Zwecke des Zivilrechts unbeweglichen Gütern gleichzustellen sind. Denn dieser verfassungsrechtliche Steuertypus bezieht sich auf

---

610 CSJ SPA vom 25.01.65 im Fall: Creole Petroleum Corporation *vs.* Concejo Municipal del Distrito Falcón del Estado Falcón, in GF Nr. 47, S. 47 (48 f).

611 Der ungewöhnliche Erhebungsvorgang dieser Steuer, welcher den Vermieter als Steuerpflichtigen und den Mieter als Steuerzahler vorsah, der wiederum die Summe der bezahlten Steuer von den an den Vermieter zu zahlenden Mietzinsen abzuziehen hatte, wurde als kein ausschlaggebendes Kriterium für die Steuerzuordnung angesehen.

612 CSJ CP vom 25.07.91, im Fall: Harinas Juana Damca, *Romero-Muci, H.*; *Jurisprudencia*, Bd. II, S. 561 (563 ff). Ferner TSJ SC vom 12.12.02, in Sache: COVEIN S.A., http://www.tsj.gov.ve/decisiones/scon/Diciembre/3241-121202-00-0824.htm .

613 CSJ CP vom 08.12.87, VENEPAL, *Romero-Muci, H.*; *Jurisprudencia*, Bd. II, S. 550 (555f).

614 *Cuenca de Ramírez, N.*; El Impuesto sobre Inmuebles Urbanos, in: Tributación Municipal, Bd. II, Aspectos Jurídicos y Administrativos, Caracas, 1998, S. 19; *Ramírez van der Velde, A./ Baute, P./ Planchart, A.*; S. 93.

Sachen die *per se* unbeweglich sind, wie Grundstücke, Häuser, Wohnungen, und stellt keine Grundlage für eine Steuerbelastung dar, die bewegliche Sachen erfassen könnte, welche durch ein juristisches Gebilde, eine juristische Fiktion, zum Zwecke des Zivilrechts als unbeweglich angesehen werden[615].

Allerdings können gesetzliche Vorschriften dazu beitragen, das Wesen der Steuer zu konkretisieren. In diesem Zusammenhang wurde die Gemeindesteuer auf „wirtschaftliche Aktivitäten von Industrie, Handel, Dienstleistung und gleichartige Tätigkeiten" vom Verfassungsgericht untersucht. Schwerpunkt der Analyse war die Tragweite und Bedeutung des Ausdrucks „Dienstleistungen und gleichartigen Tätigkeiten", denn bis zur Verfassung von 1999 belastete diese Steuer ausschließlich die Industrie und den Handel; die Versuche, die Tragweite dieser Steuern auf andere Aktivitäten auszudehnen, wurden vom Verfassungsgerichtshof untersagt[616], denn die wörtliche Auslegung der Verfassung beschränkte diese auf jene Tätigkeiten in der ökonomische Bedeutung der Begriffe[617].

Mit dem Inkrafttreten der neuen Verfassung stellte sich das Schrifttum[618] die Frage, ob künftig auch die Ausübung freier Berufe, d.h. nicht kaufmännischer Natur, wie etwa die Rechtsanwaltschaft, Architekten, Ingenieurberufe, durch die Gemeinden mit der Steuer auf „wirtschaftliche Aktivitäten von Industrie, Handel, Dienstleistung und gleichartigen Tätigkeiten" belastet werden dürfte. Das Verfassungsgericht[619] erklärte, dass dieser Steuertypus aus historischen und ökonomischen Gründen stets ausschließlich die Ausübung kaufmännischer Tätigkeiten belastete, im Sinne von Aktivitäten die nach den Vorschriften des Handelsgesetzbuches eine handelsrechtliche Natur aufweisen. Die Ausübung eines freien Berufes auch mit Gewinnabsichten ist dagegen nicht dem Konzept der „wirtschaftlichen Aktivitäten von Industrie, Handel, Dienstleistung und gleich-

---

615 CSJ CP vom 04.11.85 in Sache: J. C. Carrero M., *Romero-Muci, H.*; *Jurisprudencia*, Bd. II, S. 534 (536); CSJ CP vom 08.12.87, zum Fall: VENEPAL, *Romero-Muci, H.*; *Jurisprudencia*, Bd. II, S. 550 (555f); CSJ CP vom 25.09.90, im Fall: G. Ochoa, *Romero-Muci, H.*; *Jurisprudencia*, Bd. II, S. 558 (559 f); CSJ CP vom 25.07.91, im Fall: Harinas Juana Damca, *Romero-Muci, H.*; *Jurisprudencia*, Bd. II, S. 561 (563 ff); TSJ SC vom 08.07.03 im Fall: Almacenadora Galipán C.A., http://www.tsj.gov.ve/decisiones/scon/Julio/1829-080703-00-2059.htm , st. Rspr..

616 CSJ SPA vom 14.06.78, im Fall. Colegio Emil Friedman C.A., GF Nr. 100, S. 318 ff.

617 CSJ CP vom 30.06.1982, im Fall: R. Pigna R., *Romero-Muci, H.*, *Jurisprudencia*, Bd. I, S. 210 (212) und vom 14.12.1983 in Sache: Becoblohm Puerto Cabello C.A. *et al.*, GF Nr. 122, S. 14 (18 f); CSJ SPA vom 17.02.1987, im Fall: Dixie Cup de Venezuela C.A., GF Nr. 135, S. 205 (217) und vom 18.05.1995, in Sache: Tecnofluor C.A., *Romero-Muci, H.*, *Jurisprudencia*, Bd. II, S. 717 (718).

618 Vgl. *Ramírez van der Velde, A./ Baute, P./ Planchart, A.*; S. 91 f; *Vallenilla T., M./ Malavé V., P./ Franquiz D., V./ Salcedo A., G.*; S. 134.

619 TSJ SC vom 12.12.02, im Fall: COVEIN S.A., http://www.tsj.gov.ve/decisiones/scon/Diciembre/3241-121202-00-0824.htm .

artigen Tätigkeiten“ der Verfassung von 1999 zuzuordnen, an das die verfassungsrechtlich vorgesehene Steuer die Steuerpflicht anknüpft. Der Ausdruck „Dienstleistung und gleichartige Tätigkeiten“ ist somit dahingehend zu verstehen, dass er das regelmäßige Ausüben von handelsrechtlichen Tätigkeiten[620] mit Gewinnabsichten[621] im und aus dem Gebiet der jeweiligen Gemeinde belastet.

Bei der Gemeindesteuer auf wirtschaftliche Aktivitäten konzentriert sich die Gleichartigkeitsprüfung mit dem Steuertypus auf die Untersuchung des Steuertatbestands und der Bemessungsgrundlage[622]. Um die Höhe der Gemeindesteuer auf wirtschaftliche Aktivitäten festzulegen, werden herkömmlich etwa der Umsatz, die Bruttoeinnahmen als Bemessungsgrundlage herangezogen. Wiederholt betonte der Verfassungsgerichtshof, dass bei dieser Steuer die Bemessungsgrundlage mit dem Steuertatbestand nicht zu verwechseln sei[623], allerdings soll die Bemessungsgrundlage nicht willkürlich ausgewählt werden sondern zu der ausgeübten Aktivität in Verbindung stehen. Im Hinblick auf die hier genannte Gemeindesteuer gewinnt der Steuersatz als kennzeichnendes Element des Steuertypus eine besondere Relevanz. Der Steuersatz soll ferner derart festgelegt werden, dass im Ergebnis stets der Schwerpunkt die Belastung des Ausübens von wirtschaftlichen Aktivitäten bleibt, und nicht etwa unter dem Etikett einer Steuer auf wirtschaftliche Aktivitäten in der Tat z.B. der als Bemessungsgrundlage dienende Umsatz besteuert wird. Andernfalls würde die Gemeinde effektiv eine Steuerquelle in Anspruch nehmen, welche ihr von Verfassungs wegen nicht zugeordnet wird. In der Vergangenheit wurden zu hohe Sätze dieser Gemeindesteuer mit der Eigentumsgarantie und der Berufs- und Gewerbefreiheit für un-

---

620 CSJ SPA vom 14.06.78, im Fall. Colegio Emil Friedman C.A., GF Nr. 100, S. 318 ff; TSJ SC vom 12.12.02, in Sache: COVEIN S.A., http://www.tsj.gov.ve/decisiones/scon/Diciembre/3241-121202-00-0824.htm; *van der Velde Hedderich, I.*; Un Tema sobre Tributación Municipal, in: *AVDT (Hrsg.)*, In Memoriam: Ilse van der Velde Hedderich, Caracas, 2001, S. 171 ff passim.

621 TSJ SC vom 12.12.02, in Sache: COVEIN S.A., http://www.tsj.gov.ve/decisiones/scon/Diciembre/3241-121202-00-0824.htm; *Mizrachi C, E.*; La Patente de Industria y Comercio, Caracas, 1998, S. 56.

622 *Araujo M., F.*; Análisis sobre el Artículo 41 de la Ordenanza sobre Patente de Industria y Comercio del Municipio Libertador del Distrito Federal a la luz de la Jurisprudencia, in: *AVDT (Hrsg.)*, II. Jornadas Venezolanas de Derecho Tributario. Caracas, 1987, S. 22; *Palacios M., L.*; La *obligación tributaria*, in: *AVDT (Hrsg.)*, Comentarios al Código Orgánico Tributario 1994, Caracas, 1995, S. 44.

623 CSJ SPA, vom 13.12.1965, im Fall: Cervecera Nacional, R&G Bd. XIII, S. 561 (565); CSJ SPA, vom 15.03.1967, in Sache: Sudamtex de Venezuela, R&G Bd. XVI, S. 547 (548 f); CSJ SPA vom 14.01.1970, Creole Petroleum Corporation *vs.* Concejo Municipal del Distrito Guacara del Estado Carabobo, R&G Bd. XXV, S. 361 (362 f); CSJ SPA vom 20.03.1986, im Fall: Ensambladora Carabobo, *Romero-Muci, H.*; *Jurisprudencia*, Bd. II, S. 295 (297 f); st.Rspr..

vereinbar erklärt[624]. Zu prüfen ist aber in einem ersten Schritt, ob der erhöhte Steuersatz die Zuordnung der Steuer zu dem verfassungsrechtlichen Steuertypus noch zulasse, bevor gefragt wird, ob der Grundrechtseingriff zu intensiv ist.

Dem Steuergesetzgeber auf gliedstaatlicher und kommunaler Ebene wird kein Steuererfindungsrecht eingeräumt: Er darf nur diejenigen Steuern einführen, die ihm originär zustehen oder durch die Zentralgewalt zugewiesen wurden. Der Republik wird durch die Residualklausel für die unbenannten Steuern ein offenes Erfindungsrecht eingeräumt, das kompetenzrechtlich nur in den den unteren Gemeinwesen von Verfassungs wegen verliehenen Steuern seine Grenzen kennt[625].

II. Ausdrückliche Beschränkungen der staatlichen und kommunalen Besteuerungshoheit

Materielle Vorgaben für staatliche und kommunale Steuern sind der Verfassung unmittelbar aus den Bestimmungen des Art. 183 der venezolanischen Verfassung und mittelbar aus der nationalen Gesetzgebungskompetenz zur Harmonisierung und Koordinierung der Besteuerungshoheiten zu entnehmen.

1. Unmittelbare Beschränkungen: Zum Art. 183 der venezolanischen Verfassung

> „Artikel 183. Die Staaten und die Munizipien dürfen nicht:
>
> 1. Zölle oder Einfuhr-, Ausfuhr- oder Transitsteuern auf nationale oder ausländische Güter, oder [Steuern] auf die übrigen Ertragsmaterien der nationalen Kompetenz einführen.
>
> 2. Konsumgüter besteuern, bevor sie innerhalb ihres Territoriums in Umlauf gehen.
>
> 3. Den Verbrauch von außerhalb ihres Gebietes produzierten Gütern verbieten, oder diese in unterschiedlicher Form als die in ihm Hergestellten besteuern.

---

624 In diesem Sinne auch *Guilliod T*, laut dem diese Steuer die wirtschaftliche Leistungsfähigkeit nicht berücksichtigt, wenn sie das Bruttoeinkommen belastet. *Guilliod T., R.*; S. 100.

625 „Art. 156. Es ist Kompetenz der nationalen öffentlichen Gewalt:
Nr. 12. Die Schaffung, Organisation, Erhebung, Verwaltung und Kontrolle ... der übrigen von dieser Verfassung oder durch Gesetz den Staaten und den Gemeinden nicht zugewiesenen Steuern, Gebühren und Erträge.“. (Übersetzung der Verfasserin).

> Die Staaten und Munizipien dürfen nur in der durch nationales Gesetz zugelassenen Opportunität, Form und Ausmaß die Landwirtschaft, die Zucht, die Fischerei und die Forsttätigkeit besteuern."[626]

Art. 183 ist mit wenigen Änderungen eine Zusammenfügung der Artikel 18[627] und 34[628] der Verfassung von 1961. Anders als in der alten Verfassung wurden hier materielle Beschränkungen für beide Gebietskörperschaften in ein und demselben Artikel normiert. Unglücklich ausgewählt wurde die Stelle, an der diese niedergelegt worden sind, und zwar in dem Abschnitt, der sich seiner Bezeichnung nach mit der „munizipalen Öffentlichen Gewalt" beschäftigt[629]. In dieser Norm werden dennoch konkrete Verbote festgehalten, denen die Gesetzgeber sowohl der Gemeinden, als auch der Gliedstaaten bei der Ausgestaltung ihrer Steuern Folge zu leisten haben.

Aus dem Wortlaut der Vorschrift lassen sich zwei unterschiedliche Regelungen erkennen. Der erste Absatz enthält absolute Verbote, der Zweite beinhaltet dagegen ein partielles Verbot bzw. eine eingeschränkte Erlaubnis für die Besteuerung der dort aufgezählten wirtschaftlichen Tätigkeiten und verweist auf das nationale Gesetz zur Definition des Rahmens, innerhalb dessen diese Besteuerung statt zu finden hat. Anwendung finden sie allerdings nur im Hinblick auf Steuern, nicht aber für andere Abgaben:

> „Wenn diese Abgaben für die Nutzung oder die Leistung eines Dienstes ... erhoben werden, versteht der Gerichtshof, dass, da es sich um keine Steuern sondern um Gebühren handelt, auf sie die für die fiskalische Autonomie der lokalen We-

---

626 Übersetzung und Ergänzung der Verfasserin.

627 Art. 18 der Verfassung von 1961:
„Die Staaten dürfen nicht:
1° Zölle oder Einfuhr-, Ausfuhr- oder Transitsteuern auf ausländische oder nationale Güter, oder [Steuern] auf die übrigen Ertragsmaterien der nationalen oder der munizipalen Kompetenz einführen.
2° Konsumgüter besteuern, bevor sie innerhalb ihres Territoriums in Umlauf gehen.
3° Den Verbrauch von außerhalb ihres Gebietes produzierten Gütern verbieten, oder diese in unterschiedlicher Form als die in ihm Hergestellten besteuern.
4° Steuern auf Lebendvieh oder auf dessen Erzeugnisse oder Nebenprodukte einführen." (Übersetzung und Ergänzung der Verfasserin).

628 Art. 34 der Verfassung von 1961:
„Die Munizipien unterliegen denselben in Art. 18 dieser Verfassung bestimmten Beschränkungen und dürfen die Produkte der Landwirtschaft, der Zucht und Fischerei essbarer Tiere nicht mit anderen Steuern belasten, als die auf Einzelhandel üblichen." (Übersetzung der Verfasserin).

629 Kapitel IV *(„Zur Munizipalen Öffentlichen Gewalt")* des Titels IV *(„Zur Öffentlichen Gewalt")* der venezolanischen Verfassung (Übersetzung der Verfasserin).

sen in den Artikeln 34 und 18, 4° bestimmten Beschränkungen nicht anwendbar sind". [630]

Einleitend ist festzuhalten, dass die unmittelbaren Beschränkungen der staatlichen und kommunalen Besteuerungshoheiten im Allgemeinen der Gewährleistung der Wirtschafts- und Steuereinheit, sowie dem freien Handel und dem Waren- und Dienstleistungsverkehr dienen[631].

a. Absolute Besteuerungsverbote für die staatliche und kommunale Gewalt

i. Das Verbot zur Einführung von Zöllen, von Einfuhr- und Ausfuhrsteuern sowie von Verkehrssteuern auf nationale oder ausländische Güter

„Artikel 183. Die Staaten und die Munizipien dürfen nicht:

1. Zölle oder Einfuhr-, Ausfuhr- oder Transitsteuern auf nationale oder ausländische Güter ... einführen."

Dieses Verbot, wortwörtliche Übernahme der im Art 18, 1° der Verfassung von 1961 enthaltenen Regelung, basiert auf dem Gedanken, dass das nationale Gebiet als ein einziges Wirtschafts- und Zollgebiet existiert, weswegen das Überschreiten von binnenterritorialen Grenzen, seien sie zwischen Gliedsaaten oder zwischen Munizipien, keinen Steuertatbestand darstellen darf.

Durch diese Verbote soll der freie Güterverkehr und somit die Handelsfreiheit garantiert und die Wirtschaftseinheit gesichert werden[632], indem Verfälschungen der Wettbewerbsbedingungen vermieden werden[633], welche letztendlich zu Lasten der Steuerpflichtigen als Verbraucher gehen würden. In Verbindung mit der Garantie der Freizügigkeit aus Art. 50[634] ergibt sich aus diesem Verbot, dass sich der Einzelne innerhalb des nationalen Gebiets bewegen soll und dabei seine Güter bei sich führen kann, die er in anderen Gemeinden und Staaten als Teil des einzigen und einheitlichen nationalen Markts erworben hat, ohne kommunalen oder staatlichen fiskalischen Einschränkungen zu begegnen.

---

[630] CSJ SPA vom 12.05.1969 in Sache: A. Hernández B., GF 64, S. 166 (173).

[631] *Romero-Muci, H.*; in: *Carrillo B., T. E. (Hrsg.)*; S. 28.

[632] *Romero-Muci, H.*; in: *Brewer-Carías, A. (Hrsg.)*, S. 254.

[633] Im Bezug auf die Verfassung von 1961 *Andueza, J. G.*; Limitaciones a la potestad tributaria de los Estados y de los Municipios, in: *PGR (Hrsg.)*, Doctrina de la Procuradoría General de la República en 1973, Caracas, 1974, S. 22.

[634] Art. 50. „Jeder Mensch kann frei und mit jedem Mittel durch das nationale Gebiet reisen, ..., sein Hab und Gut im Land versetzen, ..., ohne weitere Beschränkungen als die im Gesetz bestimmten. ...". (Übersetzung der Verfasserin).

Nach der Verfassungsrechtsprechung hängen

> „... der Wohlstand des Handels und der Industrie ... sowie die integrale Entwicklung der Staatswirtschaft grundsätzlich damit zusammen, dass das Gebiet, auf das sich die nationale Souveränität erstreckt, einen einzigen und umfassenden Markt bildet, zu dem ... in allen Regionen produzierte [Güter] Zugang haben, ohne aus inneren Zollschranken resultierende Hindernisse. ... Die Handelsfreiheit hat als notwendige und logische Ergänzung den freien Güterverkehr ...; wenn die Staaten und die Munizipien in der Ausübung der ihnen anerkannten Autonomie nach Belieben die Ein- oder [die] Ausfuhr von Gütern, die innerhalb oder außerhalb ihrer Grenzen produziert werden, besteuern könnten... würde [dies] die organische Integrität der Republik beeinträchtigen, ...
>
> ... verletzt werden die essentiellen Prinzipien der Rechtsordnung, auf denen die politische, ökonomische und soziale Organisation der Nation beruht... , wenn ein staatliches oder [ein] munizipales Organ ... eine Einnahmequelle zu schaffen beabsichtigt, indem es den Transit an einem bestimmten Punkt seines Territoriums belastet, ...“.[635]

Aus dieser Konzeption geht hervor, dass jede staatliche oder munizipale Maßnahme, die den freien Güterverkehr sowie die Handelsfreiheit beeinträchtigt, als eine Verletzung der venezolanischen territorialen Einheit zu betrachten ist[636].

Der *Corte Suprema de Justicia* übernahm ferner die Auffassung des Schrifttums[637], nach der das Verbot zur Einführung von lokalen Einfuhr-, Ausfuhr- und Transitsteuern die staatliche und kommunale Steuerfreiheit des Transports und des Fernmeldewesens impliziere[638].

---

635 CSJ SPA vom 05.06.1967 im Fall: J. Penzini und J. González, GF Nr. 56, S. 161 (164), (Übersetzung der Verfasserin). Die Anfechtungsklage handelte von der Einführung einer Ausfuhrabgabe auf Holz in Scheiben durch die Distrikte Barinas, Obispo und Pedraza (alle im Staat Barinas lokalisiert).

636 Vgl. CSJ CP vom 23.04.1991 im Fall: Federación Nacional de Ganaderos de Venezuela, S. 12 ff (im Original nachgeschlagen). Auch in *Romero-Muci, H.*; Jurisprudencia, Bd. 1, S. 163 ff.

637 Vgl. *Romero-Muci, H.*; Jurisprudencia, Bd. 1, S. XCVIII ff.

638 CSJ SPA vom 11.11.1999 im Fall: Radio Industrial 1160, C.A., http://www.asovdt.org/jurisprudencia/CSJ-SPA-11-11-99.doc .

ii. Das Verbot zur Besteuerung der Ertragsmaterien der nationalen Kompetenz

„Artikel 183. Die Staaten und die Munizipien dürfen nicht:

1. ... [Steuern] auf die übrigen Ertragsmaterien der nationalen Kompetenz einführen.“

Aus diesem Verbot leitete das venezolanische Verfassungsgericht die Verfassungswidrigkeit diverser Steuern her, die

- Steuerquellen der nationalen Gewalt belastet haben, wie z.B. eine Gemeindesteuer auf „Mietzinsen von Häuser“, d.h. auf das Einkommen aus Vermietung[639] sowie eine munizipale „Sonderabgabe“ auf den Bierkonsum[640], oder

- einer bereits durch nationales Gesetz eingeführten Abgaben entsprachen[641], oder

- eine Aktivität belasteten, deren Regelung (Sachgesetzgebung) die Verfassung der Zentralgewalt vorbehielt, wie z.B. die Schifffahrt[642] oder die Telekommunikation[643], und letztlich

- tatsächlich die Besteuerung einer nationalen Ertragsmaterie darstellten wie z.B. der Minen[644], deren Gesetzgebungs- sowie Besteuerungshoheit unter der Verfassung von 1961 und vor der Dezentralisierung im Ganzen der nationalen Gewalt nach Art.136 Nr. 8 und 10 der venezolanischen Verfassung zustand.

---

639 CSJ SPA vom 25.01.65 im Fall: Creole Petroleum Corporation *vs.* Concejo Municipal del Distrito Falcón del Estado Falcón, in GF 47, S. 47 (48 f).

640 TSJ SC vom 06.07.2000 im Fall: Cervecería Polar del Centro, C. A., http://www.tsj.gov.ve/decisiones/scon/Julio/670-060700-00-1446.htm . Hierbei erklärte das Verfassungsgericht, dass die Gemeindeabgabe keine Sonderabgabe sei, sondern eine den Bierverzehr belastende Steuer.

641 Vgl. CSJ SPA vom 05.06.1967 im Fall: J. Penzini und J. González, GF 56, S. 161 (165).

642 CSJ CP vom 05.12.1985 im Fall: AGEMAR, *Romero-Muci, H.*; Jurisprudencia, Bd. 1, S. 265 (267 f).

643 CSJ SPA vom 16.07.1996 in Sache: Telcel Celular, *Romero-Muci, H.*; Jurisprudencia, Bd. 1, S. 301 (303 f); CSJ SPA vom 11.11.1999 im Fall: Radio Industrial 1160, C.A., http://www.asovdt.org/jurisprudencia/CSJ-SPA-11-11-99.doc .

644 Vgl. CSJ SPA vom 20.07.1971 in Sache: AIPAR, GF 73, S. 41 (47 f). In diesem Fall wurden unter dem Vorwand, eine Industrie- und Handelssteuer auf solches Gewerbe konkretisieren zu wollen, Gemeindenormen über Formalitäten zum Abbau von Sand und unedlen Steinen erlassen und eine genaue Besteuerung für jeden geförderten Kubikmeter bestimmt. Daher sah das Verfassungsgericht das Wesen der überprüften Gemeindesteuer in der Regelung dieser Ausbeutungsart und in der Ausschöpfung dieser damals noch nationalen Einnahmequelle.

Allerdings sind die oben aufgeführten Kategorien von Verfassungswidrigkeiten konzeptionell differenzierend zu behandeln und der Wesensgehalt und die Tragweite des Verbots konkreter zu verstehen.

In den zwei ersten Konstellationen ergibt sich die Verfassungswidrigkeit der lokalen Steuer ohnehin aus der Kompetenzverteilung selbst, weswegen das Verbot für die resultierende Unzulässigkeit der Steuerbelastung irrelevant ist. Ist eine Steuerquelle, beispielsweise das Einkommen, der Republik zugeordnet, dann darf diese weder von den Staaten, noch von den Gemeinden aufgrund der Kompetenzverteilung in Verbindung mit dem Legalitätsprinzip und dem Vorrang der Verfassungsordnung, besteuert werden, ohne dass dies ein explizites Verbot erfordert.

Die Verfassungswidrigkeit der Besteuerung im dritten Fall hängt grundsätzlich mit der Frage zusammen, ob der Vorbehalt der Sachgesetzgebungskompetenz zugunsten der nationalen Gewalt hinsichtlich eines bestimmten Wirtschaftszweiges, Lebensbereiches oder Dienstleistungsgebietes, welches einen wesentlichen Einfluss auf die staatliche Entwicklung ausübt (wie etwa die Schifffahrt oder die Telekommunikation), gleichzeitig einen Ausschluss lokaler Steuerbelastung zur Folge hat. So vertritt der *Corte Suprema de Justicia* im Bezug auf kommunale Besteuerung durch die Industrie- und Handelssteuer von Telekommunikationsdiensten die Auffassung

> „..., dass weder die Aktivität der Telekommunikationen, noch eine von den Zuständigkeiten der nationalen Gewalt umfasste andere [Tätigkeit] direkte oder mittelbare Regelung durch dem Gesetz untergeordnete normative Texte zulassen kann. ... weder die Organe der nationalen Exekutive, noch die staatlichen oder die munizipalen exekutiven und legislativen Organen können oder sollen durch ihre typischen und eigenen Akte in diese Bereiche... eingreifen, denn diese wurden explizit dem nationalen legislativen Organ vorbehalten. ... [die Telekommunikation], als ein Dienst mit spezifischen Zielen im ganzen nationalen Gebiet ... ist und muss in allen seinen Implikationen, wie z.B. ... steuerlichen, durch nationales Gesetz geregelt [werden].
>
> Demnach ... wird unbestreitbar zu behaupten sein, dass ihre ganze Regelung, inklusive die Bestimmung der Steuerpflicht, sowie ihr Besteuerungswesen, gleichfalls im legislativen Text verankert sein muss."[645].

Daher wäre aus dem Kompetenzvorbehalt einer Materie zu Gunsten der Nationalen Gewalt zu folgern, dass nur diese die jeweiligen Sach- und Steuerregelun-

---

645 CSJ SPA vom 16.07.96 in Sache. Telcel Celular, *Romero-Muci, H.*; Jurisprudencia, Bd. 1, S. 301 (304). In diesem Fall ging es um die kommunale Besteuerung von Mobilfunkdiensten. Irritierend bei dieser Entscheidung sind die Andeutungen des Gerichts dahingehend, dass die legislativen Akte des kommunalen Gesetzgebers prinzipiell einen dem nationalen Gesetz untergeordneten Rang hätten.

gen festlegen darf und dabei die Besteuerung durch Staaten und Gemeinden im Ganzen oder partiell auszuschließen oder hierzu zu ermächtigen vermag[646]. Anzumerken ist an dieser Stelle, dass diese Auffassung keineswegs unumstritten war[647] und diese Unstimmigkeit gab Anlass zu Art. 180 Absatz 1 der Verfassung von 1999, der die Unabhängigkeit der Steuerhoheit der Gemeinden gegenüber den Regelungsbefugnissen der nationalen Gewalt erklärt.

Zutreffend wurde das Verbot zur staatlichen und munizipalen Belastung der nationalen Ertragsmaterien im vierten Fall im Bezug auf die Minen angewendet.

Der Schwerpunkt des Verbots ist auch künftig darin zu sehen, dass diese Materien von Verfassungs wegen als Ertragsquelle d.h. als Einnahmequelle der Republik definiert werden. Infolge dessen wird dann zum einen die darauf bezogene Sachgesetzgebungskompetenz im Ganzen der Zentralgewalt vorbehalten und zum anderen nur eine nationale Steuerbelastung erlaubt sein, indem den Ertragsmaterien selbst eine Immunität gegenüber der staatlichen und kommunalen Besteuerung zuerkannt wird. Die Partizipation der unteren Gewaltebenen am Ertrag dieser Materien erfolgt durch ihre verfassungsrechtlich bestimmten Anteile an dem nationalen jährlichen Etat (*Situado Constitucional*).

Eine Auslegung der Verfassung durch die Rechtsprechung zu diesem Thema ist vorauszusehen, denn das *Tribunal Supremo de Justicia* ließ jüngst diesbezüglich eine Beschwerde zur verfassungsrechtlichen Interpretation zu und erklärte in seinem Annahmebeschluss[648], dass es die Entscheidung zu klären hätte, ob es den Gemeinden kraft Art. 183 Nr. 1 der venezolanischen Verfassung verwehrt ist, mit der Industrie- und Handelssteuer die Unternehmen des Kohlenwasserstoff-Sektors zu belasten, aufgrund eines oder mehrerer der folgenden Gründen:

1. der Besteuerungskompetenz der nationalen Gewalt nach Art. 156 Nr. 12
2. des nationalen Vorbehalts der Regelung und Verwaltung dieser Materie nach Art. 156 Nr. 16
3. des nationalen Eigentums der Kohlenwasserstoffe nach Art. 12
4. des Vorbehalts der Republik hinsichtlich der Kohlenwasserstoffindustrie nach Art. 302

---

646 CSJ SPA vom 11.11.1999 im Fall: Radio Industrial 1160, C.A., http://www.asovdt.org/jurisprudencia/CSJ-SPA-11-11-99.doc .

647 Vgl. *Vigilanza G., A.*; El poder tributario antes y después de la Constitución de 1999, in: *AVDT (Hrsg.)*, V. Jornadas Venezolanas de Derecho Tributario. Aspectos Tributarios en la Constitución de 1999, Caracas, 2000, S. 242.

648 TSJ SC Annahmebeschluss vom 18.08.03 zur Beschwerde zur verfassungsrechtlichen Interpretation eingelegt von SHELL VENEZUELA, S.A., http://www.tsj.gov.ve/decisiones/scon/Agosto/2230-180803-02-1622.htm .

Ertragsmaterien in nationaler Kompetenz sind in der Verfassung von 1999 die Kohlenwasserstoffe und die Minen von metallischen Mineralen und edlen Steinen nach Art. 136 Nr. 16 i.V.m. Art. 164 Nr. 5 sowie Art. 301.

iii. Zur Marktzugehörigkeit als Voraussetzung für die Steuerbelastung von Verbrauchsgütern

„Artikel 183. Die Staaten und die Munizipien dürfen nicht: ...

2. Verbrauchsgüter besteuern, bevor sie innerhalb ihres Territoriums in Umlauf gehen. ..."

Diese Norm ist kompetenzrechtlich aus zwei Blickwinkeln zu erörtern.

Aus einer organisationsrechtlichen Perspektive stellt sie die ausdrückliche Konkretisierung für die Verbrauchsgüterbesteuerung des fundamentalen Prinzips dar, demzufolge in der föderalen Staatsform die vertikale Verteilung der Steuerhoheiten eine räumliche (horizontale) Abgrenzung der Zuständigkeitsbereiche der Hoheitsträger verlangt. Da sich die staatliche und kommunale Regelung ausschließlich auf das jeweilige Hoheitsgebiet erstrecken darf, dürfen Gliedstaaten und Gemeinden ihrer Steuerhoheit nur diejenigen Personen, Güter und Sachverhalten unterwerfen, zu denen sie einen objektiven Bezug haben, der eine Form territorialer Zugehörigkeit repräsentiert. Für die Verbrauchsgüter sieht die Verfassung vor, dass nur diejenige Gebietskörperschaft zur Besteuerung befugt ist, in deren Gebiet sich das Gut „im Umlauf" befindet. Diese unglückliche Formulierung ist, wenn die Norm mit dem Verbot von Einfuhr- und Verkehrssteuern auf Güter der Nr. 1 nicht im Widerspruch stehen soll, dahingehend zu verstehen, dass eine territoriale Zugehörigkeit des zu belastenden Verbrauchsguts zum staats- bzw. gemeindeeigenen internen Markt erforderlich ist.

Aus einer materiellen Sicht bedeutet die Norm, dass, solange ein Verbrauchsgut in keinem regionalen Markt eingeführt wird, es für die staatliche und die kommunale Steuergewalt unantastbar ist. Der lokale Gesetzgeber hat infolgedessen die eigenen Steuern in der Weise zu gestalten, dass die Besteuerung nur diejenigen Verbrauchsgüter erfasst, die bereits in seinem Hoheitsgebiet im Umlauf sind. Andernfalls würde er, abgesehen davon, dass er möglicherweise in den Zuständigkeitsbereich eines Anderen eingreifen könnte, ohne rechtliche Grundlage die Rechtssphäre des Steuerpflichtigen beeinträchtigen und ihn dadurch einer verfassungswidrigen Steuerbelastung unterwerfen. Die territoriale Zugehörigkeit zum internen Markt ist ferner das entscheidende Kriterium, um eine zulässige Steuer auf ein Verbrauchsgut von einer unzulässigen Güterverkehrssteuer im Sinne von Art. 183 Abs. 1 Nr. 1 der venezolanischen Verfassung zu unterscheiden.

Als einen Verstoß gegen Art. 183 Abs. 1 Nr. 2 der venezolanischen Verfassung sah die Rechtsprechung z.B. eine die munizipale Kraftfahrzeugsteuer ergänzende (begleitende) Gemeindesteuer an, die solche Fahrzeuge belastet hat, die zum ersten Mal anzumelden waren und somit noch nicht im Gemeindegebiet in Umlauf gebracht worden waren[649].

iv. Das Verbot diskriminierender Güterbesteuerung

„Artikel 183. Die Staaten und die Munizipien dürfen nicht:

3. Den Verbrauch von außerhalb ihres Gebietes produzierten Gütern verbieten, oder diese auf unterschiedlicher Weise zu den in ihm Produzierten besteuern."

Die Unzulässigkeit diskriminierender Güterbesteuerung ist die logische Ergänzung zum Verbot von internen Ein- und Ausfuhrsteuern und versucht den unbehinderten Warenumlauf sowie die Einheitlichkeit des internen Markts zu sichern, indem in allen Regionen produzierten Güter Zugang zu diesem ohne lokale fiskalische Benachteiligungen gewährleistet wird.

Aus der Perspektive des Steuerpflichtigen bedeutet die Norm einen Schutz vor Lenkungswirkungen seitens staatlicher und munizipaler Steuern, so dass der Einzelne als Verbraucher keine gravierende Steuerbelastung aufgrund der überregionalen Herkunft des Produktes in Kauf zu nehmen hat. Diese Auffassung lässt sich durch den Wortlaut der Norm verstärken, der die Besteuerung des Verbrauchs von außerhalb produzierten Gütern untersagt.

In einer bedeutenden Entscheidung erweiterte der *Corte Suprema de Justicia* den Anwendungsbereich dieses Verbots, damals in Art. 18 Nr. 3 der Verfassung von 1961 verankert, auf alle Steuern, die mittelbar Güter belasten, u.a. auch auf die Gemeindesteuer auf Industrie und Handel[650]. Nach dieser Auffassung darf der Steuerpflichtige, der in einer bestimmten Gemeinde seinen Handel betreibt jedoch die Produkte in einer anderen Gemeinde herstellt, nicht anders belastet werden als derjenige Steuerpflichtige, der sowohl Handel als auch Industrie in dieser Gemeinde ausübt. Das Gegenteil würde eine Ungleichheit im Sinne einer Diskriminierung, die heute durch Art. 183 Nr. 3 der Verfassung von 1999 vermieden werden soll, hervorrufen und widerspräche dem Willen des Verfassungsgebers[651].

---

649 CSJ CP vom 13.02.1985 im Sache: J. M. Sanabria, in: GF Nr. 127, S. 17 (29 f).

650 CSJ SPA vom 17.02.1987 im Fall: Dixie Cup de Venezuela C.A., GF Nr. 135, S. 205 (221).

651 CSJ SPA vom 04.08.1994 im Fall: Uniroyal C.A., OPT Nr. 10, 1994, S. 151 (152 f).

b. Zur bedingten Erlaubnis für die lokale Besteuerung von Landwirtschaft, Zucht, Fischerei und Forsttätigkeit

Nach Art. 183 Absatz 2 dürfen

> Staaten und Munizipien ... nur in den durch nationales Gesetz zugelassenen Opportunität, Form und Ausmaß die Landwirtschaft, die Zucht, die Fischerei und die Forsttätigkeit besteuern.

Die Kompetenz der Staaten und der Gemeinden, die Landwirtschaft, die Fischerei und die Zucht mit eigenen Steuern zu belasten, stellt gegenüber der Verfassung von 1961 eine Neuerung dar. Aufgegeben wurde somit das Verbot des Art. 18 Nr. 4[652], das den Staaten untersagte, Lebendvieh und dessen Nebenprodukte zu besteuern, sowie die Einschränkung des Art. 34 Satz 2[653], nach der die Munizipien die oben genannten Aktivitäten nur durch die üblichen Steuern auf Einzelhandel belasten durften.

Nach der neuen Regelung steht es dem nationalen Gesetzgeber zu, die Opportunität (Zeitpunkt/Erforderlichkeit), die Form und das Ausmaß der Belastung durch Gesetz zu bestimmen. Das nationale Gesetz ist Grundlage und Rahmen und infolge dessen Vorbedingung der Staats- und Gemeindebesteuerung[654].

2. Mittelbare Beschränkung aus Art. 156 Nr. 13 der venezolanischen Verfassung: Zur Harmonisierung- und Koordinierungskompetenz der Republik

a. Bedeutung

Um das venezolanische föderale Finanzwesen, in welchem drei autonome Besteuerungsgewalten koexistieren, mit der bundeseinheitlichen Beschaffenheit der Wirtschaft in Einklang zu bringen[655], steht der nationalen Gewalt kraft Art. 156 Nr. 13 der venezolanischen Verfassung die

> „...
>
> Gesetzgebung, um die Koordination und Harmonisierung der diversen Steuerbefugnisse zu gewährleisten; Prinzipien, Parameter und Beschränkungen zu definieren, insbesondere zur Determination der Steuertypen oder Sätze der staatlichen und munizipalen Abgaben;... „.[656]

zu.

---

[652] S. FN. 627.
[653] S. FN. 628.
[654] *Romero-Muci,* in: *Carrillo B., T. E. (Hrsg.)*; S. 39.
[655] *Romero-Muci, H.*; in: *Carrillo B., T. E. (Hrsg.)*; S. 27.
[656] Nr. 13 des Art. 156 (Übersetzung der Verfasserin).

Die Koordinierungs- und Harmonisierungsbefugnis der nationalen Gewalt ist kein programmatisches Recht, sondern stellt eine konkrete Kompetenz zur Definition allgemeiner Grundsätze und Maßstäbe für die lokale Steuerbelastung dar, welche dem Wortlaut der Vorschrift nach insbesondere die Befugnis umfasst, Vorgaben für die Ausgestaltung der Abgabetypen und Sätze der unteren Gewaltebenen, festzulegen und bildet somit eine Schranke der Steuerautonomie der unteren Gewaltebenen[657], dadurch, dass sie eine Richtungsweisung und Limitierung der staatlichen und Gemeindebesteuerung ermöglicht[658]. Aufgrund dieser nationalen Befugnis ist die verfassungsrechtliche Besteuerungshoheit der Gemeinden nicht weiterhin zu betrachten als sie keine Übergriffe von der nationalen Gewalt zulasse[659].

Angestrebt durch die Norm werden ein kohärentes Steuersystem, sowie die konsistente Ausübung der abgabenrechtlichen legislativen und exekutiven Befugnisse. Zunächst sollen hierbei sämtliche Maßnahmen vermieden werden, die den freien Verkehr von Personen, Gütern und Dienstleistungen behindern könnten, darüber hinaus vor jeder Art von Diskriminierungen durch staatliche und lokale Gesetze geschützt werden, die die Rechte der Steuerpflichtigen beeinträchtigen könnten[660], indem Verzerrungen des Steuersystems durch inkorrekte Auslegung der den unteren Ebenen anerkannten Autonomie und deren Befugnisse verhindert werden, die zur Verletzung von steuerlichen Grundprinzipien, wie das der Besteuerung nach der Leistungsfähigkeit und das Konfiskationsverbot führen könnten[661].

---

657 *Mizrachi C., E.*; in: *AVDT (Hrsg.)*, S. 236.

658 *Ramírez van der Velde, A./ Baute, P./ Planchart, A.*; S. 61.

659 Unter der Verfassung von 1961 waren Einmischungen der Republik in die kommunalen Steuerregelungen nicht gestattet. Vgl. *Brewer-Carías, A. R.*; Introducción General al Régimen Municipal. Ley Orgánica de Régimen Municipal 1989, Caracas, 1990, S. 18. *Evans* signalisierte in diesem Zusammenhang, dass die nationale Gewalt bei der Erarbeitung eines Abkommens zur Vermeidung von Doppelbesteuerung die kommunale Industrie- und Handelssteuer nicht miteinschließen durfte. *Evans M., Ronald*; Régimen Jurídico de la Doble Tributación Internacional, Caracas, 1999, S. 102 f. Die CSJ SPA signalisierte in ihrer Entscheidung vom 12.05.1969 in Sache A. Hernández Bretón, dass die nationale Gewalt keine Befreiungen von Gemeindesteuern festsetzen durfte, denn diese Kompetenz, genauso wie die zur Einführung, Änderung und Abschaffung dieser Steuern, verfassungsrechtlich nur den Gemeinden zukommen konnte. GF 64, S. 166 (179).

660 *Romero-Muci, H.*; in: *Carrillo B., T. E. (Hrsg.)*; S. 29 f.

661 *Vallenilla T., M./ Malavé V., P./ Franquiz D., V./ Salcedo A., G.*; El Régimen Tributario Constitucional, in: *Escritorio Tinoco, Travieso, Planchart & Núñez (Hrsg.)*; Comentarios a la Constitución de la República Bolivariana de Venezuela, Caracas, 2000, S. 129.

Die Vorschrift soll unter anderem gewährleisten, dass die im jeweiligen räumlichen Zuständigkeitsbereich ausgeübten Steuerhoheiten, so an einander gegliedert werden, dass schwerwiegende Unterschiede von einer Lokalität zur anderen bei der Steuerbelastungen vermieden werden und vor allem, dass die Akkumulation der diversen Steuerpflichten die ökonomische Betätigung des Steuerpflichtigen erdrosselt[662].

Mit der Einführung der Koordinierungs- und Harmonisierungskompetenzen der nationalen Gewalt wird infolgedessen einen besseren Schutz *a priori*, d.h. durch die Legislative, der Steuerpflichtigen vor unzumutbaren Steuerbelastungen erwartet, insbesondere gegenüber den Gemeinden. Zwar waren Grenzen der alten Verfassung zu gewinnen, jedoch zeigte die Erfahrung, dass diese immer wieder von den unteren Gewaltebenen durchbrochen wurden und eine entsprechende Korrektur nur *a posteriori* durch die Rechtsprechung möglich war.

b. Zum Verhältnis der Steuerautonomie der Gemeinden zur Regelungsbefugnis der nationalen Gewalt

Aus der unter der Verfassung von 1961 begonnene Diskussion darüber, ob die Gemeinden mit eigenen Steuern, insbesondere mit der Industrie und Handelssteuer, diejenigen Sachbereiche belasten durften, deren Regelung der nationalen Gewalt verfassungsrechtlich vorbehalten wird, entstand Art. 180 Absatz 1 der venezolanischen Verfassung[663].

> Art. 180 Abs. 1. „Die den Gemeinden zukommende Besteuerungsbefugnis ist differierend und eigenständig von den Regelungsbefugnissen, die diese Verfassung oder die Gesetze der nationalen oder der staatlichen Gewalt über bestimmte Materien und Aktivitäten verleihen.“[664].

Diese Norm ist im Zusammenhang mit der Bestimmung von Art. 178 Abs. 2 der venezolanischen Verfassung auszulegen, die klar festlegt, dass die Kompetenzausübung der Gemeinden weder die nationalen, noch die staatlichen Zuständigkeiten beeinträchtigen darf[665].

---

662 *Ruan S.; G.*; Reparto de las Potestades Tributarias: Introducción del Relator, in: *AVDT (Hrsg.)*, V. Jornadas Venezolanas de Derecho Tributario. Aspectos Tributarios en la Constitución de 1999, Caracas, 2000, S. 448.

663 *Vigilanza G., Adriana*; in: *AVDT (Hrsg.)*, S. 245 ff.

664 Übersetzung der Verfasserin.

665 Art. 178 Abs. 2. „Die Amtsführungen, die der Gemeinde in Materie ihrer Kompetenz zukommen, vermindern nicht die nach Maßgabe dieser Verfassung im Gesetz definierten nationalen oder staatlichen Kompetenzen.“. (Übersetzung der Verfasserin).

Aus diesen Normen lässt sich schließen, dass alle Gebietskörperschaften über die freie Regelung und Verwaltung der eigenen Steuerkompetenzen verfügen. Unklar bleibt, was der Wille des Verfassungsgebers war, als er bestimmte, dass die Steuerhoheiten der Gemeinden von den Regelungsbefugnissen der nationalen und der staatlichen Gewalt strikt auseinander zuhalten sein.

Vermutet wird, dass den Gemeinden das Recht eingeräumt wird, auch solche Materien zu besteuern, für die die Verfassung eine ausschließliche Regelungskompetenz der nationalen oder der staatlichen Gewalt anerkennt. Der Verfassungsgeber scheine zwischen der nationalen oder staatlichen Regelungskompetenz (Sachkompetenz) und der Besteuerungskompetenz der Gemeinde unterscheiden zu wollen[666].

In diesem Sinne sind Sach- und Steuergesetzgebung als prinzipiell unabhängig von einander zu verstehen: Die nationale Kompetenz zur Sachgesetzgebung soll daher nicht in der Weise ausgeübt werden, dass sie die munizipale Steuergesetzgebung ausschließt.[667] So ist etwa Gegenstand der Industrie- und Handelssteuer die Ausübung solche Aktivitäten innerhalb des Hoheitsgebiets der jeweiligen Gemeinde. Von daher ergibt sich keine verfassungswidrige Steuerbelastung, wenn die Gemeinde diese von einem Unternehmen verlangt, das sich mit der Herstellung und Verkauf von Tabakprodukten beschäftigt. Zwar ist die Besteuerung von Produktion und Verbrauch von Tabakprodukten der Zentralgewalt nach Art. 156 Nr. 12 der venezolanischen Verfassung zugeordnet, jedoch wird hier lediglich das Betreiben von Industrie und Handel innerhalb der Gemeinde mit Gewinnabsichten belastet, die Steuern sind daher grundsätzlich unterschiedlich[668].

Die Zentralgewalt wird ferner auch nicht durch die Harmonisierungskompetenz dazu befugt, darüber zu entscheiden, welche der verfassungsrechtlich vorgesehenen Gemeindesteuern eingeführt werden dürfen. Das Gegenteilige würde bedeuten, dass der einfache nationale Gesetzgeber über die konstitutionelle Steuerverteilung und infolgedessen über die Finanzautonomie der Gemeinden und Staaten disponieren könnte[669].

---

666 *Ramírez van der Velde, A./ Baute, P./ Planchart, A.*; S. 102.
667 *Belisario R., J. R.*; in: *AVDT (Hrsg.)*, S. 431.
668 TSJ SPA vom 30.03.00 im Fall: C.A. Cigarrera Bigott Sucesores, http://www.tsj.gov.ve/decisiones/spa/Abril/00790-110400-61.htm .
669 *Belisario R., J. R.*; in: *AVDT (Hrsg.)*, S. 431.

Art. 180 Abs. 1 der venezolanischen Verfassung wird als einen Bruch gegenüber der langjährigen Verfassungsrechtsprechung betrachtet, durch die versucht wurde, die Steuerbefugnisse der Zentralgewalt und der Gemeinden in Einklang zu bringen[670] und die daraus resultierende unmäßige Steuerbelastung[671] grenzen zu ziehen.

Die Norm darf allerdings nicht losgelöst von restlichen Verfassungsnormen betrachtet werden, sondern bedarf einer die anderen Vorschriften berücksichtigenden harmonischen und systematischen Auslegung[672].

Zu unterscheiden wären diejenigen Materien, die nach Art. 183 Abs. 1 keine lokale –weder kommunale noch staatliche- Belastung zulassen, weil sie Ertragsmaterie der nationalen Gewalt sind, von denen deren Steuergesetzgebung im ganzen der Zentralgewalt vorbehalten wird und letztlich diejenigen Materien deren Sachgesetzgebung der Republik zusteht. Nur im letzten genannten Fall greift diese Norm ein, denn in beiden anderen ergibt sich das Verbot zur munizipalen Besteuerung aus dem Verfassungstext selbst bzw. aus dem Prinzip der Trennung der diversen Steuergesetzgebungshoheiten. Die Verfassung von 1961 enthielte keinen Anhaltspunkt für die eine oder die andere Auslegung.

Interpretiert wird aber auch, dass, wenn die Verfassung die Regelung (*Régimen*) und Verwaltung diverser Sachgebiete der nationalen Gewalt vorbehält, wie z.B. Zölle, Minen, Kohlenwasserstoffe, Telekommunikation und Transport, dies die Besteuerungsbefugnisse der unteren Ebenen für diese Materien einschränkt[673], in dem Sinne, dass es sie ausschließt.

---

[670] *Ramírez van der Velde, A./ Baute, P./ Planchart, A.*; S. 103.

[671] Bezeichnet wurde dieses Phänomen als die kommunale „Steuergier". *Ramírez van der Velde, A./ Baute, P./ Planchart, A.*; S. 104; *Rachadell, M.*; S. 182.

[672] Vgl. im Allgemeinen *La Roche, H.*; Derecho Constitucional, Bd. I, Valencia, 1991, S. 231.

[673] *Vallenilla T., M./ Malavé V., P./ Franquiz D., V./ Salcedo A., G.*; S. 129.

C. Vergleichende Betrachtung

In Bezug auf die Kompetenznormen kann zunächst als Gemeinsamkeit festgehalten werden, dass durch diese in beiden Rechtsordnungen der Bürger vor unkoordinierten und kompetenzwidrigen Steuerbelastungen durch mehrere Gebietskörperschaften geschützt werden soll. Ferner wird den, in Venezuela in den Kompetenzkatalogen und in Deutschland in der Aufzählung der Ertragsverteilung, verwendeten Einzelsteuerbegriffen ein materieller Gehalt zugemessen: Sie entsprechen bestimmte Steuertypen, die durch spezifische, traditionelle Merkmale gekennzeichnet sind. Dadurch definieren sie einen äußeren Rahmen, außerhalb dessen eine Steuer dem jeweiligen Steuertyp nicht zuzuordnen ist und demzufolge die Steuerbelastung verfassungswidrig ist.

Bezüglich des Steuererfindungsrechts lässt sich insofern eine Ähnlichkeit konstatieren, dass sowohl die Aufzählung der grundgesetzlichen Ertragsverteilung, als auch die der Kompetenzen der venezolanischen Gliedstaaten und der Gemeinden, abschließende Kataloge bilden. Die Ertragsverteilung des Grundgesetzes bildet einen abschließenden Katalog zugelassener Steuern und dem zu folge wird dem Gesetzgeber kein Steuererfindungsrecht eingeräumt. Dies gilt für den venezolanischen staatlichen und kommunalen Gesetzgeber gleichermaßen, denn er darf die Einzelnen ausschließlich mit den ihm ausdrücklich zugewiesenen Steuern belasten und verfügt somit über kein Steuererfindungsrecht. Im Gegensatz dazu räumt die allgemeine Residualklausel für die unbenannten Steuern der venezolanischen nationalen Gewalt ein offenes Steuererfindungsrecht ein, dessen Grenzen gerade die Kompetenzkatalogen der unteren Gebietskörperschaften darstellen. Dadurch ist es der nationalen gesetzgebenden Gewalt ermöglicht, weitere Belastungsquellen auszuwählen und, zusätzlich zu den vom Verfassungsgeber vorgesehenen, Steuern einzuführen.

Die venezolanische Verfassung kennt ferner in Art. 183 unmittelbare Beschränkungen für die staatliche und kommunale Steuergewalt und räumt in Art. 156 Nr. 13 der nationalen Gewalt die Befugnis zur Harmonisierung und Koordinierung aller Steuergewalten ein. Entsprechende Normen sind dem Grundgesetz nicht zu entnehmen. Die Vorgaben aus den Kompetenznormen bilden das zentrale Thema der venezolanische Rechtswissenschaft und der Rechtsprechung, vor allem im Hinblick auf die Kompetenzabgrenzung zwischen nationaler Gesetzgebungskompetenz und kommunaler Steuerhoheit.

Fünftes Kapitel: Materielle Vorgaben aus den Grundrechten

A. Deutschland

I. Der Gleichheitssatz

1. Verfassungsbefund

Der allgemeine Gleichheitssatz ist in Art. 3 Abs. 1 GG[674] im System der Grundrechte statuiert. Sein Kernbereich besteht in der Gewährleistung einer Gleichbehandlung aller Personen durch alle Staatsgewalten und unter Berücksichtigung der weiteren verfassungsrechtlichen Vorgaben[675].

Diese Grundaussage ist allerdings nicht dahingehend zu verstehen, als sei dem Gesetzgeber jede Differenzierung untersagt[676]. In der Tat sind nicht alle Menschen gleich, diese reale Verschiedenheit zieht gesetzliche Differenzierungen nach sich. Aufgeworfen wird dadurch die Frage, nach welchen Kriterien das Gesetz differenzieren darf und dennoch bzw. dadurch dem Erfordernis einer Gleichbehandlung gerecht wird.

In erster Linie soll durch den Gleichheitssatz die ungerechtfertigte Bevorzugung oder Benachteiligung von Personen[677] aufgrund Differenzierungen verhindert werden, welche an das Dasein des Menschen und in seinen persönlichen Eigen-

---

[674] In Art. 3 Abs. 2 GG enthält das Gebot zur Gleichberechtigung von Männern und Frauen einschließlich des Förderungsgebots. Im Abs. 3 konkretisiert der Verfassungsgeber seine Aussage über die Gleichheit aller Personen vor dem Gesetz, indem er eine an die dort aufgezählten Kriterien anknüpfende diskriminierende Behandlung verbietet. *Klein, F.*; *Gleichheitssatz* und Steuerrecht. Eine Studie über Gleichheit und Gerechtigkeit der Besteuerung im System des Grundgesetzes, Köln/ Marienburg, 1966, S. 100. Zu vermeiden ist dann die kausale Relation zwischen der Diskriminierung und den „verpönten" Differenzierungsmerkmalen. *Rüfner, W.*; Die mittelbare Diskriminierung und die speziellen Gleichheitssätze in Art. 3 Abs. 2 und 3 GG, in: *Wendt, R./ Höfling, W./ Karpen, U./ Oldiges, M. (Hrsg.)*, Staat, Wirtschaft, Steuern. Festschrift für Karl Heinrich Friauf zum 65. Geburtstag, Heidelberg, 1996, S. 332 f.

[675] Der Gleichheitssatz bindet alle Gewalten und fordert Gleichheit im Sinne des durch die Grundrechte gesicherten Wertsystems der verfassungsmäßigen Ordnung. *Klein, F.*; *Gleichheitssatz*, S. 90 f.

[676] BVerfGE 99, 129 (139); 104, 126 (144).

[677] BVerfGE 98, 365 (389); 99, 367 (388).

schaften anknüpfen[678]. Die verfassungsrechtlich garantierten Freiheiten sind ihrem Inhalt nach gerechtfertigt und enthalten bereichsspezifische Diskriminierungsverbote, weshalb sie prinzipiell keinen Differenzierungen unterworfen werden dürfen[679]; daraus folgt, dass Gleichheit nur insoweit gefordert werden darf, als zumindest der Wesensgehalt der allgemeinen Handlungsfreiheit (freie Entfaltung der Persönlichkeit) unberührt bleibt[680]. Hier zeichnet sich der enge Zusammenhang zwischen Gleichheit und Gerechtigkeit ab[681]: Das Prinzip der Gleichheit fließt dergestalt in die Definition der Gerechtigkeit ein, dass Gerechtigkeit stets der Gleichbehandlung aller Menschen, in Anerkennung ihrer Menschenwürde und der daraus resultierenden Werte bedarf[682].

Art. 3 Abs. 1 GG beinhaltet ebenso wenig ein Gebot für den Gesetzgeber, alle tatsächlichen Verschiedenheiten rechtlich zu berücksichtigen; vielmehr sind lediglich diejenigen relevant, „denen aus Erwägungen der Gerechtigkeit und Zweckmäßigkeit auch für das Recht unterscheidende Bedeutung zukommt."[683]. Bei dem Vergleich von Lebensverhältnissen steht grundsätzlich dem Gesetzgeber die Entscheidung zu, welche Elemente er als maßgebend für eine Gleich- oder Ungleichbehandlung ansieht[684]. Der Gleichheitssatz soll folglich als verfassungsrechtliche Forderung danach verstanden werden, Ähnlichkeiten oder Verschiedenheiten von Menschen sachgerecht zu würdigen und konsequent in die Rechtsordnung einzubetten[685]. Diese Gleichbehandlung ist nur dadurch zu realisieren, dass Gleiches gleich, Ungleiches seiner Eigenart entsprechend verschieden behandelt wird. Entwickelt und angewendet sollen daher adäquate Maßstäbe, an Hand derer die für das jeweilige Gebiet relevanten Gleichheiten und Un-

---

678 *Dürig, G.*; Kommentierung des Artikels 3 Absatz 1 GG, in: *Maunz, T./ Dürig, G. (Hrsg.)*, Grundgesetz. Kommentar, Loseblattsammlung, München, Stand: 42. Lieferung, Februar, 2003, Rdnr. 28; *Vogel, K.*; Der Verlust des Rechtsgedankens im Steuerrecht als Herausforderung an das Verfassungsrecht, in: *Friauf, K. H. (Hrsg.)*, Steuerrecht und Verfassungsrecht, Köln, 1989, S. 139; *Kirchhof, P.*; Die *Verschiedenheit* der Menschen und die Gleichheit vor dem Gesetz, München, 1996, S. 18.

679 *Kirchhof, P.*; *Verschiedenheit*, S. 37.

680 *Klein, F.*; *Gleichheitssatz*, S. 117.

681 BVerfGE 3, 58 (135); 15, 126 (146); 56, 1 (16); 76, 256 (329); 83, 89 (107 f).

682 *Klein, F.*; *Gleichheitssatz*, S. 22.

683 BVerfGE 3, 225 (240); 6, 55 (71).

684 BVerfGE 13, 181 (202); 26, 302 (310); 50, 386 (391 f); 81, 108 (117); 84, 348 (359).

685 *Kirchhof, P.*; Die *Verschiedenheit*, S. 10.

terschiede erarbeitet werden können[686].

Beim Gleichheitssatz geht es somit stets um relative Gleichheit, nämlich um die Ähnlichkeit oder Verschiedenheit von Menschen hinsichtlich eines bestimmten Vergleichsziels[687] bzw. um die „Übereinstimmung zweier oder mehrerer Phänomene in einem gemeinsamen Verhältnis"[688]. Je nach zu regelndem Lebens- und Sachbereich[689] bzw. Vergleichsziel ist das *tertium comparationis*[690] oder *criterium distinctionis*[691] festzulegen. Der allgemeine Gleichheitssatz bedarf dementsprechend bereichsspezifischer Anwendung, Konkretisierung[692]. Wählt der Gesetzgeber ein die (Un)Gleichbehandlung begründendes Ordnungsprinzip, dann hat er diese Entscheidung systemkonform, folgerichtig umzusetzen[693]: Systemwidrigkeiten in einer Regelung führen nicht *per se* zu der Annahme eines Verstoßes gegen den allgemeinen Grundsatz, sie stellen allerdings ein Indiz dafür dar[694]. Daher ist in solchen Fällen zu prüfen, ob eine sachlich hinreichende Rechtfertigung für die Abweichung besteht[695].

Im Hinblick auf die Exekutive und auf die Judikative gebietet der Gleichheitssatz Rechtsanwendungsgleichheit: Als Grundforderung des Rechtsstaates[696] soll im Sinne strikter Legalität im Gesetzesvollzug[697] das Gesetz ohne Ansehen der

---

686 *Huster, S.*; *Gleichheitssatz*, S. 364; *Hesse, K.*; Der allgemeine Gleichheitssatz in der neuen Rechtsprechung des Bundesverfassungsgerichts zur Rechtsetzungsgleichheit, in: *Badura, P./ Scholz, R. (Hrsg.)*, Wege und Verfahren des Verfassungslebens. Festschrift für Peter Lerche zum 65. Geburtstag, München, 1993, S. 121; *Kokott, J.*; Gleichheitssatz und Diskriminierungsverbote in der Rechtsprechung des Bundesverfassungsgerichts, in: *Badura, P./ Dreier, H. (Hrsg.)*, Festschrift 50 Jahre Bundesverfassungsgericht, Bd. II, Tübingen, 2001, S. 129; *Osterloh, L.*; Art. 3 GG, in: *Sachs, M. (Hrsg.)*, Grundgesetz. Kommentar, 3. Aufl., München, 2003, Rdnr. 3

687 *Kirchhof, P.*; *Verschiedenheit*, S. 8. Die Bewertung von Unterschieden und Übereinstimmungen erfolgt in Bezug auf das Rechtsproblem, das der Grundsatz zu lösen hat. *Zippelius, R.*; Juristische Methodenlehre, 8. Aufl. München, 2003, S. 74.

688 *Klein, F.*; *Gleichheitssatz*, S. 18.

689 BVerfGE 25, 269 (292); 35, 348 (357); 60, 123 (134); 66, 84 (94); 75, 108 (157); 88, 87 (96 f); 93, 386 (397); 105, 73 (110 f).

690 *Kirchhof, P.*; *Verschiedenheit*, S. 11; *Huster, S.*; *Gleichheitssatz*, S. 31.

691 *Tipke, K.*; *Steuerrechtsordnung, Bd. I*, S. 314.

692 BVerfGE 75, 108 (157); 78, 249 (287); 80, 109 (118); 84, 239 (268), 93, 121 (134).

693 BVerfGE 66, 214 (213).

694 BVerfGE 12, 151 (164); 12, 341 (349); 15, 313 (318); 18, 315 (334); 59, 36 (49); 66, 214 (224).

695 BVerfGE 9, 20 (28); 81, 156 (207); 104, 74 (87).

696 BVerfGE 66, 331 (335).

697 BVerfGE 13, 318 (328); 84, 239 (271). *Kirchhof, P.*; *Verschiedenheit*, S. 28.

Person gleich angewendet[698] und unbestimmte Rechtsbegriffe sowie Beurteilungsspielräume einheitlich ausgelegt werden[699].

2. Rechtsprechung des Bundesverfassungsgerichts

Die Interpretation und Anwendung des allgemeinen Gleichheitssatzes werden in der deutschen Rechtswissenschaft durch zwei judizielle Momente gekennzeichnet. Auf sie lässt sich die heutige unterschiedliche Normenkontrolldichte zurückführen.

a. Zur so genannten „alten Willkürformel“

Das Bundesverfassungsgericht entwickelte aus dem Gleichheitssatz zuerst eine Willkürformel, nach der eine Verletzung des Gleichheitssatzes zu bejahen war, wenn sich kein „vernünftiger, sich aus der Natur der Sache ergebender oder sonstwie sachlich einleuchtender Grund für die gesetzliche Differenzierung oder Gleichbehandlung“ finden ließ[700]. In diesem Sinne galt das Willkürverbot, als Element des objektiven Gerechtigkeitsprinzips, in allen Bereichen[701]. Vergleichbare Sachverhalte durften nach dieser Formel nicht ohne der Eigenart des zu regelnden Sachverhalts entsprechend sachlich vertretbaren Grund ungleich behandelt werden[702]. Der Gesetzgeber war an ihn in der Form gebunden, dass er weder wesentlich Gleiches willkürlich ungleich noch wesentlich Ungleiches willkürlich gleich behandeln durfte[703], ihm stand folglich die Entscheidung zu, das maßgebende Element auszuwählen, an welches anknüpfend er eine Differenzierung oder eine Gleichstellung rechtlich definierte[704], solange dieses Kriterium sachgerecht war[705]: Das Willkürverbot stellte die äußerste Schranke der Gestaltungsfreiheit des Gesetzgebers dar[706]. Wichtig ist schließlich anzumerken, dass sich das Willkürverbot auf objektive Willkür bezog, d.h. auf das Fehlen eines objektiven Grundes für die Verschiedenbehandlung, unabhängig davon, ob diese intendiert war[707].

---

698 BVerfGE 1, 97 (107); 66, 331 (336).
699 *Kirchhof, P.*; *Steuergleichheit*, StuW 1984, S. 297.
700 BVerfGE 1, 14 (52); 1, 208 (247); 4, 144 (155); 52, 256 (262); 61, 138 (147); 83, 1 (23); 89, 132 (141); 105, 73 (110).
701 BVerfGE 26, 228 (244).
702 BVerfGE 26, 72 (76); 27, 58 (68).
703 BVerfGE 4, 144 (155).
704 BVerfGE 9, 338 (349); 13, 181 (202).
705 BVerfGE 21, 12 (26 f); 26, 1 (8).
706 BVerfGE 26, 302 (310).
707 *Rüfner, W.*; in: *Wendt, R./ Höfling, W./ Karpen, U./ Oldiges, M. (Hrsg.)*, S. 332.

b. Zur „neuen Formel"

Nach der durch den Ersten Senat des Bundesverfassungsgerichts entwickelten neuen Formel überschreitet der Gesetzgeber seinen Gestaltungsspielraum, wenn er eine ungleiche Behandlung vornimmt, welche mit Gerechtigkeitsgedanken sowie mit den sich aus der Natur der Sache ergebenden Eigenschaften nicht zu vereinbaren ist; sie verbietet daher vor allem, eine Gruppe von Normadressaten im Vergleich zu anderen anders zu behandeln, wenn „zwischen beiden Gruppen keine Unterschiede von solcher Art oder solchem Gewicht bestehen, dass sie die ungleiche Behandlung rechtfertigen" können[708]. Diese neue Formel ist ergänzend zu der alten Willkürformel zu verstehen[709].

Bei der neuen Formel geht es somit nicht mehr um die evidente Unsachlichkeit oder Ungerechtigkeit der Gleich- bzw. Ungleichbehandlung[710] als äußerste Grenze des Gestaltungsspielraumes des Gesetzgebers, sondern um eine subtilere[711] Abwägung bei der Prüfung der Verhältnismäßigkeit der Ungleichbehandlung von Personengruppen[712].

c. Zur Abstufung der Normenkontrolle

Je nach Regelungsgegenstand und Differenzierungsmerkmal(e) ergeben sich aus dem Gleichheitssatz unterschiedliche Anforderungen für den Gesetzgeber, d.h. je nachdem, ob die Regelung sachbezogene oder personenbezogene Differenzierungen anbelangt, werden dem Gestaltungsspielraum des Gesetzgebers weitere oder engere Grenzen gezogen. Es kommt folglich zu einer abgestuften Prüfung[713], welche vom bloßen Willkürverbot („alter Formel") bis zur strengen Bindung im Sinne von Verhältnismäßigkeitserfordernissen („neuer Formel") reicht.

Bei sachbezogenen Differenzierungen stellt der Gleichheitssatz ein bloßes Willkürverbot dar: Ein Verstoß ist dann gegeben, wenn aufgrund evidenter Unsachlichkeit die Differenzierung mit Gerechtigkeitsgedanken unvereinbar ist[714] bzw.

---

708 BVerfGE 55, 72 (88); 60, 123 (133 f); 67, 348 (365); 74, 9 (24); 75, 166 (179); 82, 126 (146); 84, 197 (199); 87, 1 (36); 88, 87 (96 f); 91, 389 (401); 93, 386 (397); 95, 39 (45); 96, 315 (325); 97, 332 (344); 98, 1 (12); 99, 129 (139); 102, 41 (54); 104, 126 (144); 105, 73 (110); 105, 313 (352); st.Rspr.

709 *Kokott, J.*; in: *Badura, P./ Dreier, H. (Hrsg.)*, S. 130; *Osterloh, L.*; Art. 3 GG, in: *Sachs, M. (Hrsg.)*, Rdnr. 25.

710 *Osterloh, L.*; Art. 3 GG, in: *Sachs, M. (Hrsg.)*, Rdnr. 9.

711 *Kokott, J.*; in: *Badura, P./ Dreier, H. (Hrsg.)*, S. 131.

712 *Osterloh, L.*; Art. 3 GG, in: *Sachs, M. (Hrsg.)*, Rdnr. 14.

713 BVerfGE 55, 72 (88); 88, 87 (96); 89, 365 (375); 91, 389 (401); 97, 169 (180 f); 99, 367 (388); 101, 54 (101); 105, 73 (110).

714 BVerfGE 55, 72 (89 f); 89, 365 (375); 91, 389 (401); 99, 367 (389).

wenn der Gesetzgeber aus einer an Gerechtigkeitsgedanken orientierten Betrachtungsweise bedeutsame Übereinstimmungen oder Unterschiede der zu ordnenden Lebensverhältnisse außer Acht lässt[715]. In diesem Sinne entspricht das Willkürverbot der äußersten Schranke des Gestaltungsraums des Gesetzgebers[716], zumal Willkürlosigkeit dem Rechtsstaatsgedanke immanent ist. Geboten sind zwar hier auch eine sachgemäße Begründung und Folgerichtigkeit, allerdings mit niedrigen Anforderungen[717].

Im Gegensatz dazu unterliegt der Gesetzgeber bei personenbezogenen Differenzierungen einer strengen Bindung[718], zumal, wie bereits erwähnt, der Gleichheitssatz in erster Linie die ungerechtfertigte Verschiedenbehandlung von Personen verhindern soll. Der Gleichheitssatz verlangt hier, in Sinne eines Verhältnismäßigkeitsgrundsatzes[719], eine nach Art und Gewicht angemessene Relation zwischen den Übereinstimmungen und Unterschieden sowie den Gründen, die zu der Gleich- oder Ungleichbehandlung geführt haben[720]. Im Falle verhaltensbezogener Differenzierungen ist eine intensive Überprüfung geboten, wenn der Einzelne durch eigenes Verhalten auf die differenzierende Regelung keinen Einfluss nehmen kann[721]. Das Erfordernis einer strengen Bindung besteht weiterhin, wenn eine Ungleichbehandlung von Sachverhalten mittelbar eine Ungleichbehandlung von Personengruppen bewirkt[722].

Bei der Wahl der Differenzierungselemente begegnet der Gesetzgeber umso engeren Grenzen, je ähnlicher die ausgewählten Merkmale den in Art. 3 Abs. 3 GG Genannten sind[723] und je größer deshalb die Gefahr der Diskriminierung einer Minderheit ist[724]. Denn gerade vor jeder „Benachteiligung oder Bevorzugung wegen persönlichkeitsbedingter Eigenheiten“[725] soll durch Art. 3 GG geschützt werden. Dem Gestaltungsraum des Gesetzgebers sind auch dort strenge Grenzen gezogen, wo der Verfassungsgeber für bestimmte Bereiche der Rechts- und Sozialordnung Wertentscheidungen getroffen hat, wie etwa für Ehe und

---

715 BVerfGE 106, 225 (140) mit Verweis auf E 48, 346 (357); 103, 310 (319).
716 *Hesse, K.*; in: *Badura, P./Scholz, R. (Hrsg.)*, S. 128.
717 Ausreichend sind hier „plausible Gründe“, s. *Vogel, K.*; in: *Friauf, K. H. (Hrsg.)*, S. 140.
718 BVerfGE 99, 367 (388).
719 BVerfGE 55, 72 (88); 60, 123 (133 f); 62, 256 (274); 72, 141 (150); 82, 126 (146).
720 *Hesse, K.*; in: *Badura, P./Scholz, R. (Hrsg.)*, S. 122.
721 BVerfGE 88, 5 (12); 89, 15 (23); 97, 169 (181), 98, 365 (389); 99, 367 (388).
722 BVerfGE 88, 87 (96); 99, 129 (139); 99, 367 (388).
723 BVerfGE 88, 87 (96); 92, 26 (51 f); 97, 169 (181); 99, 367 (388); 103, 310 (319).
724 BVerfGE 88, 87 (96); 99, 367 (388).
725 BVerfGE 99, 88 (94).

Familie[726], bzw. je stärker sich die Ungleichbehandlung auf Grundrechte und Freiheiten einschränkend auswirkt[727].

3. Steuerliche Ausprägungen des Gleichheitsgrundsatzes

> „Das Grundgesetz enthält – anders als die Weimarer Reichsverfassung im Artikel 134 – keine ausdrückliche Bestimmung darüber, nach welchem Grundsatz die Staatsbürger an den öffentlichen Lasten zu beteiligen sind. Es besteht jedoch kein Zweifel, daß der Gesetzgeber an den Grundsatz der Steuergerechtigkeit gebunden ist, der sich aus Art. 3 Abs. 1 GG ergibt.“[728].

Art. 134 der Weimarer Reichsverfassung konkretisierte für das Steuerrecht den allgemeinen Gleichheitssatz des Art. 109 WRV und forderte, dass alle Staatsbürger ohne Unterschied und im Verhältnis ihrer Mittel nach Maßgabe des Gesetzes zu allen öffentlichen Lasten beitrugen[729]. Er postulierte somit neben der formellen Vorgabe des Vorbehalts eines Gesetzes für den Steuereingriff die materiellen verfassungsrechtlichen Prinzipien der Allgemeinheit der Besteuerung sowie der Steuerbelastung nach der wirtschaftlichen Leistungsfähigkeit[730].

Nach der Rechtsprechung des Bundesverfassungsgerichts[731] ist der in Art. 134 WRV verankerte Grundsatz der Steuergerechtigkeit im Grundgesetz aus Art. 3 Abs. 1 abzuleiten[732]: Der Gleichheitssatz erfahre im Steuerrecht im Grundsatz der Steuergerechtigkeit und der Gleichmäßigkeit der Besteuerung seine bereichsspezifische Ausprägung und verlange, dass alle Steuerpflichtigen durch

---

726 BVerfGE 6, 55 (71); 43, 108 (119); 61, 319 (343); 68, 143 (152); 75, 382 (393); 87, 234 (256). Zum besonderen Schutz von Ehe und Familie im Hinblick auf das Steuerrecht s. u. unter Gliederungspunkt III..

727 BVerfGE 37, 342 (353 f); 60, 123 (134); 62, 256 (274); 74, 9 (24); 82, 126 (146); 88, 87 (96); 89, 365 (376); 91, 389 (401); 95, 267 (316 f); 97, 169 (181); 98, 365 (389); 99, 367 (388); 105, 73 (110 f).

728 BVerfGE 6, 55 (70).

729 BVerfGE 84, 239 (270).

730 Vgl. dazu *Vogel, K./ Waldhoff, C.*; S. 111 ff.

731 BVerfGE 6, 55 (70), 9, 237 (240); 13, 181 (202); 13, 331 (338); 26, 302 (310); 43, 108 (118); 61, 319 (343); 66, 214 (223); 68, 143 (152); 74, 182 (199 f).

732 *Vogel, K./ Waldhoff, C.*; S. 327. Mit E 6, 55 (70 ff) habe das Bundesverfassungsgericht seine Rechtsprechung zum Steuerverfassungsrecht eröffnet.

das Steuergesetz rechtlich und tatsächlich gleichmäßig belastet werden[733].

Der allgemeine Gleichheitssatz des Art. 3 Abs. 1 GG dient somit als zentrales Element bzw. Hauptprüfungsmaßstab der verfassungsrechtlichen Überprüfung von Steuergesetzen[734]: Ihm soll eine verfassungsrechtliche Aussage darüber entnommen werden, welche Verteilung der Steuerlast gleich oder gerecht ist[735]. Die Anwendung des allgemeinen Gleichheitssatzes im Steuerrecht impliziert keineswegs eine, wie etwa im Wahlrecht, formale Gleichheit im Sinne einer formalen „Gleichbehandlung von Reich und Arm durch Anwendung desselben Steuersatzes"[736]. Die Steuergleichheit ist eine verhältnismäßige, relative Gleichheit[737], sie verlangt stets den Vergleich von Lebensverhältnissen, die nie in allen, sondern stets nur in einzelnen Elementen gleich sind; hierbei steht dem Gesetzgeber die Entscheidung zu, welche von diesen Elementen er als maßgebend dafür ansieht, sie im Recht gleich oder verschieden zu behandeln[738].

Vor dem Hintergrund der vorigen Ausführungen zum allgemeinen Gleichheitssatz lässt sich zunächst feststellen, dass der Steuergesetzgeber nur sachgemäß begründete, an Gerechtigkeitsgedanken orientierte, sachbezogene Differenzierungen vornehmen darf und, eine Gruppe von Steuerpflichtigen in Vergleich zu anderen dann ungleich belasten darf und muss, wenn zwischen beiden Gruppen Unterschiede bestehen, die aufgrund ihrer Art und ihres Gewichts steuerlich relevant sind. Erforderlich ist somit die Bildung steuerlich gerechter (Vergleichs)Maßstäbe.

---

733 BVerfGE 50, 386 (391); 105, 17 (46). Zutreffend wird zu dieser Rechtsprechung angemerkt, dass die Formulierung irreführend sein könnte, denn der Grundsatz der Steuergerechtigkeit erfordere eine gleichmäßige Besteuerung und nicht umgekehrt, vgl. *Tipke, K.*; *Steuerrechtsordnung, Bd. I*, S. 306, 314 f. Ähnlich *Kruse*: Der Gerechtigkeitsgedanke liege dem Gleichheitssatz vor, *Kruse, H. W.*; Einkommensteuer und Leistungsfähigkeit, in: *Wendt, R./ Höfling, W./ Karpen, U./ Oldiges, M. (Hrsg.)*, Staat, Wirtschaft, Steuern. Festschrift für Karl Heinrich Friauf zum 65. Geburtstag, Heidelberg, 1996, S. 795, sowie *Eckhoff*: Die Gerechtigkeit sei mit Hilfe der Gleichheit näher zu bestimmen, der umgekehrte Schluß sei unzulässig, denn Gleichheit sei nur ein, wenn auch wesentlicher, Bestandteil der Gerechtigkeit, *Eckhoff, R.*; Rechtsanwendungsgleichheit im Steuerrecht, Köln, 1999, S. 142 ff insbesondere S. 144 f mit FN 49 und 51.

734 *Huster, S.*; Rechte und Ziele: Zur Dogmatik des allgemeinen *Gleichheitssatzes*, Tübingen, 1993, S. 358; *Vogel, K./ Waldhoff, C.*; S. 326.

735 *Huster, S.*; *Gleichheitssatz*, a.a.O..

736 BVerfGE 8, 51 (68).

737 Grundlegend BVerfGE 8, 51 (68 f). *Klein, F.*; *Gleichheitssatz*, S. 13 ff; *Kirchhof, P.*; *Steuergleichheit*, S. 297; *ders.*; *Rechtfertigung*, S.43; *Huster, S.*; *Gleichheitssatz*, S. 361 ff; *Vogel, K./ Waldhoff, C.*; S. 340; *Tipke, K.*; *Steuerrechtsordnung, Bd. I*, S. 313.

738 BVerfGE 9, 3 (10 f); 6, 273 (280); 13, 181 (202); 26, 302 (310); 50, 386 (391); 66, 214 (223); 75, 108 (175); 81, 108 (117); 84, 348 (359).

Die Konkretisierung des allgemeinen Gleichheitssatzes für das Steuerrecht[739] sowie die Bildung der zur Gleichheitsprüfung von Steuergesetzen erforderlichen gerechten Maßstäbe setzen die klare Unterscheidung zwischen Sozialzwecknormen und Lastenausteilungsnormen[740] bzw. zwischen Gestaltungswirkung und Belastungswirkung[741] voraus. Normen, die mit Lenkungs- oder mit Vereinfachungsfunktionen belegt sind, werden durch diese externen Zwecke[742] bedingt, welche eine Verhältnismäßigkeitsprüfung der von ihnen vorgenommenen Differenzierungen ermöglichen und gebieten[743]. Die Belastungswirkung, d.h. der externe Ertragszweck von Fiskalzwecknormen, Finanzmittel für den staatlichen Haushalt zur Erfüllung der der Allgemeinheit dienenden öffentlichen Aufgaben aufzubringen, kann im Gegensatz dazu weder konkrete Anknüpfungspunkte für die Steuerausgestaltung liefern, noch der Steuerbelastung Schranken setzen[744]. Der Ertragszweck ist „maßlos" und daher nicht abwägungsfähig[745]. Unrealisierbar ist daher sowohl die freiheitsrechtliche Verhältnismäßigkeitsprüfung (Schranken-Schranke) der Intensität des steuerlichen Eingriffs[746], als auch die gleichheitsrechtliche Bewertung der Differenzierungen der steuerlichen Lastenausteilungsnorm. Durch den Ertragszweck können steuerliche Differenzierungen weder gerechtfertigt noch überprüft werden[747], er böte nämlich nahezu jeder Steuernorm zumindest einen finanzpolitisch vernünftigen Grund für jede Differenzierung[748]. Ungleichbehandlungen in Fiskalzwecknormen sind daher ausschließlich im Hinblick auf den „internen" Zweck, die Funktion der gerechten Lastenausteilung, d.h. am Maßstab der Gerechtigkeit[749] verfassungsrechtlich zu

---

739 Selber weist der Gleichheitssatz keine Belastungskriterien auf. *Lehner, M.*; *Einkommensteuerrecht*, S. 303.

740 *Vogel, K./ Waldhoff, C.*; S. 351; *Vogel, K.*; in: *Badura, P./ Dreier, H. (Hrsg.)*, S. 542.

741 *Birk* weist auf die Tatsache hin, dass jede Steuer, unabhängig von ihrer Klassifizierung als Fiskalzweck- oder Lenkungsnorm, effektiv stets zwei Wirkungen herbeiführt: Belastungswirkung und Gestaltungswirkung(en). Die Verfassungsmäßigkeitsprüfung einer Steuer soll daher zweigleisig erfolgen, so dass beide Wirkungskomponenten auseinander gehalten werden und jede Wirkung für sich genommen mit einem adäquaten Maßstab untersucht werden kann. *Birk, D.*; *Leistungsfähigkeitsprinzip*, S. 68 ff; 81 ff, 232 f.

742 *Vogel, K.*; in: *Badura, P./ Dreier, H. (Hrsg.)*, S. 542, in Anschluss an *Huster, S.*; *Gleichheitssatz*, S. 225 ff.

743 *Vogel, K.*; in: *Badura, P./ Dreier, H. (Hrsg.)*, ebd.

744 BVerfGE 84, 239 (268).

745 *Lehner, M.*; *Einkommensteuerrecht*, S. 303 in Anschluss an *Vogel, K.;* Diskussionsbeitrag. Aussprache. Der Gleichheitssatz, in: *VVDStRL 47*, Berlin/ New York, 1989, S. 66.

746 *Birk, D.*; *Leistungsfähigkeitsprinzip*, S. 189; *Kirchhof, P.*; *Steuergleichheit*, S. 309; *Huster, S.*; *Gleichheitssatz*, S. 357. Jede Steuer ist dazu geeignet und erforderlich, Finanzmittel zur Deckung der öffentlichen Ausgaben aufzubringen.

747 *Lehner, M.*; *Einkommensteuerrecht*, S. 303 f; *Huster, S.*; *Gleichheitssatz*, S. 360; . *Tipke, K.*; *Steuerrechtsordnung, Bd. I*, S. 326.

748 *Lang, J.*; *Bemessungsgrundlage*, S. 120.

749 *Huster, S.*; *Gleichheitssatz*, S. 360.

messen[750], denn es geht bei Fiskalzwecknormen gerade um die gerechte Verteilung des staatlichen Finanzbedarfs unter den Bürgern[751]. Der allgemeine Gleichheitssatz kann nur als effektiver Maßstab der gerechten Lastenverteilung im Hinblick auf die steuerliche Belastungswirkung, nicht aber auf die Gestaltungswirkungen, dienen, weswegen die unterschiedlichen Wirkungen der Steuer abzugrenzen sind[752].

a. Zum Verbot von Steuerprivilegien: Die Allgemeinheit der Steuerpflicht und die Folgerichtigkeit der Steuerbelastung

Sind nach Art. 3 Abs. 1 GG alle Menschen vor dem *Steuer*gesetz gleich, dann liegt der gerechten gleichmäßigen Besteuerung zunächst ihre Allgemeinheit oder Universalität[753] zugrunde. Nach dieser Minimalforderung[754] sollen der Steuerpflicht alle Individuen unterworfen werden. Geboten ist folglich eine privilegienfeindliche Steuerbelastung[755], ohne dass einzelne (Macht)Gruppen in der Gesellschaft aufgrund dieser Gruppenzugehörigkeit privilegiert werden dürfen[756]. Der Gedanken, auf dem die Allgemeinheit der Steuerpflicht als Voraussetzung der Besteuerungsgleichheit fußt, geht auf die staatsbürgerliche Rechtsgleichheit zurück, nach der ein Gesetz für alle Einwohner eines Staates gleichermaßen zu gelten hat, ohne dass sich ein Stand[757] oder eine Person ihm entziehen darf[758].

Klassensteuern in ihrer traditionellen Gestaltung stellen nach gegenwärtigem rechtsstaatlichem Gerechtigkeitsverständnis keine Zentralfrage mehr dar[759]: Sie stünden im klaren Widerspruch zu Art 3 Abs. 3 GG, der als ein Katalog steuerli-

---

750 Lenkungsnormen werden dagegen an der Befolgungsfähigkeit der steuerlich herbeigeführten Verhaltensempfehlung gemessen. *Kirchhof, P.*; *Steuergleichheit*, S. 326.

751 *Vogel, K.*; Das ungeschriebene Finanzrecht des Grundgesetzes, in: *Selmer, P./ von Münch, I. (Hrsg.)*, Gedächtnisschrift für Wolfgang Martens, Berlin, New York, 1987, S. 271.

752 *Birk, D.*; *Leistungsfähigkeitsprinzip*, S. 163.

753 *Tipke, K./ Lang, J.*; S. 77.

754 *Huster, S.*; *Gleichheitssatz*, S. 358.

755 *Lang, J.*; Die Bemessungsgrundlage der Einkommensteuer. Rechtssystematische Grundlagen steuerlicher Leistungsfähigkeit im deutschen Einkommensteuerrecht, Köln, 1981/88, S. 115 f.

756 *Tipke, K.*; *Steuergerechtigkeit*, S. 52; *Huster, S.*; *Gleichheitssatz*, S. 358.

757 Während des Absolutismus waren etwa Adel und Klerus von Steuern befreit. Der Französischen Revolution folgten für das Steuerrecht die Allgemeinheit und die Gleichheit der Besteuerung. Überblick über die historische Entwicklung des Gleichheitssatzes im Steuerrecht bei *Tipke, K.*; *Steuerrechtsordnung, Bd. I*, S. 285 ff.

758 BVerfGE 84, 239 (269).

759 *Tipke, K.*; *Steuerrechtsordnung, Bd. I*, S. 292 f.

cher Diskriminierungs- und Privilegierungsverbote verstanden werden kann[760] und dahin ergänzt werden könnte, dass niemand wegen seines Berufes benachteiligt oder bevorzugt werden darf[761]. Verborgene Klassensteuern würden eine Gleichheitsprüfung spätestens nach der neuen Formel den allgemeinen Gleichheitssatz verletzen, weil sie würden eine Gruppe von Steuerpflichtigen im Vergleich zu Anderen anders behandeln, obwohl zwischen beiden Gruppen keine Unterschiede von solcher Art oder solchem Gewicht bestünden, die eine ungleiche Behandlung rechtfertigen könnten[762]. Dieser Allgemeinheitsgrundsatz ist der heutigen Auffassung von Steuern immanent, die als Gemeinlasten[763] alle Inländer zur Finanzierung der allgemeinen Staatsaufgaben[764] heranziehen, indem sie jedem der staatlichen Gemeinschaft Zugehörigen die Pflicht auferlegen, ohne individuelle Gegenleistung einen Anteil von dem Seinigen abzugeben[765]. Gerade aus der Eigenart der Steuer als Gemeinlast erhält die Besteuerungsgleichheit erst deutliche Konturen[766], der Steuereingriff gewinnt aus dieser rechtlichen und tatsächlichen, *i.e.* im Belastungserfolg realisierten[767], Gleichheit der Lastenzuteilung seine Rechtfertigung[768].

Die Frage nach der Allgemeinheit der Besteuerung stellt sich demnach nicht mehr im Hinblick auf die willkürliche Bevorzugung bestimmter Personengruppen, sondern vielmehr in einer subtileren Form des Steuerprivilegs: Wurde in der Vergangenheit die Belastungsentscheidung „privilegienfreundlich“ getroffen, wie etwa durch die Anerkennung steuerlicher Immunität für den Adel, und dementsprechend konsequent umgesetzt, so wird heute ein Steuerprivileg in der Regel mittelbar in der Weise gestaltet, dass die prinzipiell dem Gleichheitssatz entsprechend getroffene Belastungsentscheidung „Ausnahmesituationen“ vorsieht bzw. entstehen lässt, welche im Sinne des Gleichheitssatzes nicht oder nicht mehr zu rechtfertigen sind. Diese Konstellation lässt sich unter dem Begriff der Systemwidrigkeit oder der Nichtfolgerichtigkeit präziser umschreiben: Die Belastungsentscheidung wird zwar vom Gesetzgeber gleichheitsgerecht getroffen, dann aber nicht folgerichtig und folglich gleichheitswidrig umgesetzt.

---

760 *Lang, J.*; *Bemessungsgrundlage*, S. 127.

761 *Tipke, K.*; *Steuergerechtigkeit*, S. 53.

762 Im Betracht kommt eine strenge Bindung des Gesetzgebers aufgrund der personenbezogenen Differenzierungen sowie der Ähnlichkeit zu den Merkmalen des Art. 3 Abs. 3 GG.

763 BVerfGE 84, 239 (269); 93, 121 (134); 105, 17 (46).

764 In der Regel dienen alle Steuereinnahmen undifferenziert der Finanzierung aller Staatsausgaben. Das *Non-Affektationsprinzip* lässt allerdings gewisse Ausnahmen – Zwecksteuern- zu. Dazu BVerfGE 93, 319 (348), sowie *Vogel, K./ Waldhoff, C.*; S. 21 f, 251 f.

765 BVerfGE 84, 239 (269); 105, 17 (46).

766 BVerfGE 93, 121 (134) in Anschluss an E 84, 239 (268 f).

767 BVerfGE 84, 239 (271); 96, 1 (6); 99, 280 (289); 105, 17 (46)

768 BVerfGE 84, 239 (269); 93, 121 (134).

Ausnahmen bzw. Durchbrechungen des der jeweiligen Besteuerung zugrunde liegenden Ordnungsprinzips, die zu steuerlichen Vorteilen verhelfen können, sollen auf ihrer Art und ihrem Gewicht nach relevante Unterschieden zwischen den betroffenen Personengruppen zurückgehen bzw. bedürfen einer sachlichen Begründung. In diesem Sinne lässt sich behaupten, dass der Anwendungsbereich des Gleichheitssatzes sich auf sachliche Rechtsgleichheit ausgedehnt hat und nicht mehr nicht nur Diskriminierungen im engeren Sinne betrifft[769].

Die Allgemeinheit der Steuerpflicht verbietet nicht nur, dass das Gesetz formal ein steuerliches Privileg einführt, sondern vor allem, dass dieses im Ergebnis tatsächlich entsteht. In diesem Sinne ist jedwede Regelung, die die Möglichkeit zulässt, die Steuerlast für gewisse Bürger dem Gleichheitssatz und dem Gerechtigkeitsgebot widersprechend zu reduzieren oder zu beseitigen, als ein mit der Allgemeinheit der Besteuerung unvereinbares persönliches Privileg zu betrachten[770]. Diese Erwägungen gehen aus diversen Entscheidungen des Bundesverfassungsgerichts hervor:

In der Entscheidung zur Steuerfreiheit der Abgeordnetendiäten[771] stellte das Gericht fest, dass die gewährte Steuerfreiheit der Abgeordnetenentschädigung, welche ursprünglich einen Ausgleich für den mit dem Abgeordnetenmandat verbundenen besonderen Mehraufwand und Verdienstausfall, nunmehr auf eine aus der Staatskasse bezogene Alimentation zur Sicherung der wirtschaftlichen Existenzgrundlage für den Abgeordneten und seine Familie Anwendung fand, dies beruhend auf dem Umstand, dass sich im Lauf der Zeit sich das Abgeordnetenmandat zu einer Hauptbeschäftigung und die Aufwandsentschädigung zu ihrem korrespondierenden Entgelt entwickelt hatte[772]. Es handelte sich somit nunmehr um Einkommen, welches nach den für alle gleich zu geltenden Grundsätzen zu versteuern wäre. Die Steuerfreiheit der Diäten stand daher im Widerspruch mit dem verfassungsrechtlichen Grundsatz der Gleichheit aller vor dem Gesetz: Jedes willkürliche, weil nicht zu rechtfertigende, Steuerprivileg bezüglich bestimmter Einkommen ist mit Art. 3 Abs. 1 GG unvereinbar[773]. Unterstützend wird in der Entscheidung auf das Demokratieprinzip rekurriert: Die Demokratie des Grundgesetzes sei als eine grundsätzlich privilegienfeindliche Demokratie konzipiert, in der lediglich durch sachliche Erwägungen gerechtfer-

---

769 *Huster, S.*; *Gleichheitssatz*, S. 27 f.
770 *Lang, J.*; *Bemessungsgrundlage*, S. 117.
771 BVerfGE 40, 296 ff.
772 BVerfGE 40, 296 (311, 313 f).
773 BVerfGE 40, 296 (327 f).

tigte Differenzierungen zugelassen werden können[774].

Eine im Rahmen der Erbschaftsteuer sachgerechte, gerechtfertigte und daher nicht zu beanstandende steuerrechtliche Privilegierung wird in der niedrigeren Steuerbelastung des Ehegatten, der Kinder sowie der Kinder verstorbener Kinder des Erblassers gesehen. Begünstigt wird dadurch etwa der Ehegatte, als nächster Angehöriger des Erblassers, gegenüber den Eltern desselben, sowie die Weitergabe von Familienvermögen zur nachfolgenden Generation[775].

Der völlige Ausschluss der Verlustverrechnung bei den sonstigen Einkünften aus der Vermietung beweglicher Güter wurde dagegen als eine mit dem Gleichheitsgebot unvereinbare steuerliche Benachteiligung von Steuerpflichtigen bewertet, bei denen Erwerbseinnahmen und Erwerbsaufwendungen in verschiedenen Veranlagungszeiträumen anfielen[776]. Dem Gleichheitssatz wird im Einkommensteuerrecht auch Rechnung getragen, indem alle Einkunftsarten gleich belastet werden, wonach der Ausgleich und Abzug von Verlusten prinzipiell für alle Einkunftsarten vorgesehen werden soll[777].

Als ein gleichheitswidriges Steuerprivileg[778] wurde im Jahre 1993 die Einkommensteuerfreiheit der Aufwandsentschädigung für Tätigkeiten von Bundesbediensteten in den Ländern Brandenburg, Mecklenburg-Vorpommern, Sachsen, Sachsen-Anhalt, Thüringen sowie in dem Teil des Landes Berlin, in dem das Grundgesetz bis zum Einigungsvertrag nicht galt, verstanden. Unvereinbar mit dem Gleichheitssatz war die Belastungsungleichheit und steuerliche Bevorzugung der Empfänger von Zuwendungen aus Bundes- oder Landeskassen, denen die Steuerfreiheit unabhängig vom steuergesetzlichen Tatbestand des Aufwands, von seiner Nachweisbarkeit und von der finanzbehördlichen Verifikation zugesprochen werden konnte. Dies machte der Vergleich zur Allgemeinheit der Einkommensteuerpflichtigen und zu den Empfängern von Aufwandsentschädigun-

---

774 BVerfGE 40, 296 (317). Ähnlich dazu *Klein*, nach dessen Ansicht von Wirtschaftsfreiheit nicht die Rede sein könnte, wenn das Steuerrecht nach Ermessen Verschiedenheit schaffen dürfte. Die Allgemeinheit der Besteuerung sei daher im Grunde ein wesentlicher Ausdruck *demokratischen* Gleichheitsgedankens, der gesetzliche Begünstigungen oder Benachteiligungen aus persönlichen Gründen verbiete. *Klein, F.*; *Gleichheitssatz*, S. 212. (Hervorhebung der Verfasserin).

775 BVerfGE 97, 1 (9)

776 BVerfGE 99, 88 (95 ff, 97).

777 *Vogel* erachtete dieses Verbots zur Verlustverrechnung für systemwidrig, denn der nicht zu verrechnende Erwerbsaufwand führte zu einer künstlichen Erhöhung der Summe der Einkünfte und dementsprechend zu einer Besteuerung fiktiver Einkünfte, die *per se* womöglich verfassungsrechtlich nicht haltbar sein dürfte. *Vogel, K.*; Besteuerung fiktiver Einkünfte, in: *Wendt, R./ Höfling, W./ Karpen, U./ Oldiges, M. (Hrsg.)*, Staat, Wirtschaft, Steuern. Festschrift für Karl Heinrich Friauf zum 65. Geburtstag, Heidelberg, 1996, S. 828 und 832.

778 BVerfGE 99, 280 (295).

gen aus anderen Kassen deutlich, die entweder die Zuwendung als Erwerbseinnahme zu versteuern hatten und einen Werbungskostenabzug nur unter bestimmten Voraussetzungen geltend machen konnten soweit der Werbungskostenpauschbetrag überschritten war, oder deren Aufwandsentschädigung zumindest einem eingeschränkten Nachprüfungsrecht durch die Finanzbehörden unterlag[779]. Die untersuchte Steuerfreiheit wäre nur dann als eine unbedenkliche vereinfachende (Rechtfertigung durch das Erfordernis steuerlicher Einfachheit) Verrechnung von Erwerbseinnahmen und Erwerbsaufwendungen zu betrachten gewesen, wenn der Tatbestand des "Aufwands" lediglich absetzbare Vermögensabflüsse erfasst hätte, d.h. Bezüge zum Ausgleich von einkommenssteuerlich absetzbaren Erwerbsaufwendungen. Die Regelung ließ jedoch die Möglichkeit zu, andere Zuwendungen steuerfrei zu belassen, was eine Abweichung von der prinzipiellen Steuerpflichtigkeit aller vom Arbeitgeber gezahlten Zuschläge zur allgemeinen Lebensführung und zur Repräsentation, Erschwerniszulagen sowie Stellenzulagen darstellt. Diese haben als Lohnbestandsteile einer Regelbesteuerung der Einkommensteuer zu unterliegen. Im Ergebnis führte die Regelung zur Freistellung von Einkünften aus nichtselbständiger Arbeit von der Einkommensteuer. Das stand im klaren Widerspruch zu dem einkommessteuerrechtlichen Belastungsprinzip, nach dem Markteinnahmen abzüglich des erwerbssichernden und existenzsichernden Aufwands besteuert werden[780]. Die steuerliche Ungleichbehandlung je nach Arbeitsrechtsverhältnis war schließlich auch insofern nicht sachlich gerechtfertigt, als die veränderten Arbeitsbedingungen im Beitrittsgebiet, die durch die Zulagen vergütet werden sollten, sich gleichermaßen auf öffentliche und private Arbeitnehmer auswirkten[781].

Gegenstand einer Gleichheitsprüfung wurde schließlich auch die unterschiedliche Besteuerung von Versorgungsbezügen der Ruhestandsbeamten und Renten aus der gesetzlichen Rentenversicherung[782]. Für die gleichheitsrechtliche Würdigung der unterschiedlichen Steuerbelastung wurde ein Vergleich der einkommenssteuerlichen Be- und Entlastung der jeweiligen Bruttobezüge der Steuerpflichtigen zugrunde gelegt[783]. Hierbei stellte das Bundesverfassungsgericht nicht auf die Eigenschaft der Beamtenpensionen und Renten als „Altersbezüge“ ab, sondern hielt vielmehr für entscheidend, ob es sich in beiden Fällen um

---

[779] BVerfGE 99, 280 (291 f, 294).
[780] BVerfGE 99, 280 (292, 294 f).
[781] BVerfGE 99, 280 (297).
[782] BVerfGE 105, 73 ff.
[783] BVerfGE 105, 73 (111).

„nachträgliche" Einkünfte nichtselbständig Tätiger mit Versorgungsanwartschaften handelte[784]. Dem Gesetzgeber sei demnach gestattet, an die unterschiedlichen Rechtsgründe und Finanzierungen dieser „Alterseinkünfte" als rechtfertigende Differenzierungsgründe für die steuerliche Ungleichbehandlung anzuknüpfen[785]. Fundamental für den Vergleich beider Gruppen war daher die Frage, ob die erheblich unterschiedliche Steuerbelastung in der Nacherwerbsphase eine adäquate Kompensation durch reziproke unterschiedliche Steuerbelastung in der Erwerbsphase erfährt: Dies wäre dann der Fall gewesen, wenn die Rentenbezüge, nicht aber auch die Beamtenpensionen, als Rückfluss eigenen, bereits versteuerten Kapitals betrachtet hätten werden können[786], denn die Rentenbesteuerung sollte sich am „Leitbild des Kaufs einer im Zeitlauf konstanten Leibrente durch eine aus versteuertem Einkommen geleistete einmalige Zahlung" orientieren, welches die ungleiche Ertragsanteilsbesteuerung gerechtfertigt hätte[787]. Da aber die Finanzierung der Renten aus der Sozialversicherung sich aus drei Finanzierungsanteilen zusammenstellt, nämlich aus den Beiträgen der Arbeitnehmer, denen der Arbeitgeber und dem Bundeszuschuss, unterliegen in der Tat lediglich die durch den einzelnen Arbeitnehmer aus versteuertem Einkommen bezahlten Rentenbeiträge in der Erwerbsphase einer für den Vergleich ausschlaggebenden – je nach Einkommen und Abzugsmöglichkeiten unterschiedlich hohen - Steuerbelastung. Die wirtschaftliche Betrachtungsweise[788] zeigte somit, dass der Unterschied in der Rechtsgrundlage und der Finanzierung zwischen beiden Gruppen eher rechtstechnischer Art war[789], d.h. nicht von solcher Art und solchem Gewicht, dass er die Differenzierung gerechtfertigt hätte. Die steuerliche Verschonung in der Form einer Besteuerung von Ertragsanteilen, deren Höhe unabhängig vom tatsächlichen Umfang aus versteuertem Einkommen vorangegangenen Beitragsleistungen festgesetzt wird, widersprach daher hinsichtlich des überwiegenden Teils des Rentenbezugs dem gesetzlichen vor-

---

784 Das Abstellen auf die Qualität „nachträglicher Einkünfte nichtselbständig Tätiger mit Versorgungscharakter" und die Orientierung am Folgerichtigkeitsgebot ermöglichte eine sachgerechte, beide Phasen umfassende, überperiodische Gleichheitsprüfung. *Lehner, M.*; Zur Vereinbarkeit von unterschiedlicher Besteuerung der Beamtenpensionen und der *Renten* aus der gesetzlichen Rentenversicherung mit dem Gleichheitssatz des Art. 3 Abs. 1 GG, JZ 2002, S. 772 f.

785 BVerfGE 105, 73 (122).

786 BVerfGE 105, 73 (127 f).

787 BVerfGE 105, 73 (123).

788 Durch die vom Bundesverfassungsgericht angewandte „steuerrechtsimmanente Betrachtungsweise" wird der Gestaltungsspielraum des Gesetzgebers respektiert, indem seine grundsätzliche Befugnis zur Verfolgung außerfiskalischer Förderungs- und Lenkungsziele anerkannt wird, solange diese von „erkennbaren" gesetzgeberischen Entscheidungen getragen werden und „zweckgerecht" ausgestaltet sind. *Lehner, M.*; *Renten*, S. 772.

789 BVerfGE 105, 73 (124 f).

ausgesetzten Leitbild[790]. Die steuerliche Vergünstigung war ferner durch nichtfiskalische Förderungs- und Lenkungsziele nicht zu rechtfertigen, denn hierfür hätte es einer erkennbaren Entscheidung des Gesetzgebers sowie eines Minimums an zweckgerechter Ausgestaltung des Vergünstigungstatbestands bedurft[791]. Die Verfassungswidrigkeit der Regelung ergab sich daher hauptsächlich daraus, dass der Gesetzgeber bei der Ausgestaltung der Rentenbesteuerung seinem eigenen Leitbild nicht Rechnung getragen hatte, *i.e.* dem Gebot der Folgerichtigkeit nicht gerecht wurde[792].

Aus den vorigen Ausführungen lässt sich folgern, dass die gebotene gleichmäßige Steuerbelastung in erster Linie dadurch zu verwirklichen ist, dass die Steuer tatsächlich als Gemeinlast ausgestaltet wird. Bei der Auswahl des Steuergegenstandes, bei der Bestimmung des Steuersatzes sowie bei der Erschließung von Steuerquellen kommt dem Steuergesetzgeber ein weit reichender, dennoch nicht unbegrenzter Entscheidungsspielraum zu[793]. Bestimmt der Gesetzgeber einen einheitlichen Steuersatz, so hat er die gleichmäßige Belastung in den Bemessungsgrundlagen, der jeweils für sich zu bewertenden wirtschaftlichen Einheiten zu gewährleisten[794]. Wird eine Steuerquelle erschlossen, eine andere dagegen nicht, dann soll diese Differenzierung auf sachgerechte Erwägungen zurückzuführen sein[795]. Die Bemessungsgrundlage muss den wirtschaftlichen Vorgang sachgerecht aufnehmen und realitätsgerecht abbilden[796].

In seiner Gestaltungsfreiheit darf sich zwar der Gesetzgeber von finanzpolitischen[797], volkswirtschaftlichen[798], sozialpolitischen[799] oder steuertechnischen[800]

---

790 BVerfGE 105, 73 (110, 124, 127 ff, 131 f).

791 BVerfGE 105, 73 (73 f, 113).

792 *Lehner, M.*; *Renten*, S. 772 f.

793 BVerfGE 13, 181 (202 f); 23, 242 (256); 26, 302 (310); 65, 325 (354); 81, 108 (117 f); 84, 239 (271); 93, 121 (136); 99, 88 (95); 105, 17 (46).

794 BVerfGE 93, 121 (136).

795 BVerfGE 105, 17 (46).

796 BVerfGE 23, 242 (257); 93, 121 (136); 99, 280 (290); 105, 73 (126 f).

797 Wie etwa zur Herstellung eines ausgeglichenen Haushalts, s. BVerfGE 105, 17 (47).

798 Z.B. die Bewältigung neuer im Zusammenhang mit der Wiedervereinigung stehenden Aufgaben, s. BVerfGE 105, 17 (47).

799 Etwa wohnungsbaupolitische Motive, BVerfGE 84, 348 (364).

800 Vereinfachung oder Harmonisierung des Steuerrechts, BVerfGE 105, 17 (47); bzw. Vermeidung im stärkeren Maß auftretender unerwünschter Steuerausgestaltungen, BVerfGE 99, 88 (97). Schwerwiegende verwaltungstechnische Schwierigkeiten können auch eine Ungleichbehandlung vergleichbarer wirtschaftlicher und gesellschaftlicher Sachverhalte rechtfertigen, nicht aber lediglich die Mehrbelastung der Verwaltung bei gleichheitsgerechterer Behandlung, BVerfGE 84, 348 (364 f).

Erwägungen leiten lassen[801] bzw. außerfiskalische Förderungs- und Lenkungsziele verfolgen[802]. Allerdings ist dies meines Erachtens in zweierlei Hinsicht zu beschränken: Zum einen sind der Gestaltungsfreiheit des Gesetzgebers zur Erschließung von Steuerquellen und der damit verbundenen Ausübung seines Steuererfindungsrechts[803] durch die verfassungsrechtliche Kompetenzordnung, *i.e.* durch den Steuerkatalog des Art. 106 GG Grenzen gezogen. Der Gesetzgeber darf nämlich lediglich solche Steuern einführen, die sich den Steuerarten dieses Kataloges zuordnen lassen[804]. Zum anderen können diese genannten Ziele und Erwägungen nur insofern als rechtfertigende Gründe für steuerliche Be- oder Entlastungen gewertet werden, als sie auf erkennbaren gesetzgeberischen Entscheidungen beruhen[805]. Der Gesetzgeber darf indes in seinem Gestaltungsspielraum auch eine Steuersubvention aus haushalts- oder ordnungspolitischen sowie Steuervereinfachungsgründen als für nicht mehr gerechtfertigt halten und sie daher abbauen[806], so war etwa die Senkung des Zinssatzes von festverzinslichen Sozialpfandbriefen, Schuldverschreibungen und Schatzanweisungen des Bundes und der Länder als mittelbare Folge staatlicher Wirtschafts- und Steuerpolitik nach Auffassung des Bundesverfassungsgerichts nicht derart relevant, dass sie die Beibehaltung ihrer Steuerbegünstigung im Vergleich zu anderen Wertpapieren geboten hätte[807].

Der Gleichheitssatz untersagt dem Gesetzgeber nicht die Anwendung generalisierender, typisierender und pauschalierender[808] Regelungen, mittels deren bei der Ordnung von Massenerscheinungen die Vielzahl von Einzelfällen in einem erfahrungsgemäß korrespondierenden typischen[809] Gesamtbild erfasst werden[810]. Dabei bleiben Elemente dieser Einzelfällen, die außerhalb des typischen Sachverhalts liegen, unberücksichtigt und daher für die Regelung als irrelevant be-

---

801 BVerfGE 13, 181 (203); 43, 108 (120); 49, 343 (360); 50, 386 (392); 65, 325 (354); 105, 17 (46).

802 BVerfGE 93, 121 (147); 99, 280 (296); 105, 73 (112).

803 BVerfGE 13, 181 (202 f).

804 S. bei FN 594.

805 BVerfGE 84, 348 (364); 93, 121 (147 f); 99, 280 (296, 298); 105, 73 (112 f). Die außerfiskalischen Förderungs- und Lenkungsziele sollen mit hinreichender Bestimmtheit vorgezeichnet werden.

806 BVerfGE 81, 108 (117); 105, 17 (47).

807 BVerfGE 105, 17 (47).

808 So z.B. die pauschalierte Erfassung des Aufwands, BVerfGE 40, 296 (317); 96, 1 (6, 9); 99, 280 (290).

809 Der Gesetzgeber darf für pauschalierende und generalisierende Regelungen keine atypischen Fälle zum Leitbild wählen. *Tipke, K.*; *Steuerrechtsordnung, Bd. I*, S. 351.

810 BVerfGE 17, 1 (23), 26, 265 (275 f); 63, 119 (128); 78, 214 (227); 84, 348 (359); 96, 1 (6); 99, 280 (290); 101, 297 (309); 105, 73 (127).

trachtet[811]. Die Typisierung zum Zwecke der Gleichmäßigkeit und Einfachheit[812] bzw. der Praktikabilität[813] darf jedenfalls nicht dazu führen, dass ganze Gruppen von Steuerpflichtigen wesentlich stärker belastet werden und dadurch in eine „empfindlich ungünstigere Wettbewerbslage geraten"[814], zumal dann eine Gruppe von Steuerpflichtigen im Vergleich zu einer anderen gleich behandelt worden wäre, obwohl –die neue Formel in ihrer positiven Formulierung zugrunde gelegt- zwischen beiden Gruppen Unterschiede von solcher Art oder solchem Gewicht bestehen, dass sie die ungleiche Behandlung geboten hätten. Die durch generalisierende, typisierende oder pauschalierende Regelung gegebenenfalls eintretenden Härten und Ungerechtigkeiten dürfen nur eine verhältnismäßig kleine Anzahl von Personen treffen und der Gleichheitsverstoß darf nicht zu intensiv sein[815]. Im Gleichheitssatz ist kein Optimierungsgebot zu erkennen: Der Gesetzgeber ist nicht gehalten, die zweckmäßigste oder gerechteste Lösung zu finden[816], der Rechtsprechung kommt daher die Prüfung zu, ob der Gesetzgeber seinen Gestaltungsraum überschritten hat[817].

Die einmal getroffene - privilegienfeindliche[818] - Belastungsentscheidung hat der Gesetzgeber dann folgerichtig im Sinne der Belastungsgleichheit umzusetzen[819]: Der Gesetzgeber darf sich von den in die getroffene Belastungsentscheidung einfließenden einzelsteuergesetzlichen Prinzipien, wie etwa dem Nettoprinzip in der Einkommensteuer, nicht ohne Weiteres lösen[820]. Vor dem Hintergrund, dass die Einkommensteuer die im Einkommensteuergesetz geregelten Einkunftsarten grundsätzlich gleich belastet, bedarf die Ungleichbehandlung in den Rechtsfolgen einer Rechtfertigung durch besondere sachliche Gründe. Die systematische Unterscheidung in diversen Einkunftsarten kann für sich allein

---

811 *Osterloh, L.*; Gesetzesbindung und Typisierungsspielräume bei der Anwendung der Steuergesetze, Baden-Baden, 1992, S. 26 f, 53 f.

812 *Strahl, M.*; Die typisierende Betrachtungsweise im Steuerrecht, Köln, 1996, S. 271.

813 BVerfGE 21, 12 (26); 31, 8 (24).

814 Das Bundesverfassungsgericht ist hier, noch unter der „alten Formel", zurückhaltender und eingesteht lediglich, dass eine solche Typisierung dem Gleichheitssatz widersprechen könne, wenn die ungleichen Folgen in keiner Relation zu den Vorteilen der Typisierung stehen, BVerfGE 21, 12 (26).

815 BVerfGE 84, 348 (360). Trifft einen intensiven Gleichheitsverstoß eine größere Anzahl von Personen, ist der Gleichheitssatz auch dann nicht verletzt, wenn eine schonendere Zwischenlösung „aus sachlichen Gründen" nicht möglich wäre, BVerfGE 84, 348 (365).

816 BVerfGE 26, 302 (310); 52, 277 (280 f); 68, 287 (301), 81, 108 (118); 84, 348 (359); 105, 17 (47).

817 BVerfGE 68, 287 (301); 81, 108 (117 f), 84, 348 (359); 105, 17 (47).

818 BVerfGE 84, 239 (268).

819 BVerfGE 23, 242 (256); 84, 239 (271); 93, 121 (136); 99, 88 (95); 99, 280 (290); 105, 73 (112).

820 *Kirchhof, P.*; *Einnahmen*, S. 137 f.

keineswegs eine Ungleichbehandlung in der Steuerbelastung rechtfertigen[821]. Solch ein Gleichheitsverstoß liegt etwa in dem völligen Ausschluss der Verlustverrechnung bei den sonstigen Einkünften aus der Vermietung beweglicher Güter[822]. Widerspricht der Gesetzgeber dem von ihm selbst gesetzlich statuierten Belastungsprinzip, dann schafft er ein gleichheitswidriges Steuerprivileg[823], und zwar, weil die Lastengleichheit im Endeffekt nur durch nach konsequenten Prinzipien ausgestalte Steuern zu gewährleisten ist[824]. Erstrebenswert wäre eine über diese Folgerichtigkeit hinausgehende Prüfung der Systemgerechtigkeit der Steuern in ihrem Verhältnis zueinander, was eine Beurteilung der den Steuerpflichtigen betreffende Gesamtsteuerlast, die Summe der Belastungen aus den einzelnen Steuerarten, erfordert[825], sowie im Verhältnis zu anderen Rechtsbereichen, etwa dem Sozialrecht[826].

Auf den Gleichheitssatz und das Gerechtigkeitsgebot ist ferner die Verpflichtung des Gesetzgebers zurückzuführen, das Fortbestehen des Rechtfertigungsgrundes einer einmal getroffenen gesetzlichen Differenzierung zu überprüfen und gegebenenfalls die Regelung an später eintretende neue Gegebenheiten anzupassen. Entfällt der objektive Umstand oder ist der angestrebte Zweck erreicht, der zur Differenzierung geführt und die Ausnahmeregelung, z.B. eine Steuersubvention, gerechtfertigt hat, dann ist diese um der Gerechtigkeit und Folgerichtigkeit Willen aufzugeben, andernfalls könnten gleichheitswidrige steuerliche Vorteile, Steuerprivilegien für, einzelne Steuerpflichtige entstehen[827].

Besteuerungsgleichheit impliziert Gleichheit einerseits in der normativen Pflicht, andererseits aber auch bei ihrer Durchsetzung in der Steuererhebung[828]. Durch die strikte Legalität des Gesetzesvollzugs soll die vom Gesetzgeber geregelte Lastengleichheit verwirklicht und gewährleistet werden. In diesem Sinne ist dem Gleichheitssatz das Verbot einer Regelung zu entnehmen, welche die Gleichheit im Belastungserfolg prinzipiell verfehlt. Das ist etwa der Fall, wenn die Erhebungsregelung sich gegenüber dem Besteuerungstatbestand so gegenläufig auswirkt, dass der Besteuerungsanspruch nicht durchsetzbar ist[829]. Vor

---

821 BVerfGE 84, 348 (363 f); 96, 1 (6); 99, 88 (95); 105, 73 (126).
822 BVerfGE 99, 88 (95 ff, 97).
823 BVerfGE 84, 239 (271); 93, 121 (134); 99, 280 (290).
824 *Isensee, J.*; Vom Beruf unserer Zeit für Steuervereinfachung, StuW 1994, S. 7; *Vogel, K.*; in: *Friauf, K. H. (Hrsg.)*, S. 138.
825 *Kirchhof, P.*; *Einnahmen*, S. 137.
826 *Weber-Grellet, H.*; *Verfassungsstaat*, S. 34.
827 BVerfGE 105, 17 (34). In diesem Fall wurde die Aufhebung der Steuerfreiheit von bestimmten festverzinslichen Wertpapieren, wie etwa Sozialpfandbriefe, Schuldverschreibungen und Schatzanweisungen des Bundes und der Länder, nach § 3a EStG 1990 als verfassungsmäßig angesehen.
828 BVerfGE 84, 239 (271); 96, 1 (6 f).
829 BVerfGE 84, 239 (271 f).

diesem Hintergrund sah das Bundesverfassungsgericht im Besteuerungsmodell privater Kapitaleinkünfte, nach dem die tatsächliche Steuerbelastung letztlich davon abhing, ob der Steuerpflichtige bereitwillig war, diese Einkünfte zu erklären, eine erhebliche Ungleichheit. Rechtsstaatlich und gleichheitsrechtlich geboten ist, bei Erhebungsverfahren, denen das Deklarationsprinzip innewohnt, die vorausgesetzte Steuerehrlichkeit durch Kontrollmechanismen[830] zu verifizieren und zu ergänzen[831]. Das Verifikationsprinzip soll die gleichmäßige Belastung aller Steuerpflichtiger unabhängig von ihrer „Steuerehrlichkeit“ im Belastungserfolg gewährleisten bzw. zumindest verhindern, dass im Ergebnis „unehrliche“ Steuerpflichtige privilegiert und prämiert werden. Allerdings ist eine Vorschrift nicht deshalb verfassungswidrig, weil sie missbraucht oder umgangen werden könnte[832]. Der Gleichheitssatz kann nicht nur durch den Gesetzgeber verletzt werden, sondern auch durch die Gerichte und zwar, wenn sie im Wege der gesetzlichen Auslegung zu einer dem Gesetzgeber verwehrten Differenzierung gelangen[833].

b. Das Prinzip der Besteuerung nach der individuellen wirtschaftlichen Leistungsfähigkeit

i. Die wirtschaftliche Leistungsfähigkeit als steuerrechtsspezifisches *tertium comparationis*

Obgleich das Prinzip der Besteuerung nach der wirtschaftlichen Leistungsfähigkeit sich bereits in der Weimarer Reichsverfassung in Art. 134 andeutete[834], der die Belastung der Steuerpflichtigen „in Verhältnis ihrer Mittel“ postulierte, fand es ebenso wenig wie das Prinzip der Allgemeinheit der Steuerpflicht ausdrückliche Niederlegung im Grundgesetz. Das Bundesverfassungsgericht leitet das Erfordernis einer an der wirtschaftlichen Leistungsfähigkeit ausgerichteten Besteuerung aus dem sich aus dem Gleichheitssatz ergebenden Gebot der Steuerge-

---

830 Die Verwirklichung einer tatsächlichen Belastungsgleichheit in der Besteuerung bedarf der Einrichtung von Kontrollverfahren, die den korrekten Gesetzesvollzug und somit die Erfüllung der Steuerpflicht gewähren sollen. *Joecks, W.*; Steuergesetzgebung, Kapitalflucht und Gesetzesvollzug, in: *Rodi, M. (Hrsg.)*, Recht und Wirkung. Greifswalder Beiträge zur Rechtswirkungsforschung (=Greifswalder Rechtswissenschaftliche Reihe, Bd. 11), Köln/ Berlin/ Bonn/ München, 2002, S. 163 f.

831 BVerfGE 84, 239 (273 ff). Der Steuerabzug an der Quelle wird in diesem Zusammenhang als die wirksamste Form gegenwartsnahen Gesetzesvollzugs angesehen, BVerfGE 96, 1 (7 f).

832 BVerfGE 70, 278 (288).

833 BVerfGE 84, 197 (199); 99, 129 (139).

834 *Kirchhof, P.*; *Einnahmen*, S. 138 in Anschluss an *Lang, J.*; *Bemessungsgrundlage*, S. 99 ff.

rechtigkeit[835] ab[836], in der Regel unter Hinweis auf die besondere Geltung des Leistungsfähigkeitsprinzips für die Einkommensteuer. So etwa stellte das Bundesverfassungsgericht im Zinsurteil[837] fest, dass der Gleichheitssatz in seiner Ausprägung als Prinzip der Gleichmäßigkeit der Besteuerung nach der Leistungsfähigkeit verletzt wäre, wenn

> „die Entwicklung der Besteuerung der Zinsen zu einem mit der Steuergerechtigkeit nicht mehr vereinbaren Ergebnis“ [838]

führe.

Auch im Schrifttum wird das Prinzip weitgehend dem Gleichheitsgrundsatz entnommen, sei es, dass dieser als einzige Grundlage betrachtet wird[839], sei es, dass aus dessen Zusammenwirken mit anderen Verfassungsnormen[840] gefolgert wird. Genannt werden für diese mehrdimensionale Betrachtungsweise die Eigentumsgarantie[841], bzw. das Demokratieprinzip, die Freiheitsrechten, die Gleichheitsrechten und das Sozialstaatsprinzip[842], ferner die Regelung der Steuerertragsverteilung des Art. 106 GG, das Rechtsstaatsprinzip in seiner Ausprägung als Willkürverbot und das Sozialstaatsprinzip[843]. Konkretisiert wird das Leistungsfähigkeitsprinzip schließlich durch die freiheitsrechtlichen Vorgaben und das Prinzip des sozialen Steuerstaates[844].

Darf der Steuergesetzgeber lediglich diejenige Differenzierungen oder Egalisierungen vornehmen, welche sich auf bereichsspezifische Gesetzlichkeiten bzw.

---

835 BVerfGE 6, 55 (70); 13, 181 (202); 13, 331 (338); 23, 242 (253); 26, 302 (310); 36, 321 (330); 43, 108 (118); 47, 1 (29); 50, 386 (391).

836 BVerfGE 13, 290 (297); 32, 333 (339); 43, 108 (120); 61, 319 (343 f); 66, 214 (223); 68, 143 (152); 68, 287 (310); 89, 346 (352); 97, 290 (297); 105, 17 (46). Ähnlich aber mit direkter Ableitung des Leistungsfähigkeitsprinzips aus dem Gleichheitssatz E 82, 60 (86); 93, 121 (134); 99, 216 (232). Im Erbschaftsteuerrecht und nur an dem Gleichheitssatz anknüpfend E 97, 1 (7) unter Hinweis auf 93, 165 (176).

837 BVerfGE 50, 57 ff.

838 BVerfGE 50, 57 (78).

839 *Tipke, K./ Lang, J.*; S. 78 ff; *Tipke, K.*; Die *Steuerrechtsordnung, Bd. I*, 2. Aufl., Köln, 2000, S. 500; *Lang, J.*; Die Bemessungsgrundlage der Einkommensteuer. Rechtssystematische Grundlagen steuerlicher Leistungsfähigkeit im deutschen Einkommensteuerrecht, Köln, 1981/88, S. 99, 165, hierbei dient das materielle Rechtsstaatsprinzip als zusätzliches Rückgrad; *Osterloh, L.*; Art. 3 GG, in: *Sachs, M. (Hrsg.)*, Rdnr. 134.

840 Gesprochen wird in diesem Zusammenhang von eindimensionaler oder mehrdimensionaler Ableitung. Vgl. *Vogel, K./ Waldhoff, C.*; S. 344 f; *Bergmann A., H.*; S. 330 f.

841 *Kirchhof, P.*; *Einnahmen*, S. 138. Daher entspreche das Leistungsfähigkeitsprinzip dem zentralen Maßstab für die Besteuerungsgleichheit und das Verbot des Besteuerungsübermaßes.

842 *Weber-Grellet, H.*; in: *Düwell, Franz J.*, S. 407.

843 *Vogel, K.*; in: *Friauf, K. H. (Hrsg.)*, S. 141 ff; *Vogel, K./ Waldhoff, C.*; S. 342 ff.

844 *Lehner, M.*; *Einkommensteuerrecht*, S. 299 ff, 361 ff.

auf sachlich einleuchtende Gründe zurückführen lassen, und darf er *vor allem eine Gruppe von Steuerpflichtigen im Vergleich zu anderen nur dann anders behandeln, wenn zwischen beiden (relevante) Unterschiede von solcher Art und solchem Gewicht bestehen, die die Ungleichbehandlung rechtfertigen oder sogar gebieten würden*, so hat er vor allem die Steuerbelastung und die steuerlichen Differenzierungen entsprechend der wirtschaftlichen Leistungsfähigkeit zu gestalten. Dies bedeutet, dass die Verletzung des allgemeinen Gleichheitssatzes aufgrund der ungerechtfertigten Verschiedenbehandlung von Personengruppen sich im Steuerrecht, insbesondere im Einkommensteuerrecht, dadurch konkretisiert, dass die Leistungsfähigkeit als zu berücksichtigendes Differenzierungsmerkmal nicht beachtet wird[845]: Ungeachtet zulässiger Differenzierungen müssen steuerrechtliche Regelungen die Steuerpflichtigen gleichmäßig belasten und ihrer unterschiedlichen Leistungsfähigkeit Rechnung tragen[846]. Das Leistungsfähigkeitsprinzip fungiert im Steuerrecht als *tertium comparationis* des allgemeinen Gleichheitssatzes des Art. 3 Abs. 1 GG[847]. Hier manifestiert sich der Gehalt der relativen, verhältnismäßigen Steuergleichheit[848], welche keineswegs jedem Steuerpflichtigen denselben absoluten Betrag abverlangt, sondern von allen einen gemessen am Maßstab der finanziellen Leistungsfähigkeit, gleichmäßigen Beitrag zur Finanzierung der Staatsaufgaben beansprucht[849].

Bereits in der Entscheidung über Spenden an politische Parteien[850] wird der Gedanke der wirtschaftlichen Leistungsfähigkeit als *tertium comparationis* verschiedener Steuerpflichtigen sowie der individuellen, personalen[851] Ausrichtung

845 BVerfGE 82, 60 (86).

846 BVerfGE 93, 165 (175), 97, 1 (7).

847 *Lang, J.*; *Bemessungsgrundlage*, S. 99.

848 Die Steuergleichheit als rechtliche Gleichheit ist ferner gegenüber den vorhandenen Lebensverhältnissen der Steuerpflichtigen neutral und unterscheidet sich insofern von der auf Veränderung zur Realisierung faktischer Gleichheit gerichteten Gleichheit und Bedarfsgerechtigkeit des Sozialhilferechts. Das Steuerrecht nimmt die unterschiedlichen Lebensverhältnisse der Steuerpflichtigen als Ausgangspunkt für die Verwirklichung einer gleichmäßigen Steuerbelastung hin, ohne diese zu ändern zu beabsichtigen. *Lehner, M.*; *Einkommensteuerrecht*, S. 325 f.

849 BVerfGE 93, 121 (135).

850 BVerfGE 8, 51 ff.

851 Es ist der Steuerpflichtige nach seinen persönlichen Verhältnissen, der wirtschaftlich leistungsfähig sein kann und nicht das Steuerobjekt, das nur diese Leistungsfähigkeit vermitteln soll.

dieses Vergleichsmaßstabs unter Hinweis auf Art. 134 der Weimarer Reichsverfassung nahe gelegt: Im Steuerrecht verlange die Gerechtigkeit,

> „daß im Sinn der verhältnismäßigen Gleichheit der wirtschaftlich Leistungsfähigere einen höheren Prozentsatz seines Einkommens als Steuer zu zahlen hat als der wirtschaftlich Schwächere“[852].

Das Leistungsfähigkeitsprinzip als Bezugskriterium der steuerlichen Gleichbehandlung wirft die Frage nach der gerechten Lastenausteilung in einer horizontalen und in einer vertikalen Perspektive auf: Die horizontale Steuergerechtigkeit (Steuergleichheit) bezieht sich auf die Gleichbehandlung von Steuerpflichtigen gleich hohen Einkommens, die vertikale Steuergerechtigkeit (Steuergleichheit) betrifft dagegen die unterschiedliche Belastung von Steuerpflichtigen unterschiedlichen Einkommens[853].

Die Besteuerung darf in diesem Sinne lediglich an die Fähigkeit, Steuern zu zahlen[854], d.h. an die bestehende, in Geldwert vorhandene Ist-Leistungsfähigkeit, und nicht an die Erwerbsfähigkeit[855] oder an die potentielle Leistungsfähigkeit[856] des Steuerpflichtigen, anknüpfen. Angesichts des Grundgedankens einer auf der Menschenwürde beruhenden individuellen Freiheit[857] darf für die Steuerbelastung nur von Relevanz sein, *wie leistungsfähig der Einzelne in der Tat ist* und nicht *wie leistungsfähig er hätte werden können oder sollen*[858].

---

852 BVerfGE 8, 51 (68 f). In dieser Entscheidung wird ferner das einkommensteuerrechtliche Prinzip des progressiven Steuertarifs angedeutet, mit dem die verhältnismäßige Gleichheit im Einkommensteuerrecht realisiert wird. *Lehner, M.*; *Einkommensteuerrecht*, S. 44.

853 *Vogel, K.*; *Steuergerechtigkeit* und soziale Gestaltung (DStZ/A 1975, S. 409 ff), abgedrückt in: *Vogel, K. (Kirchhof, P., Hrsg.)*, Der offene Finanz- und Steuerstaat. Ausgewählte Schriften 1964 bis 1990, 1991, S. 503; *Birk, D.*; *Leistungsfähigkeitsprinzip*, S. 165. Ferner BVerfGE 82, 60 (89 f); 87, 153 (170); 99, 246 (260); 107, 27 (46 f).

854 *Lang, J.*; S. 97; *Eckhoff, R.*; S. 152.

855 *Birk, D.*; *Leistungsfähigkeitsprinzip*, S. 147, 167; *Lehner, M.*; *Einkommensteuerrecht*, S. 43; *Kirchhof, P.*; *Rechtfertigung*, S. 34 f. Aus der Perspektive, dass der Steuerpflichtige im Endeffekt alle Steuern aus seinem erzielten, geerbten/geschenkten, gespeicherten, konsumierten **Einkommen** aufbringen muss, bedeutet das Leistungsfähigkeitsprinzip ein Messen am Ist-Einkommen, s. *Tipke, K.*; in: *Wendt, R./ Höfling, W./ Karpen, U./ Oldiges, M. (Hrsg.)*, S. 748.

856 *Vogel, K./ Waldhoff, C.*; S. 348.

857 *Lehner, M.*; *Einkommensteuerrecht*, S. 333. In der Anknüpfung an die Ist-Leistungsfähigkeit kommt die Neutralität der Steuergerechtigkeit zum Ausdruck.

858 Zur Berufsfreiheit s. u. VI. 2.

Aus diesem Grund dürfen der Steuerbelastung lediglich konkrete Äußerungen von Zahlungsfähigkeit unterworfen werden[859], die den Steuerzugriff bedingende, vorhandene wirtschaftliche Leistungsfähigkeit des Steuerpflichtigen indizieren und vermitteln können[860]. Das wiederum hat das Verbot einer Kopfsteuer zur Folge[861]. So belastet etwa die Erbschaftsteuer die durch den aus dem Erbfall anfallenden Vermögenszuwachs vermittelte finanzielle Leistungsfähigkeit des Erben[862], im Einkommensteuerrecht wird der Zufluss neuer Vermögensgüter besteuert[863].

Das Leistungsfähigkeitsprinzip wird im Einkommensteuerrecht durch das Nettoprinzip konkretisiert[864]: Einkommensteuerrechtlich zu berücksichtigen sind einerseits die erwerbssichernden Ausgaben[865] -objektives Nettoprinzip-, andererseits diejenigen im privaten Bereich anfallenden und für den Steuerpflichtigen unvermeidbare Aufwendungen[866] -subjektives Nettoprinzip-.

ii. Die Besteuerung nach der wirtschaftlichen Leistungsfähigkeit als verfassungsrechtliches Fundamentalprinzip der Steuerbelastung

Im Schrifttum überwiegt die Auffassung, dass das Leistungsfähigkeitsprinzip die Konkretisierung des allgemeinen Gleichheitssatzes für das Steuerrecht[867], vor allem das Maßstab[868], die fundamentale Maxime[869], das Fundamentalprin-

---

859 *Kirchhof, P.*; *Steuergleichheit*, S. 321, 324 f; *Kirchhof, P.*; *Einnahmen*, S. 138; *Bergmann Á., H.*; S. 344.

860 In diesem Zusammenhang erklärt *Lang*, dass die in Art. 3 Abs. 3 GG aufgezählten Kriterien im Steuerrecht zur Differenzierung, als Vergleichsmaßstab nicht herangezogen werden dürfen, denn sie eignen sich nicht dazu, Leistungsfähigkeit zu vermitteln. *Lang, J.*; S. 127.

861 *Vogel, K./ Waldhoff, C.*; S. 347 f.

862 BVerfGE 93, 165 (172); 97, 1 (7).

863 *Kirchhof, P.*; Der verfassungsrechtliche Auftrag zur Besteuerung nach der wirtschaftlichen *Leistungsfähigkeit*, StuW 1985, S. 327.

864 *Kirchhof, P.*; *Leistungsfähigkeit*, S. 328; *Lehner, M.*; Verfassungsrechtliche Vorgaben für die Verlustberücksichtigung, in: *Lehner, M. (Hrsg.)*, Verluste im nationalen und Internationalen Steuerrecht, München, 2004, S. 1, 3.

865 BVerfGE 43, 108 (119); 107, 27 (47).

866 BVerfGE 43, 108 (120); 66, 214 (223); 68, 143 (152).

867 *Lang, J.*; Prinzipien und Systeme der Besteuerung von Einkommen, in: *Ebling, I. (Hrsg.)*, Besteuerung von Einkommen, Köln, 2001, S.55 ff; *Kirchhof, P.*; *Einnahmen*, S. 138.

868 *Vogel, K.*; *Steuergerechtigkeit* und soziale Gestaltung, abgedrückt in: *ders.- Kirchhof, P. (Hrsg.)-*, Der offene Finanz- und Steuerstaat. Ausgewählte Schriften 1964 bis 1990, S. 498.

869 *Klein, F.*; *Gleichheitssatz*, S. 209.

zip[870] der Steuergerechtigkeit, und der oberste Rechtsgrundsatz für Fiskalzwecknormen[871] ist. Vereinzelt wird dem entgegengehalten, dass das Leistungsfähigkeitsprinzip gerade keine fundamentale Maxime sondern lediglich eine Belastungsentscheidung des Gesetzgebers darstelle, der der Besteuerung genauso einen anderen Besteuerungsgrundsatz zugrunde legen könne, solange er den Rahmen des Willkürverbots nicht überschreite[872]. Dem Gesetzgeber sei dementsprechend gestattet, etwa finanzpolitischen, haushaltsmäßigen Gründen Vorrang vor dem Grundsatz der Besteuerung nach der Leistungsfähigkeit einzuräumen[873].

Diese Auffassung hält dem Gesetzgeber die Möglichkeit offen, das Leistungsfähigkeitsprinzips – als Maßstab der gleichmäßigen Verteilung ihrem Zweck nach ungebundener Finanzzwecksteuern - aufgrund externer Zwecke fast uneingeschränkt zu verdrängen[874], d.h. unter Anwendung der „alten Willkürformel“ sobald ein „vernünftiger, sich aus der Natur der Sache ergebender oder sonstwie sachlich einleuchtender Grund“ dafür besteht. Gerade durch das Verständnis des Leistungsfähigkeitprinzips als bereichsspezifischer Gerechtigkeitsmaßstab für das Steuerrecht, so *Huster*, könne die vorbehaltlose Durchbrechung des Prinzips zur Verfolgung externer Zielen verhindert werden[875].

Mit *Vogel/ Waldhoff* ist hier festzustellen, dass die Grundsatzentscheidung für das Leistungsfähigkeitsprinzip im Grundgesetz in der verfassungsrechtlichen Steuerkompetenzverteilung der Art. 105 ff GG insoweit vorgegeben ist, als die insbesondere im Katalog des Art. 106 GG enthaltenen Typenbezeichnungen auf bestimmten Indikatoren individueller wirtschaftlicher Leistungsfähigkeit aufbauen: Die im Grundgesetz vorgesehenen Steuern beabsichtigen nämlich, jeweils in unterschiedlicher Form wirtschaftliche Leistungsfähigkeit zu erfassen[876]

---

870 *Lang, J.*; *Bemessungsgrundlage*, S. 97 m.w.N.; *Stern, K.*; *Bd. II*, S. 1109; *Huster, S.*; *Gleichheitssatz*, S.358.

871 *Lang, J.*; Konkretisierungen und Restriktionen des Leistungsfähigkeitsprinzips, in: *Drenseck, W./ Seer, R. (Hrsg.)*, Festschrift für Heinrich Wilhelm Kruse zum 70. Geburtstag, Köln, 2001, S. 320.

872 *Kruse, H. W.*; in: *Wendt, R./ Höfling, W./ Karpen, U./ Oldiges, M. (Hrsg.)*, S. 797, 805 f und öfter.

873 *Kruse, H. W.*; Über die Gleichmäßigkeit der Besteuerung, StuW 1990, S. 327; *Rüfner, W.*; Art. 3 GG, in: in: *Dolzer, R./ Vogel, K./ Graßhof, K. (Hrsg.)*, Bonner Kommentar zum Grundgesetz, Loseblattsammlung, Hamburg/ Heidelberg, Stand: 109. Lieferung, Dezember 2003, Rdnr. 199.

874 *Huster, S.*; *Gleichheitssatz*, S. 370.

875 *Huster, S.*; *Gleichheitssatz*, S. 371.

876 *Vogel, K.*; in: *Friauf, K. H. (Hrsg.)*, S. 142 f; *ders.*; *Finanzrechts*, in: *Isensee, J./ Kirchhof, P. (Hrsg.)*, S. 42; *ders./ Waldhoff, C.*; S. 343.

und setzen diese somit beim Steuerpflichtigen voraus. Art. 106 GG ist dahingehend zu verstehen, dass das Grundgesetz dem Gesetzgeber einen abschließenden Katalog zugelassener Zugriffe auf die wirtschaftliche Leistungsfähigkeit[877] bzw. Ausprägungen dieses Prinzips[878] vorgibt.

Ausgehend von der Erkenntnis, soll die Steuerrechtsordnung als eine Einheit, ein Ganzes betrachtet werden, dass alle Personensteuern im Grunde genommen das (auch gespeicherte) Einkommen belasten[879], erweist sich überdies einzig das Leistungsfähigkeitsprinzip[880] als ein sachgerechter, grundrechtskonformer Maßstab im Sinne der Steuergerechtigkeit[881].

Zwar bedarf das Leistungsfähigkeitsprinzip als zentrale Bezugs-, Verteilungsgröße für das zwischen dem Staat und dem Bürger bestehende Transferverhältnis[882], die den Einzelnen vor willkürlichen Steuereingriffen schützen soll[883], Konkretisierung, diese Konkretisierungsbedürftigkeit darf aber über die fundamentale Bedeutung des Leistungsfähigkeitsprinzips nicht hinweg täuschen[884].

---

877 *Vogel, K.*; *Finanzrechts*, in: *Isensee, J./ Kirchhof, P. (Hrsg.)*, S. 42 f.

878 *Vogel, K.*; in: *Friauf, K. H. (Hrsg.)*, S. 143; *ders./ Waldhoff, C.*; S. 343.

879 *Tipke, K.*; *Steuerrechtsordnung, Bd. I*, S. 301, 321 f, 326; *Tipke, K.*; in: *Wendt, R./ Höfling, W./ Karpen, U./ Oldiges, M. (Hrsg.)*, S. 746 f. Unternehmensteuern werden ihrerseits grundsätzlich aus dem (auch gespeicherten) Gewinn aufgebracht. Einkommen und Gewinn bilden folglich die einzigen Steuerquellen.

880 Ausgeklammert bleiben hier Lenkungssteuern, bei denen es auf die Zweck-Mittel-Relation und auf die Lenkungsbedürftigkeit ankommt. *Tipke, K.*; in: *Wendt, R./ Höfling, W./ Karpen, U./ Oldiges, M. (Hrsg.)*, S. 755.

881 *Tipke, K.*; in: *Wendt, R./ Höfling, W./ Karpen, U./ Oldiges, M. (Hrsg.)*, S. 747.

882 *Birk, D.*; *Leistungsfähigkeitsprinzip*, S. 155.

883 *Lang, J.*; in: *Ebling, I. (Hrsg.)*, S. 57.

884 *Vogel, K.*; *Steuergerechtigkeit*, S. 499; *Birk, D.*; *Leistungsfähigkeitsprinzip*, S. 6.

II. Die Garantie der Menschenwürde im sozialen Rechtsstaat

1. Die Garantie der Menschenwürde als Vorbedingung der wirtschaftlichen Leistungsfähigkeit

In Art. 1 Abs. 1 GG sind die Unantastbarkeit der Würde des Menschen und das Gebot an alle Staatsgewalten, jene zu achten und zu schützen, als Grundrechtsgewährleistung[885] verankert. Nach Rechtsprechung[886] und Schrifttum[887] stellt die Würde des Menschen den zentralen Wert, das oberste Prinzip des Grundgesetzes und dementsprechend eine Wertentscheidung dar, nach der sich das gesamte Recht zu richten hat[888]. Die Garantie der Menschenwürde bildet ferner die letzte Rechtfertigung der rechtlich verfassten Gemeinschaft[889]. Ihr Gehalt prägt Gleichheit und Freiheit[890]: Gleich sind alle Menschen in erster Linie in ihrer Würde, Freiheit im Sinne des Grundgesetzes ist stets Ausfluss der Menschenwürde. Vor diesem Hintergrund ergibt sich die Neutralität der rechtlichen Gleichheit, welche den Vorrang der Freiheit gegenüber der Gleichheit postuliert: Unterschiede, die auf die Ausübung von Freiheit(en) zurückgehen, sind legitim

---

[885] BVerfGE 12, 113 (122f); 15, 283 (286); 28, 243 (263); 52, 256 (261); 75, 369 (380); *Benda, E.*; *Menschenwürde* und Persönlichkeitsrecht, in: *Benda, E./ Maihofer, W./ Vogel, H.-J. (Hrsg.)*, Handbuch des Verfassungsrechts, 2. Aufl. (Studienausgabe Teil 1), Berlin/ New York, 1995, S. 165; *Höfling, W.*; Kommentierung des Artikels 1 GG, in: *Sachs, M. (Hrsg.)*, Grundgesetz. Kommentar, 3. Aufl., München, 2003, Rdnr. 3 ff; *Herdegen, M.*; Kommentierung des Artikels 1 GG, in: *Maunz, T./ Dürig, G. (Hrsg.)*, Grundgesetz. Kommentar, Loseblattsammlung, München, Stand: 42. Lieferung, Februar 2003, Rdnr. 26; *Zippelius, R.*; Kommentierung des Art. 1 Abs. 1 GG, in: *Dolzer, R./ Vogel, K./ Graßhof, K. (Hrsg.)*, Bonner Kommentar zum Grundgesetz, Loseblattsammlung, Hamburg/ Heidelberg, Stand: 109. Lieferung, Dezember 2003, Rdnr. 24 ff, 32.

[886] BVerfGE 6, 32 (41); 7, 198 (205); 27, 1 (6); 32, 98 (108); 35, 202 (225); 39, 1 (43); 45, 187 (227); 96, 375 (398).

[887] *Dürig, G.*; Kommentierung des Artikels 1 Abs. 1 GG, in: *Maunz, T./ Dürig, G. (Hrsg.)*, Grundgesetz. Kommentar –Vorauflage-, Rdnr. 14; *Herdegen, M.*; Art. 1 GG, in: *Maunz, T./ Dürig, G. (Hrsg.)*, Rdnr. 5; *Wernicke, K. G.*; Vorbemerkungen zu Artikeln 1-19 GG, in: *Dolzer, R./ Vogel, K./ Graßhof, K. (Hrsg.)*, Bonner Kommentar zum Grundgesetz, Loseblattsammlung, Hamburg/ Heidelberg, Stand: 109. Lieferung, Dezember 2003, Rdnr. 4; *Benda, E.*; *Menschenwürde*, S. 162.

[888] *Zippelius, R.*; Art. 1 Abs. 1 GG, in: *Dolzer, R./ Vogel, K./ Graßhof, K. (Hrsg.)*, Rdnr. 32.

[889] *Herdegen, M.*; Art. 1 GG, in: *Maunz, T./ Dürig, G. (Hrsg.)*, Rdnr. 1.

[890] Aus Art. 1 Abs. 2 GG lässt sich der Menschenwürdegehalt der Einzelrechte ableiten. *Dürig, G.*; Art. 1 Abs. 2 GG, in: *Maunz, T./ Dürig, G. (Hrsg.)* –Vorauflage-, Rdnr. 80. In diesem Sinne auch *Benda*: Die Grundrechte erscheinen um der Menschenwürde willen erforderlich, dem Grundgedanken nach ergeben sie sich aus Art. 1 Abs. 1 GG, *Benda, E.*; *Menschenwürde*, S. 166.

und daher rechtlich anzuerkennen und zu wahren, allerdings nur insofern (*conditio sine qua non*), als sie auf der Menschenwürde gründen[891].

Art. 1 Abs. 1 GG garantiert auch die materielle, wirtschaftliche Grundlage der Würde des Menschen[892], ohne die diese in der Tat nicht bestünde[893]. Menschenwürde bedarf somit ökonomischen Mindestvoraussetzungen, Mindeststandards[894], einem Existenzminimum, „das ein menschenwürdiges Dasein überhaupt ausmacht"[895]. Infolgedessen ist die Menschenwürde dann verletzt,

> „wenn der Mensch gezwungen ist, unter Lebensbedingungen zu existieren, die ihn zum Objekt erniedrigen"[896].

Der Menschenwürdegarantie liegt die Idee eines freien und selbstverantwortlichen Menschen zugrunde[897], dem in erster Linie die Schaffung dieses Existenzminimums, als individuelles Recht sowie als Pflicht gegenüber der Allgemeinheit[898], überlassen wird: Er soll durch eigenen Erwerb, d.h. durch die Wahrnehmung und Ausübung der ihm garantierten Freiheitsrechte, in dem vom Staat zur Verfügung gestellten legalen, sozialen und wirtschaftlichen Rahmen zumindest den der Menschenwürde entsprechenden Lebensbedarf für sich und seine Familie[899] eigenverantwortlich verdienen können[900].

Die Unantastbarkeit der Menschenwürde kommt als absolute[901], unumstößliche[902] Schranke dem Steuerzugriff gegenüber zunächst dadurch zum Ausdruck, dass die Steuerbelastung dem Steuerpflichtigen die wirtschaftliche Grundlage

---

891 *Lehner, M.*; *Einkommensteuerrecht*, S. 325 ff.

892 *Zippelius, R.*; Art. 1 Abs. 1 GG, in: *Dolzer, R./ Vogel, K./ Graßhof, K. (Hrsg.)*, Rdnr. 102.

893 *Tipke, K.*; *Steuerrechtsordnung, Bd. I*, S. 421.

894 *Lang, J.*; *Bemessungsgrundlage*, S. 194; *Höfling, W.*; Art. 1 GG, in: *Sachs, M. (Hrsg.)*, Rdnr. 19, 24 ff.

895 BVerfGE 35, 355 f; 40, 121 (133); 89, 346 (353).

896 *Dürig, G.*; Art. 1 Abs. 1 GG, in: *Maunz, T./ Dürig, G. (Hrsg.)* –Vorauflage-, Rdnr. 43.

897 *Herdegen, M.*; Art. 1 GG, in: *Maunz, T./ Dürig, G. (Hrsg.)*, Rdnr. 25; *Lang, J.*; *Bemessungsgrundlage*, S. 194.

898 *Friauf, K. H.*; in: *ders. (Hrsg.)*, S. 29.

899 Zur *familiären* Dimension des Existenzminimums s. u. III. 2.

900 *Friauf, K. H.*; in: *ders. (Hrsg.)*, S. 29.

901 *Benda, E.*; *Menschenwürde*, S. 165, allerdings nicht bezogen auf die Besteuerung, sondern auf jede Staatstätigkeit

902 *Lehner, M.*; *Einkommensteuerrecht*, S. 299 f.

nicht beeinträchtigen darf, die seinen Lebensverhältnissen die Qualität des Menschenwürdigen verleiht[903]. Diese Unterlassungspflicht ist systematisch unter der staatlichen Pflicht zur *Achtung* der Menschenwürde zuzuordnen[904]. Ferner ergibt sich, dass die Steuerbelastung lediglich einen Anteil an demjenigen Teil des selbst erworbenen Einkommens erfassen darf, den der Steuerpflichtige zur Deckung des notwendigen Lebensbedarfs nicht benötigt[905]. Mit anderen Worten: Als Abwehrrecht untersagt die Menschenwürdegarantie eine Steuerbelastung, die das materielle Existenzminimum angreift, sie gebietet darüber hinaus, dieses Existenzminimum bei jedem Steuerpflichtigen, *i.e.* auch bei denen, die über ein höheres Einkommen als das Nötige zur Befriedigung des menschenwürdigen Bedarfs verfügen, zu berücksichtigen, indem nur der das Existenzminimum übersteigende Teil des Einkommens steuerlich belastet wird[906]. Der Zusammenhang zwischen Menschenwürde und neutraler Steuergleichheit im Sinne des Leistungsfähigkeitsprinzips wird hier deutlich: Diese ist in der Form neutral, dass sie die wirtschaftlichen Lebensverhältnisse der Bürger heranzieht und an Hand des Vergleichs- und Verteilungsmaßstabs daran die differenzierte Steuerbelastung knüpft[907]. Diese Verhältnisse dürfen aber nur dann neutral behandelt werden, wenn sie einen - weil menschenwürdigen - freiheitsrechtlichen Gehalt aufweisen. Das vorhandene menschenwürdige Existenzminimum bildet die unerlässliche Vorbedingung der neutralen Steuergleichheit und dessen steuerliche Verschonung ein essentielles Element der austeilenden Belastungsgerechtigkeit[908]. Im Schrifttum wird darauf verwiesen, die Garantie der Menschenwürde verlange im Steuerrecht, die Unantastbarkeit des menschenwürdigen Existenz-

---

903 *Klein, F.*; Gleichheitssatz, S. 127. Nach *Dürig* steht dem Menschen ein in den Freiheitsrechten und in der Menschenwürde begründetes unantastbares Elementarrecht auf „Belassen des Bestandes an für ein menschenwürdiges Leben nötigen Außenweltgütern" zu. Dieses Elementarrecht hält auch der Steuergewalt stand. *Dürig, G.*; Art. 1 Abs. 1 GG, in: *Maunz, T./ Dürig, G. (Hrsg.)* –Vorauflage-, Rdnr. 44; *Benda, E.*; *Menschenwürde*, S. 170. Aus einer anderen Perspektive ließe sich die Unantastbarkeit des menschenwürdigen Existenzminimums durch die Steuergewalt damit erklären, dass die Ertragsfunktion der Lastenausteilungsnormen letzten Endes dem Schutz der Würde des Menschen, als essentieller Zweck und primäre Aufgabe staatlichen Handels, diene. Dem wäre widersprochen, würde die Steuergewalt ihre letzte rechtfertigende, legitimierende Grundlage selbst tangieren.

904 Das *Schutz*gebot bezieht dich dagegen auf die Verpflichtung des Staates zur positiven Abwehr vor weiteren Beeinträchtigungen, wie etwa von Privaten oder von ausländischer Staatsgewalt. Vgl. *Zippelius, R.*; Art. 1 Abs. 1 GG, in: *Dolzer, R./ Vogel, K./ Graßhof, K. (Hrsg.)*, Rdnr. 22; *Höfling, W.*; Art. 1 GG, in: *Sachs, M. (Hrsg.)*, Rdnr. 38 f.

905 *Friauf, K. H.*; in: *ders. (Hrsg.)*, S. 30.

906 Vgl. *Lang, J.*; *Bemessungsgrundlage*, S. 193, 195 f m.w.N..

907 *Vogel, K.*; *Steuergerechtigkeit* und soziale Gestaltung, abgedruckt in: *ders.- Kirchhof, P. (Hrsg.)-*, Der offene Finanz- und Steuerstaat. Ausgewählte Schriften 1964 bis 1990, S. 497.

908 *Lehner, M.*; *Einkommensteuerrecht*, S. 41, 327.

minimums auf die Gesamtsteuerbelastung zu beziehen und zu gewähren, und nicht nur im Rahmen einer spezifischen Steuer, etwa der Einkommensteuer[909].

Zweifellos lässt sich somit prinzipiell feststellen, dass die Steuerbelastung das menschenwürdige Existenzminimum nicht antasten darf, worin allerdings dieses Existenzminimum besteht ist der Garantie der Menschenwürde des Art. 1 Abs. 1 GG selbst nicht zu entnehmen. Um aus dieser zwar grundlegenden, gleichwohl abstrakten Vorgabe konkretisierende Aussagen für die Steuerbelastung nach der wirtschaftlichen Leistungsfähigkeit zu gewinnen, ist ihre konkordante Betrachtung mit dem Sozialstaatsgrundsatz erforderlich[910].

2. Das Sozialstaatsprinzip als Konkretisierung des Leistungsfähigkeitsprinzips

Der Sozialstaatsgrundsatz ist unmittelbar geltendes[911] und alle Staatsgewalten verpflichtendes[912] Recht. Er beinhaltet eine Richtungsweisende Wertentscheidung[913], die namentlich im Gestaltungsauftrag für den Gesetzgeber[914], für eine gerechte Sozialordnung zu sorgen[915], Ausdruck gefunden hat.

---

909 *Tipke, K.*; Über die Einheit der Steuerrechtsordnung, in: *Wendt, R./ Höfling, W./ Karpen, U./ Oldiges, M. (Hrsg.)*, Staat, Wirtschaft, Steuern. Festschrift für Karl Heinrich Friauf zum 65. Geburtstag, Heidelberg, 1996, S. 755. In diesem Sinne erklärt *Lang*, dass sich Steuereingriffe in den menschenwürdigen Lebensbedarf einerseits durch die Steuerbelastung der indisponiblen Einkommensverwendung ergeben können, und andererseits durch die unzureichende Berücksichtigung des indisponiblen Einkommens bei der Einkommensteuer. *Lang, J.*; *Bemessungsgrundlage*, S. 192.

910 So auch in der Rechtsprechung des Bundesverfassungsgerichts, in der das steuerlich unantastbare Existenzminimum mit der Zusammenschau der Menschenwürdeklausel und des Sozialstaatsgrundsatzes begründet wird. Vgl. E 82, 60 (85); 99, 216 (233); 99, 246 (259).

911 BVerfGE 1, 97 (105); 6, 32 (41).

912 *Lehner, M.*; *Einkommensteuerrecht*, S. 341, ihm folgend *Tipke, K.*; *Steuerrechtsordnung, Bd. I*, S. 400. Ferner *Benda, E.*; Der *soziale Rechtsstaat*, in: *Benda, E./ Maihofer, W./ Vogel, H.-J. (Hrsg.)*, Handbuch des Verfassungsrechts, 2. Aufl. (Studienausgabe Teil 1), Berlin/ New York, 1995, S. 756. Das soziale Staatsziel ist überdies ein Maßstab staatlichen Handels. *Zacher, H. F.*; Das soziale Staatsziel, in: *Isensee, J./ Kirchhof, P. (Hrsg.)*, Handbuch des Staatsrechts der Bundesrepublik Deutschland, Bd. I, 2. unveränderte Aufl., Heidelberg, 1995, S. 1108 f.

913 *Stern, K.*; *Bd. I*, S. 910 f . Das Prinzip impliziert eine Ablehnung einer wertneutralen Staatlichkeit und verleiht der Rechtsordnung – in Worten des Autors – *eine bestimmte Tönung*.

914 BVerfGE 50, 57 (108); 59, 231 (262 f); 82, 60 (80) unter Hinweis auf 1, 97 (105); 97, 169 (185). Der Gesetzgeber ist zwar primärer Adressat der Sozialstaatsklausel, Exekutive und Judikative werden jedoch, wenn auch auf andere Weise, von ihr erfasst. Vgl. dazu *Stern, K.*; *Bd. I*, S. 915 ff.

915 *Lang, J.*; *Bemessungsgrundlage*, S. 164; *Tipke, K./ Lang, J.*; S. 112.

Das Sozialstaatsprinzip fordert zum einen soziale Gerechtigkeit, welche die

> „existentielle, wirtschaftliche und kulturelle Lebens- und Leistungsfähigkeit aller Bevölkerungsteile auf einem angemessenen Niveau (Standard) verbürgen“

soll, zum anderen soziale Sicherheit, welche die Forderung impliziert, Einrichtungen oder Maßnahmen einzuführen und zu wahren,

> „die, vorbeugend oder abhelfend zum Schutze der Lebenslage des einzelnen für den Fall des Fehlens eigener Daseinsreserven in Krisen ... die notwendige Daseinshilfe gewähren.“[916].

Das in Art. 20 Abs. 1 und 28 Abs. 1 Satz 1 GG verankerte Sozialstaatsprinzip qualifiziert somit den Gerechtigkeitsgedanken des materiellen Rechtsstaates: Gefordert wird *soziale* Gerechtigkeit[917] und es ist gerade diese an die Menschenwürde anknüpfende soziale Gerechtigkeitsvorstellung, die dem Steuerrecht innewohnt und durch das Leistungsfähigkeitsprinzip als Verteilungsmaßstab verwirklicht werden soll[918]. Angesichts der Tatsache, dass das Grundgesetz einen freiheitsrechtlichen Rechtsstaat geschaffen hat, darf dem Sozialstaatsgrundsatz allerdings nicht die Forderung nach absoluter Gleichheit entnommen werden, die jede Freiheitswahrung leer laufen ließe[919]. Bei der sozialen (rechtsstaatlichen) Gleichheit geht es vielmehr darum, mehr Gleichheit in der Freiheitsausübung zu garantieren[920]. Die Aufgabe des modernen Sozialstaates besteht infolgedessen darin, die Voraussetzung grundrechtlicher Freiheit für *alle* Bürger herzustellen oder zu gewährleisten[921].

Im Bezug auf die Wahrung eines menschenwürdigen Daseins eines jeden Bürgers trägt der Staat eine Mitverantwortung[922]: Ist der Einzelne nicht dazu imstande, sich und seine Familie aus eigener Kraft eine Lebensqualität zu ermöglichen, die der Menschenwürde entspricht, dann gebieten Art. 1 Abs. 1 GG[923] und

---

916 *Stern, K.*; *Bd. I*, S. 911 f.

917 *Tipke, K.*; *Steuerrechtsordnung*, *Bd. I*, S. 400.

918 Aus dem Gleichheitssatz i.V.m. Sozialstaatsprinzip ergebe sich somit die Forderung nach einem Maßstab zu einer nach sozialstaatlichen Grundsätzen gleichmäßigen und gerechten Verteilung der staatlichen Finanzierungslasten. *Eckhoff, R.*; S. 154.

919 *Zacher, H. F.*; in: *Isensee, J./ Kirchhof, P. (Hrsg.)*, S. 1069 f.

920 *Tipke, K.*; *Steuerrechtsordnung*, *Bd. I*, S. 401.

921 *Birk, D.*; *Leistungsfähigkeitsprinzip*, S. 135; *Hesse, K.*; S. 127.

922 *Lehner, M.*; *Einkommensteuerrecht*, S. 344 ff.

923 *Benda* entnimmt bereits aus Art. 1 Abs. 1 GG über dem Besteuerungsverbot des Existenzminimum hinaus die positive Leistungspflicht des Staates, dieses erforderlichenfalls zu gewähren. *Benda, E.*; *Menschenwürde*, S. 170. Der Leistungsanspruch ließe sich gleicherweise auf die Menschenwürdegarantie sowie auf die Sozialstaatsklausel stützen. S. *ders.*; *soziale Rechtsstaat*, S. 760.

der Sozialstaatsgrundsatz dem Staat, diese sekundär[924] zu gewähren[925]. Daraus ergibt sich ein egalitäres Recht jedes Bürgers auf ein menschenwürdiges Existenzminimum: Ist dieses Existenzminimum vorhanden, darf es nicht steuerlich angetastet werden, fehlt es, dann soll es auch durch Umverteilung geschaffen werden[926].

> „Aus Art. 1 Abs. 1 GG in Verbindung mit dem Sozialstaatsprinzip ist daher ... die Verpflichtung des Staates herzuleiten, jenes Existenzminimum zu gewähren, das ein menschenwürdiges Dasein überhaupt erst ausmacht."[927].

Das Sozialstaatsprinzip baut hierbei auf der beschriebenen[928] Vorstellung auf, dass jeder Bürger die Möglichkeit hat und zunächst darauf angewiesen ist, seinen Lebensbedarf und Den seiner Familie aus selbst verdientem Einkommen zu bestreiten, *i.e.* sich selbst, eigenverantwortlich, in Ausübung der ihm zustehenden Freiheiten die wirtschaftliche Grundlage eines menschenwürdigen Daseins verschaffen kann[929]. Die Grundregel der Selbstverantwortung für das menschenwürdige Existenzminimum weist, so *Zacher*, zwei Elemente auf: Zum einen impliziert sie die Möglichkeit zur Arbeit, zum anderen setzt sie die Autonomie und den Schutz der Familie[930] voraus[931]. Zutreffend stellt *Lehner* fest, dass sich die sozialrechtliche *Grundannahme*[932] allerdings lediglich unter der

---

924 *Zacher, H. F.*; in: *Isensee, J./ Kirchhof, P. (Hrsg.)*, S. 1062; *Lehner, M.*; *Einkommensteuerrecht*, S. 344, m.w.N. in FN 69.

925 BVerfGE 40, 121 (133); 45, 187 (228). *Dürig, G.*; Art. 1 Abs. 1 GG, in: *Maunz, T./ Dürig, G. (Hrsg.)* -Vorauflage-, Rdnr. 43; *Herdegen, M.*; Art. 1 GG, in: *Maunz, T./ Dürig, G. (Hrsg.)*, Rdnr. 114. Ein menschenwürdiges Existenzminimum für jeden Einzelnen ist eins der wichtigsten Ziele des Sozialstaats. *Zacher, H. F.*; in: *Isensee, J./ Kirchhof, P. (Hrsg.)*, S. 1060. *Tipke* begründet die Gewährleistung des Existenzminimums mit der Menschenwürde, dem Freiheitsprinzip (Art. 2 Abs. 1 GG) und dem Sozialstaatsprinzip. *Tipke, K.*; *Steuerrechtsordnung, Bd. I*, S. 420.

926 *Dürig, G.*; Art. 3 Abs. 1 GG, in: *Maunz, T./ Dürig, G. (Hrsg.)*, Rdnr. 69. Dieses egalitäre Recht jeder Person auf das menschenwürdige Existenzminimum basiert, so *Lang*, gerade auf der Interdependenz zwischen der Unantastbarkeit der Menschenwürde und der Sozialstaatlichkeit. *Lang, J.*; *Bemessungsgrundlage*, S. 193.

927 BVerfGE 45, 187 (228).

928 S.o. bei FN 897 ff.

929 *Zacher, H. F.*; in: *Isensee, J./ Kirchhof, P. (Hrsg.)*, S. 1062; *Lehner, M.*; *Einkommensteuerrecht*, S. 47, 58, 280. Dem entspricht das sozialhilferechtliche Subsidiaritätsprinzip, demzufolge wirtschaftliche Defizite aufgrund fehlenden oder unzureichenden selbst erworbenen Einkommens, welche das menschenwürdige Dasein antasten könnten, auszugleichen sind. Vgl. S. 47,Vorrang der Selbsthilfe vor der Sozialhilfe. Die Subsidiarität bzw. der Nachrang der Sozialhilfe ist im § 2 Abs. 1 des Bundessozialhilfegesetzes einfachgesetzlich verankert.

930 Zu Art. 6 Abs. 1 GG als Vorgabe für die Steuerbelastung s. u. III.

931 *Zacher, H. F.*; in: *Isensee, J./ Kirchhof, P. (Hrsg.)*, S. 1063.

932 *Lehner, M.*; *Einkommensteuerrecht*, S. 47, 51, 58, 168, 280, 365, 381.

Bedingung zu verwirklichen vermag, dass der zur Wahrung der Menschenwürde existenznotwendige Teil des selbst verdienten Einkommens steuerlich nicht belastet wird[933]. Ein funktionaler Zusammenhang entsteht über diese sozialrechtliche Grundannahme zwischen steuerlicher Verschonung und sozialhilferechtlicher Leistung von existenznotwendigem Einkommen[934].

Diesen funktionalen Zusammenhang spricht das Bundesverfassungsgericht in seiner Entscheidung zur Verfassungswidrigkeit der einkommensabhängigen Kindergeldkürzung an[935], indem es Art. 1 Abs. 1 GG i.V.m. dem Sozialstaatsprinzip das verfassungsrechtliche Gebot zur steuerlichen Verschonung des Existenzminimums entnahm:

> „Ebenso wie der Staat nach diesen Verfassungsnormen verpflichtet ist, dem mittellosen Bürger diese Mindestvoraussetzungen erforderlichenfalls durch Sozialleistungen zu sichern (vgl. BVerfGE 40, 121 [133]), darf er dem Bürger das selbst erzielte Einkommen bis zu diesem Betrag – der im folgenden als Existenzminimum bezeichnet wird - nicht entziehen."[936].

In einer früheren Entscheidung zur realitätsgerechten Berücksichtigung unabweisbarer Unterhaltsaufwendungen[937] im Hinblick auf die einkommensteuerrechtliche Beachtung der Leistungsfähigkeitsminderung deutete das Bundesverfassungsgericht eine Verknüpfung zum Sozialhilferecht an. Das Sozialhilferecht könne „wesentliche Anhaltspunkte liefern" für die Beurteilung, ob unabweisbare Unterhaltsaufwendungen realitätsfremd außer Acht gelassen wurde[938]. Dies begründete allerdings das Gericht mit der vom Gesetzgeber im Einkommensteuerrecht selbst statuierten Ordnungsentscheidung des subjektiven Nettoprinzips, von der sich der Gesetzgeber nicht „ohne weiteres" lösen dürfte[939].

Das Sozialstaatsprinzip konkretisiert somit sowohl qualitativ als auch quantitativ das Leistungsfähigkeitsprinzip, indem es durch das Sozialhilferecht ein Vergleichselement bietet, mittels dessen geklärt werden soll, was unter menschenwürdigen wirtschaftlichen Mindeststandards zu verstehen ist und wann mithin wirtschaftliche Leistungsfähigkeit überhaupt bestehen könnte[940].

---

933 *Lehner, M.*; *Einkommensteuerrecht*, S. 47.
934 *Lehner, M.*; *Einkommensteuerrecht*, S. 46 f, 58, 280.
935 BVerfGE 82, 60 ff.
936 BVerfGE 82, 60 (85).
937 BVerfGE 66, 214 ff.
938 BVerfGE 66, 214 (224).
939 BVerfGE 66, 214 (223 f). Zur Systemwidrigkeit s.o. bei FN 819 ff.
940 *Lang, J.*; *Bemessungsgrundlage*, 113, 194; *Lehner, M.*; *Einkommensteuerrecht*, S. 47, 63 ff.

Der Sozialhilfegesetzgeber definiert das Existenzminimum und damit die Schwelle zwischen „selbst erworbener Freiheit und gewährter Freiheit[941]. Die Bedarfsvorstellung, die in diese Definition des menschenwürdigen Existenzminimums einfließt, hat auch im Leistungsfähigkeitsbegriff, der das vorhandene Existenzminimum voraussetzt, Beachtung zu erfahren, denn die Würde des Menschen als oberster Wert entfaltet sich in beiden Rechtsbereichen und verlangt, wohl mit unterschiedlichen Folgen und zu unterschiedlichen Zwecken, die Anerkennung im gleichen Umfang des materiellen, ökonomischen Substrat, welches gerade das Sein zu menschenwürdigem Dasein erhebt. Es geht hierbei keinesfalls um die Auslegung der verfassungsrechtlichen Garantie der Menschenwürde durch das (einfachgesetzliche) Sozialhilferecht, um dadurch das Leistungsfähigkeitsprinzip als verfassungsrechtlich gesicherten Belastungsmaßstab zu definieren, es geht lediglich um das Erfordernis, den zentralen Wert des Grundgesetzes durch den Gesetzgeber in beiden Rechtsgebieten, also im Steuerrecht und im Sozialhilferecht, gleich und konsequent zu erfassen. Dieser existenznotwendige Bedarf entspricht der verfassungsrechtlichen Untergrenze des einkommenssteuerlichen Zugriffs[942].

Der Sozialstaatsgrundsatz bietet durch das Sozialhilferecht somit eine Vergleichsebene für die Konkretisierung der wirtschaftlichen Leistungsfähigkeit als sozialer (bedarfs)gerechter Belastungsmaßstab[943]. Mit dem Sozialstaatsprinzip lässt sich ferner die Untauglichkeit gegenüber dem Leistungsfähigkeitsprinzip anderer Lastenverteilungsmaßstäbe weiter begründen, wie etwa des Äquivalenzprinzips[944], denn die Anwendung dieses Verteilungsprinzips könnte womöglich zur Steuerbelastung genau desjenigen führen, der die staatliche Leistung braucht, aber wirtschaftlich nicht in der Lage ist, diese zu finanzieren[945]. Das Leistungsfähigkeitsprinzip ist als Gerechtigkeitsmaßstab im Gleichheitssatz verankert, das Sozialstaatsprinzip und die Forderung nach sozialer Gerechtigkeit verstärken die Idee einer Steuerbelastung nach der individuellen wirtschaftlichen Leistungsfähigkeit[946]. In einem Satz zusammengefasst: Das Leistungsfähigkeitsprinzip ist der Belastungsmaßstab des sozialen Steuerstaates[947].

---

941 *Lehner, M.*; *Einkommensteuerrecht*, S. 232.
942 BVerfGE 99, 246 (259) unter Hinweis auf E 87, 153 (169).
943 *Lehner, M.*; *Einkommensteuerrecht*, S. 304.
944 *Tipke, K.*; *Steuerrechtsordnung, Bd. I*, S. 402, 473 ff.
945 *Eckhoff, R.*; S. 155.
946 *Lang, J.*; *Bemessungsgrundlage*, S. 165.
947 *Lehner, M.*; *Einkommensteuerrecht*, S. 362.

3. Konkretisierungsansätze des Leistungsfähigkeitsprinzips anhand der Zusammenschau der Menschenwürdegarantie und des Sozialstaatsgrundsatzes

Obgleich der „stete Wandel sozialer Anschauungen sowie rechtlicher und ökonomischer Erkenntnisse“[948] einen Einfluss auf den Inhalt des Leistungsfähigkeitsprinzips ausübt, vermag das Prinzip der Besteuerung nach der wirtschaftlichen Leistungsfähigkeit nur dann Steuergerechtigkeit im Sinne des sozialen Steuerstaates zu verwirklichen, wenn es einem bedarfsgerechten Belastungsmaßstab entspricht, d.h. den Anforderungen sozialer Gerechtigkeit Rechnung trägt[949]. Die Maßstäbe der sozialen Gerechtigkeit sind dem Sozialhilferecht zu entnehmen.

Wirtschaftliche Leistungsfähigkeit kann erst dort beginnen, wo das finanziell Vorhandene den existenznotwendigen Bedarf des Bürgers und den seiner unterhaltsberechtigten Angehörigen deckt, und demzufolge als materielle Grundlage die Freiheitsausübung garantiert; Leistungsfähigkeit besteht ferner, solange und soweit diese Entfaltungsmöglichkeit effektiv vorhanden ist[950]. Vor diesem Hintergrund zeigt sich die Neutralität der rechtlichen Gleichheit, welche den Vorrang der Freiheit gegenüber der Gleichheit postuliert: Unterschiede, die auf die Ausübung von Freiheit(en) zurückgehen, sind legitim und daher rechtlich anzuerkennen und zu wahren[951]. Steuergleichheit im Sinne des Leistungsfähigkeitsprinzips ist in der Form neutral, dass sie die wirtschaftlichen Lebensverhältnisse der Bürger heranzieht und an Hand des Vergleichs- und Verteilungsmaßstabs daran die differenzierte Steuerbelastung knüpft, ohne jenen zu ändern zu beabsichtigen[952]. Sie unterscheidet sich insofern von der auf Realisierung faktischer Gleichheit gerichteten Bedarfsgerechtigkeit des Sozialhilferechts. In die neutrale rechtliche Steuergleichheit dürfen jedoch nur solche wirtschaftlichen Unterschiede einfließen, die – insofern (*conditio sine qua non*) sie auf der Menschenwürde gründen – einen freiheitsrechtlichen Gehalt aufweisen. Geht die vorhandene Freiheitsverteilung dagegen nicht auf die Menschenwürde zurück, dann ist diese nicht neutral hinzunehmen. Das vorhandene menschenwürdige Existenz-

---

948 *Lang, J.*; in: *Drenseck, W./ Seer, R. (Hrsg.)*, 319, 337.

949 *Lehner, M.*; *Einkommensteuerrecht*, S. 304.

950 *Birk, D.*; *Leistungsfähigkeitsprinzip*, S. 168. In diesem Zusammenhang lässt sich der doppelte Garantiegehalt sozialer Freiheitsrechte erkennen: Die staatliche Gewährleistungspflicht der Freiheitsrechte untersagt dem Staat einerseits die wirtschaftliche Leistungsfähigkeit als ökonomische Grundlage der Freiheitsausübung zu vernichten, andererseits gebietet sie ihm, diese insoweit zu schaffen, als sie zur Freiheitsausübung des Einzelnen fehlt. A.a.O., S. 135.

951 *Lehner, M.*; *Einkommensteuerrecht*, S. 325 ff.

952 *Vogel, K.*; *Steuergerechtigkeit* und soziale Gestaltung, abgedruckt in: *Vogel, K. (Kirchhof, P. Hrsg.)*, Der offene Finanz- und Steuerstaat. Ausgewählte Schriften 1964 bis 1990, S. 497.

minimum bildet somit die unerlässliche Vorbedingung der neutralen Steuergleichheit und dessen steuerliche Verschonung ein essentielles Element der austeilenden Belastungsgerechtigkeit[953].

Vor dem Hintergrund des verfassungsrechtlichen Gebots zur steuerlichen Verschonung des Existenzminimums eines Steuerpflichtigen und seiner unterhaltsberechtigten Familie[954] darf der Bürger durch die Einkommensteuer[955] nicht belastet werden, solange er zumindest den Lebensbedarf, welchen der Sozialstaat dem Nichtverdiener in Form von Sozialleistungen zur Verfügung stellt, eigenverantwortlich, d.h. in Ausübung der ihm garantierten Freiheitsrechte, für sich und seine Familie nicht beschaffen kann[956]. Dem Steuerstaat steht in diesem Fall kein ökonomischer Erwerbserfolg zur Verfügung, an dem er mittelbar durch Steuern partizipieren könnte. Ist die Menschenwürde der höchste Wert der freiheitsrechtlichen Ordnung und soll in erster Linie der Mensch selbst für die materiell-wirtschaftliche Grundlage dieser Würde sorgen, dann hat notwendigerweise die Befriedigung des eigenen und des familiären Lebensbedarfs stets Vorrang gegenüber der steuerlichen Mitwirkung an der Deckung des allgemeinen Finanzbedarfs[957].

Ist der Einzelne steuerlich leistungsfähig, darf er nicht aufgrund der Steuerbelastung sozialleistungsabhängig werden[958]: Die Steuerbelastung soll sich ausschließlich auf den das sozialhilferechtlich definierte Existenzminimum übersteigenden Teil des Einkommens beschränken. Jedem Einkommensbezieher soll daher nach der Steuerbelastung von seinen Erwerbsbezügen *zumindest* das Existenzminimum für sich und seine Familie verbleiben[959], *i.e.* derselbe Betrag, den der Sozialstaat dem Bedürftigen zur Befriedigung des existenznotwendigen Bedarfs durch staatliche Leistungen zur Verfügung stellt, soll der Steuerstaat dem Einkommensbezieher steuerfrei belassen[960]. Eine Kompensation durch staatliche

---

953 *Lehner, M.*; *Einkommensteuerrecht*, S. 41, 327.

954 BVerfGE 80, 60 (82); 82, 198 (206 f); 87, 153 (169); 89, 364 (354 f); 99, 216 (233); 99, 246 (259 f); 107, 27 (48).

955 Ausgeklammert bleibt hier die indirekte Steuerbelastung bei der Verwendung des (auch Sozial)Einkommens.

956 *Tipke, K.*; *Steuerrechtsordnung, Bd. I*, S. 423: „Wer nicht mehr hat als den existenziellen Bedarf, ist steuerlich nicht leistungsfähig.".

957 Dieses Ergebnis wird ferner durch die Eigentumsgarantie des Art. 14 GG bestätigt. Vgl. *Lehner, M.*; *Einkommensteuerrecht*, S. 364 f. Zu den Vorgaben aus Art. 14 GG s. u. V.

958 BVerfGE 87, 153 (172); 99, 246 (261). Im Schrifttum bereits früher: *Birk, D.*; *Leistungsfähigkeitsprinzip*, S. 137; *Friauf, K. H.*; *Anforderungen*, S. 31.

959 BVerfGE 107, 27 (48).

960 BVerfGE 82, 60 (85); 91, 93 (111); 99, 216 (233); 99, 246 (260). In E 87, 153 (169) wird die Steuerfreiheit des Existenzminimums allerdings mit Art. 2 Abs. 1 GG in dessen Ausprägung im vermögensrechtlichen und beruflichen Bereich (Art. 14 Abs. 1, Art. 12 Abs. 1 GG) begründet.

Sozialleistungen für einen steuerlichen Zugriff auf das Existenzminimum ist nicht mit dem auch im sozialhilferechtlichen Grundsatz der Subsidiarität implizierten verfassungsrechtlichen Menschenbild und den freiheitsrechtlichen Wertentscheidungen des Grundgesetzes zu vereinbaren. Der sozialhilferechtliche Ausgleich vermag den Steuerzugriff ins Existenzminimum nicht zu rechtfertigen[961]: Der Steuerstaat darf nicht in einem ersten Schritt beim Steuerpflichtigen das einnehmen, was der Sozialstaat ihm dann in einem zweiten Schritt zurückgewähren müsste, soll doch die steuerlich beanspruchte Leistungsfähigkeit gerade ein Indiz für das Fehlen sozialrechtlichen Bedarfs sein[962]. Das (sozialhilferechtliche) Existenzminimum bildet somit die verfassungsrechtliche Untergrenze für die Einkommensteuerbelastung[963].

Der als Maßgröße für das einkommenssteuerlich zu verschonende Existenzminimum dienende anerkannte Mindestbedarf wird im Sozialhilferecht nach den Verhältnissen des Einzelfalls bestimmt und schließt einen regionalen Regelsatz, Leistungen für Wohnung und Heizung, die im Rahmen des Angemessenen nach den jeweiligen tatsächlichen Aufwendungen bemessen werden, sowie einmalige Hilfen mit ein, die einen zusätzlichen Grundbedarf decken sollen. Darüber hinaus besteht ein Mehrbedarf für Erwerbstätige, der den durch die Erwerbstätigkeit bedingten erhöhten *privaten* Aufwand abdecken und zugleich als Förderung des Willens zur Selbsthilfe fungieren soll[964]. Dagegen darf der existenzsichernde Aufwand des Steuerpflichtigen für das Einkommensteuerrecht in einem einheitlichen Betrag typisiert werden, und kann somit annäherungsweise am Maßstab der Sozialhilfeleistungen definiert werden. Diese Typisierung muss jedenfalls derart gestaltet werden, dass möglichst in allen Fällen der existenznotwendige Bedarf abgedeckt wird, und vor allem, dass kein Steuerpflichtiger aufgrund der Steuerbelastung zum Sozialhilfeempfänger wird[965]. Zu dieser typisierten Freistellung des Existenzminimums dürfen zudem nur diejenige steuerfreie Leistungen oder steuerfreie Einkommensteile angerechnet werden, die als existenzsichernde Entlastung allgemein gewährt werden[966].

Wie der Gesetzgeber der Vorgabe zur steuerlichen Verschonung des persönlichen Existenzminimums[967] gerecht wird, fällt nach der Rechtsprechung des

---

961 *Birk, D.*; *Leistungsfähigkeitsprinzip*, S. 137; *Friauf, K. H.*; *Anforderungen*, S. 30; *Tipke, K.*; *Steuerrechtsordnung, Bd. I*, S. 421.

962 *Kirchhof, P.*; Steuerliche Aspekte des Sozialrechtsverhältnisses, in: Schriftenreihe des deutschen Sozialgerichtsverbandes, Bd. XVIII, S. 121, zitiert von *Birk, D.*; *Leistungsfähigkeitsprinzip*, S. 137, FN 62.

963 BVerfGE 87, 153 (169), 99, 246 (259).

964 BVerfGE 87, 153 (171); 99, 246 (260).

965 BVerfGE 87, 153 (172); 99, 246 (261).

966 BVerfGE 87, 153 (176), so dürfe er etwa Bafög-Leistungen nicht dazu rechnen.

967 Zur Berücksichtigung des familiären Existenzminimums s. u. III. 2.

Bundesverfassungsgerichts in seinen Entscheidungsspielraum[968]. Verfassungsrechtlich geboten ist nur, dass das von der Einkommensteuer zu verschonende Existenzminimum das sozialhilferechtliche Existenzminimum nicht unterschreite[969]. Wird das Existenzminimum mittels eines für alle Steuerpflichtigen einheitlichen Grundfreibetrags freigestellt, der in einen an das steigende Einkommen anknüpfenden eingearbeitet ist, dann darf der Tarifverlauf so gestaltet werden, dass die „Entlastungswirkung des angemessen quantifizierten Existenzminimums ... schrittweise kompensiert wird“ solange „von den das Existenzminimum übersteigenden Einkommensteilen den Steuerpflichtigen jeweils angemessene Beträge verbleiben“, also kein Progressionssprung eintritt, der von der vertikalen Steuergleichheit absieht[970].

Zwangsläufige oder unvermeidbare private Aufwendungen, etwa zur Existenzsicherung der Familie[971], sind im Gegensatz dazu stets von der Bemessungsgrundlage abzuziehen und wirken sich somit nicht progressionsverschärfend aus. Allerdings bleibt außerhalb der Frage der Familienbesteuerung[972] in der Rechtsprechung weiterhin ungeklärt, welche und in welchem Umfang zwangsläufige private Aufwendungen über das Existenzminimum hinaus von Verfassungs wegen einkommensmindernd zu berücksichtigen sind[973]. Jedenfalls steht dies nach Ansicht des Bundesverfassungsgerichts „nicht ohne Weiteres zur Disposition des Gesetzgebers“, vielmehr soll er beachten, ob die privat veranlassten Aufwendungen auf eine freie oder beliebige Einkommensverwendung zurückzuführen sind, oder ob sie im Gegensatz dazu tatsächlich einem zwangsläufigen, pflichtbestimmten Aufwand entsprechen[974].

Haushaltspolitische Motive, wie etwa ein besonderer Finanzbedarf, vermögen eine realitätsfremde Berücksichtigung des Existenzminimums und eine daraus resultierende verfassungswidrige Steuerbelastung nicht zu rechtfertigen: Sie entbinden den Gesetzgeber keinesfalls von seiner Pflicht, für eine gerechte Verteilung der Lasten zu sorgen[975].

---

968 BVerfGE 87, 153 (170).
969 BVerfGE 87, 153 (171); 91, 93 (111); 99, 246 (259).
970 BVerfGE 87, 153 (170).
971 Vgl. dazu u. III. 2.
972 Vgl. dazu u. III. 2., 3. und 4.
973 BVerfGE 107, 27 (48)
974 BVerfGE 107, 27 (49).
975 BVerfGE 82, 60 (89); 87, 153 (172 f). Diese externen Gründe können dagegen die Minderung oder den Abbau nicht gebotener Entlastungen und Vergünstigungen rechtfertigen.

III. Der Schutz der Ehe und der Familie

1. Verfassungsbefund

In Art. 6 Abs. 1 GG wird die Ehe und die Familie unter den „besonderen Schutz der staatlichen Ordnung“ gestellt. Diese wertentscheidende Grundsatznorm entfaltet eine verbindliche, kodifikatorische[976] Wirkung für den gesamten Bereich des die Ehe und die Familie betreffenden privaten und öffentlichen Rechts[977] und impliziert für den Staat zum einen eine Unterlassungspflicht, Ehe und Familie zu schädigen oder zu beeinträchtigen. Darüber hinaus fordert sie ein schützendes und pflegendes Tätigwerden für beide Institutionen[978]. Ehe und Familie stehen nebeneinander unter dem besonderen Schutz des Staates, d.h. dieser gilt beiden gleichermaßen allerdings je für sich[979]. In diesem Sinne schließt der Begriff Familie grundsätzlich alle Gemeinschaften von Eltern und Kinder ein[980].

Die Norm entfaltet sich dem Steuergesetzgeber gegenüber aus mehreren Perspektiven: Im Hinblick auf die Menschenwürdegarantie i.V.m. dem Sozialstaatsgrundsatz für das Familienexistenzminimum, ferner aus einer freiheitsrechtlichen Hinsicht, welche die Entfaltungsfreiheit des Art. 2 Abs. 1 GG im privaten Lebensbereich verstärkt[981] und schließlich aus einer gleichheitsrechtlichen Dimension, die als spezielles Benachteiligungsverbot[982] den allgemeinen Gleichheitssatz des Art. 3 Abs. 1 GG konkretisiert[983].

---

976 *Badura, P.*; *Ehe und Familie* unter dem besonderen Schutze der staatlichen Ordnung (Art. 6 Abs. 1 GG), in: *Stiftung Gesellschaft für Rechtspolitik (Hrsg.)*, Ehe und Familie in Europa, München, 2001, S. 88.

977 BVerfGE 6, 55 (72 f, 76); 80, 81 (92); 105, 313 (346).

978 *Kirchhof, P.*; Die verfassungsrechtliche Garantie der Familie als Erziehungsgemeinschaft, in: *Jans, B./ Zimmermann, G.*, Familienlastenausgleich? Plädoyers für eine gerechte Familienpolitik, Grafschaft, 1996, S. 10.

979 *Badura, P.*; in: *Stiftung Gesellschaft für Rechtspolitik (Hrsg.)*, S. 96.

980 *Mellinghoff, R.*; Verfassungsrechtliche Maßstäbe für die Besteuerung von Ehe und Familie, in: *Deutsche Sektion der internationalen Juristen-Komission (Hrsg.)*, Grundrechtsschutz im Steuerrecht, Heidelberg, 2001, S. 41.

981 *Schmitt-Kammler, A.*; Kommentierung des Artikels 6 GG, in: *Sachs, M. (Hrsg.)*, Grundgesetz. Kommentar, 3. Aufl., München, 2003, Rdnr. 20.

982 BVerfGE 9, 237 (247 ff); 13, 290 (296 f); 32, 260 (267 ff); 47, 1 (19); 99, 216 (232).

983 BVerfGE 6, 55 (71); 24, 119 (135); 31, 58 (67).

2. Das Familienexistenzminimum

Entsprechend der auf die Menschenwürdegarantie i.V.m. dem Sozialstaatsgrundsatz zurückgehende Steuerfreiheit des individuellen Existenzminimums gebietet das Grundgesetz aus eben diesen Vorgaben i.V.m. dem in Art. 6 Abs. 1 GG[984] verankerten besonderen Schutz der Familie, dieser als Bedarfs- und Versorgungsgemeinschaft[985] das Einkommen steuerfrei zu belassen, das zur Deckung des familiären Lebensbedarfs in menschenwürdigen Verhältnissen benötigt wird. Dadurch soll die materielle Grundlage der Familienfreiheit garantiert werden[986]. Zwar zählt die finanzielle Sicherung der Familie zum Gestaltungsauftrag des Sozialgesetzgebers, sie ist aber auch hier aus freiheitsrechtlicher Perspektive primär dem Bürger zu überlassen und setzt somit die Nichtbeeinträchtigung durch den Steuergesetzgeber voraus[987]. Unterhaltslasten als zwangsläufiger persönlicher Aufwand mindern die Leistungsfähigkeit des Steuerpflichtigen und sind deshalb im Sinne des subjektiven Nettoprinzips von der Bemessungsgrundlage abzuziehen und dem progressiven Steuersatz nicht zu unterwerfen[988].

In seiner Entscheidung zur einkommensabhängigen Kindergeldkürzung[989] begründete das Bundesverfassungsgericht zum ersten Mal das verfassungsrechtliche Gebot des Familienexistenzminimums. Dieser grundlegenden Entscheidung folgten weitere, die das steuerlich zu berücksichtigende Familienexistenzminimum, vor allem den Kinderbedarf „stufenweise aufgestockt" haben und ihm dadurch realere und greifbarere Konturen verliehen.

Das Gebot, dem Steuerpflichtigen das selbst erzielte Einkommen bis zum Existenzminimum steuerfrei zu belassen, wird durch Art. 6 Abs. 1 GG in der Form ergänzt, dass bei der Besteuerung einer Familie das *Existenzminimum sämtlicher Familienmitglieder steuerfrei bleiben muss*[990], unabhängig davon, wie Besteue-

---

984 *Lang, J.*; *Familienexistenzminimum* im Steuer- und Kindergeldrecht, StuW 1990, S. 338.

985 *Kirchhof, P.*; in: *Jans, B./ Zimmermann, G.*, S. 11.

986 *Lang, J.*; *Familienexistenzminimum*, S. 333. In der Finanzautonomie der Familie sei somit eine Elementarbedingung der freiheitlich und zugleich sozial gestalteten Gesellschaftsordnung zu erkennen.

987 *Lehner, M.*; *Einkommensteuerrecht*, S. 314 f; *Lang, J.*; *Familienexistenzminimum*, S. 333. Nach *Zacher* setzt die Grundregel der Selbstverantwortung für das menschenwürdige Existenzminimum die Autonomie und den Schutz der Familie voraus. *Zacher, H. F.*; in: *Isensee, J./ Kirchhof, P. (Hrsg.)*, S. 1063.

988 *Kirchhof, P.*; in: *Jans, B./ Zimmermann, G.*, S. 15 f; *Birk, D.*; Elterliche Zuwendungen als Minderung steuerlicher Leistungsfähigkeit?, in: *Drenseck, W./ Seer, R. (Hrsg.)*, Festschrift für Heinrich Wilhelm Kruse zum 70. Geburtstag, Köln, 2001, S. 340.

989 BVerfGE 82, 60 ff.

990 BVerfGE 82, 60 (85) bestätigt in E 82, 198 (207); 99, 216 (233); 99, 246 (259 f); 107, 27 (48).

rung gestaltet wird und welche Familienmitglieder als Steuerpflichtige herangezogen werden[991].

Daraus ergibt sich, dass der Steuerzugriff auf das oder die steuerpflichtigen Familienmitglied(er) nur dann erfolgen darf, wenn das zu versteuernde Einkommen das Existenzminimum aller Familienmitglieder übersteigt, und soll nur das über diesen Betrag hinausgehende Einkommen belasten[992]. Das Bundesverfassungsgericht weicht hierbei ausdrücklich[993] von seiner früheren Rechtsprechung[994] ab, der zufolge die Sonderbelastung durch unabweisbare Unterhaltsverpflichtungen gegenüber Kindern als für die Leistungsfähigkeit der Eltern beeinträchtigender Umstand zwar im Hinblick auf die Steuergerechtigkeit nicht außer Acht gelassen werden durfte[995], allerdings die Frage, wie diese Leistungsfähigkeitsminderung von Ehepaaren mit Kindern gegenüber Kinderlosen zu berücksichtigen sei, in den Gestaltungsspielraum des Gesetzgebers fiel. Dementsprechend hatte das Bundesverfassungsgericht den Gesetzgeber nicht für verpflichtet gehalten, von Verfassungs wegen das als „vieldeutig" bezeichnete Leistungsfähigkeitsprinzips auch in der Einkommensteuer im Sinne einer „reinen Verwirklichung" umzusetzen[996].

Das Familieneinkommen, welches das Familienexistenzminimum gewährleistet, ist somit indisponibel und kann nicht Grundlage der steuerlichen Leistungsfähigkeit sein[997]. Demnach sind Unterhaltsaufwendungen und allgemeine Kosten der Lebensführung strikt auseinander zu halten:

> Der Staat, der die Würde des Menschen als höchsten Rechtswert anerkannt (vgl. BVerfGE 45, 187 [227] m.w.N.) und Ehe und Familie dem besonderen Schutz des Staates anheimgegeben hat, darf Kinder und private Bedürfnisbefriedigung nicht auf eine Stufe stellen und danach auf die Mittel, die für den Lebensunterhalt von Kindern unerläßlich sind, nicht in gleicher Weise zugreifen wie auf finanzielle Mittel, die zur Befriedigung beliebiger Bedürfnisse eingesetzt werden. Er muß die Entscheidung der Eltern zugunsten von Kindern achten und darf den

---

991 BVerfGE 82, 60 (85).

992 BVerfGE 82, 60 (86).

993 BVerfGE 82, 60 zweiter Leitsatz.

994 BVerfGE 43, 108 ff.

995 BVerfGE 43, 108 (120), bestätigt in E 61, 319 (344).

996 BVerfGE 43, 108 (120). Das Leistungsfähigkeitsprinzip wird hier noch als Konkretisierung des Gleichheitssatzes im Sinne der alten Formel, als bloßes Willkürverbot, verstanden. *Lehner, M.*; Anmerkung zu den Beschlüssen des Bundesverfassungsgerichts vom 10.11.1998, 2 BvR 1057, 1226, 980/91 und 2 BvL 42/93: Zur steuerlichen Berücksichtigung des *Existenzminimums* von Kindern und des Betreuungsbedarfs, JZ 1999, S. 727.

997 BVerfGE 82, 60 (87 f) fortgeführt durch E 89, 346 (353); 99, 216 (233).

Eltern nicht etwa die „Vermeidbarkeit“ von Kindern in gleicher Weise entgegenhalten wie die Vermeidbarkeit sonstiger Lebensführungskosten.“[998].

Die Steuerfreiheit des Familienexistenzminimums ist stets und unabhängig vom sozialen Status der Familie[999] allen Steuerpflichtigen zu gewähren. Unterhaltsaufwendungen sind in diesem Sinne auch bei denjenigen Steuerpflichtigen steuerlich zu beachten, die über ein höheres, überdurchschnittliches Einkommen verfügen[1000], sowie bei allen *Familienformen*, d.h. bei ehelichen und anderen Erziehungsgemeinschaften sowie bei Alleinerziehenden. Strikt zu trennen ist somit an dieser Stelle die Frage der steuerlichen Unantastbarkeit des Existenzminimums des Kindes und der Familie, von der Frage nach dem besonderen verfassungsrechtlichen Schutz und der vorrangigen Stellung der Ehe als Lebens- und Erziehungsgemeinschaft[1001]: Der Schutz der Familie als Institution geht dem Schutz und der Förderung der Ehe vor, daher sanktioniert das Bundesverfassungsgericht die steuerliche Privilegierung der Ehe gegenüber der Familie[1002].

In Bezug auf die Höhe des steuerlich zu verschonendem existenzsicherndem Unterhaltsaufwand knüpft das Bundesverfassungsgericht an seine frühere Rechtsprechung an[1003], der zufolge das Sozialhilferecht „Anhaltspunkte“ für die Beurteilung, ob unabweisbare Unterhaltsaufwendungen realitätsfremd außer Acht gelassen wurden liefere[1004] und fordert, dass die Unterhaltsaufwendungen für Kinder zumindest im Umfang des Existenzminimums, d.h. nach den Maßstäben des Sozialhilferechts in angemessener, realitätsgerechter Höhe berücksichtigt und von der Steuerbelastung durch die Einkommensteuer ausgenommen werden[1005]. Der Steuergesetzgeber darf daher dieser Berücksichtigung keine realitätsfremde Grenze mit der Begründung ziehen, dass die vom Staat erbrachten allgemeinen Förderungsleistungen, etwa Schul-, Bildungs- und Ausbildungssys-

---

998 BVerfGE 82, 60 (87), beinahe wortgetreu übernommen in E 89, 346 (353) sowie inhaltlich in E 84, 348 (359 f); 99, 216 (233); 107, 27 (49).

999 BVerfGE 82, 60 (87) weiter in E 89, 346 (353).

1000 BVerfGE 82, 60 (89 f) fortgeführt durch E 91, 93 (109, 115); 99, 246 (263); 99, 268 (271).

1001 S. u. 3.

1002 *Coester-Waltjen, D.*; Kommentierung des Artikels 6 GG, in: *v. Münch, I./ Kunig, P. (Hrsg.)*, Grundgesetz-Kommentar, Bd. 1, 5. Aufl., München, 2000, Rdnr. 54.

1003 BVerfGE 66, 214 ff, bei diesem Fall ging es um zwangsläufige Unterhaltsaufwendungen der Steuerpflichtigen an ihre Mutter.

1004 BVerfGE 66, 214 (224).

1005 BVerfGE 82, 60 (88), fortgeführt durch E 89, 346 (353); 99, 216 (233); 99, 246 (260).

tem, bereits eine zu berücksichtigende wirtschaftliche Entlastungsfunktion den Eltern gegenüber entfalten würden[1006].

Allerdings wurde dem Steuergesetzgeber zunächst ein gewisser Einschätzungsspielraum zugestanden, der ihm überhaupt ermöglichen sollte, aus den Vorgaben des Sozialhilferechts den einheitlichen Betrag des einkommenssteuerlich zu verschonenden Existenzminimums für Kinder zu definieren, indem er aus den regionalen und altersabhängig gewährten Sozialhilfeleistungen einen Durchschnittssatz bildete und für das Steuerrecht als Grundlage nahm[1007]. Aus diesem Einschätzungsspielraum und in Anbetracht der Schwierigkeiten zur Ermittlung des Wohnbedarfs des Kindes, folgerte das Bundesverfassungsgericht, dass der anhand des Sozialhilferechts nur annäherungsweise[1008] zu ermittelnde Lebensbedarf lediglich einen *Richtwert* für die Bemessung des steuerlich zu berücksichtigenden Existenzminimums darstellen konnte und daher vom Steuergesetzgeber wohl um weniger als 15 vom Hundert unterschritten werden durfte[1009].

In dem Beschluss zur steuerlichen Berücksichtigung des Existenzminimums von Kindern vom 10.11.1998[1010] erklärt das Bundesverfassungsgericht nunmehr, dass der Wohnbedarf des Kindes nach dem Mehrbedarf ermittelt werden muss, und nicht nach der Pro-Kopf-Methode, welche die Tatsache verkennt, dass in einem bereits bestehenden Haushalt eine zusätzliche Person keinen proportionalen Mehrbedarf an Gemeinschaftsräumen verursacht[1011] und somit zu unrealistischen (höher ausfallenden) Werten führte[1012]. Für die Bestimmung des Existenzminimums wird kein Durchschnittswert gebildet, sondern statistisch ermittelte Mindestbeträge herangezogen. Aus diesem Grund entfällt für die bis dahin anerkannte Toleranzgrenze in Höhe von 15-vom Hundert jegliche Rechtferti-

---

1006 BVerfGE 82, 60 (87 f): Auch hier gibt das Bundesverfassungsgericht seine frühere Rechtsprechung -E 43, 108 (121)- auf, in der die Außerachtlassung von Unterhaltsaufwendungen für Kinder bei der Einkommensteuer u.a. mit diesem Argument gestützt wurde. Dagegen erachtete das Bundesverfassungsgericht die Tatsache, dass der Staat durch die Bereitstellung des öffentlichen Bildungswesens die Ausbildung fördere, als zu berücksichtigenden Umstand im Hinblick auf die zulässige Beschränkung der Absetzbarkeit von Aufwendungen für die auswärtige Unterbringung der Kinder als Berufsausbildungskosten der Eltern, E 89, 346 (355).

1007 BVerfGE 82, 60 (94) sowie in E 91, 93 (112).

1008 BVerfGE 87, 153 (173).

1009 BVerfGE 91, 93 (115 f).

1010 BVerfGE 99, 246 ff.

1011 BVerfGE 99, 246 (262).

1012 *Kanzler, H.-J.*; *Anmerkung* zu den Beschlüssen des Bundesverfassungsgerichts vom 10.11.1998, 2 BvR 1057, 1226, 980/91 und 2 BvL 42/93, FR 1999, S. 150.

gung. Das so ermittelte *bedarfsgerechte*[1013] Existenzminimum darf vom Steuergesetzgeber wohl über- jedoch nicht mehr unterschritten werden[1014].

In einem weiteren Beschluss vom 10.11.1998[1015] wird das bisher anerkannte sächliche Existenzminimum des Kindes um den Betreuungs- und Erziehungsbedarf ergänzt. Das steuerlich zu verschonende Existenzminimum des Kindes muss den Leistungen entsprechen, die die Eltern den Kindern schulden. Diese bestehen zum einen in Sachleistungen, die den wirtschaftlichen Bedarf des Kindes decken, zum anderen in Betreuungs- und Erziehungsleistungen[1016]. Die Betreuungs- und Erziehungspflichten der Eltern beanspruchen ihre Arbeitskraft oder ihre Zahlungsfähigkeit und mindern daher ihre wirtschaftliche Leistungsfähigkeit gegenüber kinderlosen Steuerpflichtigen[1017]. Der Betreuungsbedarf muss als Teil des familiären Existenzminimums bei allen Eltern einkommenssteuerlich unbelastet bleiben; im Hinblick auf die freiheitsrechtliche Dimension des Art. 6 GG[1018] gilt das *unabhängig* davon, ob die Betreuung von den Eltern persönlich übernommen wird, oder ob, und wenn ja in welchem zeitlichen Rahmen, sie einem Dritten anvertraut wird[1019]. Der hier beschriebene Betreuungsbedarf ist somit immanent zum „Elternsein“, er entsteht lediglich aufgrund des Elternwerdens sowie der daraus resultierenden Pflichten und ist infolgedessen bei allen Eltern vorhanden, unabhängig davon, ob sie erwerbstätig sind oder nicht, ob ein Elternteil allein die Erziehung ausübt oder beide Elternteile[1020]. Gerade in diesem Aspekt unterscheidet er sich vom erwerbsbedingten Betreuungs*aufwand*, dessen steuerliche Berücksichtigung, als zusätzliche zwangsläufige Aufwendung und somit als die Leistungsfähigkeit des berufstätigen allein erziehenden Steuerpflichtigen mindernden Umstands, die Rechtsprechung bereits gefordert hatte[1021]. Der allgemeine Betreuungs*bedarf* entsteht unabhängig von Krankheit, Behinderung oder Erwerbstätigkeit der Eltern sowie von der Art und Weise der Erbringung von Betreuungsleistungen. Daher ist von Verfassungs wegen eine einkommenssteuerliche Verschonung geboten, die der betreuungsbedingten

---

1013 Existenzsichernde Aufwendungen sind nach dem Bedarf und nicht nach dem tatsächlichen Aufwand zu bemessen, vgl. BVerfGE 82, 60 (91) sowie E 87, 153 (170); 99, 216 (233); 99, 246 (260).

1014 BVerfGE 99, 246 (263), daran anschließend E 99, 268 (271); 99, 273 (277).

1015 BVerfGE 99, 216 ff.

1016 BVerfGE 99, 216 (231, 233).

1017 BVerfGE 99, 216 (233).

1018 S. u. 4.

1019 BVerfGE 99, 216 (234, 236).

1020 Zur steuerlichen Berücksichtigung des zwangsläufigen Betreuungsaufwands verwitweter, geschiedener, getrennt lebender oder unverheirateter Eltern vgl. BVerfGE 68, 143 (152 ff).

1021 BVerfGE 61, 319 (348); 68, 143 (153).

Minderung der Leistungsfähigkeit bei allen Eltern Rechnung trägt[1022], ohne dass diese mit konkreten Aufwendungen tatsächlich verbunden sein muss[1023].

Darüber hinaus darf der Steuergesetzgeber die Minderung der wirtschaftlichen Leistungsfähigkeit aller Eltern um den Erziehungsbedarf des Kindes, der die Aufwendung zur Förderung der persönlichen Entfaltung, Eigenständigkeit und Eigenverantwortlichkeit des Kindes, wie etwa die Kosten für die Mitgliedschaft in Vereine, einschließt, unabhängig vom Familienstand nicht außer Acht lassen[1024].

Das so definierte umfassende Kindesexistenzminimum muss der Gesetzgeber in der Bemessungsgrundlage mindernd berücksichtigen, unabhängig von dem jeweiligen Steuersatz des Steuerpflichtigen[1025], und somit der Progression nicht unterwerfen.

Zur Existenzsicherung im engeren Sinne gehören dagegen nicht - und müssen daher nicht genauso behandelt werden - die Kosten für die Berufsausbildung der Kinder, insbesondere die damit verbundenen Aufwendungen für die auswärtige Unterbringung. Den wesentlichen Unterschied dieser Kosten zu existenzsichernden Aufwendungen sieht das Bundesverfassungsgericht darin, dass sie nicht mit der gleichen Zwangsläufigkeit entstehen. Zudem seien sie für die Familie „auch nicht ‚verloren', sondern stellen - zumindest auf längere Sicht – Investitionen der Eltern in die wirtschaftliche und gesellschaftliche Zukunft ihrer Kinder dar. Der Beitrag zur beruflichen Ausbildung komme der Familie als ganzer zugute und könne daher nicht als verlorener Zuschuss betrachtet werden. Gleichzeitig stellt das Bundesverfassungsgericht aber fest, dass diese Aufwendungen auch keine beliebigen privaten Aufwendungen darstellen und ebenso der Allgemeinheit zugute kommen. Daher wird doch eine Verpflichtung des Staates angenommen, sich an den Ausbildungskosten jenseits des Kindesexistenzminimums entweder unmittelbar zu beteiligen, oder sie als Minderung der Leistungsfähigkeit der Eltern steuerlich anzuerkennen[1026]. Die Begrenzung der Absetzbar-

---

[1022] BVerfGE 99, 216 (241).

[1023] *Birk, D.*; in: *Drenseck, W./ Seer, R. (Hrsg.)*, S. 340. Dies wird vom Autor kritisiert – S. 344 ff – und als ein „Fremdkörper bei der Regelung von Abzugstatbeständen" und als ein „Bruch mit der überkommenen verfassungsrechtlichen Vorgaben für die einkommensteuerrechtliche Dogmatik" bezeichnet – S. 347 -, der im Widerspruch zum Grundsatz der Besteuerung nach der Ist-Leistungsfähigkeit steht – S. 349 f.

[1024] BVerfGE 99, 216 (241 f).

[1025] BVerfGE 99, 246 (264); 107, 27 (48).

[1026] BVerfGE 89, 346 (354 f); 107, 27 (48 f).

keit auf die Hälfte der normalerweise anfallenden Kosten wird als in diesem Sinne verfassungsmäßig erachtet[1027].

Nach Ansicht des Bundesverfassungsgerichts ist schließlich der Steuergesetzgeber nicht dazu verpflichtet, Unterhaltsleistungen für Kinder in der Höhe des zivilrechtlichen Unterhaltsanspruchs zu berücksichtigen, zumal dieser sich nach der Lebensstellung der Eltern und somit nach dem sozialen Status der einzelnen Familie richtet[1028].

Durch die Rechtsprechung des Bundesverfassungsgerichts zur steuerlichen Verschonung der existenzsichernden Aufwendungen für Kinder werden zwar die verfassungsrechtlichen Vorgaben der Menschenwürdegarantie, des Sozialstaatsprinzips und des besonderen Schutzes der Familie ins Licht konkretisierender Elemente des Leistungsfähigkeitsprinzips als Steuerbelastungsmaßstab gerückt, das Bundesverfassungsgericht räumt jedoch dem Gesetzgeber weiterhin die freie Entscheidung darüber ein, ob er der kinderbedingten Minderung der Leistungsfähigkeit durch das Steuerrecht, durch soziale Leistungen oder durch eine kombinierte Lösung steuerrechtlicher und sozialhilferechtlicher Elemente (duales System) Rechnung trägt[1029]. Festgehalten wird dabei nur, dass im Falle einer kombinierten Lösung eine andernfalls[1030] unbedenkliche Kürzung der sozialhilferechtlichen Leistung zu einer verfassungswidrigen Steuerbelastung führen könnte, wenn der steuerlich verschonte Lebensbedarf des Kindes selbst dem Existenzminimum nicht gerecht wird[1031].

Mit der Billigung des dualen Systems wird der grundsätzlichen Frage nicht nachgegangen, ob es verfassungsrechtlich zulässig ist, die Steuerbelastung des Existenzminimums durch soziale Leistungen auszugleichen[1032], einer Frage, die im Grunde genommen das Prinzip der Unantastbarkeit der Würde des Menschen und den sozialstaatlichen Grundgedanken der Subsidiarität, des Vorrangs der Selbsthilfe vor der Sozialhilfe, betrifft. Mit dem Schrifttum[1033] ist festzuhalten, dass der freiheitsrechtliche Gehalt der Verfassungsgarantie, der die Autonomie

---

1027 BVerfGE 89, 346 (355). Zur Beurteilung der realitätsgerechten Erfassung durchschnittlicher Ausbildungskosten bei auswärtiger Unterbringung durch den Steuergesetzgeber wurden das Recht der Ausbildungsförderung und das Sozialhilferecht herangezogen, a.a.O. S. 355 ff.

1028 BVerfGE 82, 60 (91).

1029 BVerfGE 82, 60 (84); 99, 216 (249 f); 99, 246 (265). Implizit auch in E 107, 27 (48).

1030 Die Gewährung nicht existenzsichernder Sozialleistungen fällt in den Entscheidungsspielraum des Gesetzgebers: Sie sind weder dem Grunde, noch der Höhe nach verfassungsrechtlich geboten. Vgl. BVerfGE 82, 60 (80).

1031 BVerfGE 82, 60 (84 ff).

1032 *Lehner, M.*; *Existenzminimum*, S. 729.

1033 *Mellinghoff, R.*; S. 56 f.

der Familie postuliert[1034], es nahe legt, dass der Staat in erster Linie die Voraussetzung dafür schaffen soll, damit die Eltern die *zuvorderst ihnen obliegende Pflicht* zur Pflege der Kinder eigenverantwortlich nachkommen können, und zwar hier durch die nach den bereits skizzierten Maßstäben ausreichende steuerliche Berücksichtigung der kinderbedingten Leistungsfähigkeitsminderung. Einzig, wenn die Eltern den Lebensbedarf ihrer Kinder nicht oder nur unzureichend gewährleisten können, das nicht oder nur unzureichend leisten können, was von ihnen erwartet wird, hat der Staat dann allerdings die Pflicht, (Mit)Verantwortung diesen durch Sozialleistungen zu sichern[1035]. Die Beibehaltung des dualen Systems steht zudem mit der ausdrücklichen Rechtsprechung des Bundesverfassungsgerichts, wonach der Steuerpflichtige aufgrund der Steuerbelastung nicht zum Sozialhilfeempfänger werden darf, im klaren Widerspruch.

Vor dem Hintergrund, dass die Steuerfreiheit des Existenzminimums aller Familienmitglieder[1036] in der Bemessungsgrundlage[1037] gewährleistet werden soll, stellt sich im Hinblick auf die Rechtsprechung des Bundesverfassungsgericht die Frage, ob zu diesem familiären Existenzminimum wohl das des steuerpflichtigen Familienmitglieds selbst auch gehört[1038], und mit der Folge, dass es nicht in einem für alle Steuerpflichtigen einheitlichen Grundfreibetrag[1039] freigestellt werden dürfte, welcher lediglich zur Berücksichtigung des Existenzminimums von Steuerpflichtigen ohne unterhaltsberechtigte Familie anzuwenden wäre.

3. Gleichheitsrechtliche Komponente

In seiner Entscheidung im Jahre 1957 zum Ehegatten-Splitting[1040] stellte das Bundesverfassungsgericht fest, dass Art. 6 Abs. 1 GG als Wertentscheidnungsnorm eine spezielle Vorschrift zum allgemeinen Gleichheitssatz ist[1041], an der somit alle der Ehe und der Familie betreffenden Steuernormen zu prüfen sind. Indem Art. 6 Abs. 1 GG Art. 3 Abs. 1 GG konkretisiert, begründet er ein spezielles Benachteiligungsverbot[1042] von Ehegatten gegenüber Ledigen[1043], Ehe gegenüber anderen Lebens- und Erziehungsgemeinschaften[1044] sowie von Eltern

[1034] Dazu u. 4.
[1035] *Lehner, M.*; *Existenzminimum*, S. 729.
[1036] BVerfGE 82, 60 (85); 82, 198 (207); 99, 216 (233); 99, 246 (259 f); 107, 27 (48).
[1037] BVerfGE 82, 60 (90); 99, 216 (233).
[1038] *Lehner, M.*; *Existenzminimum*, S. 728.
[1039] BVerfGE 87, 153 (170).
[1040] BVerfGE 6, 55 ff.
[1041] BVerfGE 6, 55 (71).
[1042] BVerfGE 6, 55 (71); 24, 119 (135); 31, 58 (67); 76, 1 (72); 99, 216 (232).
[1043] BVerfGE 69, 188 (205 f); 99, 216 (232, 239).
[1044] BVerfGE 61, 319 (355); 99, 216 (232).

gegenüber Kinderlosen[1045]. Ob eine Benachteiligung vorliegt, ist angesichts des Belastungserfolgs zu beurteilen:

> „...Art. 6 Abs. 1 GG verbietet grundsätzlich bei staatlichen Eingriffen wie der Besteuerung eine an die Ehe anknüpfende Benachteiligung. Entscheidend ist also allein die Tatsache dieser Benachteiligung; mit welchen Mitteln der Eingriff erfolgt, ist gleichgültig...“[1046].

und unabhängig davon, ob diese vom Gesetzgeber intendiert war. Weder Ehegatten aus der Ehe[1047] noch Eltern aus der Wahrnehmung des Elternrechts[1048] dürfen somit im Belastungserfolg steuerliche Nachteile erwachsen. Dagegen sind bevorzugende Behandlungen beider Institutionen zulässig und auf das Förderungsgebot zurückzuführen, zu dessen Erfüllung dem Staat ein weiter Gestaltungsspielraum eingeräumt wird[1049].

Das Ehegattensplitting soll der Diskriminierung der Einverdienerehe entgegenwirken, die sich aus dem Grundsatz der Individualbesteuerung ergibt[1050], indem es objektiv bewirkt, dass Ehegatten nicht schlechter gestellt werden als Ledigen und, dass die Steuerlast nur von der Summe des Einkommens und nicht von dessen Verteilung abhängig wird[1051]. Eine Benachteiligung der Ehe gegenüber anderen Erziehungsgemeinschaften kann etwa daraus resultieren, dass berufstätige in nichtehelicher Lebensgemeinschaft lebenden Eltern Abzüge von Betreuungskosten zugestanden werden, welche im gleichen Umfang bei verheirateten berufstätigen Eltern nicht anerkannt werden[1052].

Eine Benachteiligungen von Steuerpflichtigen mit Kindern gegenüber Kinderlosen ergibt sich etwa im Falle einer Besteuerung beider Gruppe bei gleichem Ausgangseinkommen durch einen einheitlichen Tarif, wenn für die ersteren die Minderung ihrer Leistungsfähigkeit durch den Unterhaltsaufwand in Höhe des Existenzminimums des Kindes in der Bemessungsgrundlage unberücksichtigt bleibt[1053], d.h. nach der heutigen Rechtsprechung das aus sächlichem Lebens-, Betreuungs- und Erziehungsbedarf bestehende Existenzminimum des Kindes bei der Bemessung der Einkommensteuer außer Betracht gelassen wird[1054]. In diesem Sinne begründet die horizontale Steuergleichheit beim Vergleich von Steu-

---

1045 BVerfGE 82, 60 (80); 87, 1 (37); 99, 216 (232).
1046 BVerfGE 15, 328 (330 f).
1047 BVerfGE 93, 121 (141) mit Hinweis auf E 6, 55 (76), 69, 188 (205); 99, 216 (232).
1048 BVerfGE 99, 216 (232).
1049 *Mellinghoff, R.*; S. 44.
1050 BVerfGE 61, 319 (347).
1051 *Seer, R.*; Ehegattensplitting als typisiertes Realsplitting, in: *Drenseck, W. / Seer, R. (Hrsg.)*, Festschrift für Heinrich Wilhelm Kruse zum 70. Geburtstag, Köln, 2001, S. 375.
1052 BVerfGE 99, 216 (235 ff, 238 ff).
1053 BVerfGE 82, 60 (88 f); 91, 93 (109).
1054 BVerfGE 99, 216 (233 ff).

erpflichtigen mit Kindern und Kinderlosen zusätzliche verfassungsrechtliche Anforderungen[1055]. Eine vergleichbare Benachteiligung der Familie besteht dort, wo das Existenzminimum für sämtliche Familienmitglieder in der Bemessungsgrundlage des steuerpflichtigen Familienmitglieds nicht berücksichtigt wird[1056]. Bei der Besteuerung von Alleinerziehenden dürfen der gegebenenfalls entstehende zusätzliche Betreuungsaufwand und die daraus resultierende zusätzliche Minderung der Leistungsfähigkeit, im Vergleich zu Ehepaare gleichen Einkommens mit Kinder nicht außer Acht gelassen werden[1057].

Das Besteuerungsverbot des Existenzminimums der Kinder und das Ehegattensplitting ermöglichen somit die gebotene gleichmäßige Besteuerung nach der wirtschaftlichen Leistungsfähigkeit, indem sie als erforderliche Korrekturen einer steuerlichen Ungleichbehandlung gegenüber Unverheirateten und Kinderlosen entgegenwirken[1058].

4. Freiheitsrechtliche Komponente

Art. 6 Abs. 1 GG garantiert jeder Ehe und Familie eine Sphäre privater Lebensgestaltung, in die der Staat keine Einwirkung ausüben darf[1059]. Dieser muss daher auf solche Regelungen verzichten, die die freie Entscheidung[1060] innerhalb einer Ehe über die Aufgabenverteilung beeinträchtigen könnten[1061]: Untersagt sind somit Steuergesetze, die sich auch mittelbar auf die Wahl zwischen Erwerbs- und die Familientätigkeit bzw. Haushaltsführung im Hinblick auf beide Ehegatten auswirken können[1062], unabhängig davon ob es sich dabei um eine „Alleinverdienerehe“ oder um „Doppelverdienerehe“ handelt[1063]. Der Staat darf somit weder etwa die „Hausfrauenehe“ oder die „Doppelverdienerehe“ als Leitbild auch nicht mittelbar vorschreiben[1064], noch die Eltern zu einer von ihm erwünschten Erziehungsform nicht drängen[1065].

[1055] BVerfGE 82, 60 (89 f); 87, 153 (170); 99, 246 (260).

[1056] BVerfGE 82, 60 (85 f); 99, 246 (260).

[1057] BVerfGE 61, 319 (343).

[1058] *Netzler, A.*; Familie chancengleich leben: Was sollte der Familienlasten-, Risiko- und Leistungsausgleich leisten – und was leistet er?, in: *Jans, B./ Zimmermann, G.*, Familienlastenausgleich? Plädoyers für eine gerechte Familienpolitik, Grafschaft, 1996, S. 48.

[1059] BVerfGE 61, 319 (346); 99, 216 (231); 107, 27 (53).

[1060] Diese wird als grundsätzliche Sache des Selbstbestimmungsrechts der Ehegatten erachtet, BVerfGE 61, 318 (347).

[1061] BVerfGE 107, 27 (53) mit Hinweis auf E 87, 234 (258 f).

[1062] BVerfGE 6, 55 (81 f); 107, 27 (53).

[1063] BVerfGE 107, 27 (53).

[1064] *Badura, P.*; in: *Stiftung Gesellschaft für Rechtspolitik (Hrsg.)*, S. 94.

[1065] BVerfGE 24, 119 (143); 99, 216 (232).

Art. 6 Abs. 1 GG gewährleistet als Abwehrrecht die Freiheit, über das eheliche und familiäre Zusammenleben selbstverantwortlich zu entscheiden, die ausgewählte Ausgestaltung der Familiengemeinschaft muss vom Staat „sowohl im immateriell-persönlichen als auch im materiell-wirtschaftlichen Bereich“ respektiert werden[1066]. Dies geschieht etwa dadurch, dass, wenn ein Teil der Ehegatten auf die Erwerbstätigkeit zu Gunsten der Familienarbeit verzichtet hat, das Gesamteinkommen jedem Ehegatten hälftig zugerechnet wird. In diesem Sinne steht das Ehegattensplitting nicht beliebig zur Disposition des Gesetzgebers[1067].

Art. 6 Abs. 1 GG steht im engen Verhältnis zu der Ausübung der Berufsfreiheit der Ehegatten bzw. der Eltern: Der Staat soll die Voraussetzung schaffen, dass Eltern Familientätigkeit und Berufsfreiheit verbinden können[1068]. So darf er etwa Mehraufwendungen für Kinderbetreuung durch Dritte bei verheirateten Eltern gegenüber unverheirateten, da vermeidbar, nicht ohne Verstoß gegen das Gestaltungsrecht des familiären Lebens der Eltern unberücksichtigt lassen[1069].

Dieser freiheitsrechtlichen Komponente trägt der Gesetzgeber bei „Doppelverdienerehen“ etwa durch die zeitliche Abzugsbegrenzung für den Mehraufwand aufgrund beruflicher doppelter Haushaltsführung nicht Rechnung, wenn er die Zweijahresfrist im Falle einer „Kettenabordnung“ oder der an verschiedenen Orten beiderseits beschäftigten Ehegatten verfehlt[1070]. Der die Leistungsfähigkeit mindernde zwangsläufige Mehraufwand entsteht hier für die Vereinbarkeit von Ehe und Beruf und ist verfassungsrechtlich zu berücksichtigen[1071]:

> „Aus welchen Gründen sich einer der Ehegatten für eine Berufstätigkeit an einem vom gemeinsamen Wohnort abweichenden Beschäftigungsort entschlossen hat, ist dabei ... nicht von Belang; es liegt im Rahmen der von Art. 6 Abs. 1 GG geschützten Sphäre privater Lebensgestaltung, ob dieser Ehepartner in Wahrnehmung seiner Berufsfreiheit (Art. 12 Abs. 1 GG) einen solchen Entschluß fasst, um überhaupt eine Arbeitsstelle zu finden, oder ob er damit beispielsweise nur die Erwartung einer höheren Arbeitsplatzattraktivität oder besserer Karrierechancen verbindet.“[1072].

Irrelevant ist in diesem Fall auch, ob es sich dabei um gering- oder um besserverdienende Eheleute handelt, entscheidend ist lediglich, dass der zeitlichen Abzugsbegrenzung eine Belastungswirkung zukommt[1073].

[1066] BVerfGE 99, 216 (231) mit Hinweis auf E 61, 319 (347).
[1067] *Kirchhof, P.*; in: *Jans, B./Zimmermann, G.*, S. 17.
[1068] BVerfGE 99, 216 (234); 107, 27 (53).
[1069] BVerfGE 99, 216 (239 f).
[1070] BVerfGE 107, 27 (50 f).
[1071] BVerfGE 107, 27 (53).
[1072] BVerfGE 107, 27 (54).
[1073] BVerfGE 107, 27 (56).

IV. Grundrecht der allgemeinen Handlungsfreiheit

1. Verfassungsbefund

Nach Art. 2 Abs. 1 GG hat jeder das Recht auf die freie Entfaltung seiner Persönlichkeit, soweit er nicht die Rechte anderer, die verfassungsmäßige Ordnung oder das Sittengesetz verletzt. Dadurch wird die Verschiedenheit der Menschen verfassungsrechtlich anerkannt[1074] und ihre Selbstverwirklichung geschützt[1075].

Art. 2 Abs. 1 GG fungiert als allgemeines Freiheitsrecht und steht subsidiär jeder Freiheitsbeschränkung entgegen, die nicht in den Schutzbereich eines Spezialfreiheitsrechts fällt: Durch diese „Auffangfunktion" gewährleistet die allgemeine Handlungsfreiheit einen lückenlosen Grundrechtsschutz[1076].

2. Wirkung im Steuerrecht

Indem die Verfassung dem Bürger das Grundrecht auf freie Entfaltung der Persönlichkeit garantiert, sichert sie ihm zu,

> „nur aufgrund solcher Rechtsvorschriften zu Steuern herangezogen zu werden, die formell und materiell der Verfassung gemäß sind und deshalb zur verfassungsmäßigen Ordnung gehören."[1077].

Mit *Lang* lassen sich somit in Art. 2 Abs. 1 GG zwei Dimensionen erkennen: Der Schutz vor rechtswidrigen Abgaben[1078] und die freiheitliche, in dem impliziten „Grundrecht auf Steuerfreiheit"[1079].

1074 *Kirchhof, P.*; *Steuergleichheit*, StuW 1984, S. 297.

1075 *Murswiek, D.*; Kommentierung des Artikels 2 GG, in: *Sachs, M. (Hrsg.)*, Grundgesetz. Kommentar, 3. Aufl., München, 2003, Rdnr. 10.

1076 BVerfGE 6, 32 (36) st.Rspr.; *Kunig, P.*; Kommentierung des Artikels 2 GG, in: *v. Münch, I./ Kunig, P. (Hrsg.)*, Grundgesetz-Kommentar, Bd. 1, 5. Aufl., München, 2000, Rdnr. 12; *Murswiek, D.*; Art. 2 GG, in: *Sachs, M. (Hrsg.)*, Rdnr. 10, 137; *Starck, C.*; Kommentierung des Artikels 2 GG, in: *v. Mangoldt, H./ Klein, F./ Starck, C. (Hrsg.)*, Bonner Grundgesetz. Kommentar, Bd. 1, 4. Aufl., München, 1999, Rdnr. 13.

1077 BVerfGE 19, 206 (215 f).

1078 Dazu vgl. o. viertes Kapitel A. I.. *Vogel/ Waldhoff* betonen in diesem Zusammenhang, dass es sich dabei um eine Ausprägung des Grundrechts handelt, die neben seine Funktion als Abwehrrecht gegen konkreten Freiheitseingriffe tritt. *Vogel, K./ Waldhoff, C.*; S. 379. *Papier* fügt hinzu, dass Art. 2 I GG auch einen Vermögensschutz gewähren kann. *Papier, H. J.*; Art. 14 GG, in: *Maunz, T./ Dürig, G. (Hrsg.)*, Rdnr. 175.

1079 *Lang, J.*; Die *Bemessungsgrundlage* der Einkommensteuer. Rechtssystematische Grundlagen steuerlicher Leistungsfähigkeit im deutschen Einkommensteuerrecht, Köln, 1981/88, S. 131; an diesem anschließend *Vogel, K./ Waldhoff, C.*; S. 378.

Unter der Auffassung, dass die Auferlegung von Geldleistungspflichten die Eigentumsgarantie[1080] nicht berühre, hätte das Bundesverfassungsgericht Steuergesetze konsequenterweise im Hinblick auf ihre materielle Verfassungsmäßigkeit an der allgemeinen Handlungsfreiheit messen müssen[1081]. Allerdings wäre er dabei der Schwierigkeit begegnet, eine Verhältnismäßigkeitsprüfung durchzuführen, welche wiederum Lastenausteilungsnormen nicht zugänglich ist[1082].

Prinzipiell sollte die allgemeine Handlungsfreiheit durch Berufs- und Eigentumsfreiheit als spezielle Grundrechte verdrängt werden[1083], allerdings ist der Rechtsprechung des Bundesverfassungsgerichts seit der Entscheidung zum Grundfreibetrag[1084] die Formulierung zu entnehmen, dass Steuergesetze in ihrer freiheitsbeschränkenden Wirkung an der allgemeinen Handlungsfreiheit des Art. 2 Abs. 1 GG zu messen sind, denn sie greifen in deren Ausprägung als persönliche Entfaltung im vermögensrechtlichen und im beruflichen Bereich (Art. 14 Abs. 1, Art 12 Abs. 1 GG) ein[1085]. *Vogel/ Waldhoff* sehen, zumindest bezüglich der Beschlüsse zum Grundfreibetrag[1086] und zur Vermögensteuer[1087], einen möglichen Grund für diese kombinierte Begründung in der Bekräftigung des freiheitsrechtlichen Arguments, dieser noch nicht gefestigte Rechtsprechung zum Schutzbereich der Eigentumsfreiheit[1088].

Die Aufhebung einer steuerbefreienden lenkenden Ausnahmeregelung, weil der Lenkungszweck entfallen oder erreicht ist, und die daraus resultierende wiederhergestellte Regelbesteuerung wird durch einen dem Art. 2 Abs. 1 GG hinreichenden Legitimationsgrund getragen[1089].

1080 Vgl. u. V. 2.

1081 *Vogel, K.*; Die Steuergewalt und ihre Grenzen, in: *Badura, P./ Dreier, H. (Hrsg.)*, Festschrift 50 Jahre Bundesverfassungsgericht, Bd. II, Tübingen, 2001, S. 535.

1082 *Vogel, K.*; in: *Badura, P./ Dreier, H. (Hrsg.)*, S. 536.

1083 *Starck, C.*; Art. 2 GG, in: *v. Mangoldt, H./ Klein, F./ Starck, C. (Hrsg.)*, Rdnr. 72, 76.

1084 BVerfGE 87, 153 ff.

1085 BVerfGE 87, 153 (169); 93, 121 (137); 105, 17 (32 f).

1086 BVerfGE 87, 153 ff.

1087 BVerfGE 93, 121 ff.

1088 *Vogel, K./ Waldhoff, C.*; S. 381.

1089 BVerfGE 105, 17 (34).

V. Die Eigentumsgarantie

1. Verfassungsrechtliche Verankerung

Nach Art. 14 Abs. 1 GG wird das Eigentum als, nach Abs. 2, sozialgebundenes Recht gewährleistet: Der Eigentumsgebrauch soll zugleich dem Wohle der Allgemeinheit dienen[1090]. Die gesetzliche Schrankenbestimmung[1091] des Eigentums stellt in diesem Sinne eine der vornehmsten Grundlagen zur Entfaltung des Sozialstaatsgrundsatzes[1092] dar. Im Hinblick auf die Steuerbelastung soll anhand des Art. 14 GG als Maßstab von Steuergesetzen[1093] die Abwägung zwischen der Privatnützigkeit und der Sozialpflichtigkeit des Eigentums[1094] vorgenommen werden, um die eigentumsschonende Deckung des staatlichen Finanzbedarfs zu realisieren[1095].

2. Rechtsprechung des Bundesverfassungsgerichts

Nach *Vogel/ Waldhoff*[1096] lässt sich die Rechtsprechung des Bundesverfassungsgerichts zur Entfaltung der Eigentumsgarantie im Steuerrecht in drei Phasen unterscheiden, wobei sich das Gericht zunächst mit der tatbestandlichen Abgrenzung zwischen Enteignung und Besteuerung beschäftigt hat[1097].

1090 Die Sozialgebundenheit des Eigentums ist unmittelbar geltendes Recht. *Kimminich, O.*; Kommentierung des Artikels 14 GG, in: *Dolzer, R./ Vogel, K./ Graßhof, K. (Hrsg.)*, Bonner Kommentar zum Grundgesetz, Loseblattsammlung, Hamburg/ Heidelberg, Stand: 109. Lieferung, Dezember 2003, Rdnr. 152, 159.

1091 Art. 14 Abs. 1 Satz 2GG. Dieses Grundrecht wird somit nicht absolut garantiert sondern mit Gesetzesvorbehalt, s. dazu o. zweites Kapitel A. I. 1. b.

1092 *Wendt, R.*; Kommentierung des Artikels 14 GG, in: *Sachs, M. (Hrsg.)*, Grundgesetz. Kommentar, 3. Aufl., München, 2003, Rdnr. 72.

1093 BVerfGE 87, 153 (169); 93, 121 (137); 105, 17 (32). Wie sich zeigen wird, wurde dies nicht stets in der Rechtsprechung anerkannt. Ferner im Schrifttum u.a.: *Kirchhof, P.*; Besteuerung und *Eigentum*, VVDStRL Heft 39, Berlin/ New York, 1981, S. 213 ff, 226 ff; *v. Armin, H. H.*; Besteuerung und *Eigentum*, VVDStRL Heft 39, Berlin/ New York, 1981, S. 286 ff, 299 ff; *Friauf, K. H.*; Verfassungsrechtliche Anforderungen an die Gesetzgebung über die Steuern vom Einkommen und vom Ertrag, in: *Friauf, K. H. (Hrsg.)*, Steuerrecht und Verfassungsrecht, Köln, 1989, S. 19 ff; *Lehner, M.*; *Einkommensteuerrecht*, S. 364 ff; *ders.*; Verfassungsrechtliche Vorgaben für die Verlustberücksichtigung, in: *Lehner, M. (Hrsg.)*, Verluste im nationalen und Internationalen Steuerrecht, München, 2004, S. 5, 7 ff.

1094 *Wendt, R.*; Art. 14 GG, in: *Sachs, M. (Hrsg.)*, Rdnr. 143; *Tipke, K./ Lang, J.*; S. 2.

1095 *Kirchhof, P.*; *Eigentum*, S. 281 These 1.

1096 *Vogel, K./ Waldhoff, C.*; S. 353 ff.

1097 *Vogel, K./ Waldhoff, C.*; S. 353 f, insbesondere bei FN 285.

Vertreten wird ab dem Urteil zum Investitionshilfegesetz[1098] die Auffassung, nach der das Eigentum das Vermögen als solches nicht schütze und daher die Auferlegung von Geldleistungspflichten prinzipiell die Eigentumsgarantie nicht berühre[1099]. Die Ansicht, dass Steuern gegen den Schutzbereich der Eigentumsgarantie abgeschirmt seien, beruhte somit auf dem Gedanken, dass der Eigentumsschutz lediglich einzelne bestimmte Gegenstände umfasse[1100]; gerichtet war somit der Blick auf die objektive (objektsbezogene) Ebene, d.h. gefragt wurde, wie schützt das Eigentumsrecht das Objekt, auf das das Eigentum entfällt[1101], und nicht auf der subjektiven freiheitsrechtlichen Ebene.

Diese initiale Aussage wurde allerdings durch das Bundesverfassungsgericht widersprüchlich[1102] mit der Formel ergänzt, dass sich doch ein Verstoß ergebe, wenn die Geldleistungspflichten den Steuerpflichtigen übermäßig belasten und seine Vermögensverhältnisse grundlegend beeinträchtigen[1103]: Geldleistungspflichten verstoßen gegen Art. 14 GG, wenn sie jedes Maß übersteigen[1104].

Der Eigentumsgarantie wird somit vorerst der Schutz vor erdrosselnden[1105], konfiskatorischen[1106] Steuern entnommen[1107]. Es trifft zwar zu, dass einerseits Konfiskation und Enteignung und andererseits Steuerbelastung tatbestandlich kei-

---

1098 BVerfGE 4, 7 ff.

1099 BVerfGE 4, 7 (17); 8, 274 (330); 10, 354 (371); 14, 221 (241); 23, 288 (314); 30, 250 (271 f). Weitere Nachweise bei: *Vogel, K./ Waldhoff, C.*; S. 354 FN 286; *Wendt, R.*; Art. 14 GG, in: *Sachs, M. (Hrsg.)*, Rdnr. 38 FN 137; *Depenheuer, O.*; Kommentierung des Artikels 14 GG; in: *v. Mangoldt, H./ Klein, F./ Starck, C. (Hrsg.)*, Bonner Grundgesetz. Kommentar, Bd. 1, 4. Aufl., München, 1999, Rdnr. 164 FN 454.

1100 *v. Armin, H. H.*; *Eigentum*, S. 299.

1101 Eine solche Betrachtung liegt auch der Unterscheidung zwischen dem Schutzbereich des Eigentums und dem der Berufsfreiheit zugrunde: Art. 14 GG schützt keine „Chancen und Verdienstmöglichkeiten", sondern lediglich das bereits Erworbene, Art. 12 Abs. 1 GG bezieht sich dagegen auf den Erwerb, s. BVerfGE 31, 8 (32).

1102 *Friauf, K. H.*; S. 22; *Vogel, K.*; in: *Badura, P./ Dreier, H. (Hrsg.)*, S. 535; *Starck, C.*; Kommentierung des Artikels 2 GG, in: *v. Mangoldt, H./ Klein, F./ Starck, C. (Hrsg.)*, Bonner Grundgesetz. Kommentar, Bd. 1, 4. Aufl., München, 1999, Rdnr. 77, *Depenheuer, O.*; Art. 14 GG; in: *v. Mangoldt, H./ Klein, F./ Starck, C. (Hrsg.)*, Rdnr. 167; *Tipke, K.*; *Steuerrechtsordnung, Bd. I*, S. 449.

1103 BVerfGE 14, 221 (241); 19, 119 (128 f); 23, 288 (315); 27, 111 (131); 38, 61 (102); 82, 159 (190); 105, 17 (32).

1104 BVerfGE 23, 12 (30); 30, 250 (271 f); 38, 61 (102); 63, 312 (327); 68, 287 (310 f).

1105 BVerfGE 38, 61 (102).

1106 BVerfGE 23, 288 (314), 30, 250 (272 f).

1107 *Birk*, der den Anwendungsbereich der Eigentumsgarantie auf die Gestaltungswirkungen der Steuer beschränkt, sieht dagegen in dieser Ergänzung eine Bestätigung der ursprünglichen Aussage, denn konfiskatorische Steuern entsprechen dem „totalen Zugriff" auf das konkrete Eigentumsobjekt, das hinter dem Vermögenswert stehe. *Birk, D.*; *Leistungsfähigkeitsprinzip*, S. 204; zur Anwendung des Art. 14 GG auf die Gestaltungswirkungen der Steuer S. 203 ff.

nesfalls gleichgestellt werden dürfen, dies darf jedoch nicht über die Tatsache hinweg täuschen, dass effektiv, im Belastungserfolg eine Steuerbelastung eine vergleichbare verfassungsrechtlich nicht hinzunehmende Wirkung herbeiführen kann[1108].

Das Übermaßverbot als äußerste[1109] Schranke impliziert hier, dass *trotz* Steuern das Eigentum zumindest in seinem Kerngehalt erhalten bleiben soll. Dass Steuern Privateigentum nicht erlöschen dürfen, entspricht dem im Grundgesetz vorgesehenen Nebeneinander vom rechtsstaatlich gesicherten Eigentum und von Steuern, als Finanzierungsmittel dieses auch sozialen Rechtsstaates. Steuerstaatlichkeit setzt somit Privateigentum und privates Erwirtschaften voraus. Privateigentum und Steuern stehen sich daher nicht entgegen, vielmehr müssen sie aufeinander abgestimmt werden[1110]: Durch diese Abstimmung ergeben sich die Schranken sowohl der Sozialpflichtigkeit des Eigentums (Art. 14 Abs. 2 Satz 2 GG) als auch des Steuereingriffs. Die Eigentumsgarantie verwehrt keineswegs den Steuerzugriff auf Eigentum, jedoch begrenzt sie ihn „in einem eigentumsrechtlichen Verhältnismäßigkeitsprinzip“[1111].

Nicht gefolgt kann in diesem Zusammenhang dem Gedanken werden, dass gerade die Steuerstaatlichkeit die Irrelevanz der Eigentumsgarantie im Steuerrecht begründe. So aber *Forsthoff*, nach dessen Auffassung die Steuer den vom Bürger zu zahlenden Preis für die freiheitliche Ordnung bilde und dementsprechend die Finanzhoheit in ihrer Kompetenzausübung rechtlich unbegrenzt sei[1112].

Mit seiner Entscheidung zum Grundfreibetrag[1113] erweitert das Bundesverfassungsgericht seinen Blick über die nur objektbezogene Betrachtung hinaus auf die Funktion des Eigentums dem *Steuerpflichtigen gegenüber*.

1108 *Scholz, R.*; Steuerstaat und Rechtsstaat, in: *Isensee, J./ Lecheler, H. (Hrsg.)*, Freiheit und Eigentum, Festschrift für Walter Leisner zum 70. Geburtstag, Berlin, 1999, S. 799; *Vogel, K./ Waldhoff, C.*; S. 361.

1109 Als „offene Flanke der Eigentumsgarantie“ wird diese lediglich im Extremfall einsetzenden Schutzwirkung beschrieben, s. *Hesse, K.*; Rdnr. 447.

1110 *Kirchhof, P.*; Besteuerung und *Eigentum*, VVDStRL Heft 39, Berlin/ New York, 1981, S. 230, 232.

1111 *Kirchhof, P.*; *Rechtfertigung*, S. 45.

1112 *Forsthoff, E.*; Eigentumsschutz öffentlich-rechtlicher Rechtsstellungen, NJW 1955, S. 1250.

1113 BVerfGE 87, 153 ff.

So heißt es, dass Steuergesetze

> „in ihrer freiheitsbeschränkenden Wirkung jedenfalls an Art. 2 Abs. 1 GG zu messen [sind]. Dabei ist indes zu berücksichtigen, dass Steuergesetze in die allgemeine Handlungsfreiheit gerade in deren Ausprägung als persönliche Entfaltung im vermögensrechtlichen und im beruflichen Bereich (Art. 14 Abs. 1, Art 12 Abs. 1 GG) eingreifen. Dies bedeutet, daß ein Steuergesetz keine ‚erdrosselnde Wirkung' haben darf: Das geschützte Freiheitsrecht darf nur so weit beschränkt werden, daß dem Grundrechtsträger (Steuerpflichtigen) ein Kernbestand des Erfolges eigener Betätigung im wirtschaftlichen Bereich in Gestalt der grundsätzlichen Privatnützlichkeit des Erworbenen und der grundsätzlichen Verfügungsbefugnis über die geschaffenen vermögenswerten Rechtspositionen erhalten bleibt."[1114].

Daraus folgert das Bundesverfassungsgericht, dass dem der Einkommensteuer unterworfenen Steuerpflichtigen, nach Erfüllung seiner Einkommensteuerschuld von seinem Erworbenen, sein notwendiger Lebensunterhalt und unter Berücksichtigung von Art. 6 Abs. 1 GG – desjenigen seiner Familie - verbleiben muss[1115].

Zunächst lässt sich der Entscheidung entnehmen, dass die Eigentumsgarantie dem Einzelnen einen Freiheitsraum gewähren soll und es ist gerade dieser geschützte vermögensrechtliche Freiheitsraum, der durch das Steuergesetz tangiert werden kann. Zu Recht bemerkt *Vogel*[1116], dass diese freiheitssichernde, personelle Funktion des Eigentumsrechts in der Rechtsprechung eigentlich bereits anerkannt worden war, jedoch bis dahin im Hinblick auf Steuergesetze nicht angewendet wurde. Das Bundesverfassungsgericht hatte nämlich den engen Zusammenhang zwischen der Eigentumsgarantie als elementares Grundrecht und der Garantie der persönlichen Freiheit so erklärt, dass das Eigentumsrecht dem Einzelnen – hier dem Steuerpflichtigen - einen Freiheitsraum im vermögensrechtlichen Bereich sichern und ihm dadurch die eigenverantwortliche Lebensgestaltung ermöglichen soll[1117].

[1114] BVerfGE 87, 153 (169).

[1115] BVerfGE ebd..

[1116] *Vogel, K.*; in: *Badura, P./Dreier, H. (Hrsg.)*, S. 535.

[1117] BVerfGE 50, 290 (339); 53, 257 (290). In jüngere Zeit E 97, 350 (371).

Kennzeichnend für das verfassungsrechtlich geschützte Eigentum ist neben der grundsätzlichen Verfügungsbefugnis über den Eigentumsgegenstand, seine Privatnützigkeit: Einem Rechtsträger zugeordnet soll das Eigentum

> „als Grundlage privater Initiative und im eigenverantwortlichen privaten Interesse ‚von Nutzen' sein..."[1118].

Dementsprechend wird in der Entscheidung ferner auch die „Erdrosselungswirkung" des Steuergesetzes vor dem Hintergrund dieser Freiheitsgewährung erläutert und inhaltlich neu definiert: Ein Steuergesetz wirkt sich nicht erst erdrosselnd aus, wenn es dem Steuerpflichtigen Eigentumspositionen weitgehend entzieht und demzufolge die persönliche Entfaltung in diesem Bereich unmöglich werden lässt, sondern bereits dann, wenn es ihm substantielle Anteile des Erfolges seiner Betätigung wegnimmt. Das Einkommen soll auch nach Besteuerung dem Steuerpflichtigen noch zuordenbar, „von Nutzen" und grundsätzlich für ihn noch verfügbar sein.

Eine wichtige Aussage ist dieser Entscheidung aus der komplementären Betrachtung der Eigentumsfreiheit und Art. 1 Abs. 1 GG im Hinblick auf die steuerliche Verschonung des existenznotwendigen Einkommens zu entnehmen[1119]. Das Einkommen als Ergebnis eigener Betätigung im wirtschaftlichen Bereich dient in erster Linie der Deckung des Lebensbedarfs des Erwerbers und dessen seiner Familie[1120], daher gebietet auch das Eigentumsrecht die Steuerfreiheit dieses Lebensbedarfs[1121]. Das Eigentumsrecht soll dem Steuerpflichtigen nicht nur das Überleben ermöglichen, es soll ihm einen Freiheitsraum auch zur finanziell eigenverantwortlichen Lebensgestaltung gewähren[1122] und, im Sinne der Abhängigkeit des Staates von der Steuereinnahme, einen Anreiz[1123] zum weiteren eigenverantwortlichen Erwerben geben, und somit die Alternative[1124] zwischen

---

[1118] BVerfGE 50, 290 (339). Das Eigentümerrecht sei verletzt, so *Kirchhof*, „wenn ein Steuergesetz die Eigentümerfreiheit, also das Recht zu privatnützigem Erwerben, Nutzen, Verbrauchen, Verwalten und Veräußern unangemessen beschränkt.". *Kirchhof, P.*; *Eigentum*, S. 233.

[1119] *Lehner, M.*; *Einkommensteuerrecht*, S. 413 ff.

[1120] *Lehner, M.*; *Einkommensteuerrecht*, S. 381.

[1121] Das Existenzminimum liegt unter der Schwelle des zugleich sozial gebundenen Ergebnisses eigener Leistung. Vgl. *Papier, H. J.*; Kommentierung des Artikels 14 GG, in: *Maunz, T./ Dürig, G. (Hrsg.)*, Grundgesetz. Kommentar, Loseblattsammlung, München, Stand: 42. Lieferung, Februar, 2003, Rdnr. 181, in Anschluss an *Lehner, M.*; *Einkommensteuerrecht*, S. 406.

[1122] In Erfüllung des „Freiheitsanspruchs der Menschenwürde". Vgl. *Lehner, M.*; *Einkommensteuerrecht*, S. 328 ff.

[1123] Die Anreizfunktion der Eigentumsgarantie fördert die Privatinitiative und stärkt somit das darauf ruhende Wirtschaftssystem. *v. Armin, H. H.*; *Eigentum*, S. 304 f.

[1124] Zu diesem „Alternativitätsproblem" vgl. *Lehner, M.*; *Einkommensteuerrecht*, S. 57 ff, 299, 347, 380.

Erwerbseinkommen und Sozialeinkommen vermeiden, denn diese würde die Grundlage des sozialen Steuerstaates selbst, d.h. die Möglichkeit überhaupt Steuern zu zahlen, gefährden.

Daher darf

> „der eigentumsrechtliche Schutz des Erwerbseinkommens nicht dort enden, wo den Grundanforderungen des Privatnützigkeitsprinzips gerade noch Rechnung getragen wird, vielmehr muß es umfassen, was Sozialbindung ermöglicht.“[1125].

Diesem wird in der Form Rechnung getragen, dass aus den Vorgaben des Sozialhilferechts, auch diejenigen für die Festlegung des *Grundfreibetrages* einbezogen werden, die dem erwerbstätigen Sozialhilfeempfänger als Mehrbedarfszuschlag gewährt werden und, die eine zu eigenverantwortlichem Erwerben motivationsfördernde Funktion haben[1126].

Mit dem Beschluss zur Vermögensteuer[1127] wird zum einen der Grundsatz des Übermaßverbots konkretisiert und zum anderen aus der Eigentumsfreiheit, als steuerrechtsleitendes Prinzip[1128], eine quantitative Belastungsobergrenze abgeleitet.

Zunächst fordert das Bundesverfassungsgericht eine koordinierte Besteuerung des Vermögenserwerbs, -bestandes und –verwendung, so dass im Hinblick auf die *Gesamtbelastung* Belastungsgleichmaß gewährt und eine *übermäßige Last* vermieden wird[1129].

Das Übermaßverbot wird, im Gegensatz zu der früheren Rechtsprechung, somit nicht mehr ausschließlich auf die Steuerbelastung durch eine einzelne Steuer bezogen. Die vorige Aussage[1130] lässt sich daher in folgender Form ergänzen: Das erworbene, gespeicherte und konsumierte Einkommen soll nach sämtlicher Besteuerung dem Steuerpflichtigen weiterhin zuordenbar, „von Nutzen“ und grundsätzlich für ihn noch verfügbar (gewesen) sein. In diesem Zusammenhang stellt das Bundesverfassungsgericht fest, dass das aus versteuertem Erwerbs- und konsumiertem[1131] Einkommen gespeicherte Vermögen in „einem engen

---

1125 *Lehner, M.*; *Einkommensteuerrecht*, S. 401.

1126 BVerfGE 87, 153 (171). *Lehner, M.*; *Einkommensteuerrecht*, S. 413.

1127 BVerfGE 93, 121 ff.

1128 *Kirchhof, P.*; *Eigentum*, S. 269 f.

1129 BVerfGE 93, 121 (135). Bereits zum „Zugriff durch eine Gesamtsteuerlast“ vgl. *Kirchhof, P.*; *Eigentum*, S. 238 ff.

1130 S.o. bei FN 1118 f.

1131 Durch Einkommensgebrauch, auch wenn neue Vermögensgegenstände erworben werden, verschmälert sich das Gesamtvermögen des Steuerpflichtigen, denn bei einer Ausgabe von Hundert Euro etwa erhält er in der Regel einen Vermögensgegenstand, dessen realer Wert sich auf 83, 50 Euro beläuft: Die Differenz fließt der Allgemeinheit zu und soll ihrem Wohle dienen.

Spielraum“ einer Vermögensteuer[1132] zu unterwerfen ist, denn diese darf im Zusammenwirken mit den restlichen Steuern nicht den Vermögensstamm belasten, denn andernfalls würde sie zu einer sukzessiven Konfiskation führen[1133]. Dies entspricht der Tatsache, dass Ertragsunabhängige Steuern an den Eigentumsbestand oder das Eigentumsinnehaben knüpfen und daher sich nur mit der Substanz- oder Bestandsgarantie des Art. 14 GG vereinbaren lassen, sofern sie aus dem Vermögens*ertrag* aufgebracht werden können[1134].

In einem zweiten Schritt versucht das Bundesverfassungsgericht quantitativ[1135] die Frage zu beantworten, wo die Grenze zu ziehen ist, an der der Schutz der Eigentumsgarantie ansetzt[1136], *i.e.* die Schwelle zwischen Privatnützigkeit und Sozialpflichtigkeit. Es stellt vor diesem Hintergrund fest, dass der Steuerpflichtige mit einer zu den übrigen Steuern auf Ertrag hinzutretenden Vermögensteuer belastet werden darf,

> „soweit die steuerliche *Gesamtbelastung des Sollertrags* bei typisierender Betrachtung von Einnahmen, abziehbaren Aufwendungen und sonstigen Entlastungen *in der Nähe einer hälftigen Teilung* zwischen privater und öffentlicher Hand verbleibt und dabei insgesamt auch Belastungsergebnisse“

vermieden werden,

> „die einer vom Gleichheitssatz gebotenen Lastenverteilung nach Maßgabe finanzieller Leistungsfähigkeit zuwiderlaufen.“[1137].

Obwohl die Entscheidung, insbesondere im Hinblick auf die Höhe[1138] „in der

---

1132 Die Vermögensteuer wird seit dem 01.01.1997 nicht mehr erhoben.

1133 BVerfGE 93, 121 (137). Die Vermögensteuer soll daher aus den –typisierten- Sollerträge bezahlt werden können.

1134 *Papier, H. J.*; Art. 14 GG, in: *Maunz, T./ Dürig, G. (Hrsg.)*, Rdnr. 173.

1135 *Vogel, K./ Waldhoff, C.*; S. 361 bezeichnen die Ableitung verfassungsrechtlicher quantitativer Belastungsgrenzen als die „dogmatisch anspruchsvollste Aufgabe“. *Vogel, K./ Waldhoff, C.*; S. 365.

1136 *Vogel, K.*; Vom Eigentums- zum *Vermögensschutz* – eine Erwiderung, NJW 1996, S. 1258.

1137 BVerfGE 93, 121 (138) - Hervorhebung nur hier.

1138 Die Begründung in dem Wort „zugleich“ des Art. 14 Abs. 2 Satz 2 GG geht auf *Kirchhof, P.*; *Eigentum*, S. 271 ff zurück.

Nähe der hälftigen Teilung"[1139] zum Teil[1140] auf erhebliche Kritik gestoßen ist und sich in der Rechtsprechung nicht weiter durchsetzen konnte[1141], bietet sie einen praktikablen und justiziablen Rahmen für die Anwendung der durch die Eigentumsgarantie gebotenen Abwägung zwischen der jedem Steuerpflichtigen zustehenden Privatnützigkeit und dem Abschöpfungsinteresse zum Wohle der Allgemeinheit[1142]. Ihre Aussage ist zudem Richtungweisend: Überschreite die Gesamtbelastung des typisierten[1143] Sollertrags[1144] die *hälftige Teilung*, stellt sie einen verfassungswidrigen Eigentumseingriffs[1145] dar[1146]. Bewegt sie sich dagegen bis in die Nähe der hälftigen Teilung, so steht dieser Gesamtbelastung[1147] die Eigentumsgarantie nicht entgegen, solange sie im Belastungserfolg dem *Leistungsfähigkeitsprinzip* als Verteilungsmaßstab nicht zuwiderläuft. Dies bedeutet, dass die Eigentumsfreiheit (Nutzungsfreiheit)[1148] eines der Konkretisie-

[1139] Nach *Vogel* ist die Aufteilung „fünfzig zu fünfzig" plausibel, zumal die Abwägung Finanzierungsinteresse/ Freiheitsanspruch zu demselben Ergebnis führen würde, denn diese ist jenem prinzipiell mindestens gleichwertig. *Vogel, K.*; in: *Badura, P./ Dreier, H. (Hrsg.)*, S. 540. *Tipke* dagegn kritisch zur Ableitung aus Art. 14 Abs. 2 GG. *Tipke, K.*; *Steuerrechtsordnung, Bd. I*, S. 452 ff.

[1140] Bereits in der Entscheidung selbst, in der abweichenden Meinung von Richter *E. W. Böckenförde*, E 93, 149 ff. Zur Diskussion im Schrifttum vgl. *Vogel, K.*; *Vermögensschutz*, S. 1257 m.w.N.; *ders.*; in: *Badura, P./ Dreier, H. (Hrsg.)*, S. 538 f, insbesondere FN 56; *Papier, H. J.*; Art. 14 GG, in: *Maunz, T./ Dürig, G. (Hrsg.)*, Rdnr. 313 m.w.N..

[1141] *Papier, H. J.*; Art. 14 GG, in: *Maunz, T./ Dürig, G. (Hrsg.)*, Rdnr. 313.

[1142] *Vogel, K./ Waldhoff, C.*; S. 365; *Wendt, R.*; Art. 14 GG, in: *Sachs, M. (Hrsg.)*, Rdnr. 143. Eine feste Höchstgrenze schafft ferner mehr Rechtssicherheit. *Tipke, K.*; *Steuerrechtsordnung, Bd. I*, S. 451.

[1143] Bei der typisierenden, generalisierenden Betrachtung eines einsichtigen und vernünftig wirtschaftenden Eigentümers soll überprüft werden, ob unter normalen Umständen das Eigentum seine verfassungsrechtliche Privatnützigkeit bewahren kann. *Papier, H. J.*; Art. 14 GG, in: *Maunz, T./ Dürig, G. (Hrsg.)*, Rdnr. 174.

[1144] Nach *Tipke/ Lang* gewährleistet die Anknüpfung an Sollerträge unzureichend den Bestandsschutz des Eigentums. *Tipke, K./ Lang, J.*; S. 119.

[1145] Auch dann, wenn dem Steuerpflichtigen sein Existenzminimum und dessen seiner Familie verbleibt.

[1146] Wird die Grenze Sozialpflichtigkeit/ Privatnützigkeit der Eigentumsfreiheit beeinträchtigend vom Staat überschritten, entsteht eine Zweckentfremdung im Vergleich zu dem verfassungsrechtlich vorgesehenen Zweck.

[1147] Dic „Gesamtbelastung" soll auch die indirekten Steuern umfassen. *Tipke, K./ Lang, J.*; S. 120; *Weber-Grellet, H.*; *Verfassungsstaat*, S. 32.

[1148] Diese impliziert bereits den minimalen Schutz des Eigentumsbestands.

rungselemente der wirtschaftlichen Leistungsfähigkeit[1149] darstellt, allerdings lässt sich diese dadurch allein nicht bestimmen.

Zugemessen wird ferner in dieser Entscheidung eine besondere Schutzwürdigkeit denjenigen Wirtschaftsgütern, die der persönlichen Lebensführung des Steuerpflichtigen und seiner Familie dienen[1150]. Dieses Vermögen

> „sichert die persönliche Freiheit des Einzelnen in Ergänzung der im wesentlichen durch Arbeitseinkommen und Sozialversicherungsanspruch sowie durch Gewerbe und andere selbständige Tätigkeit gewährten Sicherheit."[1151].

In der Entscheidung zur Aufhebung der Steuerfreiheit von Sozialpfandbriefen[1152] umschreibt das Bundesverfassungsgericht Art. 14 Abs. 1 GG als das Recht auf den *Besitz*, den *Nutzen*, die *Verwaltung* und die *Verfügung* über *Sach- und Geldeigentum*, das allerdings den Tausch oder Marktwert vermögensrechter Rechte nicht gewährleistet[1153].

Ausgeführt wird weiter, dass unter den Schutz des Eigentumsrechts *jede durch Einsatz von Arbeit oder Kapital erworbene Rechtsposition fällt*[1154], d.h. somit das Einkommen und zwar auch, als gespeichertes Einkommen, das Vermögen. Und gerade, weil sie nicht durch eigene Leistung erworben worden sind, fällt nach Ansicht des Gerichts „ein gesetzliches Angebot einer Steuerverschonung" nicht unter den Schutzbereich des Art. 14 Abs. 1 GG und kann, als eine nicht mehr gerechtfertigte Steuersubvention, aufgehoben werden[1155]. Allerdings scheint das Bundesverfassungsgericht in seiner Rechtsprechung einen Schritt zurück zu machen, in dem es zur Folgerung kommt, dass solange die Zinsbesteuerung den Pflichtigen nicht übermäßig belastet und seine Vermögensverhältnisse nicht grundlegend beeinträchtigt, Art. 14 Abs. 1 GG nicht verletzt wird[1156].

[1149] Unter der Halbteilungsgrenze besteht nur Privatnützigkeit und daher keine steuerliche Leistungsfähigkeit.

[1150] Betont wird hier, dass diese Wirtschaftsgüter einen Freiheitsraum für die eigenverantwortliche Gestaltung des persönlichen und familiären Lebensbereichs ermöglichen. BVerfGE 93, 121 (140).

[1151] BVerfGE 93, 121 (141).

[1152] BVerfGE 105, 17 ff.

[1153] BVerfGE 105, 17 (30). (Hervorhebung der Verfasserin).

[1154] BVerfGE 105, 17 (32). (Hervorhebung nur hier).

[1155] BVerfGE 105, 17 (34). Dazu, unter der Perspektive der Allgemeinheit der Besteuerung, s.o. I. 3. a.

[1156] BVerfGE 105, 17 (32).

VI. Freiheit der Berufswahl

1. Verfassungsbefund

In Art. 12 Abs. 1 GG wird die Freiheit der Berufswahl garantiert und seine Ausübung dem Gesetzesvorbehalt unterworfen[1157]. Abs. 2 der Norm verbietet den Arbeitszwang. Die freie Berufswahl stellt eine Konkretisierung, im Sinne eines *lex specialis*, der allgemeine Handlungsfreiheit[1158] dar und dementsprechend soll sie als ein Akt der wirtschaftlichen Selbstbetätigung des Einzelnen von Eingriffen der öffentlichen Gewalt möglichst unberührt bleiben[1159].

2. Die Berufsfreiheit im Steuerrecht

Mit der Feststellung, dass Steuergesetze, die keine unmittelbare berufsregelnde Eigenschaft haben, gleichwohl *objektiv eine berufsregelnde Tendenz aufweisen*, an den Vorgaben des Art. 12 Abs. 1 GG zu messen sind[1160], eröffnet das Bundesverfassungsgerichts seine Rechtsprechung zur steuerlichen Berufsfreiheit: Indem eine Steuer an die Erlangung der Ausübungserlaubnis eines bestimmten Berufs anknüpft, entfaltet sie vergleichbare Auswirkungen wie die Ausübungsregelung selbst und ist somit geeignet die Freiheit der Berufswahl mittelbar zu beeinträchtigen[1161]. Die berufsregelnde Tendenz ist dort zu erkennen, wo die Steuerbelastung den Beginn der Berufsausübung mit wirtschaftlichen Nachteilen verbindet. Verfassungsrechtlich relevant ist daher nicht nur diejenige Steuer, die den Berufszugang völlig versperrt, sondern auch diejenige, die deren wirtschaftlichen Auswirkungen wegen, *in die Nähe einer Zulassungsvoraussetzung* kommt. Der durch Art. 12 Abs. 1 GG garantierte Freiheitsraum wird dort verletzt, wo die Steuer ihrer objektiven Gestaltung und Höhe nach dem Steuerpflichtigen (Berufsbewerber) generell wirtschaftlich daran hindert, *den gewählten Beruf zur Grundlage seiner Lebensführung zu machen.* Ein Verstoß ist allerdings nicht bereits deswegen zu erkennen, weil sich die Steuer motivationsbestimmend auswirken kann und den Steuerpflichtigen lediglich dazu verleiten kann, sich für einen einträglicheren Beruf zu entscheiden[1162].

[1157] Zu den Gesetzesvorbehalten der Grundrechte s.o. zweites Kapitel A. I. 1. b.

[1158] *Scholz, R.*; Kommentierung des Artikels 12 GG, in: *Maunz, T./ Dürig, G. (Hrsg.)*, Grundgesetz. Kommentar, Loseblattsammlung, München, Stand: 42. Lieferung, Februar, 2003, Rdnr. 114.

[1159] BVerfGE 7, 377 (403, 405); 13, 181 (185).

[1160] BVerfGE 13, 181 (186) bestätigt durch E 14, 76 (100); 37, 1 (17).

[1161] BVerfGE 13, 181 (186).

[1162] BVerfGE 13, 181 (187).

In seiner Entscheidung zu Spielautomatenbesteuerung[1163] deutet das Bundesverfassungsgericht die Notwendigkeit an, dass sich die Steuer auf einen bestimmten Beruf auswirkt[1164]. Dieser Gedanke wird später[1165] in der Form weiterentwickelt, dass sich objektiv keine berufsregelnde Tendenz erkennen lasse, wenn der betroffene Personenkreis nicht bestimmt werden könne, so etwa bei der Einkommensteuer als allgemeine Steuer[1166].

Im Beschluss zur Besteuerung des Werkfernverkehrs[1167] wird der Blick auf den „wirtschaftslenkenden Charakter" der Steuernorm gerichtet[1168]. Aufgegriffen wird das Kriterium der Nähe der Zulässigkeitsregelung aufgrund wirtschaftlicher Wirkung, die dem Steuerpflichtigen die Verwirklichung seines Berufes unmöglich macht[1169].

Die hier geschilderten Prüfungsvorgaben stoßen im Schrifttum auf Kritik: Das Merkmal der *objektiv* berufsregelnden *Tendenz* trage einen Widerspruch in sich[1170], das Kriterium sei lediglich dahingehend zu verstehen, dass die Einwirkung in die geschützte Berufsfreiheit im Belastungserfolg wahrscheinlich sein muss, unabhängig davon, ob diese Wirkung intendiert war[1171]. Das Merkmal ist demnach aufzugeben, um somit nicht nur berufsbezogene, lenkende, sondern auch allgemeine nur lastenausteilende Steuern an der Berufsfreiheit zu messen[1172]. Dadurch, dass der Eingriff in die Berufsfreiheit davon abhängig gemacht wird, ob dem Steuerpflichtigen die Ausübung des gewählten Berufs unmöglich gemacht wird, wird der Schutz dieses Freiheitsrechts auf das „Erdrosseln" reduziert. Da Steuern in der Regel, jedenfalls die Einkommensteuer, den wirtschaftlichen Erfolg einer durch Art. 12 Abs. 1 GG geschützten beruflichen Betätigung belasten[1173], sollten sie, soweit sie *irgendwie* im Bezug zu einer beruflichen Betätigung stehen[1174], an der Berufsfreiheit gemessen werden.

[1163] BVerfGE 14, 76 ff.
[1164] BVerfGE 14, 76 (100).
[1165] BVerfGE 47, 1 ff.
[1166] BVerfGE 47, 1 (21).
[1167] BVerfGE 16, 147 ff
[1168] BVerfGE 16, 147 (162).
[1169] BVerfGE 16, 147 (164), bestätigt durch E 38, 61 (85 ff).
[1170] *Weber, H./ Crezelius, G.*; Die Rechtsprechung des Bundesverfassungsgerichts zum Verhältnis von Art. 12 GG und Besteuerung, in: *Wilke, D./ Weber, H. (Hrsg.)*, Gedächtnisschrift für Friedrich Klein, München, 1977, S. 548.
[1171] *Friauf, K. H.*; S. 26; *Vogel, K./ Waldhoff, C.*; S. 375.
[1172] *Vogel, K./ Waldhoff, C.*; S. 376.
[1173] *Lang, J.*; S. 162; *Scholz, R.*; Art. 12 GG, in: *Maunz, T./ Dürig, G. (Hrsg.)*, Rdnr. 415.
[1174] *Vogel, K./ Waldhoff, C.*; S. 376.

Berücksichtigt soll die „motivationsbestimmende Wirkung" der Steuer deswegen werden, weil die Berufsfreiheit dem Einzelnen gerade einen Freiheitsraum bieten soll, um sich innerhalb dessen für die Ausübung eines bestimmten Berufs frei zu entscheiden. Diesem Freiheitsraum sollen wohl über die Grenze der Entscheidungserdrosselung hinaus, auch hoheitliche und vor allem finanziell einschränkende Motivationsfaktoren nicht zugänglich sein. In diesem Zusammenhang darf nicht davon abgesehen werden, dass die Berufswahl, über der freiheitlichen Selbstverwirklichung des Menschen im beruflichen Bereich hinaus, auch – und womöglich vor allem – einem materiellen Zweck dient, der darin besteht, aus dem wirtschaftlichen Erfolg der eigenen Berufsausübung, den eigenen und, unter Berücksichtigung des Art. 6 Abs. 1 GG, den familiären Lebensunterhalt zu decken[1175].

Seit der Entscheidung zum Grundfreibetrag[1176] zeigt sich eine Tendenz zur Erweiterung des Schutzes der Freiheitsrechte über die Erdrosselungsgrenze hinaus:

> „Steuergesetze [greifen] in die allgemeine Handlungsfreiheit gerade in deren Ausprägung als persönliche Entfaltung ... im beruflichen Bereich"

ein.

> „Dies bedeutet, daß ein Steuergesetz keine ‚erdrosselnde Wirkung' haben darf: Das geschützte Freiheitsrecht darf nur so weit beschränkt werden, daß dem Grundrechtsträger (Steuerpflichtigen) ein Kernbestand des Erfolges eigener Betätigung im wirtschaftlichen Bereich ... erhalten bleibt."[1177].

Dennoch verlangt das Bundesverfassungsgericht weiterhin, dass die Steuernorm objektiv eine Tendenz zur Regelung des von der Steuer betroffenen Berufs erkennen lässt[1178].

Die Steuerbelastung nach der wirtschaftlichen Leistungsfähigkeit garantiert prinzipiell eine berufsneutrale Besteuerung[1179]; die persönliche Leistungsfähigkeit muss stets so bemessen werden, dass sie sich angesichts Art. 12 Abs. 2 GG auf die Ist-Leistungsfähigkeit des Steuerpflichtigen bezieht und nicht auf seine Erwerbsfähigkeit[1180].

[1175] *Lehner, M.*; *Einkommensteuerrecht*, S. 314 f.
[1176] BVerfGE 87, 153 ff.
[1177] BVerfGE 87, 153 (169). Ferner E 93, 121 (137); 105, 17 (32 f).
[1178] BVerfGE 98, 83 (97); 98, 106 (117).
[1179] *Lang, J.*; S. 162.
[1180] *Vogel, K./ Waldhoff, C.*; S. 348.

B. Venezuela

I. Gleichheitssatz

1. Verfassungsrechtliche Verankerung

> „Alle Personen sind vor dem Gesetz gleich; in folge dessen:
>
> 1. Sind keine auf der Rasse, dem Geschlecht, dem Glauben, dem sozialen Stand begründeten Diskriminierungen erlaubt oder diejenige, die im Allgemeinen zum Gegenstand oder zur Folge haben, die Anerkennung, den Genuss oder die Ausübung unter Gleichheitsbedingungen der Rechte und Freiheiten jeder Person zu vernichten oder beeinträchtigen.
>
> 2. Das Gesetz garantiert die juristischen und administrativen Umstände, damit die Gleichheit vor dem Gesetz real und effektiv ist,... .“[1181].

Nach der Grundaussage über die Gleichheit der Menschen vor dem Gesetz werden unter Nr. 1 konkrete Kriterien aufgeführt, auf denen keine Differenzierungen und Benachteiligungen begründet werden dürfen. Die Aufzählung ist nicht erschöpfend, zumal der zweite Satz eine Beschreibung enthält, anhand derer jedes Unterscheidungsmerkmal bzw. jede Unterscheidung selbst und ihr Ergebnis zu prüfen sein wird.

Dabei wird klar, dass keine absolute Gleichheit sondern um eine verhältnismäßige, relative[1182] Gleichheit, welche basierend auf ihrem Wesen und Gewicht nach relevanten Unterscheidungsmerkmalen zwischen diversen Personengruppen, eine gerechte Differenzierung vornimmt, dank der alle in Chancengleichheit stehen und ihre Rechte und Freiheiten genießen können.

Im Allgemeinen interpretiert die Rechtsprechung die Gleichheit

> „als das Recht der Bürger darauf ... , dass keine Ausnahmen oder Privilegien eingeführt werden, die unter Umständegleichheit manche von dem ausschließen, was anderen gegeben wird. ... aufgrund dieses Prinzips sollen keine Unterschiede zwischen denen eingeführt werden, die sich in denselben Bedingungen befinden. Die wahre Gleichheit besteht darin, die Gleichen gleich zu behandeln und ungleich denjenigen, die solche gleiche vom Gesetz vorbestimmten Bedingungen und Umständen nicht geltend machen können.“[1183].

[1181] Art. 21 der venezolanischen Verfassung (Übersetzung der Verfasserin).

[1182] *Barnola, J. P. (h.)*; La prueba del *IVA* soportado, RFCJP (UCV) Nr. 121 / Sonderdruck, Caracas, 2001, S. 269.

[1183] TSJ SPA vom 24.09.2002 in Sache: L. E.. Vergel C. *vs*. Ministerio del Interior y Justicia, http://www.tsj.gov.ve/Decisiones/spa/Septiembre/01131-240902-16238.htm .

Mit anderen Worten setzt die Verletzung des Gleichheitssatzes und Diskriminierungsverbotes voraus, dass sich zwei oder mehr Individuen in einer faktisch und juristisch gleichen bzw. komparablen Lage befinden und ihnen dennoch eine abweichende, unterschiedliche rechtliche Behandlung zuteil wurde[1184]. Diese mehr als nur formale Gleichheit bedarf Vergleichsmaßstäbe, anhand welcher eine gerechte materielle Gleichheit verwirklicht werden kann[1185].

Im Bezug auf Art. 61 der Verfassung von 1961, die, ohne explizit die Gleichheit aller Menschen vor dem Gesetz festzulegen, ein ähnliches Diskriminierungsverbot aufstellte, hat das *Tribunal Supremo de Justicia*

> „...in wiederholten Entscheidungen begründet, ..., dass, obgleich sich der umschriebene Artikel ausdrücklich auf das an die Rasse, das Geschlecht, dem Glauben oder den sozialen Stand anknüpfende Diskriminierungsverbot bezieht, die Diskriminierung auch dann besteht, **wenn ähnliche oder analoge Situationen ohne Rechtfertigung in unterschiedlicher oder entgegengesetzter Weise behandelt werden**. In der Tat umfasst das im Artikel 61 der Verfassung verankerte Grundrecht auf Gleichheit und Nichtdiskriminierung ... nicht nur die von ihm aufgeführten Tatbestände, sondern alle **diejenigen Situationen, in denen ohne jeglichen Anlass oder Grund gleiche Problemstellungen abweichend gelöst werden.**'."[1186].

Aus Art. 21 Nr. 2 ergibt sich deutlich der obligatorische Charakter der Norm: Der Gleichheitssatz ist zwingendes Recht und ist effektiv zu gewährleisten, d.h. als Ergebnis der Rechtsanwendung[1187].

In diesem Zusammenhang ist auf eine Entscheidung des Verfassungsgerichts aufmerksam zu machen, in der der Gleichheitssatz zur Prüfung der Belastung durch die Mehrwertsteuer für Aufwendungen für ambulante wie auch stationäre ärztliche, zahnärztliche Behandlungen und Betreuung sowie für Chirurgie und Krankenhausaufenthalt geleistet von Privatärzten und –kliniken herangezogen wurde.

In der Entscheidung ordnete das Gericht die Nichtanwendung der Norm an, welche die Steuer für solche Leistungen vorsah. Dies wird damit begründet, dass die zusätzliche Steuerbelastung den Zugang zu privaten medizinischen Infrastruktu-

---

1184 TSJ SE 25.01.2001, im Fall: Club Campestre Paracotos, http://www.tsj.gov.ve/decisiones/selec/Enero/004-250101-20010003.htm ; TSJ SC vom 20.02.2001, im Fall: M. Kamvar, http://www.tsj.gov.ve/Decisiones/scon/Febrero/244-200201-00-1667.htm sowie vom 29.08.2003, im Fall: A. González S. *vs.* CONATEL, http://www.tsj.gov.ve/decisiones/scon/agosto/2436-290803-01-0562%20.htm .

1185 Ausführlich dazu im nächsten Abschnitt.

1186 CSJ SPA vom 29.08.1993, o.A., RDP Nr. 55-56, S. 163 (Übersetzung und Hervorhebung der Verfasserin).

1187 TSJ SPA vom 21.10.2003, im Fall: C.A. Seagrams de Margarita, http://www.tsj.gov.ve/decisiones/spa/octubre/01626-221003-2003-0411.htm .

ren und Leistungen gewisser Personen mit niedrigeren finanziellen Mitteln zusätzlich erschweren, sogar verhindern hätte können und dadurch die faktisch ungleichen Zugangsmöglichkeiten zu einem funktionsfähigen Gesundheitssystem und zu einer ausreichenden medizinischen Versorgung zusätzlich verstärkt[1188].

Dem Gesetzgeber ist somit untersagt durch die Rechtsordnung unmittelbar aber auch mittelbar *de facto* bestehende Ungleichheiten zu verschärfen. Dies entspricht dem Gedanken *Valdés Costas*[1189] der Gleichheit durch das Gesetz, nach dem das Gesetz als Instrumentarium zur Korrektur existierenden (ökonomischer, sozialer) Ungleichheiten verwendet werden kann. In diesem Fall kommt die gerichtliche Maßnahme zwar allen zu Gute, dennoch wirkt sie sich besonders auf die Mittellosen aus.

2. Steuerrechtliche Ausprägungen des Gleichheitssatzes

Im Steuerrecht wird die Gleichheit gewährleistet, wenn in analogen Bedingungen den Steuerpflichtigen gleiche oder ähnliche Belastungen auferlegt werden, dabei sollen die wesentlichen Unterschiede, welche es zwischen ihnen geben könnte, berücksichtigt werden. Die steuerliche Gleichheit bedarf einer einheitlichen Regelung für solche Steuerpflichtigen, deren faktische und juristische Situationen ähnlich sind[1190]. Die Steuerpflichtigen müssen somit in verschiedene Gruppen oder Kategorien differenziert werden, innerhalb derer keine Ausnahmen einzuführen sind[1191], indem von Einem das erhoben wird, was von Anderen derselben Gruppe nicht verlangt wird[1192].

Der Gleichheitssatz impliziert dementsprechend auf einer horizontalen Ebene die Verpflichtung aller Personen zur Mitwirkung bei den öffentlichen Ausgaben, i.e. die Allgemeinheit der Besteuerung, sowie korrelativ die gleiche Anwendung von Steuervergünstigungen und –befreiungen, auf all diejenige, die den Tatbestand erfüllen, von dem das Gesetz den Benefiz abhängig macht.

[1188] TSJ SC vom 05.06.2003 zur Sache: Colegio de Médicos del Distrito Metropolitano de Caracas, http://www.tsj.gov.ve/decisiones/scon/Junio/1505-050603-03-0124%20.htm .

[1189] *Valdés C., Ramón*; Instituciones de Derecho Tributario, Buenos Aires, 1992, S. 370.

[1190] CSJ SPA vom 11.10.1995, im Fall: Lux de Venezuela C.A., *Romero-Muci, H., Jurisprudencia*, Bd. I, S. 426 (428 f); TSJ SPA vom 21.10.2003, in *re*: C.A. Seagrams de Margarita, http://www.tsj.gov.ve/decisiones/spa/octubre/01626-221003-2003-0411.htm .

[1191] *Evans M., R.*; Introducción al Régimen Impositivo *Municipal* Venezolano, Caracas, 1998, S. 20.

[1192] JAp ISR vom 11.07.1951, in: Administración general del impuesto sobre la renta, Jurisprudencia de Impuesto sobre la Renta, Caracas, 1961, S. 174; CF vom 08.06.1954 im Fall. Sucesión H. Otero Vizcarrondo, GF Nr. 4, S. 106 (118) sowie vom 18.06.1954, im Fall: Regalías Anzoátegui, in: MH – Jurisprudencia del Impuesto sobre la Renta, Bd. III / 1967, S. 168.

Nach dem Verfassungsgericht sind alle ohne willkürliche Privilegien der Steuerpflicht unterworfen, denn die Gleichheitsgarantie gewährt jedem Bürger das Recht darauf,

> „dass keine Ausnahmen noch Privilegien eingeführt werden, die in Umständegleichheit einige von dem ausschließen, was anderen zugestimmt wird: dass keine Unterschieden zwischen denen, die sich in gleichen Bedingungen befinden geschaffen werden...“[1193].

Auf einer vertikalen Ebene bedeutet der Gleichheitssatz Uniformität, d.h. die Steuerbelastung soll der gleichen wirtschaftlichen Aufwendung für alle Steuerpflichtigen entsprechen, was wiederum in einer horizontalen Äquität die Unterwerfung einer ähnlichen Steuerbelastung derjenigen Personen, die eine analoge Leistungsfähigkeit ausweisen mit sich bringt, sowie in einer vertikalen Äquität, die unterschiedliche steuerliche Behandlung für diejenigen Personen, die eine unterschiedliche Leistungsfähigkeit haben, erfordert[1194].

Letzten Endes geht es darum, dass alle auf vergleichbare Weise bei den öffentlichen Ausgaben mitwirken sollen, im Sinne einer gleichen Behandlung für Gleichen und einer ihrer Verschiedenheit entsprechend Ungleichbehandlung für die Ungleichen[1195].

Die mit dem Gleichheitssatz im Zusammenhang stehenden Grundprinzipien der Allgemeinheit der Besteuerung[1196] und der Steuerbelastung nach der wirtschaftlichen Leistungsfähigkeit sind traditionell in der venezolanischen Verfassung ausdrücklich verankert.

[1193] CF vom 08.06.1954 im Fall. Sucesión H. Otero Vizcarrondo, GF Nr. 4, S. 106 (117 f).

[1194] Vgl. *Octavio, J. A*; Principios del Derecho Tributario Venezolano – Discurso y Trabajo de incorporación a la Academia de Ciencias Politicas y Sociales –, Caracas, 2002, S. 37; *Octavio L., J. A.*; *Realidad Económica*, S. 90; *Boccia, A. L.*; Aspectos Generales de los Ingresos Públicos, in: *SENIAT (Hrsg.)*, RPAT Nr. 2, Caracas, 1996, S. 40.

[1195] *Ruan S.; G.*; *Nueva dimensión* del derecho tributario por aplicación directa de la Constitución. Aspectos sustantivos y adjetivos, in: *AVDT (Hrsg.)*, La Administración Tributaria y los Derechos de los Contribuyentes. Libro Homenaje a la Memoria de Ilse van der Velde, Caracas, 1998, S. 11; *Octavio, J. A.*; *Código Orgánico Tributario 1998*, S. 18.

[1196] Seit der Verfassung von 1811 in Art. 165 und 194.

a. Die Allgemeinheit der Besteuerung

i. Textbefund

Die konstitutionelle Grundlage des Prinzips der Allgemeinheit der Besteuerung wurde unter der Verfassung von 1961 im Artikel 56, der im Text von 1999 im Artikel 133 übernommen wurde[1197], in der generellen Pflicht zur Mitwirkung bei den öffentlichen Ausgaben gesehen[1198].

> „Artikel 133. Jede Person hat die Pflicht; zu den öffentlichen Ausgaben beizutragen, durch die Zahlung der vom Gesetz festgelegten Steuern, Gebühren und Beiträgen."[1199].

ii. Bedeutung

> „... das im Artikel 133 der Verfassung der Bolivarischen Republik Venezuela beinhaltete Prinzip der Allgemeinheit der Abgabe stellt einen der Hauptstützpfeiler des Abgabesystems dar, nach welchem alle durch die Zahlung von Abgaben zu den öffentlichen Ausgaben beitragen müssen."[1200].

Die Allgemeinheit der Besteuerung ist in der Form zu verstehen, dass alle diejenige Personen, die sich in der vom Gesetz als Steuertatbestand definierten Situation befinden, zur Steuerzahlung verpflichtet sind[1201], mit Ausschluss jegliches, diese Pflicht aufhebenden Privilegs[1202]. An diesem Prinzip sind materiell die fiskalischen Benefizen zu prüfen, sie stellen eine Ausnahme dieses Grundsatzes dar und bedürfen daher einer sachlichen, objektiven Rechtfertigung[1203] und einer

---

1197 „Art. 56. Jede Person hat die Pflicht; zu den öffentlichen Ausgaben beizutragen." (Übersetzung der Verfasserin). Artikel 133 der Verfassung von 1999 präzisiert, in welcher Form dieser Beitrag zu erfolgen hat.

1198 CSJ SP vom 29.05.1997, im Fall: DOSA, OPT 5 / 1997, S. 188 (191 f).

1199 Übersetzung der Verfasserin.

1200 TSJ SC vom 21.11.2000, in der Verfassungsbeschwerde von H. Contreras C. gegen Mehrwertsteuergesetz, http://www.tsj.gov.ve/decisiones/scon/noviembre/1397-211100-00-1557%20.htm

1201 *Octavio, J. A.*; *Principios*, S. 37.

1202 *Ramírez van der Velde, A./ Baute, P./ Planchart, A.*; S. 13; *Evans M., R.*; *Municipal*, S. 18.

1203 *Ruan S.; G.*; Las Garantías tributarias de fondo o principios sustantivos de la tributación en la Constitución de 1999, in: *Carrillo B., T. E. (Hrsg.)*; La Tributación en la Constitución de 1999, Caracas, 2001, S. 84 f.

strikten Auslegung[1204].

Das Allgemeinheitsprinzip stellt eine steuerliche Konkretisierung des Gleichheitssatzes und des Rechtsstaatsprinzips dar, in dem Sinne, dass sich die im Gesetz festgelegte und verfassungsmäßig entstandene Pflicht an jeden der Rechtsordnung Unterworfenen richtet. Bei der Allgemeinheit geht es dann nach *Villegas* mehr um „einen negativen als einen positiven Aspekt“, denn niemand dürfe von der Steuerpflicht aufgrund jenes „persönlichen, der Klasse, Geschlecht oder Kaste Privileges“ befreit werden[1205]. Ausnahmen dieses Prinzips dürfen heutzutage keine Anerkennung eines Privileges darstellen: Sie sollen ausschließlich durch soziale oder wirtschaftliche Zwecke zu begründen sein[1206], die dem Gemeinwohl dienen[1207].

b. Zur Besteuerung nach der wirtschaftlichen Leistungsfähigkeit

i. Verfassungsrechtliche Verankerung

Laut Artikel 316 der venezolanischen Verfassung soll das Abgabesystem die öffentlichen Lasten nach der wirtschaftlichen Leistungsfähigkeit der Steuerpflichtigen verteilen.

> „Artikel 316. Das Abgabesystem besorgt die gerechte Verteilung der öffentlichen Lasten nach der wirtschaftlichen Fähigkeit des Steuerpflichtigen, unter Beachtung des Prinzips der Progression, sowie des Schutzes der nationalen Wirtschaft und der Erhöhung des Lebensniveau der Bevölkerung; dafür stützt [es] sich auf ein effizientes Erhebungssystem der Abgaben.“[1208].

Obwohl Einigkeit darüber besteht, dass die Norm jedenfalls eine Schranke der staatlichen Besteuerungsgewalt darstellt[1209], ist ihre Interpretation im Schrifttum nicht einheitlich.

1204 CSJ SPA vom 16.06.1969, im Fall: Eraso, de Ceballos et al., *AVDT (Hrsg.)*, Temas Tributarios. Compilación de estudios y sentencias publicadas en las Revistas de Derecho Tributario N° 1 a la 50, Caracas, 1999, S. 601 (611); CSJ SPA / ET Nr. 215 (1997), im Fall: Beecham Venezuela S.A., Auszug der Entscheidung sowie Kritik dieser Auffassung in: *Meier G., E. E.*; La Interpretación de la norma tributaria en la Constitución de 1999, RDT Nr. 89, Caracas, 2000, S. 30 ff (31).

1205 *Villegas, H.*; Curso de Finanzas. Derecho Financiero y Tributario, Buenos Aires, 1980, S. 187. (Übersetzung der Verfasserin).

1206 *Evans M., R.*; *Municipal*, S. 18.

1207 *Evans M., R.*; *Municipal*, S. 15.

1208 (Übersetzung der Verfasserin).

1209 *Acedo P., G.*; *Límites cuantitativos* de la imposición en Venezuela, Caracas, 1993, S. 14.

Ein Sektor betrachtet sie als programmatisch[1210], denn eine Belastung nach der wirtschaftlichen Leistungsfähigkeit sei nur bei Steuern möglich und daher zu beachten, bei anderen Abgabetypen, wie etwa den Gebühren, werde diese dagegen nicht gemessen und berücksichtigt. Sie gebe dem Gesetzgeber eine Orientierung für die Ausformung des Abgabesystems, die er nach Möglichkeit umzusetzen hat[1211]. Für andere ist sie in der Form richtungweisend, dass sie sich lediglich auf das System als Ganzes beziehe, allerdings sei die Besteuerung nach der wirtschaftlichen Leistungsfähigkeit im Bezug auf die einzelnen Steuern aus dem allgemeinen Gleichheits- und dem Steuergerechtigkeitsgebot abzuleiten[1212]. Demgegenüber bewerten andere Art. 316 der Verfassung von 1999, gleichermaßen wie Art. 223 der Verfassung von 1961[1213], als zwingendes Recht[1214], der eine Gerechtigkeitsforderung sowohl dem Abgabesystem als Ganzes, d.h. der Verteilung der öffentlichen Lasten selbst, gestellt hat, als auch der individuellen Steuerbelastung des einzelnen Steuerpflichtigen[1215].

ii. Die wirtschaftliche Leistungsfähigkeit als inhaltlicher Maßstab für die einzelnen Steuern

(1) Bindungskraft

Im Bezug auf die einzelnen Steuern erfährt das Leistungsfähigkeitsprinzip komplette Geltung und ist zwingendes Recht, denn Steuertatbestände weisen eine wirtschaftliche Eigenschaft auf, die die wirtschaftliche Leistungsfähigkeit des Steuerpflichtigen vermitteln kann. Aus diesem Grund sind Steuern, welche die

---

1210 *Borjas, L.*; Manual de Derecho Tributario, Caracas, 2000, S. 50.

1211 *Octavio, J. A.*; *Principios*, S. 44; *ders.*; Comentarios Analíticos al *Código Orgánico Tributario*, Colección Textos Legislativos N° 17, Caracas, *1998*, S. 25.

1212 *Valdivieso A., E.*; El programa constitucional tributario en el marco de la jurisprudencia de la Corte Suprema de Justicia, in: *AVDT (Hrsg.)*, Homenaje a José Andrés Octavio, Caracas, 1999, S. 429.

1213 *Casado H., L. R.*; Una presentación del sistema tributario venezolano en sus bases constitucionales y orgánicas, in: *PGR (Hrsg.)*, Veinte Años de la Procuraduría General de la República 1962-1981, Bd. V, Caracas, 1984, S. 331.

1214 *Palacios M., L.*; in: *ILADT (Hrsg.)*, S. 487.

1215 *Acedo P., Germán*; *Régimen Tributario*, S. 223; *Valdivieso A., E.*; in: *AVDT (Hrsg.)*, S. 429.

wirtschaftliche Leistungsfähigkeit nicht berücksichtigen, verfassungswidrig[1216].

Das Prinzip der Steuerbelastung nach der wirtschaftlichen Leistungsfähigkeit gewährleistet, verwirklicht[1217] den Gleichheitssatz und dient somit der Verwirklichung der Steuergerechtigkeit[1218], weswegen, auch wenn es keinen verfassungsrechtlichen Ausdruck erfahren hätte, dieses Gebot dann auf den Gleichheitssatz sowie auf die ungeschriebene Garantie der Angemessenheit der (Steuer)Gesetze zurückzuführen wäre[1219]. Die explizite Verankerung gebietet vielmehr dem Gesetzgeber, dass die einzelnen „gleichmäßigen" nach der Leistungsfähigkeit des Steuerpflichtigen ausgestalteten Steuern *summa summarum* und in ihrer Gesamtbelastung dem Prinzip der Belastung nach der wirtschaftlichen Leistungsfähigkeit standhalten.

In Anerkennung des Zusammenhanges zwischen Gleichheit, Allgemeinheit, Leistungsfähigkeit und Steuergerechtigkeit erklärte das Verfassungsgericht, dass die Gleichheit im Steuerrecht

> „... eine Verteilung der Steuerlast nach der wirtschaftlichen Lage der Steuerpflichtigen [erfordert]. Von daher gibt es eine Verletzung des Prinzips der Leistungsfähigkeit, wenn eine gleiche Behandlung Ungleichen gegeben wird und

---

1216 Im Hinblick auf die Verfassung von 1961: CSJ SPA vom 20.07.1965, im Fall: International Petroleum Company Ltd., GF Nr. 49, S. 52 (57), sowie vom 19.01.1976, im Fall: Acumuladores Fulgor C.A., GF Nr. 91, S.32 (40); *Octavio, J. A.*; *Principios*, S. 45. Dieses Prinzip wird hier zu einem verfassungsrechtlichen Recht, zu einer Garantie des Steuerpflichtigen, vgl. *Borjas, L.*; Manual de Derecho Tributario, Caracas, 2000, S. 50; *Anzola P., O.*; La ley tributaria: su interpretación y los medios legales e ilegales para evitar o reducir sus efectos, in: *AVDT (Hrsg.)*, Homenaje a José Andrés Octavio, Caracas, 1999, S. 16. *Montilla* behauptet dagegen, dass sich das vom Art. 316 postulierte Leistungsfähigkeitsprinzip nur auf das Steuersystem und nicht auf die einzelnen Steuern beziehe. *Montilla V., A.*; La capacidad contributiva en la Constitución de 1961 y la de 1999, in: *AVDT (Hrsg.)*, V. Jornadas Venezolanas de Derecho Tributario. Aspectos Tributarios en la Constitución de 1999, Caracas, 2000, S. 101. Für *González C.* ist die wirtschaftliche Leistungsfähigkeit ein kennzeichnendes Element der venezolanischen Steuer, die er als die vom Staat „... natürlichen und juristischen Personen **nach ihrer Leistungsfähigkeit** und in der vom Gesetz festgelegten Form auferlegten Geldleistungen", ohne bestimmte Gegenleistung und zur Deckung der öffentlichen Ausgaben sieht. *González C., M. A.*; Temas de Derecho Tributario Venezolano, Caracas, 1987, S. 138 f (Übersetzung und Hervorhebung der Verfasserin).

1217 *Octavio L., J. A.*; *Realidad Económica*, S. 98.

1218 *León R., A. E.*; Principios constitucionales de la imposición y derechos de los contribuyentes, in: *ILADT (Hrsg.)*; Anais das XX Jornadas do ILADT - Tema 1 Derechos Humanos y Tributación -, Salvador / Bahia, 2000, S. 1152 f. Ähnlich *Montilla V., A.*; in: *AVDT (Hrsg.)*, S. 63.

1219 *Octavio L., J. A.*; *Realidad Económica*, S. 98.

nicht für eine differenzielle Behandlung gesorgt wird, welche die Äquität in der Verteilung der öffentlichen Lasten garantiert.“[1220].

(2) Rechtsprechung

Nach der Rechtsprechung des Verfassungsgerichts ist das in Art. 316 der venezolanischen Verfassung beinhaltete Prinzip der Leistungsfähigkeit

> „... zu verstehen, als die Fähigkeit in einer fiskalischen Periode Steuerlasten zu tragen, in dem ökonomischen und realen Maß jedes Steuerpflichtigen einzeln betrachtet und welche als materielle Schranke der Besteuerungsgewalt des Staates auftritt, indem sie die Gerechtigkeit und Angemessenheit der Abgabe garantiert.
>
> Auf dieser Weise stellt die Leistungsfähigkeit ein verfassungsrechtliches Prinzip dar, welches einem doppelten Zweck dient, einerseits als legitimierende Voraussetzung der Verteilung der öffentlichen Ausgaben; andererseits als materielle Schranke der Ausübung der Steuergewalt.
>
> .... die Fähigkeit Steuerlasten zu tragen... ist eine allein, einzig und unteilbar, welche ... von der nationalen, [glied]staatlichen und munizipalen öffentlichen Gewalt geachtet werden muss.“[1221].

Die wirtschaftliche Leistungsfähigkeit ist somit einerseits der Maßstab, an Hand dessen zum Zwecke der Steuerbelastung die Einzelnen in diverse Kategorien differenziert werden, um dadurch eine Gleichbehandlung den Gleichen und eine ungleiche Behandlung den Ungleichen zu garantieren. Andererseits stellt sie die Voraussetzung sowie äußere Schranke der Steuerbelastung dar. Die Quelle der Leistungsfähigkeit soll nicht durch die Besteuerung vernichtet werden, denn sie sichert das Bestehen des Staates[1222].

Das Prinzip der Besteuerung nach der Leistungsfähigkeit impliziert bei der Ausgestaltung der Steuern eine Grenze für den Gesetzgeber, im Hinblick auf die Auswahl der Fakten und Sachverhalte die zum Steuertatbestand werden. Diese müssen in der Lage sein, die wirtschaftliche Leistungsfähigkeit des Steuerpflich-

---

[1220] CSJ CP vom 14.12.1999, zur Verfassungsbeschwerde gegen Art. 59 des COT von 1994, http://www.tsj.gov.ve/jurisprudencia/CP/cp14121999-1046.htm .

[1221] TSJ SC vom 21.11.2000, in der Verfassungsbeschwerde von H. Contreras gegen Mehrwertsteuergesetz; http://www.tsj.gov.ve/decisiones/scon/noviembre/1397-211100-00-1557%20.htm ; bestätigt durch TSJ SPA vom 21.10.2003, im Fall: C.A. Seagrams de Margarita, http://www.tsj.gov.ve/decisiones/spa/octubre/01626-221003-2003-0411.htm .

[1222] *Ruan S.; G.*; *Nueva dimensión*, in: *AVDT (Hrsg)*, S. 13.

tigen zu vermitteln[1223], von daher ist dieses Prinzip auch eine materielle Begrenzung gegenüber juristischen Fiktionen[1224].

Wenn durch gesetzliche Vermutungen oder Fiktionen, eine Steuer Gegebenheiten belastet, die kein Ausdruck der individuellen Leistungsfähigkeit sind, ist die Steuerbelastung verfassungswidrig[1225].

In diesem Sinne betrachtet das *Tribunal Supremo de Justicia* etwa die für die nicht öffentlich erbrachten medizinischen Leistungen aufgewendeten Zahlungen als keine aufschlussreichen Indizien für die wirtschaftliche Leistungsfähigkeit der Steuerpflichtigen[1226]. Bei indirekten Steuern werde die Leistungsfähigkeit in der Form mittelbar konsultiert, dass, wer mehr konsumiert, eine höhere Steuerbelastung auf sich nimmt[1227], wie etwa durch die Mehrwertsteuer.

Hierbei darf nicht von der Tatsache abgesehen werden, dass die venezolanische Ökonomie eine hohe Inflation aufweist, welche die historischen absoluten finanziellen Werte, an Hand denen die Bemessungsgrundlage des Steuerpflichtigen bestimmt wird, verfälscht[1228]. Dieses Phänomen ist zur Feststellung der realen

---

1223 TSJ SC vom 21.11.2000, in der Verfassungsbeschwerde von H. Contreras C. gegen das Mehrwertsteuergesetz, http://www.tsj.gov.ve/decisiones/scon/noviembre/1397-211100-00-1557%20.htm ; *Anzola P., O.*; La ley tributaria: su interpretación y los medios legales e ilegales para evitar o reducir sus efectos, in: *AVDT (Hrsg.)*, Homenaje a José Andrés Octavio, Caracas, 1999, S. 15 f; *Colmenares Z., J. C.*; Límites constitucionales a la creación de la ficción en el derecho tributario, in: *AVDT (Hrsg.)*, V. Jornadas Venezolanas de Derecho Tributario. Aspectos Tributarios en la Constitución de 1999, Caracas, 2000, S. 119 f; *Octavio L., J. A.*; La *Realidad Económica* en el Derecho Tributario (=Colección Estudios Jurídicos Nr. 73), Caracas, 2000, S. 30 f; *Parra P., J.*; Comentarios al *Código Orgánico Tributario*, Caracas, 1983, S. 59 f; *Ruan S.; G.*; in: *Carrillo B., T. E. (Hrsg.)*, S. 89; *Barnola, J. P. (h.)*; *IVA*, S. 259; *González C., M. A.*; Temas de Derecho Tributario Venezolano, Caracas, 1987, S. 116 f; *de Araújo Falcão, A.*; El hecho generador de la obligación tributaria, Buenos Aires, 1964, S 42 f.

1224 *Colmenares Z., J. C.*; in: *AVDT (Hrsg.)*, S. 107 ff passim.

1225 *Fraga P., L.*; Breves reflexiones sobre la interdicción de los efectos confiscatorios de los Tributos en la Constitución de 1999, in: *AVDT (Hrsg.)*, V. Jornadas Venezolanas de Derecho Tributario. Aspectos Tributarios en la Constitución de 1999, Caracas, 2000, S. 142, 150.

1226 TSJ SC vom 05.06.2003 zur Sache: Colegio de Médicos del Distrito Metropolitano de Caracas, http://www.tsj.gov.ve/decisiones/scon/Junio/1505-050603-03-0124%20.htm .

1227 TSJ SC vom 21.11.2000, in der Verfassungsbeschwerde von H. Contreras C. gegen das Mehrwertsteuergesetz, http://www.tsj.gov.ve/decisiones/scon/noviembre/1397-211100-00-1557%20.htm ; *Ramírez van der Velde, A./ Baute, P./ Planchart, A.*; S. 19 f.

1228 *Romero-Muci, H.*; Los ajustes por *Inflación* en la Ley de Impuesto sobre la Renta, Caracas, 1993, S. 23, 193.

Leistungsfähigkeit des Einzelnen zu beachten und infolgedessen sind die notwendigen Korrekturen vorzunehmen:

> „Die Notwendigkeit, die Inflationsangleichung zu berücksichtigen, ist Folge einer inflationären Wirtschaft, in der es nicht möglich ist, die ökonomische Kraft des Steuerpflichtigen festzulegen, wenn das nach historischen Geldwerten erzielte Einkommen nicht gemäß der Inflation angeglichen wird. ... Angestrebt wird dadurch, die Belastung des Einkommens auf die tatsächliche wirtschaftliche Fähigkeit des Steuerpflichtigen anzupassen, dem im Artikel 316 der Verfassung der Bolivarischen Republik Venezuela vorgesehen Gebot folgend.“[1229].

Im Schrifttum[1230] werden verschiedene konkrete Regelungen kritisch betrachtet, aufgrund derer bei der Steuerbelastung, präziser bei der Festlegung der individuellen Bemessungsgrundlage die tatsächliche Leistungsfähigkeit des Steuerpflichtigen in gewissen Fällen nicht berücksichtigt wird, unter dem Vorwand, dass bestimmte formale Vorgaben nicht eingehalten wurden.

So etwa bei der Umsatz-/ Mehrwertsteuer (*impuesto al valor agregado, abgekürzt IVA*), welche eine reale indirekte nicht kumulative mehrphasige Steuer, die alle Veräußerungen und Leistungen in allen und jeder Phase des Herstellungs- und Vertriebsprozesses belastet, darstellt, ohne dass sich die Summe der bezahlten Steuer auf die Kosten des Produktes aufschlägt[1231], um somit vom letzten Abnehmer getragen zu werden. Nach Art. 30 des Mehrwertsteuergesetzes werden bei der Umsatzsteuererklärung diejenigen Rechnungen als Dokumentation der bereits bezahlten Umsatzsteuer nicht berücksichtigt, die die vom Gesetz selbst sowie von der jeweiligen Verordnung aufgestellten formalen Angaben nicht erfüllen[1232].

In diesem Fall ergibt sich eine verzerrte Bilanz der bezahlten und der eingenommenen und dem Fiskus abzuführenden Steuer und der betroffene Unternehmer (A) wird somit auf der Basis einer fiktiven Bemessungsgrundlage belastet[1233]. Der Unternehmer (A) erhält die an leistenden Unternehmer (B) bereits bezahlte Steuer im Wege des Vorsteuerabzugs nicht zurück und der Kreislauf

---

1229 TSJ SPA vom 25.09.2002, im Fall: Fundición Metalúrgica Lemos C.A., http://www.tsj.gov.ve/decisiones/spa/Septiembre/01165-250902-01-0273.htm .

1230 *Octavio, J. A.*; *Principios*, S. 47 ff; *Barnola, J. P. (h.)*; *IVA*, S. 220 und 252 ff, sowie insgesamt zur diesen Problematik.

1231 TSJ SC vom 21.11.2000, zur Verfassungsbeschwerde von H. Contreras gegen das Mehrwertsteuergesetz; http://www.tsj.gov.ve/decisiones/scon/noviembre/1397-211100-00-1557%20.htm sowie TSJ SPA 29.03.2001, im Fall: C.A. Editora El Nacional; http://www.tsj.gov.ve/Decisiones/spa/Abril/00559-030401-15666.htm .

1232 TSJ SPA vom 28.02.2002, im Fall: Industria Cerrajera El Tambor C.A. (INCETA, C.A.), http://www.tsj.gov.ve/decisiones/spa/Marzo/00395-050302-16575.htm .

1233 *Barnola, J. P. (h.)*; *IVA*, S. 243 f, 252 f.

(A) - (B) - Finanzamt - (A) ist nicht leerläufig[1234]. Aus Gerechtigkeitserwägungen erscheint besonders kritisch, dass letzten Endes die nicht Einhaltung der Formen zu finanziellen Lasten des Unternehmers (A), welches die Leistung in Anspruch genommen und dafür bezahlt hat, inklusive die Umsatzsteuer, geht. Diese soll dann dem Fiskus wieder geleistet werden, zuzüglich Zinsen und Busgelder. In dieser Konstellation erhebt der Fiskus dieselbe Steuer doppelt, denn sie wird weiterhin vom leistenden Unternehmer (B) ordnungsgemäß abgeführt.

Eine ähnliche Konstellation ergibt sich im Bereich der Einkommensteuer, denn der Abzug von Betriebsausgaben, Werbungskosten oder Sonderausgaben wird nicht akzeptiert, wenn diese durch Belege und Rechnungen dokumentiert werden, die mit den vom Gesetz sowie von der Verordnung vorgesehenen Angaben nicht versehen sind, insbesondere mit der Nummer des Registers fiskalischer Information (*Registro de Información Fiscal*, abgekürzt *RIF*), auch dann, wenn diese Aufwendungen zweifellos belegt sind[1235].

Die Frage, die hier auch gestellt werden muss, ist in wie weit von den Steuerpflichtigen die Anhaltung bestimmter Formalitäten verlangt werden darf und, wann die Verhältnismäßigkeit zwischen der Folge der unerfüllten Formenpflicht und dem daraus resultierenden Rechtseingriff durch den Staat nicht mehr gegeben ist. Die gebotene effektive Gewährleistung des verfassungsrechtlichen Leistungsfähigkeitsprinzips soll nicht daran scheitern, dass eine konkrete Angabe fehlt, z.B. die Umsatzsteuer–Identifikationsnummer des leistendes Unternehmer, wenn sich aus der „mangelhaften" Rechnung die Summe der bezahlten Steuer, das Datum und die beteiligten Unternehmer eindeutig feststellen lassen und somit Gewissheit besteht, dass die anfallende Steuer bezahlt wurde bzw., dass die geltend gemachten abschreibbaren Kosten und Ausgaben in der vorgebrachten Höhe entstanden sind und vom Steuerpflichtigen getragen wurden.

In diesem Sinne das *Tribunal Supremo de Justicia*:

> „... im konkreten Fall soll untersucht werden, ob das Fehlen der streitigen Formalität(en) den Inhalt der Rechnung denaturieren und, ob daher der Nationale Fiskus daran gehindert wird, die normale und opportune Erhebung dieser Steuer zu sichern... . Anderenfalls ... hat unausbleiblich dieser Senat den Zweck der Rechnung, Anspruch auf dem Fiskalkredit zu geben, als erfüllt zu erklären und, infolgedessen, die Zulässigkeit des Fiskalkredits auf der Grundlage dieses Instruments anzuerkennen.

1234 Erklärt am Beispiel von *Reiß, W.*; Umsatzsteuer, in: *Tipke, K./ Lang, J.*, Steuerrecht, 17. Aufl., Köln, 2002, S. 557.

1235 TSJ SPA vom 28.02.2002, im Fall: Industria Cerrajera El Tambor C.A. (INCETA, C.A.), http://www.tsj.gov.ve/decisiones/spa/Marzo/00395-050302-16575.htm . Kritisch zu dieser Entscheidung *Octavio, J. A.*; *Principios*, S. 49 f.

In dieser Auslegung steuerlicher Gerechtigkeit müssen die Anerkennungsweigerungen von Fiskalkrediten ... äquitativ untersucht werden, sowohl durch die Steuerverwaltung als auch durch Steuerrichter, um in jedem konkreten Fall festzustellen, wann die Nichteinhaltung der Formalitäten ... die notwendige Kontrollfunktion ... [des] Nationalen Fiskus beeinträchtigt... .

Wenn im Gegenteil das in der Rechnung vorausgesetzte Erfordernis lediglich formal ist, ihre Nichterfüllung gibt der Steuerverwaltung das Recht darauf, den Bürger Geldsanktionen zu auferlegen, wegen mangelnder Pflege des Rechnungsinhalts, ...als Nichterfüllung formaler Pflichten. ..."

„... Im untersuchten Fall scheint es nicht angemessen, zu billigen, dass die Fiskalkredite zu Gunsten der Beschwerdeführerin nicht erfolgen, wegen des alleinigen Fehlens der Nummer des Registers fiskalischer Information des geprüften Steuerpflichtigen ... zumal die Steuerverwaltung seit Beginn der Steuerprüfung über diese Information völlig verfügte ... . Daher erachtet dieser Senat, dass solche Auslassung in den Rechnungen kein genügender Grund ist, um dem Steuerpflichtigen das Recht zu verkennen, die angehäuften Fiskalkrediten abzuschreiben. ..."[1236]

In Bezug auf den Steuersatz bedeutet das Leistungsfähigkeitsprinzip, dass dieser im Verhältnis zur Bemessungsgrundlage stehen soll: Ist der Steuersatz exzessiv im Hinblick auf die Bemessungsgrundlage der Steuer, dann ist diese als verfassungswidrig zu betrachten[1237].

Von besonderer Relevanz ist bei der Verwirklichung der steuerlichen Gleichheit die wirtschaftliche Auslegung der Steuernormen, denn sie ermöglicht die Erfassung der tatsächlichen wirtschaftlichen Leitungsfähigkeit des Steuerpflichtigen über ihre äußere Erscheinung hinaus und daher die Einordnung in die entsprechende Belastungskonstellation[1238]. Zwar findet die ökonomische Auslegung von Steuernormen ihren Ursprung im Versuch die Steuerumgehung zu vermeiden, sie basiert dennoch auf dem Gleichheitsprinzip im Hinblick auf die ökonomische Realität und kann daher als eine konkrete Formulierung des allgemeinen Prinzips der Gleichheit vor den öffentlichen Lasten angesehen werden[1239].

1236 TSJ SPA vom 10.10.2001, im Fall: Hilados Flexilón, S.A., http://www.tsj.gov.ve/decisiones/spa/Octubre/02158-101001-1254.htm .

1237 *Octavio, J. A.*; *Principios*, S. 47.

1238 Vgl. *Octavio L., J. A.*; *Realidad Económica*, S. 95, auch ausführlich zu diesem Thema. Kritisch zur wirtschaftlichen Auslegung von Steuernormen *Meier G., E. E.*; S. 27 ff.

1239 *Valdés C., R.*; Instituciones de Derecho Tributario, Buenos Aires, 1992, S. 375; *Octavio L., J. A.*; *Realidad Económica*, ebd.

II. Die Menschenwürde als Untergrenze der wirtschaftlichen Leistungsfähigkeit

1. Verfassungsbefund

Nach Artikel 3 der Verfassung gehören der Schutz und die Entfaltung der Person sowie die Achtung ihrer *Würde* zu den essentiellen staatlichen Zielen Venezuelas[1240]. Laut Art. 87 hat jeder Mensch das Recht und die Pflicht zur Arbeit, um in dem vom Staat geschaffenen Rahmen durch die Ausübung dieses Rechts ein *würdiges* Leben führen zu können. Jedem Arbeiter soll infolgedessen nach Art. 91 ein Gehalt zustehen, das ihm und seiner Familie ein *würdiges* Leben ermöglicht. Ferner soll laut Art. 299 das Sozial-Ökonomische System die *würdige* Existenz der Person gewährleisten.

2. Meinung in der Literatur

In Anbetracht dieser Normen wird im Schrifttum die Ansicht vertreten[1241], dass der Steuerzugriff dem Steuerpflichtigen die Grundlage eines menschenwürdigen Lebens nicht entziehen darf. Soll es bei der Besteuerung nach der wirtschaftlichen Leistungsfähigkeit darum gehen, die Belastungswirkung auf den einzelnen Steuerpflichtigen zu individualisieren, dann enthält dieses Prinzip als Vorgabe, das Existenzminimum steuerfrei zu belassen[1242], und die Besteuerung allein an das darüber Hinausgehende anzuknüpfen.

Der Steuerpflichtige soll zunächst einmal ein menschenwürdiges Leben führen können, und erst, wenn dieses gewährleistet ist, zur Mitwirkung bei den öffentlichen Ausgaben herangezogen werden[1243].

[1240] Art. 3. „Der Staat hat als essentielle Ziele den Schutz und die Entfaltung der Person und die Achtung ihrer Würde ... .“. (Übersetzung und Auslassung der Verfasserin).

[1241] *Brewer-Carías, A.*; Debate Constituyente (Aportes a la Asamblea Nacional Constituyente), Caracas, 1999 Bd. III, S. 57 ff.

[1242] *Montilla V., A.*; La capacidad contributiva en la Constitución de 1961 y la de 1999, in: *AVDT (Hrsg.)*, V. Jornadas Venezolanas de Derecho Tributario. Aspectos Tributarios en la Constitución de 1999, Caracas, 2000, S. 64; *Ruan S.; G.*; *Nueva dimensión*, in: *AVDT (Hrsg)*, S. 13.

[1243] *Fraga P., L.*; in: *AVDT (Hrsg.)*, S. 145.

3. Stand der Rechtsprechung

Die Achtung der Menschenwürde durch die Besteuerungsgewalt bedeutet keinesfalls, dass die Steuerbelastung bis zur Grenze des Existenzminimums gehen darf, vielmehr erklärte die Rechtsprechung, der

> „Gerechtigkeitsgedanke sowie das öffentliche Interesse legen nahe, dass die Steuer die Leistungsfähigkeit des Steuerpflichtigen zur Basis haben... und ihm eine angemessene Spannweite zum Sparen im Hinblick auf die Steigerung der Habe belassen soll."[1244].

In diesem Sinne folgt sie der Meinung des Schrifttums, nach der die wirtschaftliche Leistungsfähigkeit an dem Überschüssigen zu messen ist, nachdem der eigene Lebensbedarf bestritten worden ist. Lebensbedarf ist dennoch nicht als das bloße Existenzminimum zu verstehen, denn er bezieht sich nicht nur auf die Aufrechterhaltung eines vorhandenen Lebensstandards, vielmehr soll er dessen Erhöhung ermöglichen[1245]. Geboten wird ferner, die zu dem notwendigen Existenzminimum unverzichtbaren Güter und Dienstleistungen nicht mit indirekten Steuern zu belegen[1246].

Auch wenn zutreffend, bleiben diese Aussagen dennoch sehr vage. Angedeutet werden zum einen ein Existenzminimum und zum anderen die Tatsache, dass dieser Lebensbedarf vom Steuerpflichtigen selbst zu bestreiten ist, bevor er als wirtschaftlich leistungsfähig betrachtet werden darf. Zu klären wäre somit die Frage, was unter diesem menschenwürdigen, bedarfsgerechten Existenzminimum zu verstehen ist. Hierfür könnten die im deutschen Forum entwickelten Ansätze *mutatis mutandis* Anwendung finden.

[1244] CF vom 08.06.1954 im Fall: Sucesión H. Otero Vizcarrondo, GF Nr. 4, S. 106 (116) (Übersetzung der Verfasserin).

[1245] *Valdivieso A., E.*; El programa constitucional tributario en el marco de la jurisprudencia de la Corte Suprema de Justicia, in: *AVDT (Hrsg.)*, Homenaje a José Andrés Octavio, Caracas, 1999, S. 431; *Fraga P., L.*; in: *AVDT (Hrsg.)*, S. 145.

[1246] TSJ SC vom 21.11.2000, in der Verfassungsbeschwerde von H. Contreras C. gegen das Mehrwertsteuergesetz; http://www.tsj.gov.ve/decisiones/scon/noviembre/1397-211100-00-1557%20.htm

III. Verfassungsrechtlicher Schutz der Ehe und der Familie

Die venezolanische Verfassung gewährt in Art. 77 der Ehe und in Art. 75 der Familie einen besonderen Schutz, der die Verpflichtung des Staates begründet,

> „jeden Umstand, der das materielle Gleichgewicht der Familie beeinträchtigt,"

zu beseitigen. Daraus ergibt sich, dass

> „jede staatliche Handlung oder Unterlassung, die solch eine Störung einführt o-der einzuführen strebt"

verfassungswidrig ist[1247].

Prinzipiell dürften Steuern die Ehe oder die Familie nur insoweit belasten, als sie ihre umfassende Entwicklung nicht beeinträchtigen[1248]. Schon aufgrund des Gleichheitssatzes, und des dazu korrelierenden Diskriminierungsverbots, sollen weder Eheleute gegenüber ledigen Steuerpflichtigen noch Familien oder Steuerpflichtige mit Kindern gegenüber Kinderlosen benachteiligt werden. Dennoch genügt die Steuerbelastung der Ehe und der Familie in Venezuela diesen verfassungsrechtlichen Anforderungen nicht.

1. Einkommensteuerrechtliche Behandlung der Ehe

Zum Zwecke der Einkommensteuerveranlagung werden Ehen in zwei Kategorien geteilt:

Ehen mit Gütertrennung, bei denen die Ehegatten getrennt veranlagt werden[1249] und im Ergebnis keiner unterschiedlichen Besteuerung im Vergleich zu unverheirateten Einkommensteuerpflichtigen unterworfen werden, und

Ehen ohne Gütertrennung, bei denen prinzipiell die Ehegatten zusammen als ein Steuerpflichtiger veranlagt werden[1250]. In diesem Fall könnte es zu einer Besteuerung auf der Grundlage einer fiktiv überhöhten wirtschaftlichen Leistungsfähigkeit kommen[1251], die einen im Verhältnis zu nicht verheirateten, gleich verdienenden Steuerpflichtigen gravierendere Belastung und steuerliche Benachteiligung aufgrund der Ehe darstellt. Allerdings sind hier unterschiedliche Fall-

---

[1247] TSJ SC vom 01.10.2000, Fall: L. Rondón, J. Mago M. und P. Grau M., http://www.tsj.gov.ve/decisiones/scon/Noviembre/1316-011100-00-2060.htm .

[1248] *Arvelo V., R.*; El Estatuto del Contibuyente en la Constitución de la República Bolivariana de Venezuela de 1999. Los Derechos y Garantías del Ciudadano y del Contribuyente en el rango constitucional conforme al texto publicado an la Gaceta Oficial N° 5.453 Extraordinario, del 24 de marzo del año 2000, Caracas, 2000, S. 77.

[1249] Art. 81 Satz 2 LISR.

[1250] Art. 54 Halbsatz 1 i.V.m. Art. 81 Satz 1 LISR.

[1251] *Arvelo V., R.*; ebd.

konstellationen möglich, die divergierende Belastungen zur Folge haben können, abhängig davon, inwiefern eine zusätzliche Erwerbstätigkeit der Ehegattin vorliegt:

Ist ebenfalls die **Ehefrau erwerbstätig**, dann ist es ihr möglich, ihre Einkünfte nach Art. 54 Halbsatz 2 LISR aus unselbständiger und selbständiger Arbeit gesondert zu versteuern. Weitere Einkunftsarten sind hierin nicht vorgesehen und unterliegen daher der allgemeinen Regelung und fließen in die Bemessungsgrundlage der „Ehe", *i.e.* des Ehemannes, ein[1252]. In dieser Sachlage können beide Ehepartner, getrennt voneinander, die gesetzlichen Abschreibungsmöglichkeiten in voll Anspruch nehmen, insbesondere die des Pauschalabzugs von 774 StE. Durch die auf diese Weise verminderte Bemessungsgrundlage profitieren sie von einem in der Progressionsskala niedrigeren Tarif.

Ist die **Ehefrau** dagegen **nicht erwerbstätig**, dann werden die Ehegatten als ein Steuerpflichtiger betrachtet, ohne dass sich dabei etwa das zu versteuernde Einkommen verringern bzw. sich der Abzugs-Pauschalbetrag erhöhen würde. Berücksichtigung im Zuge der Feststellung der Bemessungsgrundlage des steuerpflichtigen Ehepartners finden lediglich die tatsächlich entstandenen Kosten für Versicherungsprämien[1253], sowie die Aufwendungen für stationäre und ambulante ärztliche bzw. zahnärztliche Behandlungen des nicht erwerbstätigen Ehegatten[1254]. Gewährt wird ferner eine Pauschalermäßigung auf die Steuerschuld von 10 StE.

In diesen Regelungen wird somit nicht von Ehe- oder Haushaltsexistenzminimum und -leistungsfähigkeit ausgegangen, es wird steuerlich vielmehr eine der dem Alleinstehenden vergleichbare Bemessungsgrundlage angenommen und durch geringfügige Korrektive[1255] nuanciert. Diese nur durch unzureichende Abschreibungen bereinigte Bemessungsgrundlage, sowie die Ermäßigung auf die Steuerschuld tragen keineswegs der realen wirtschaftlichen Leistungsfähigkeit der Eheleute Rechnung, die höhere unabweisbare Aufwendungen zu tragen haben als vom Gesetzgeber anerkannt und daher in eine benachteiligende Ausgangslage gegenüber Alleinstehenden zurückversetzt werden.

Kritisch zu betrachten ist ferner die Unterscheidung zwischen „erwerbstätigen" und „nicht erwerbstätigen" Ehefrauen in der Kategorie „Ehen ohne Gütertren-

---

[1252] Die Formulierung dieses Artikels sowie andere, die sich auf die erwerbstätige Ehefrau beziehen sollen im Hinblick auf den Gleichheitssatz im Sinne von Gleichstellungsgebot von Frauen und Männern durch allgemeine, verfassungsrechtlich korrekte Formulierungen ersetzt werden, die sich auf „den Erwerbstätige Ehepartner" beziehen.

[1253] Art. 60 Abs. 1 Nr. 2 LISR. Der Umfang des abzugsfähigen Versicherungsschutzes ist auf Krankenhausaufenthalt, Chirurgie und Entbindung beschränkt.

[1254] Art.60 Abs. 1 Nr. 3 LISR.

[1255] *Octavio, J. A.*; *Principios*, S. 47.

nung“, die im Ergebnis zu einer gravierenderen Belastung für solche Ehen führt, in denen nur der Ehemann Einkünfte erzielt. Diese Ungleichbehandlung lässt sich durch keine, im rechtsstaatlichen Sinne sachlichen Gründen rechtfertigen.

Die Regelung mangelt des Weiteren an Konsistenz: Der Einkommensgesetzgeber gewährleistet dem Steuerpflichtigen selbst, sowie beiden Gatten bei Ehen mit Gütertrennung einen Pauschalabzugs von 774 StE und erkennt somit einen von Ihm definierten „Lebensbedarf“ an. Nicht ersichtlich ist, warum dieser bei der nicht erwerbstätigen Ehegattin nicht zutreffen sollte. Diese Benachteiligung besteht mit wenigen Änderungen seit dem ersten Einkommensteuergesetz von 1943 und sollte im Zuge einer Gesetzreform beseitigt werden.

2. Einkommensteuerrechtliche Behandlung der Familie

Hinsichtlich der Familie, *i.e.* der Kinder und direkten Abkommen trifft das *Ley de Impuesto sobre la Renta* eine ähnliche Regelung wie für die Ehegattenbesteuerung.

In die Bemessungsgrundlage werden nach Art. 60 Abs. 1 Nr. 1 die Aufwendungen des Steuerpflichtigen für Schul- und Universitätsgebühren seiner Nachkommen bis zu ihrem 25[1256]. Lebensjahr in voller Höhe berücksichtigt, nach Art. 60 Abs. 1 Nr. 2 die Geldleistungen für den Abschuss von Krankenversicherungen (Schutzumfang: Krankenhausaufenthalt, Chirurgie und Entbindung) sowie nach Art. 60 Abs. 1 Nr. 3 i.V.m. Art. 62 Abs. 2 die erbrachten Aufwendungen für ambulante und stationäre ärztliche und zahnärztliche Behandlungen seiner Eltern, wenn sie ihm zuzurechnen sind, und seiner Kinder bis zum 18. Lebensjahr ausgenommen sie sind arbeitsunfähig oder sie studieren, in diesem Fall bis zum 25. Lebensjahr. Der Abzugspauschalbetrag von 774 StE bleibt derselbe wie für Kinderlose Einkommenssteuerpflichtigen. Schließlich wird dem Steuerpflichtigen in seiner Steuerschuld für jede ihm zuzurechnende Person (Kinder und Eltern) eine Ermäßigung von 10 StE gewährt. Werden die Ehegatten getrennt besteuert, so sind diese Benefizen zu teilen oder nur einem Ehegatten zuzurechnen. Diese Regelung ist, wie die zur Ehebesteuerung, mit der venezolanischen Verfassung nicht vereinbar.

[1256] Die Altersbegrenzung gilt in den Fällen von Sonderschule oder –ausbildung nicht.

IV. Eigentumsgarantie

In Art. 115 der venezolanischen Verfassung von 1999 wird das private Eigentum garantiert und seine soziale Pflichtigkeit, u.a. durch Steuerpflicht, wie folgt ausdrücklich verankert:

> „Das Recht auf Eigentum wird garantiert. Jede Person hat das Recht auf Nutzen, ... und [auf] Verfügung ihrer Güter. Das Eigentum ist den Abgaben, Schranken und Pflichten unterworfen, die das Gesetz zum öffentlichen Nutzen oder im allgemeinen Interesse bestimmt. ...“ [1257].

Diese Vorschrift entspricht ihrem Inhalt nach der Eigentumsgarantie des Art. 99 der Verfassung von 1961 und obschon bereits in dieser Norm Eigentum und Besteuerung in einem engen Zusammenhang gestellt wurden, entfaltete die Eigentumsgarantie keine selbständige Begrenzung der Besteuerungsgewalt gegenüber, sondern nur in Verbindung mit dem allgemeinen Konfiskationsverbot. Ergebnis dieser Entwicklung ist das in Art. 317 Absatz 1 *in fine* der Verfassung von 1999 verankerte Verbot von Steuern mit konfiszierender Wirkung[1258].

Mit dem expliziten Verbot werden zwei Grundvorstellungen zum Ausdruck gebracht: Zum einen wird festgehalten, dass obgleich Steuern tatbeständlich von der Konfiskation strikt auseinander zu halten sind, sie dennoch *de facto* konfiszierende Folgen hervorrufen können, *i.e.* den Kern der Eigentumsgarantie berühren.

Zum anderen wird die Verfassungswidrigkeit konfiszierender Steuern unmissverständlich erklärt. Überwindet wird hierbei die frühere Rechtsprechung[1259], welche überhaupt die Möglichkeit ausschloss, Steuern in ihrer Wirkungen als konfiszierend zu erachten.. Die unter der Verfassung von 1961 durchgeführte Erörterung dieser Fragestellung bildet die Grundlage des aktuellen Verbots, daher soll sie hier in groben Zügen dargelegt werden.

[1257] (Übersetzung, Klammern und Auslassungen der Verfasserin).

[1258] Art. 317. „... Keine Abgabe darf konfiszierende Wirkungen entfalten.“ (Übersetzung und Auslassung der Verfasserin).

[1259] Vgl. CSJ SP 20.10.1983, Fall: Manuel Cardozo; GF, Tercera Etapa, N° 122, S. 7 (12).

1. Abgeleitetes Verbot von konfiszierenden Steuern in der Verfassung von 1961

Anknüpfend an die Eigentumsgarantie, an das allgemeine Konfiskationsverbot aber auch an das Gebot zur Steuergerechtigkeit und zur Besteuerung nach der wirtschaftlichen Leistungsfähigkeit wurde im Schrifttum die Verfassungswidrigkeit konfiszierender Steuern stets behauptet[1260]. Das *Corte Suprema de Justicia* allerdings erklärte zunächst[1261], dass die Steuerpflicht eine in der Verfassung verankerte Leistungspflicht des Einzelnen darstelle, die gerade nicht gegen das Eigentumsrecht verstoße. Sie lasse sich nicht als eine vom Staat zu entschädigende Enteignung betrachten, *auch wenn sie nicht billig, oder unangemessen ist.* Infolgedessen lasse sich sie die Steuerpflicht *niemals* einer Konfiskation gleichstellen[1262]. Diese Auffassung beruhte auf die formale Betrachtung beider juristischer Figuren. Es wurde somit nicht in Erwägung gezogen, dass Steuern womöglich faktisch eine *konfiszierende Wirkung* herbeiführen könnten, deren Verfassungsmäßigkeit dann zu überprüfen gewesen wäre[1263].

Die Entscheidung fügte allerdings hinzu, dass ein in einer inflationsfreien Wirtschaft erlassenes Einkommensteuergesetz zu revidieren und an die herrschenden ökonomischen Umstände anzupassen[1264]; denn Gesetze, die in ihren ursprünglich wirtschaftlichen Auswirkungen nicht zu beanstanden waren, können im

---

1260 So u.a. *Brewer-Carías, A. R.*; Las *Protecciones* Constitucionales y Legales contra las Tributaciones Confiscatorias, RDP 57-58, Caracas, 1994, S. 7; *Octavio, J. A.*; Las *garantías constitucionales* ante la presión del conjunto de tributos que recaen sobre el sujeto contribuyente, in: *AVDT (Hrsg.)*, Temas Tributarios. Compilación de estudios y sentencias publicadas en las Revistas de Derecho Tributario N° 1 a la 50, Caracas, 1999, S. 423 ff; *Acedo P., G.*; *Límites* cuantitativos de la imposición en Venezuela, Caracas, 1993, S. 46 ff; *Ramírez van der Velde, A./ Baute, P./ Planchart, A.*; S. 41. Kürzer *López, C. A.*; La *presión social* del conjunto de tributos y los principios constitucionales en el caso venezolano; RDT 51, Caracas, 1991, S. 66 ff.

1261 CSJ SP 20.10.1983, Fall: Manuel Cardozo; GF, Tercera Etapa, N° 122, S. 7. In diesem Fall ging es um die Besteuerung durch die Einkommensteuer des Gewinns aus der Veräußerung im Jahre 1981 einer im Jahr 1968 gekauften Immobilie.

1262 a.a.O., S. 12.

1263 Unter der Geltung der Verfassung von 1953 musste sich die ehemalige *Corte Federal* über die Verfassungsmäßigkeit der Einkommen-Zusatzsteuer für die Öl-Industrie äußern. In ihrer Entscheidung vom 08.06.1954 in der Sache *Sucesión Otero Silva* erklärte sie mit einer auf den Fall bezogenen mathematischen Begründung, dass diese Steuer nicht das Kapital belaste und nicht als konfiszierend qualifiziert werden könne. GF, Segunda Etapa, Año 1954, Abril a Junio, N° 4, S.121 f (122). Hier wird jedoch nicht ausgeschlossen, dass Steuern eine konfiszierende Wirkung haben könnten.

1264 A.a.O., S. 10 ff.

Lauf der Zeit in Widerspruch zu den Prinzipien eines wohl strukturierten Steuersystems geraten[1265]

In einer späteren Entscheidung stellte das Verfassungsgericht fest, dass die Erhöhung der monatlich zu zahlenden kommunalen Industrie und Handelsteuer um 1300% „exorbitant" und „disproportioniert" sei, vermied es, das Wort Konfiskation zu verwenden, sah allerdings ihre Verfassungswidrigkeit in dem Verstoß gegen die Handels- und Gewerbefreiheit[1266].

2. Das Verbot von Steuern mit konfiszierender Wirkung der Verfassung von 1999

a. Meinung in der Literatur

Vor diesem Hintergrund wird im Schrifttum[1267] die Einführung dieses Verbots als eine der begrüßenswertesten Neuerungen bezeichnet. Eine Verletzung des Eigentums aufgrund einer konfiszierenden Steuer ist dann gegeben, wenn der sich aus der Besteuerung ergebende Eingriff ein solcher ist, dass das Vermögen des Steuerpflichtigen dadurch zur Erschöpfung neigt und das Eigentumsrecht zu verwirken droht[1268]. Die Steuer soll in diesem Sinne ihre eigene Quelle nicht zerstören[1269].

Eine konfiszierende Wirkung wird auch dann angenommen, wenn die Belastung nicht mehr rational ist, oder, wenn sie in keinem Verhältnis zu der Leistungsfähigkeit des Steuerpflichtigen steht[1270]. In diesem Sinne wird das Leistungsfähigkeitsprinzip *eigentumsrechtlich* durch das Verbot konfiszierender Steuern konkretisiert: Die Steuerbelastung nach der Leistungsfähigkeit impliziere Zahlungsfähigkeit zu suchen, wo sie vorhanden ist; das Verbot impliziere die gefundene

---

1265 A.a.O., S. 11.

1266 CSJ SPA vom 11.10.95 im Fall: Lux de Venezuela C.A., *Romero-Muci, H.*; *Jurisprudencia*, Bd. I, S. 426.

1267 *Rámirez van der Velde, A./ Baute, P./ Planchart, A.*; S. 41; *Fraga P., L.*; Breves reflexiones sobre la interdicción de los efectos confiscatorios de los Tributos en la Constitución de 1999, in: *AVDT (Hrsg.)*, V. Jornadas Venezolanas de Derecho Tributario. Aspectos Tributarios en la Constitución de 1999, Caracas, 2000, S. 138; *Arvelo V., R.*; El Estatuto del Contibuyente en la Constitución de la República Bolivariana de Venezuela de 1999, Caracas, 2000, S. 94; *Heredia A.-P., E.*; Derecho de propiedad en materia tributaria. Las garantías de la capacidad contributiva y no confiscatoriedad, in: *TTPN (Hrsg.)*; Temas sobre Derechos Constitucionales, Caracas, 2003, S. 114.

1268 *Fraga P., L.*; in: *AVDT (Hrsg.)*, S. 133 f.

1269 *Fraga P., L.*; in: *AVDT (Hrsg.)*, S. 139.

1270 *Ruan S., G.*; La *Tributación* en la Constitución de 1999, in: *ACPS (Hrsg.)*, La Constitución de 1999, Caracas, 2000, S. 429.

Leistungsfähigkeit nicht zu erschöpfen unter Berufung auf die steuerliche Leistungspflicht[1271].

Ferner wird aus dem Verbot konfiszierender Steuer gefolgert, dass der Steuerpflichtige nur insofern belastet wird, als ihm ein würdiges Existenzminimum gesichert bleibt und überdies angemessene Erwartungen einer ökonomischen Verbesserung bzw. einer Erhöhung dessen Lebensstandards nicht durch die Steuerbelastung frustriert werden[1272].

Gefordert wird im schließlich, das Verbot sowohl im Hinblick auf die Steuerbelastung durch eine Steuer zu beziehen, als auch auf die Gesamtbelastung, unabhängig davon, ob die Steuern einzeln betrachtet konfiszierende Wirkungen nicht herbeiführen könnten, denn die wirtschaftliche Leistungsfähigkeit sei auch nicht nur im Lichte einer Steuer zu betrachten, sondern vielmehr auch im Bezug auf die gesamte Steuerbelastung. Weder die Steuerbelastung durch eine Steuer, noch die Gesamtsteuerlast dürfe daher sich für den Steuerpflichtigen wie ein Vermögensentzug auswirken[1273].

b. Die neue Rechtsprechung

Das *Tribunal Supremo de Justicia* versteht das Verbot von Steuern mit konfiszierender Wirkung als ein Verbot einer unverhältnismäßigen Besteuerung, die aus dem Rahmen der wirtschaftlichen Leistungsfähigkeit des Steuerpflichtigen fällt, denn die Steuerpflicht darf das Eigentumsrecht einschränken, jedoch ohne es auszuhöhlen[1274]. Das Verfassungsgericht scheint einen freiheitsrechtlichen Gehalt des Eigentums andeuten zu wollen, ungeklärt bleibt dennoch die Frage, ab wann das Eigentumsrecht als „ausgehöhlt“ betrachtet wird.

[1271] *Fraga P., L.*; in: *AVDT (Hrsg.)*, S. 144 f.

[1272] *Fraga P., L.*; in: *AVDT (Hrsg.)*, S. 145, dabei zitiert er das römische Aphorismus *primum vivere dende tribitum solvere.*

[1273] *Valdivieso, E.*; a.a.O., S. 429.

[1274] TSJ SPA vom 21.10.2003, im Fall: C.A. Seagrams de Margarita, http://www.tsj.gov.ve/decisiones/spa/octubre/01626-221003-2003-0411.htm .

V. Berufsfreiheit

In Art. 112 Satz 1 der venezolanischen Verfassung wird die Freiheit der Berufswahl[1275], als die Konkretisierung im wirtschaftlichen Bereich der allgemeinen Handlungsfreiheit[1276] gewährleistet.

Die Rechtsprechung zur Berufs- und Gewerbefreiheit betrifft vor allem die Gemeindesteuer auf wirtschaftliche Tätigkeiten.

Die verfassungswidrige Einschränkung wird zunächst bejaht, wenn die Steuerbelastung ein derartiges Ungleichgewicht in den finanziellen Verhältnissen des Steuerpflichtigen verursacht, welches die Produktion und Einkunftserzielung durch die Ausübung der wirtschaftlichen Tätigkeit verhindert[1277]. In einer späteren Entscheidung wird die Verfassungswidrigkeit in einer unverhältnismäßigen Steuerbelastung gesehen, die den Steuerpflichtigen in *seiner normalen wirtschaftlichen Betätigung* beeinträchtigt und die Ausübung dieser *Freiheit* entbehrlich macht[1278]. In der jüngeren Zeit wird der Freiheitsgehalt weiter betont: Es ist dem Gesetzgeber verwehrt, Normen zu erlassen, die die Möglichkeit einer wirtschaftlichen Tätigkeit anzufangen und beizubehalten sinnlos machen würden[1279].

Ergänzend zur kompetenzrechtlichen Prüfung wird die Berufs- und Gewerbefreiheit herangezogen, wenn die Gemeindesteuer solche wirtschaftlichen Tätigkeiten zu belasten versucht, deren Sachgesetzgebung im Kompetenzbereich der nationalen Gewalt liegt[1280].

[1275] Ihrem Inhalt nach entspricht die Norm Art. 96 Abs. 1 und Art. 98 der Verfassung von 1961.

[1276] *Arvelo V., R.*; El Estatuto del Contibuyente en la Constitución de la República Bolivariana de Venezuela de 1999S. 73.

[1277] CSJ SPA vom 11.10.1995, im Fall: Lux de Venezuela C.A., Romero-Muci, H., Jurisprudencia, Bd. I, S. 426 (428).

[1278] CSJ SPA vom 17.05.1997, im Fall: Distribuidora Polar del Sur, C.A., Romero-Muci, H., Jurisprudencia, Apéndice 1997, sowie die vorausgehende Entscheidung: TS7°CT vom 07.05.1996, Romero-Muci, H., Jurisprudencia, Bd. I, S. 522 (523).

[1279] TSJ SC vom 01.10.2003, im Fall: Inversiones Parkimundo, C.A., http://www.tsj.gov.ve/decisiones/scon/octubre/2641-011003-00-1680.htm .

[1280] CSJ SPA vom 16.07.1996, in Sache: Telcel Celular, Romero-Muci, H.; Jurisprudencia, Bd. 1, S. 301 (303 f).

C. Vergleichende Betrachtung

Der Vergleich Deutschland-Venezuela zu den Grundrechten als materielle Vorgaben für die Steuerbelastung der natürlichen Person lässt zunächst eine systematischere und detailliertere Erarbeitung dieser in den deutschen Rechtsprechung und Literatur erkennen. Bemerkenswert stellen sich in diesem Sinne vor allem die entwickelten Ansätze zum menschenwürdigen, bedarfsgerechten Existenzminimum und zur Familienbesteuerung dar, welche in die venezolanische Diskussion einfließen sollten.

Die explizite Normierung des Prinzips der Besteuerung nach der wirtschaftlichen Leistungsfähigkeit in der venezolanischen Verfassung stellt einen wesentlichen Unterschied zu dem Grundgesetz dar. Dadurch, dass diese Maxime unmittelbar mit dem Grundsatz der Steuergerechtigkeit in Verbindung gebracht wird, bleibt in Venezuela kein Raum für die Diskussion dafür, ob das Leistungsfähigkeitsprinzip das Fundamentalprinzip der Steuergerechtigkeit darstellt. Besonders interessant ist das auf dieses Prinzip zurückzuführende Erfordernis zur Inflationsangleichung. Weitere durch die Rechtsprechung entwickelte Ansätze, wie etwa die angemessene Relation zwischen Steuersatz und Bemessungsgrundlage bleiben noch sehr vage formuliert. Aufgrund dieser verfassungsrechtlichen Verankerung kommt dem allgemeinen Gleichheitssatz vor allem im Hinblick auf die Allgemeinheit der Steuerpflicht eine Bedeutung zu. Nicht erörtert wird aber in diesem Zusammenhang die Frage der Folgerichtigkeit der Steuerbelastung.

Ein weiterer Unterschied ergibt sich aus dem venezolanischen ausdrücklichen Verbot von Steuern mit konfiszierender Wirkung. Diese von der Literatur sehr begrüßte Einführung lenkt allerdings den Blick von dem freiheitsrechtlichen Gehalt ab, der dem Eigentumsrecht auch ohne dieses Verbot zuzuerkennen wäre. Durch den deutschen eigentumsrechtlichen Halbteilungsgrundsatz wird in diesem Sinne eine konkretere Vorgabe geboten.

Nicht erörtert wird im venezolanischen Forum die allgemeine Handlungsfreiheit als eigenständige Vorgabe.

Literaturverzeichnis

Acedo P., Germán; *Límites* cuantitativos de la imposición en Venezuela, Caracas, 1993

Acedo P., Germán; *Régimen* Tributario Municipal Venezolano (=Colección Estudios Jurídicos Nr. 69), Caracas, 1999

Alfonzo P., Juan D.; La potestad tributaria de los Estados, RDT Nr. 51, Caracas, 1991, S. 77 ff

Albornoz, Dagmar; Constitución económica, régimen tributario y tutela judicial efectiva, RDC Nr. 5, Caracas, 2001, S. 7 ff

Alverdi, J. B.; Sistema económico y rentístico de la Confederación Argentina, Drittes Teil, IV. Kapitel, S. VI

Andueza, José G.; Limitaciones a la potestad tributaria de los Estados y de los Municipios, in: *PGR (Hrsg.)*, Doctrina de la Procuradoría General de la República en 1973, Caracas, 1974, S. 19 ff

Andueza, José G.; Actos recurribles por inconstitucionalidad en la Ley Orgánica de la Corte Suprema de Justicia, in: *Instituto de Derecho Público –Facultad de Ciencias Jurídicas y Políticas, UCV- (Hrsg.)*, El Control Jurisdiccional de los Poderes Públicos en Venezuela, Caracas, 1979, S. 53

Andueza, José G.; Limitaciones a la Potestad Tributaria de los Estados y Municipios, in: *PGR (Hrsg.)*, Veinte Años de la Procuraduría General de la República 1962-1981, Bd. V, Caracas, 1984, 312 ff

Anzola P., Oswaldo; La *actualización monetaria* en materia tributaria, RDT 67, Caracas, 1995, S. 21 ff

Anzola P., Oswaldo; La ley tributaria: su interpretación y los medios legales e ilegales para evitar o reducir sus efectos, in: *AVDT (Hrsg.)*, Homenaje a José Andrés Octavio, Caracas, 1999, S. 3 ff

Aragón C., Irene B.; Configuración Jurídica de la Autonomía Tributaria en los Municipios Venezolanos, TRIBUTUM X / 2000, San Cristóbal, 2000, S. 107 ff

Araujo M., Federico; Análisis sobre el Artículo 41 de la Ordenanza sobre Patente de Industria y Comercio del Municipio Libertador del Distrito Federal a la luz de la Jurisprudencia, in: *AVDT (Hrsg.)*, II. Jornadas Venezolanas de Derecho Tributario. Caracas, 1987, S. 20 ff

Araujo M., Federico/ Palacios M., Leonardo; Análisis constitucional del Poder Tributario en Materia de Hidrocarburos, Caracas, 1995

de Araújo Falcão, Amilcar; El hecho generador de la obligación tributaria, Buenos Aires, 1964

Arismendi, Alfredo; Organización político-administrativa de los Estados en Venezuela, in: Libro Homenaje a Rafael Caldera, Bd. I, Caracas, 1979, S. 359 ff

v. Armin, Hans H.; Besteuerung und *Eigentum*, VVDStRL Heft 39, Berlin, New York, 1981, S. 286 ff

v. Armin, Hans H.; Die Finanzzuständigkeit, in: *Isensee, Josef/ Kirchhof, Paul (Hrsg.)*; Handbuch des Staatsrechts der Bundesrepublik Deutschland, Bd. IV, Heidelberg, 1990, S. 987 ff

Arrieche, Víctor J.; Performance budgeting applied to fiscal revenue administration, in: *C.I.A.T. (Hrsg.)*, Fiscal policy and tax legislation and administration, Publications of the International Bureau of Fiscal Documentation, Bd. 33, Amsterdam, 1983, S. 100 ff

Arvelo V., Roquefélix; El Estatuto del Contibuyente en la Constitución de la República Bolivariana de Venezuela de 1999. Los Derechos y Garantías del Ciudadano y del Contribuyente en el rango constitucional conforme al texto publicado an la Gaceta Oficial N° 5.453 Extraordinario, del 24 de marzo del año 2000, Caracas, 2000

AVDT; Exposición de motivos y articulado del Anteproyecto de Título Constitucional del Sistema Tributario propuesto por A.V.D.T. a la Asamblea Nacional Constituyente, Sonderdruck, Caracas, 2000

Ayala C., Carlos M.; Naturaleza y alcance de la Descentralización Estadal, in: *Brewer-Carías, Allan R. (Hrsg.)*; Leyes para la Descentralización Política de la Federación, Caracas, 1990, S. 57 ff

Badura, Peter; *Staatsrecht*. Systematische Erläuterung des Grundgesetzes für die Bundesrepublik Deutschland, 2. Aufl., München, 1996

Badura, Peter; *Ehe und Familie* unter dem besonderen Schutze der staatlichen Ordnung (Art. 6 Abs. 1 GG), in: *Stiftung Gesellschaft für Rechtspolitik (Hrsg.)*, Ehe und Familie in Europa (=Bitburger Gespräche Jahrbuch 2001), München, 2001

Barnola, José P. (h.); El *Tratamiento Fiscal* del Transporte Internacional desde el punto de vista del Impuesto al Consumo Suntuario y a las Ventas al Mayor, RCF Nr. 141, Caracas, 1999, S. 13 ff

Barnola, José P. (h.); Nuevas *Tendencias* del Derecho Tributario en el Siglo XXI, Revista Dictamen Nr. 2, Caracas, 1999, S. 12 ff

Barnola, José P. (h.); Comentario sobre la nulidad de la Actualización Monetaria y los Intereses Compensatorios previstos en el Código Orgánico Tributario, RDT Nr. 87, Caracas, 2000, S. 57 ff.

Barnola, José P. (h.); La prueba del *IVA* soportado, RFCJP (UCV) Nr. 121/ Sonderdruck, Caracas, 2001, S. 211 ff

Bechstein, Peter; Die Rechtfertigung von Einzelsteuern unter besonderer Berücksichtigung der verfassungsrechtlichen Anforderungen, dargestellt am Beispiel der Vermögensteuer, Tübingen, 1997

Bejarano L, Wesley; Tratamiento Fiscal de las exportaciones en la Ley de I.C.S.V.M, in: *SENIAT (Hrsg.)*, Serie Ensayos, 3er Aniversario, Caracas, 1997, S. 201 ff

Belisario R., José R.; La potestad tributaria de los Municipios y las potestades reguladoras del Poder Nacional en las Constituciones Nacionales de 1961 y 1999. Un estudio jurisprudencial y doctrinal, in: *AVDT (Hrsg.)*, V. Jornadas Venezolanas de Derecho Tributario. Aspectos Tributarios en la Constitución de 1999, Caracas, 2000, S. 405 ff

Benda, Ernst; *Menschenwürde* und Persönlichkeitsrecht, in: *Benda, Ernst/ Maihofer, Werner/ Vogel, Hans-Jochen (Hrsg.)*, Handbuch des Verfassungsrechts, 2. Aufl. (Studienausgabe Teil 1), Berlin/ New York, 1995, S. 161 ff

Benda, Ernst; Der *soziale Rechtsstaat*, in: *Benda, Ernst/ Maihofer, Werner/ Vogel, Hans-Jochen (Hrsg.)*, Handbuch des Verfassungsrechts, 2. Aufl. (Studienausgabe Teil 1), Berlin/ New York, 1995, S. 719 ff

Bergmann Á., Humberto; Materiell verfassungsrechtliche Beschränkungen der Besteuerungsgewalt in der brasilianischen Verfassung und im deutschen Grundgesetz, Baden-Baden, 2002

Bérmudez, José R.; Las nuevas potestades tributarias de los estados en el marco de la reforma tributaria, RDT Nr. 52, Caracas, 1991, S. 51 ff

Birk, Dieter; Das *Leistungsfähigkeitsprinzip* als Maßstab der Steuernormen. Ein Beitrag zu den Grundfragen des Verhältnisses Steuerrecht und Verfassungsrecht, Köln, 1983

Birk, Dieter, Kommentierung des Artikels 105 GG, in: *Wassermann, Rudolf (Hrsg.)*, Kommentar zum Grundgesetz für die Bundesrepublik Deutschland (Reihe Alternativkommentar), Bd. 2, 2. Aufl., Neuwied, 1989

Birk, Dieter; Elterliche Zuwendungen als Minderung steuerlicher Leistungsfähigkeit?, in: *Drenseck, Walter/ Seer, Roman (Hrsg.)*, Festschrift für Heinrich Wilhelm Kruse zum 70. Geburtstag, Köln, 2001, S. 339 ff

Birk, Dieter; *Steuerrecht*, 5. Aufl., Heidelberg, 2002

Blanco-Uribe Q., A.; Derechos de los Contribuyentes en la Constitución de 1999, *in: AVDT (Hrsg.)*, V Jornadas venezolanas de Derecho Tributario - Aspectos Tributarios en la Constitución de 1999 -, Caracas, 2000, S. 3 ff

Bley, Birgit/ Heße, Manfred, Grundrechtliche Bindungen im Steuerrecht, JA 2001, S. 904 ff

Boccia, Angel L.; Aspectos Generales de los Ingresos Públicos, in: *SENIAT (Hrsg.)*, RPAT Nr. 2, Caracas, 1996, S. 35 ff

Bolívar B., José G.; Perspectivas Fiscales, *SENIAT (Hrsg.)*, Serie Ensayos Nr. 7, Caracas, 1996

Borjas, Leopoldo; Manual de Derecho Tributario, Caracas, 2000

Bóveda, Mery; Los agentes de Retención en la Ley de Impuesto sobre la Renta de 1986 y el Principio de Legalidad Tributaria, in: *AVDT (Hrsg.)*, II. Jornadas Venezolanas de Derecho Tributario. Caracas, 1987

Brewer-Carías, Allan R.; El desarrollo institucional del *Estado Centralizado* en Venezuela (1899-1935) y sus proyecciones contemporáneas, in: Revista de Estudios de la vida local y autonómica, Nr. 227-228, Madrid, S. 487 ff, 695 ff

Brewer-Carías, Allan R.; Comentarios sobre la nueva Constitución del Estado *Yaracuy* del 22 de Diciembre de 1979, RDP Nr. 1, Caracas, 1980, S. 67

Brewer-Carías, Allan R.; El sentido de la *autonomía de los Estados* y sus limitaciones, RDP Nr. 12, Caracas, 1982, S. 55 ff

Brewer-Carías, Allan R.; *Introducción* al Estudio de la Organización Administrativa Venezolana, 3. Aufl., Caracas, 1983

Brewer-Carías, Allan R.; Introducción General al *Régimen Municipal*. Ley Orgánica de Régimen Municipal 1989, Caracas, 1990

Brewer-Carías, Allan R.; *Reflexiones* sobre la Constitución Económica, RDP Nr. 43, Caracas, 1990, S. 5 ff

Brewer-Carías, Allan R.; Principios del Régimen Jurídico de la *Organización Administrativa* Venezolana, Caracas, 1991

Brewer-Carías, Allan R.; *Instituciones* Políticas y Constitucionales, Bd. I, 3. Aufl., Caracas/ San Cristobal, 1996

Brewer-Carías, Allan R.; Las *Protecciones* Constitucionales y Legales contra las Tributaciones Confiscatorias, RDP Nr. 57-58, Caracas, 1994 (=*Les protections constitutionnelles et légales contre les impositions confiscatoires* gehalten im Rahmen des *XIII Congrés International de Droit Comparé*, Montreal, 1990. Zu lesen ist der Beitrag auf Französisch in Académie Internationale de Droit Comparé, Rapports Géneraux XIII Congrés International Montreal 1990, 1992, S. 795 ff)

Brewer-Carías, Allan R.; *Debate Constituyente* (=Aportes a la Asamblea Nacional Constituyente), Bd. III, Caracas, 1999

Brewer-Carías, Allan R.; *Asamblea Constituyente* y Ordenamiento Constitucional, Caracas, 1999, S. 122 ff

Brewer-Carías, Allan R.; El Constitucionalismo Latinoamericano y la constitución para el Siglo XXI (=Eröffnungsrede zu den V. venezolanischen Steuerrechtstagungen), in: *AVDT (Hrsg.)*, V. Jornadas Venezolanas de Derecho Tributario. Aspectos Tributarios en la Constitución de 1999, Caracas, 2000, S. XXV ff

Brewer-Carías, Allan R.; La *Constitución* de 1999, 3. Aufl., Caracas, 2001

Brewer-Carías, Allan R.; La Descentralización Política en la Constitución de 1999: *Federalismo* y Municipalismo (una Reforma insuficiente y regresiva) (=Vortrag zum IV Congreso de la Conferencia Iberoamericana de Academias de Ciencias Jurídicas y Sociales, Valencia (Spanien), Dezember 2000), in: *ACPS (Hrsg.)*; Boletín de la Academia de Ciencias Políticas y Sociales Nr. 138 (2001), Caracas, 2002, S. 313 ff

Brinkmann, Johannes A.; Tatbestandsmäßigkeit der Besteuerung und formeller Gesetzesbegriff (=Steuerwissenschaft, Bd. 15), Köln, 1982

Brockmeyer, Hans-B., Rückwirkung von Steuergesetzen – Wie weit reicht der Gestaltungsspielraum des Gesetzgebers?, Harzburger Steuerprotokoll 1998, S. 43 ff

Brockmeyer, Hans-B; Kommentierung der Artikel 70 und 105 GG, in: *Schmidt-Bleibtreu, Bruno/ Klein, Franz (Hrsg.)*, Kommentar zum Grundgesetz, 9. Aufl., Neuwied/ Kriftel, 1999

Brüning, Christoph, Die Rückwirkung von Legislativakten, NJW 1998, S. 1525

Carmona B., Juan C.; Los *Decretos-Leyes* como instrumentos de adopción de medidas tributarias, in: *AVDT (Hrsg.)*, Homenaje a José Andrés Octavio, Caracas, 1999, S. 55 ff

Carmona B., Juan C.; *Viabilidad* de la descentralización fiscal esdadal en el marco de la Constitución de 1999, in: *AVDT (Hrsg.)*, V. Jornadas Venezolanas de Derecho Tributario. Aspectos Tributarios en la Constitución de 1999, Caracas, 2000, S. 307 ff

Carrilo B., Tomás E.; El Impuesto al Valor Agregado en Venezuela, RCF 129, Caracas, 1995, S. 55 ff

Casado H., Luis R.; Temas de Hacienda Pública, Caracas, 1978

Casado H., Luis R.; Una presentación del sistema tributario venezolano en sus bases constitucionales y orgánicas, in: *PGR (Hrsg.)*, Veinte Años de la Procuraduría General de la República 1962-1981, Bd. V, Caracas, 1984, S. 331 ff

Casal H., Luis M.; Constitución y Justicia Constitucional. Los fundamentos de justicia constitucional en la nueva Carta Magna, Caracas, 2000

Coester-Waltjen, Dagmar; Kommentierung des Artikels 6 GG, in: *v. Münch, Ingo/ Kunig, Philip (Hrsg.)*, Grundgesetz-Kommentar, Bd. 1, 5. Aufl., München, 2000

Colmenares Z., Juan C.; Límites constitucionales a la creación de la ficción en el derecho tributario, in: *AVDT (Hrsg.)*, V. Jornadas Venezolanas de Derecho Tributario. Aspectos Tributarios en la Constitución de 1999, Caracas, 2000, S. 107 ff

Contreras Q., Florencio, Disquisiciones Tributarias, Mérida, 1969

Creifelds, C.; Rechtswörterbuch, 15. Aufl., München, 1999

Cuenca de Ramírez, Nelly; El Impuesto sobre Inmuebles Urbanos, in: Tributación Municipal, Bd. II, Aspectos Jurídicos y Administrativos, Caracas, 1998, S. 19

Degenhart, Christoph; Maßstabsbildung und Selbstbindung des Gesetzgebers als Postulat der Finanzverfassung des Grundgesetzes, ZG 2000, S. 79 ff

Degenhart, Christoph; Kommentierung der Artikel 70 und 71 GG, in: *Sachs, Michael (Hrsg.)*, Grundgesetz. Kommentar, 3. Aufl., München, 2003

Depenheuer, Otto; Kommentierung des Artikels 14 GG; in: *v. Mangoldt, Hermann/ Klein, Friedrich/ Starck, Christian (Hrsg.)*, Bonner Grundgesetz. Kommentar, Bd. 1, 4. Aufl., München, 1999

De León, Ignacio; Consideraciones acerca de los principios económicos de la Constitución venezolana, RFCJP-UCV Nr. 98, Caracas, 1996, S. 29 ff

Dürig, Günter; Kommentierung des Artikels 1 GG, in: *Maunz, Theodor/ Dürig, Günter (Hrsg.)*, Grundgesetz. Kommentar –Vorauflage-, Loseblattsammlung, München

Dürig, Günter; Kommentierung des Artikels 3 Absatz 1 GG, in: *Maunz, Theodor/ Dürig, Günter (Hrsg.)*, Grundgesetz. Kommentar, Loseblattsammlung, München, Stand: 42. Lieferung, Februar, 2003

Duque C., Román J.; Constitución Política y Propiedad, RDP Nr. 19, Caracas, 1984, S. 39 ff

Eckhoff, Rolf; Rechtsanwendungsgleichheit im Steuerrecht. Die Verantwortung des Gesetzgebers für einen gleichmäßigen Vollzugs des Einkommenssteuerrechts, Köln, 1999

Ehlers, Dirk; Kommentierung des Artikels 140 GG (insbesondere 137 WRV), in: *Sachs, Michael (Hrsg.)*, Grundgesetz. Kommentar, 3. Aufl., München, 2003

Erbguth, Wilfried; Kommentierung des Artikels 30 GG, in: *Sachs, Michael (Hrsg.)*, Grundgesetz. Kommentar, 3. Aufl., München, 2003

Evans M., Ronald; Introducción al Régimen Impositivo *Municipal* Venezolano, Caracas, 1998

Evans M., Ronald; Régimen Jurídico de la *Doble Tributación* Internacional, Caracas, 1999

Fariñas, Guillermo; Temas de Finanzas Públicas, Derecho Tributario e Impuesto sobre la Renta (Ley de 1978), 3. Aufl., Caracas, 1986

Fasolt, Volker; Das deutsche Recht zu Beginn des 21. Jahrhunderts – Notwendige Reformen aus Sicht des steuerberatenden Berufsstandes, DStR 2000, S. 7 ff

Forsthoff, Ernst; Eigentumsschutz öffentlich-rechtlicher Rechtsstellungen, NJW 1955, S. 1249 ff

Fraga P., Luis; Breves reflexiones sobre la interdicción de los efectos confiscatorios de los Tributos en la Constitución de 1999, in: *AVDT (Hrsg.)*, V. Jornadas Venezolanas de Derecho Tributario. Aspectos Tributarios en la Constitución de 1999, Caracas, 2000, S. 125 ff

Fraga P., Luis; Las garantías formales de los contribuyentes en la Constitución de 1999, in: *Carrillo B., Tomás E. (Hrsg.)*; La Tributación en la Constitución de 1999, Caracas, 2001, S. 45 ff

Friauf, Karl H.; Verfassungsrechtliche Anforderungen an die Gesetzgebung über die Steuern vom Einkommen und vom Ertrag, in: *Friauf, Karl H. (Hrsg. im Auftrag der Deutschen Steuerjuristischen Gesellschaft e.V.)*, Steuerrecht und Verfassungsrecht (=DStJG Bd. 12), Köln, 1989, S. 3 ff

Garay, Juan; La Constitución, Caracas, 2001

Garay, Juan; Nuevo Código Orgánico Tributario –Comentado-, Caracas, 2002

García A., J.; Una nueva Ley General Tributaria. Problemas Constitucionales, Valencia, 1998

García de Enterría, Eduardo/ Fernández, Tomás-Ramon; Curso de Derecho Administrativo, Bd. I, 7. Aufl. (1995), Madrid, 1996 (Neuauflage)

García de Enterría, Eduardo/ Fernández, Tomás-Ramon; Curso de Derecho Administrativo, Bd. II, 4. Aufl. (1993), Madrid, 1996 (Neuauflage)

González C., Manuel A.; Temas de Derecho Tributario Venezolano, Caracas, 1987

Guevara C., Eduardo; Timbre Fiscal, Impuesto sobre Transmisiones y Actos Documentados, y la Actualización Monetaria, in: *SENIAT (Hrsg.)*, Serie Ensayos, 3er Aniversario, Caracas, 1997, S. 103 ff

Guevara C., Eduardo/ Albornoz, Nathaly; Una nueva Constitución: ¿Una verdadera Reforma Tributaria?, RDT 83, Caracas, 1999, S. 65 ff

Guevara C., Eduardo; Ley Orgánica de Haciendas Estadales: ¿Reto Constitucional?, in: *AVDT (Hrsg.)*, V. Jornadas Venezolanas de Derecho Tributario. Aspectos Tributarios en la Constitución de 1999, Caracas, 2000, S. 373 ff

Guilliod T., Rafael; Redistribución del ingreso y descentralización territorial: ensayo sobre justicia tributaria; RDP Nr. 57-58, Caracas, 1994, S. 89 ff

Großfeld, Bernhard; Kernfragen der Rechtsvergleichung, Tübingen, 1996

Hahn, Hartmut; Die Grundsätze der Gesetzmäßigkeit der Besteuerung und der Tatbestandsmäßigkeit der Besteuerung in rechtsvergleichender Sicht, Berlin, 1984

Häcker, Hans-Dieter; Der steuerrechtliche Begriff ‚Wirtschaftsgut'. Ein Beitrag zur Handhabung von unbestimmten Rechtsbegriffe, besonders in Himblick auf die verfassungsrechtlichen Grundsätze der Bestimmtheit von Steuerrechtsnormen (=Schriften zum Steuerrecht, Bd. 23), Berlin, 1980

Heintzen, Markus; Kommentierung des Artikels 71 GG, in: *v. Mangoldt, Hermann/ Klein, Friedrich/ Starck, Christian (Hrsg.)*, Bonner Grundgesetz. Kommentar, Bd. 2, 4. Aufl., München, 2000

Herdegen, Matthias; Kommentierung des Artikels 1 GG, in: *Maunz, Theodor/ Dürig, Günter (Hrsg.)*, Grundgesetz. Kommentar, Loseblattsammlung, München, Stand: 42. Lieferung, Februar 2003

Heredia A.-P., Eliana; Derecho de propiedad en materia tributaria. Las garantías de la capacidad contributiva y no confiscatoriedad, in: *TTPN (Hrsg.)*; Temas sobre Derechos Constitucionales, Caracas, 2003, S. 107 ff

Hernández B., Eugenio, El Principio de Irretroactividad de los Actos Administrativos no normativos en la Doctrina y en la Jurisprudencia de los Tribunales de lo Contecioso-Administrativo, RDP Nr. 24, Caracas, 1985, S. 211 ff

Herzog, Roman; Kommentierung des Artikels 3 GG (Anhang), in: *Maunz, Theodor/ Dürig, Günter (Hrsg.)*, Grundgesetz. Kommentar, Loseblattsammlung, München, Stand: 42. Lieferung, Februar 2003

Hesse, Konrad; Der allgemeine Gleichheitssatz in der neuen Rechtsprechung des Bundesverfassungsgerichts zur Rechtsetzungsgleichheit, in: *Badura, Peter/ Scholz, Rupert (Hrsg.)*, Wege und Verfahren des Verfassungslebens. Festschrift für Peter Lerche zum 65. Geburtstag, München, 1993, S. 121 ff

Hesse, Konrad; Grundzüge des Verfassungsrechts der Bundesrepublik Deutschland, 20. Aufl., Heidelberg, 1995

Heun, Werner; Kommentierung der Artikel 105 und 106, in: *Dreier, Horst (Hrsg.)*, Grundgesetz. Kommentar, Bd. III, Tübingen, 2000

Hidien, Jürgen W.; Kommentierung des Artikels 106 GG, in: *Dolzer, Rudolf/ Vogel, Klaus/ Graßhof, Karin (Hrsg.)*, Bonner Kommentar zum Grundgesetz, Loseblattsammlung, Hamburg/ Heidelberg, Stand: 109. Lieferung, Dezember 2003

Höfling, Wolfram; Kommentierung des Artikels 1 GG, in: *Sachs, Michael (Hrsg.)*, Grundgesetz. Kommentar, 3. Aufl., München, 2003

Huebner, Gustav; The involvement of the tax autorithies in formulating tax policy, in: *C.I.A.T. (Hrsg.)*, Fiscal policy and tax legislation and administration, Publications of the International Bureau of Fiscal Documentation, Bd. 33, Amsterdam, 1983, S. 13 ff

Huster, Stefan; Rechte und Ziele: Zur Dogmatik des allgemeinen *Gleichheitssatzes* (=Schriften zum Öffentlichen Recht, Bd. 642), Berlin, 1993

Huster, Stefan; Die ethische *Neutralität* des Staates. Eine liberale Interpretation der Verfassung (= Jus Publicum, Bd. 90), Tübingen, 2002

Isensee, Josef; Vom beruf unserer Zeit für Steuervereinfachung, StuW 1994, S. 3 ff

Iturrioz, Eulogio; Curso de Finanzas Públicas, Buenos Aires, 1981

Jachmann, Monika; Kommentierung des Artikels 105 GG, in: *v. Mangoldt, Hermann/ Klein, Friedrich/ Starck, Christian (Hrsg.)*, Bonner Grundgesetz. Kommentar, Bd. 3, 4. Aufl., München, 2001

Jarach, Dino; Finanzas Públicas y Derecho Tributario, 2. Neuauflage, Buenos Aires, 1993

Jesch, Dieter; Gesetz und Verwaltung. Eine Problemstudie zum Wandel des Gesetzmäßigkeitsprinzips (=Tübinger rechtswissenschaftliche Abhandlungen, Bd. 2), Tübingen. 1961

Joecks, Wolfgang; Steuergesetzgebung, Kapitalflucht und Gesetzesvollzug, in: *Rodi, Michael*, Recht und Wirkung. Greifswalder Beiträge zur Rechtswirkungsforschung (=Greifswalder Rechtswissenschaftliche Reihe, Bd. 11), Köln/ Berlin/ Bonn/ München, 2002, S. 153 ff

Kaligin, Thomas, Zur Verfassungsrechtlichen (Un-)zulässigkeit des rückwirkenden Inkrafttretens des *DBA* Deutschland/Italien bei den Einkünften aus nichtselbständiger Arbeit, DStZ 1993, S. 449

Kaligin, Thomas, Zur verfassungsrechtlichen Problematik der rückwirkenden Verschärfung der Besteuerung von *Veräußerungsgewinnen* gem. § 34 EStG, DStZ 1997, S. 524 ff

Kanzler, Hans-Joachim; *Anmerkung* zu den Beschlüssen des Bundesverfassungsgerichts vom 10.11.1998, 2 BvR 1057, 1226, 980/91 und 2 BvL 42/93, FR 1999, S. 148 ff

Kimminich, Otto; Kommentierung des Artikels 14 GG, in: *Dolzer, Rudolf/ Vogel, Klaus/ Graßhof, Karin (Hrsg.)*, Bonner Kommentar zum Grundgesetz, Loseblattsammlung, Hamburg/ Heidelberg, Stand: 109. Lieferung, Dezember 2003

Kirchhof, Paul; Besteuerung und *Eigentum*, VVDStRL Heft 39, Berlin/ New York, 1981, S. 213 ff

Kirchhof, Paul; Die *Finanzierung* des Leistungsstaates, Jura 1983, S. 505 ff

Kirchhof, Paul; *Steuergleichheit*, StuW 1984, S. 297 ff

Kirchhof, Paul; Der verfassungsrechtliche Auftrag zur Besteuerung nach der wirtschaftlichen *Leistungsfähigkeit*, StuW 1985, S. 319 ff

Kirchhof, Paul; Staatliche *Einnahmen*, in: *Isensee, Josef/ Kirchhof, Paul (Hrsg.)*, Handbuch des Staatsrecht der Bundesrepublik Deutschland, Bd. IV, Heidelberg, 1990, S. 87 ff

Kirchhof, Paul; Die verfassungsrechtliche *Rechtfertigung* der Steuern, in: Steuern im Verfassungssaat, Symposion zu Ehren von Klaus Vogel aus Anlaß seines 65. Geburtstags, München, 1996, S. 27 ff

Kirchhof, Paul; Die *Verschiedenheit* der Menschen und die Gleichheit vor dem Gesetz (=Carl Friedrich von Siemens Stiftung, Reihe „Themen", Bd. 62), München, 1996

Kirchhof, Paul; Die verfassungsrechtliche Garantie der Familie als Erziehungsgemeinschaft, in: *Jans, Bernhard/ Zimmermann, Georg*, Familienlastenausgleich? Plädoyers für eine gerechte Familienpolitik, Grafschaft, 1996, S. 7 ff

Kirchhof, Paul; *Besteuerung* im Verfassungsstaat, Tübingen, 2000

Kirchhof, Paul; Besteuerung nach Gesetz, in: *Drenseck, Walter / Seer, Roman (Hrsg.)*, Festschrift für Heinrich Wilhelm Kruse zum 70. Geburtstag, Köln, 2001, S. 17 ff

Klein, Franz; *Gleichheitssatz* und Steuerrecht. Eine Studie über Gleichheit und Gerechtigkeit der Besteuerung im System des Grundgesetzes, Köln / Marienburg, 1966

Klein, Franz; Bund und Länder nach der Finanzverfassung des Grundgesetzes, in: *Benda, Ernst/ Maihofer, Werner/ Vogel, Hans-Jochen (Hrsg.)*, Handbuch des Verfassungsrechts, 2. Aufl. (Studienausgabe Teil 2), Berlin/ New York, 1995, S. 1103 ff

Kloepfer, Michael/ Bröcker, Klaus T.; Das Gebot der widerspruchsfreien Normgebung als Schranke der Ausübung einer Steuergesetzgebungskompetenz nach Art. 105 GG, DÖV 2001, S. 1 ff

Kokert, Josef; Der Begriff des Typus bei Karl Larenz (=Schriften zur Rechtstheorie, Heft 166), Berlin, 1995

Kokott, Juliane; Gleichheitsatz und Diskriminierungsverbote in der Rechtsprechung des Bundesverfassungsgerichts, in: *Badura, Peter/ Dreier, Horst (Hrsg.)*, Festschrift 50 Jahre Bundesverfassungsgericht, Bd. II, Tübingen, 2001, S. 127 ff

Krüger, H.; Eigenart, Methode und Funktion der Rechtsvergleichung im öffentlichen Recht, in: *Ziemske, Burkhardt (Hrsg.)*, Festschrift für Martin Kriele zum 65. Geburtstag, München, 1997

Kruse, Heinrich W.; Über die Gleichmäßigkeit der Besteuerung, StuW 1990, S. 322 ff

Kruse, Heinrich W.; Einkommensteuer und Leistungsfähigkeit, in: *Wendt, Rudolf/ Höfling, Wolfram/ Karpen, Ulrich/ Oldiges, Martin (Hrsg.)*, Staat, Wirtschaft, Steuern. Festschrift für Karl Heinrich Friauf zum 65. Geburtstag, Heidelberg, 1996, S. 793 ff

Kunig, Philip; Kommentierung des Artikels 2 GG, in: *v. Münch, Ingo/ Kunig, Philip (Hrsg.)*, Grundgesetz-Kommentar, Bd. 1, 5. Aufl., München, 2000

La Roche, Humberto; Derecho Constitucional, Bd. I, Valencia, 1991

La Roche, Humberto; Constitucion y justicia en Venezuela, in: *PGR (Hrsg.)*, SUMMA 135° Aniversario, Caracas, 1998

Lang, Joachim; Die *Bemessungsgrundlage* der Einkommensteuer. Rechtssystematische Grundlagen steuerlicher Leistungsfähigkeit im deutschen Einkommensteuerrecht, Köln, 1981/88

Lang, Joachim; *Familienexistenzminimum* im Steuer- und Kindergeldrecht, StuW 1990, S. 331 ff

Lang, Joachim; Konkretisierungen und Restriktionen des Leistungsfähigkeitsprinzips, in: *Drenseck, Walter/ Seer, Roman (Hrsg.)*, Festschrift für Heinrich Wilhelm Kruse zum 70. Geburtstag, Köln, 2001, S. 313 ff

Lang, Joachim; Prinzipien und Systeme der Besteuerung von Einkommen, in: *Ebling, Iris (Hrsg., im Auftrag der Deutschen Steuerjuristischen Gesellschaft e.V.)*, Besteuerung von Einkommen (=DStJG Bd. 24), Köln, 2001, S. 49

Lehner, Moris; Zur *Bestimmtheit* von Rechtsnoprmen – am Beispiel einer Entscheidung des Österreichischen VerfGH, NJW 1991, S. 890 ff

Lehner, Moris; *Einkommensteuerrecht* und Sozialhilferecht. Bausteine zu einem Verfassungsrecht des sozialen Steuerstaates (=Jus Publicum, Bd. 5), Tübingen, 1993

Lehner, Moris; Anmerkung zu den Beschlüssen des Bundesverfassungsgerichts vom 10.11.1998, 2 BvR 1057, 1226, 980/91 und 2 BvL 42/93: Zur steuerlichen Berücksichtigung des *Existenzminimums* von Kindern und des Betreuungsbedarfs, JZ 1999, S. 726 ff

Lehner, Moris; Zur Vereinbarkeit von unterschiedlicher Besteuerung der Beamtenpensionen und der *Renten* aus der gesetzlichen Rentenversicherung mit dem Gleichheitssatz des Art. 3 Abs. 1 GG, JZ 2002, S. 772 ff

Lehner, Moris; Verfassungsrechtliche Vorgaben für die Verlustberücksichtigung, in: *Lehner, Moris (Hrsg.)*, Verluste im nationalen und Internationalen Steuerrecht (=Münchener Schriften zum Internationalen Steuerrecht, Heft 24), München, 2004, S. 1 ff

León R., Andrés E.; Principios constitucionales de la imposición y derechos de los contribuyentes, in: *ILADT (Hrsg.)*; Anais das XX Jornadas do ILADT - Tema 1 Derechos Humanos y Tributación -, Salvador / Bahia, 2000, S. 1135 ff

Linares B., Gustavo J.; Naturaleza de las *potestades transferibles* a los Estados y Municipios mediante el artículo 137 de la Constitución, RFD-UCAB Nr. 44, Caracas, 1992, S. 173 ff

Linares B., Gustavo J.; Leyes Nacionales y Leyes Estadales en la *Federación* Venezolana, Caracas, 1995

Linares B., Gustavo J.; Leer la *Constitución*, un ensayo de interpretación constitucional, Caracas, 1998

Lodis de Morales, María E.; Improcedencia de la actualización monetaria en materia de incentivos fiscales, in: *SENIAT*, RPJ Nr. 1, Caracas, 1996, S. 177 ff

López de La Roche, Carmen A.; Aspectos Fiscales del *Federalismo* Venezolano, RFD-LUZ Nr. 40, Maracaibo, 1970, S. 93 ff

López de La Roche, Carmen A.; La *presión social* del conjunto de tributos y los principios constitucionales en el caso venezolano, RDT 51, Caracas, 1991, S. 61 ff

Lösing, Norbert; La garantías procesales de los derechos humanos en América Latina, RDC Nr. 1, Caracas, 1999, S. 231 ff

Löwer, Wolfgang; Kommentierung des Artikels 28 GG, in: *v. Münch, Ingo/ Kunig, Philip (Hrsg.)*, Grundgesetz-Kommentar, Bd. 2, 5. Aufl., München, 2001

Luzardo B., Rodolfo; La Competencia Fiscal de los Estados Venezolanos (LUZ-Habil.), Maracaibo, 1992

Marcano, Luis J.; El Hecho Imponible y la Determinación Tributaria, in: *AVDT (Hrsg.)*, I. Jornadas Venezolanas de Derecho Tributario, Caracas, 1985, S. 45 ff

Marcano, Luis J.; La territorialidad del impuesto sobre la renta venezolano, RDM Nr.4, Caracas, 1987, S. 57 ff

Mariñas O., Luis; Las Constituciones de Venezuela, in: *Fraga I., Manuel*, Las Constituciones Hispanoamericanas, Bd. 17, Madrid, 1965

Márquez B., Raúl G.; Autonomía municipal e ilícitos tributarios. Aportes para su unificación y mejoras, RDT 92, Caracas, 2001, S. 25 ff

März, Wolfgang; Kommentierung des Artikels 30 GG, in: *v. Mangoldt, Hermann/ Klein, Friedrich/ Starck, Christian (Hrsg.)*, Bonner Grundgesetz. Kommentar, Bd. 2, 4. Aufl., München, 2000

Maunz, Theodor; Kommentierung der Artikel 30, 70, 80, 105 und 106 GG, in: *Maunz, Theodor/ Dürig, Günter (Hrsg.)*, Grundgesetz. Kommentar, Loseblattsammlung, München, Stand: 42 Lieferung, Februar 2003

Maunz, Theodor/ Zippelius, Reinhold.; Deutsches Staatsrecht, 26. Aufl., München, 1985

Meier E., Henrique; Fundamento Constitucional de la Actividad Económica del Estado Venezolano. Bases Constitucionales del Régimen Económico de la República de Venezuela [Principios Generales de Derecho Público Económico], RFD-UCAB Nr. 22, Caracas, 1976, S. 153 ff

Meier G., Eduardo E.; La Interpretación de la norma tributaria en la Constitución de 1999, RDT 89, Caracas, 2000, S. 7 ff

Mellinghoff, Rudolf; Verfassungsrechtliche Maßstäbe für die Besteuerung von Ehe und Familie, in: *Deutsche Sektion der internationalen Juristen-Komission (Hrsg.)*, Grundrechtsschutz im Steuerrecht (=Rechtsstaat in der Bewährung, Bd. 35), Heidelberg, 2001, S. 39 ff

Meneses C., Jorge E.; Diez Temas sobre Derecho Financiero y Derecho Tributario (=Colección Estudios Jurídicos Nr. 53), Caracas, 1991

MH/ C.E.F.A. (Hrsg.); Informe sobre el Sistema Fiscal de Venezuela. Mision Shoup, Caracas, 1960

Mizrachi C., Ezra; La Patente de Industria y Comercio, Caracas, 1998

Mizrachi C., Ezra; Potestades tributarias de los entes políticos territoriales, in: *AVDT (Hrsg.)*, V. Jornadas Venezolanas de Derecho Tributario. Aspectos Tributarios en la Constitución de 1999, Caracas, 2000, S. 225 ff

Moles C., Antonio; El Principio de Legalidad y sus Implicaciones, Caracas, 1974

Moles C., Antonio; La Potestad Reglamentaria y sus modalidades, in: *UCV – FCJP (Hrsg.)*, Estudios sobre la Cosntitución. Libro homenaje a Rafael Caldera, Bd. IV, Caracas, 1979, S. 2090

Montilla V., Armando; La capacidad contributiva en la Constitución de 1961 y la de 1999, in: *AVDT (Hrsg.)*, V. Jornadas Venezolanas de Derecho Tributario. Aspectos Tributarios en la Constitución de 1999, Caracas, 2000, S. 59 ff

Moreno de Rivas, Aurora; El Estado de Derecho y el Principio de Legalidad Tributaria, in: *AVDT (Hrsg.)*, II. Jornadas Venezolanas de Derecho Tributario. Caracas, 1987, S. 33

Morlok, Martin; Kommentierung des Artikels 140 GG (insbesondere Art. 137 WRV), in: *Dreier, Horst (Hrsg.)*, Grundgesetz. Kommentar, Bd. III, Tübingen, 2000

Münch, F.; Einführung in die Verfassungsvergleichung, ZaöVR 33, 1973, S. 126

v. Münch, Eva M.; Ehe und Familie, in: *Benda, Ernst/ Maihofer, Werner/ Vogel, Hans-Jochen (Hrsg.)*, Handbuch des Verfassungsrechts, 2. Aufl. (Studienausgabe Teil 1), Berlin/ New York, 1995, S. 293 ff

Murswiek, Dietrich; Kommentierung des Artikels 2 GG, in: *Sachs, Michael (Hrsg.)*, Grundgesetz. Kommentar, 3. Aufl., München, 2003

Naveira de Casanova, Gustavo J.; El principio de no confiscatoriedad –Estudio en España y Argentina-, Madrid, 1997

Netzler, Andreas; Familie chancengleich leben: Was sollte der Familienlasten-, Risiko- und Leistungsausgleich leisten – und was leistet er?, in: *Jans, Bernhard/ Zimmermann, Georg*, Familienlastenausgleich? Plädoyers für eine gerechte Familienpolitik, Grafschaft, 1996, S. 45 ff

Nierhaus, Michael; Kommentierung des Artikels 28 GG, in: *Sachs, Michael (Hrsg.)*, Grundgesetz. Kommentar, 3. Aufl., München, 2003

Octavio, José A.; Los *elementos fundamentales* del Impuesto sobre la Renta en la Ley del 16 de Diciembre de 1966 (=UCV, Facultad de Derecho, Colección Trabajos de Ascenso Nr. 1) (UCV-Habil.), Caracas, 1971

Octavio, José A.; Comentarios al *Código Orgánico Tributario 1994*, in: *AVDT (Hrsg.)*, Comentarios al Código Orgánico Tributario 1994, Caracas, 1995, S. 7 ff

Octavio, José A.; Comentarios Analíticos al *Código Orgánico Tributario*, Colección Textos Legislativos N° 17, Caracas, *1998*

Octavio, José A.; El *Derecho Tributario* venezolano, in: *AVDT (Hrsg.)*, Temas Tributarios. Compilación de estudios y sentencias publicadas en las Revistas de Derecho Tributario N° 1 a la 50, Caracas, 1999, S. 277 ff

Octavio, José A.; Las *garantías constitucionales* ante la presión del conjunto de tributos que recaen sobre el sujeto contribuyente, in: *AVDT (Hrsg.)*, Temas Tributarios. Compilación de estudios y sentencias publicadas en las Revistas de Derecho Tributario N° 1 a la 50, Caracas, 1999, S. 423 ff

Octavio, José A.; *Principios* del Derecho Tributario Venezolano (=Discurso y Trabajo de incorporación a la Académia de Ciencias Políticas y Sociales) (ACPS - Aufnahmevortrag und Arbeit) , Caracas, 2002

Octavio, José A.; Origen y Orientación del *Código Orgánico Tributario* de *2001*, RDT 94, Caracas, 2002, S. 75 ff

Octavio L., José A.; La *Realidad Económica* en el Derecho Tributario (=Colección Estudios Jurídicos Nr. 73), Caracas, 2000

Offerhaus, Klaus, Die Steuerreform – eine Herausforderung an den Rechtsstaat, DStZ 2000, S. 9 ff

Oropeza, Ambrosio; La Nueva Constitución Venezolana, in: *ders.*; Evolución Constitucional de nuestra República y otros textos, Caracas, 1985

Ossenbühl, Fritz; Vorrang und Vorbehalt des Gesetzes, in: *Isensee, Josef/ Kirchhof, Paul (Hrsg.)*, Handbuch des Staatsrecht der Bundesrepublik Deutschland, Bd. III, Heidelberg, 1988, S. 315 ff

Osterloh, Lerke; Gesetzesbindung und Typisierungsspielräume bei der Anwendung der Steuergesetze, Baden-Baden, 1992

Osterloh, Lerke; Kommentierung des Artikels 3 GG, in: *Sachs, Michael (Hrsg.)*, Grundgesetz. Kommentar, 3. Aufl., München, 2003

Padrón Amaré, Oswaldo; La imposición indirecta en la reforma tributaria: la justicia tributaria frente a las tendencias eficientistas en materia económica, RDT Nr. 51, Caracas, S. 45 ff

Palacios M., Leonardo; Marco jurídico de la tributación local en Venezuela. Una aproximación al reconocimiento y declaración constitucional de la autonomía municipal. Limitaciones directas o explícitas al Poder Tributario local, in: *PGR (Hrsg.)*, Revista de la Fundación Procuraduría, Nr. 10, Caracas, 1994, S. 319 ff

Palacios M., Leonardo; La importancia del *Código Orgánico Tributario* en el ordenamiento jurídico venezolano, RTD (UCAT) Nr.7, San Cristóbal, 1995, S. 147 ff

Palacios M., Leonardo; La *obligación tributaria*, in: *AVDT (Hrsg.)*, Comentarios al Código Orgánico Tributario 1994, Caracas, 1995, S. 31 ff

Palacios M., Leonardo; Marco jurídico de la tributación local en Venezuela: *Limitaciones* directas o explícitas al Poder Tributario Municipal, in: Tributación Municipal en Venezuela, Bd. I, Caracas, 1996, S. 26 ff

Palacios M., Leonardo; *Anotaciones* para la sinceración de la imposición general al consumo tipo valor agregado en Venezuela, RDT Nr. 61, Caracas, 1999, S. 61 ff

Palacios M., Leonardo; Fundamentos fiscales y de *hacienda pública municipal* en el marco de la constituyente, in: *AVDT (Hrsg.)*, Homenaje a José Andrés Octavio, Caracas, 1999, S. 185 ff

Palacios M., Leonardo; Derechos Humanos y Tributación, in: *ILADT (Hrsg.)*; Anais das XX Jornadas do ILADT - Tema 1 Derechos Humanos y Tributación -, Salvador / Bahia, 2000, S. 469 ff

Papier, Hans J.; Die finanzrechtlichen *Gesetzesvorbehalte* und das grundgesetzliche Demokratieprinzip, Berlin, 1973

Papier, Hans J.; Der Bestimmtheitsgrundsatz, in: *Friauf, Karl H.*; Steuerrecht und Verfassungsrecht (=DStJG Bd. 12), Köln, 1989, S. 61 ff

Papier, Hans J.; Grundgesetz und Wirtschaftsordnung, in: *Benda, Ernst/ Maihofer, Werner/ Vogel, Hans-Jochen (Hrsg.)*, Handbuch des Verfassungsrechts, 2. Aufl. (Studienausgabe Teil 1), Berlin/ New York, 1995, S. 799 ff

Papier, Hans J.; Kommentierung des Artikels 14 GG, in: *Maunz, Theodor/ Dürig, Günter (Hrsg.)*, Grundgesetz. Kommentar, Loseblattsammlung, München, Stand: 42. Lieferung, Februar, 2003

Parra P., Jaime; Comentarios al *Código Orgánico Tributario*, Caracas, 1983

Parra P., Jaime; La *armonización tributaria* en el marco del Derecho Tributario Venezolano y la Integración Andina, RDT Nr. 53, Caracas, 1991, S. 25 ff

Pérez L., Gonzalo; La Actividad Normativa de la Administración, RDP Nr. 1, Caracas, 1980, S. 19 ff

Pieroth, Bodo; Die neuere Rechtsprechung des Bundesverfassungsgerichts zum Grundsatz des *Vertrauensschutzes*, JZ 1990, S. 279 ff

Pieroth, Bodo; Die Missachtung gesetzter Maßstäbe durch das *Maßstäbegesetz*, NJW 2000, S. 1086 f

Pieroth, Bodo; Kommentierung der Artikel 30, 70 ff sowie 104a bis 108, in: *Jarass, Hans/ Pieroth, Bodo (Hrsg.)*, Grundgesetz für die Bundesrepublik Deutschland. Kommentar, 6. Aufl., München, 2002

Pietzcker, Jost; Zuständigkeitsordnung und Kollisionsrecht im Bundesstaat, in: *Isensee, Josef/ Kirchhof, Paul (Hrsg.)*, Handbuch des Staatsrecht der Bundesrepublik Deutschland, Bd. IV, Heidelberg, 1990, S. 693 ff

Planchart M., Gustavo; Vorwort zu: *TTPN (Hrsg.)*, Comentarios a la Constitución de la República Bolivariana de Venezuela, Caracas, 2000, S. 7 ff

Posser, Diether; Grenzen für den Steuerstaat, DStZ 1983, S. 155 ff.

Rachadell, Manuel; La Distribución del Poder Tributario entre los diversos niveles del Poder Público según la Constitución de 1999, RDA Nr. 8, Caracas, 2000, S. 179 ff

Ramírez van der Velde, Alejandro; La deslegalización que vincula el Impuesto al Valor Agregado con la legislación aduanera venezolana, in: *ACPS (Hrsg.)*; Boletín de la Academia de Ciencias Políticas y Sociales Nr. 138 (2001), Caracas, 2002, S. 469 ff

Ramírez van der Velde, Alejandro/ Baute, Pedro/ Planchart, Antonio; Análisis del Régimen Tributario en la Nueva Constitución, Caracas, 2000

Reimer, Ekkehart, Probleme der Verlängerung der Mindesthaltefristen des § 23 EStG – Zur Verfassungsmäßigkeit rückwirkender Verschärfung von Steuergesetzen, DStZ 2001, S. 725 ff

Reiß, Wolfram; Umsatzsteuer, in: *Tipke, Klaus / Lang, Joachim*, Steuerrecht, 17. Aufl., Köln, 2002, S. 553 ff

Rengeling, Hans-Werner; Gesetzgebungszuständigkeit, in: *Isensee, Josef/ Kirchhof, Paul (Hrsg.)*, Handbuch des Staatsrechts der Bundesrepublik Deutschland, Bd. IV, Heidelberg, 1990, S. 725 ff

Rey de Marulanda, Nohra; La Tributación en América Latina y el Caribe: Logros y Perspectivas, in: *SENIAT (Hrsg.)*, RPAT Nr. 2, Caracas, 1996, S. 9 ff

Rodi, Michael; Die Rechtfertigung von Steuern als Verfassungsproblem. Dargestellt am Beispiel der Gewerbesteuern (=Münchener Universitätsschriften, Reihe der Juristischen Fakultät, Bd. 101); München, 1994

Rodriguez Bereijo, A.; Los principios de la imposición en la jurisprudencia constitucional española, Revista Española de Derecho Financiero Nr. 100, 1998

Romero-Muci, Humberto; Aspectos Tributarios de la Ley Orgánica de Descentralización, Delimitación y Tranferencia de Competencias del Poder Público, in: *Brewer-Carías, Allan R. (Hrsg.)*; Leyes para la Descentralización Política de la Federación, Caracas, 1990, S. 177 ff

Romero-Muci, Humberto; Los ajustes por *Inflación* en la Ley de Impuesto sobre la Renta, Caracas, 1993

Romero-Muci, Humberto; *Jurisprudencia* tributaria municipal y la autonomía local (1936-1996), Caracas, 1997

Romero-Muci, Humberto; La Garantía de la Reserva Legal Tributaria, Deslegalización y Exceso Reglamentario: El caso de los Reglamentos de la Ley de Pilotaje, in: *AVDT (Hrsg.)*, La Administración Tributaria y los Derechos de los Contribuyentes. Libro Homenaje a la Memoria de Ilse van der Velde, Caracas, 1998

Romero-Muci, Humberto; La distribución del Poder Tributario en la nueva Constitución, in: *Carrillo B., Tomás E. (Hrsg.)*; La Tributación en la Constitución de 1999, Caracas, 2001, S. 23 ff (zugleich in RDT Nr. 89, Caracas, 2000, S. 83 ff)

Romero P., Rafael; La Reforma Tributaria. Instrumento de la Autonomía de los Estados, in: *AVDT (Hrsg.)*, III. Jornadas Venezolanas de Derecho Tributario, Caracas, 1989, S. 92 ff

Rondón de Sansó, Hildegard; Ad Imis Fundamentis. Análisis de la Constitución Venezolana de 1999 (Parte Orgánica y Sistemas), Caracas, 2002

Rozek, J.; Kommentierung des Artikels 70 GG, in: *v. Mangoldt, Hermann/ Klein, Friedrich/ Starck, Christian (Hrsg.)*, Bonner Grundgesetz. Kommentar, Bd. 2, 4. Aufl., München, 2000

Ruan S.; Gabriel; *Nueva dimensión* del derecho tributario por aplicación directa de la Constitución. Aspectos sustantivos y adjetivos, in: *AVDT (Hrsg.)*, La Administración Tributaria y los Derechos de los Contribuyentes. Libro Homenaje a la Memoria de Ilse van der Velde, Caracas, 1998, S. 2 ff

Ruan S.; Gabriel; La Tributación en la Constitución de 1999, in: *ACPS (Hrsg.)*, La Constitución de 1999 (=Ciclo de Conferencias Dictadas en la Academia de Ciencias Políticas y Sociales 3 al 11 de mayo de 2000), Caracas, 2000, S. 419 ff

Ruan S.; Gabriel; Reparto de las *Potestades Tributarias*: Introducción del Relator, in: *AVDT (Hrsg.)*, V. Jornadas Venezolanas de Derecho Tributario. Aspectos Tributarios en la Constitución de 1999, Caracas, 2000, S. 445 ff

Ruan S.; Gabriel; Las Garantías tributarias de fondo o principios sustantivos de la tributación en la Constitución de 1999, in: *Carrillo B., Tomás E. (Hrsg.)*; La Tributación en la Constitución de 1999, Caracas, 2001, S. 79 ff

Rüfner, Wolfgang; Die mittelbare Diskriminierung und die speziellen Gleichheitssätze in Art. 3 Abs. 2 und 3 GG, in: *Wendt, Rudolf/ Höfling, Wolfram/ Karpen, Ulrich/ Oldiges, Martin (Hrsg.)*, Staat, Wirtschaft, Steuern. Festschrift für Karl Heinrich Friauf zum 65. Geburtstag, Heidelberg, 1996, S. 331 ff

Rüfner, Wolfgang; Kommentierung des Artikels 3 GG, in: *Dolzer, Rudolf/ Vogel, Klaus/ Graßhof, Karin (Hrsg.)*, Bonner Kommentar zum Grundgesetz, Loseblattsammlung, Hamburg/ Heidelberg, Stand: 109. Lieferung, Dezember 2003

Sachs, Michael; Die *Gesetzesvorbehalte* der Grundrechte des Grundgesetzes, JuS 1995, S. 693 ff

Sachs, Michael; Kommentierung des Artikels 20 GG, in: *Sachs, Michael (Hrsg.)*, Grundgesetz. Kommentar, 3. Aufl., München, 2003

Salazar, María E.; La Actividad Financiera del Estado y los Recursos Públicos, *SENIAT*, Serie Ensayos Nr. 5, Caracas, 1996

Sánchez Covisa La Vigencia Temporal de la Ley en el Ordenamiento Jurídico Venezolano, Caracas, 1976

Sannwald, Rüdiger; Kommentierung der Artikel 70 und 71 GG, in: *Schmidt-Bleibtreu, Bruno/ Klein, Franz (Hrsg.)*, Kommentar zum Grundgesetz, 9. Aufl., Neuwied/ Kriftel, 1999

Santos L., Andrés/ Trujillo O., Lila; in: *AVECI (Hrsg.)*, Jurisprudencia Municipal 1969-1971, Caracas, 1972

Schmidt-Aßmann, Eberhard; Der Rechtsstaat, in: *Isensee, Josef /Kirchhof, Paul (Hrsg.)*, Handbuch des Staatsrechts der Bundesrepublik Deutschland, Bd. II, 3. Aufl., Heidelberg, 2004, S. 541 ff

Schmitt-Kammler, Arnulf; Kommentierung des Artikels 6 GG, in: *Sachs, Michael (Hrsg.)*, Grundgesetz. Kommentar, 3. Aufl., München, 2003

Schnapp, Friedrich E.; Kommentierung des Artikels 20 GG, in: *v. Münch, Ingo/ Kunig, Philip (Hrsg.);* Grundgesetz-Kommentar, Bd. 2, 5. Aufl., München, 2001

Scholz, Rupert; Steuerstaat und Rechtsstaat, in: *Isensee, Josef/ Lecheler, Helmut (Hrsg.)*, Freiheit und Eigentum, Festschrift für Walter Leisner zum 70. Geburtstag, Berlin, 1999, S. 797 ff

Scholz, Rupert; Kommentierung des Artikels 12 GG, in: *Maunz, Theodor/ Dürig, Günter (Hrsg.)*, Grundgesetz. Kommentar, Loseblattsammlung, München, Stand: 42. Lieferung, Februar, 2003

Schulze-Fielitz, Helmuth; Kommentierung des Artikels 20 GG (Rechtsstaat), in *Dreier, Horst (Hrsg.)*, Grundgesetz Kommentar, Bd. II, Tübingen, 1998

Schwarz, Kyrill-A.; Kommentierung des Artikels 106 GG, in: *v. Mangoldt, Hermann/ Klein, Friedrich/ Starck, Christian,* Bonner Grundgesetz. Kommentar, Bd. 3, 4. Aufl., München, 2001

Schwenke, Michael, Rückwirkung von Gesetzen und Vertrauensschutz im Lichte der aktuellen Steuerreformdiskussion, FR 97, S. 45 ff

Shaw, Luis J.; Las Tasas y los Precios del Estado. Informe del Relator General, XV. Jornadas Latinoamericanas de Derecho Tributario, Caracas, 1991

Seer, Roman; Ehegattensplitting als typisiertes Realsplitting, in: *Drenseck, Walter / Seer, Roman (Hrsg.)*, Festschrift für Heinrich Wilhelm Kruse zum 70. Geburtstag, Köln, 2001, S. 357 ff

Selmer, Peter; *Steuerinterventionismus* und Verfassungsrecht (=Schriften zum Wirtschaftsverfassungs- und Wirtschaftsverwaltungsrecht, Bd. 3), Frankfurt a. M., 1972

Selmer, Peter; *Finanzordnung* und Grundgesetz. Die Rechtsprechung des Bundesverfassungsgerichts in Finanz- und Steuersachen, AöR 101, 1976, S. 240 f

SENIAT (Hrsg.); Compilación Doctrinal, Bände I und II, Caracas, 1996

SENIAT (Hrsg.); Incentivos en Materia Tributaria, Caracas, 1996

Siekmann, Helmut; Vorbemerkungen zu X. Abschnitt und Kommentierung des Artikels 105 GG, in: *Sachs, Michael (Hrsg.)*, Grundgesetz. Kommentar, 3. Aufl., München, 2003

Sobota, Katharina; Das Prinzip Rechtsstaat. Verfassungs- und verwaltungsrechtliche Aspekte (=Jus Publicum, Bd. 22), Tübingen, 1997

Spindler, Wolfgang, Verfassungsrechtliche Grenzen einer Rückwirkung von Steuergesetzen, DStR 1998, S. 953 ff

Spindler, Wolfgang, Vertrauensschutz im Steuerrecht, DStR 2001, S. 725 ff

Spisso, Rodolfo; Derecho Constitucional Tributario, Buenos Aires, 1993

Starck, Christian; Die Bundesstaatlichkeit im Spiegel der Finanzverfassung, StuW 1974, S. 271 ff

Starck, Christian; Kommentierung des Artikels 2 GG, in: *v. Mangoldt, Hermann/ Klein, Friedrich/ Starck, Christian (Hrsg.)*, Bonner Grundgesetz. Kommentar, Bd. 1, 4. Aufl., München, 1999

Stehr Michael; Gesetzgebungskompetenzen im Bundesstaat. Ein Beitrag zur Reform des Föderalismus und zur Stärkung der Landesparlamente (Diss.), Hannover, 2001

Stern, Klaus; Das Staatsrecht der Bundesrepublik Deutschland, *Bd. I*, 2. Aufl., München, 1984

Stern, Klaus; Das Staatsrecht der Bundesrepublik Deutschland, *Bd. II*, München, 1980

Stettner, Rupert; Kommentierung des Artikels 71 GG, in: *Dreier, Horst (Hrsg.)*, Grundgesetz. Kommentar, Bd. II, Tübingen, 1998

Strahl, Martin; Die typisierende Betrachtungsweise im Steuerrecht (=Schriftenreihe des Kölner Steuerdialogs, Bd. 2), Köln, 1996

Stüsser, Jörg; Die Rückwirkung in der Rechtsprechung des Bundesverfassungsgerichts, JURA 1999, S. 545 ff

Tettinger, Peter J.; Kommentierung des Artikels 28 GG, in: *v. Mangoldt, Hermann/ Klein, Friedrich/ Starck, Christian (Hrsg.)*, Bonner Grundgesetz. Kommentar, Bd. 2, 4. Aufl., München, 2000

Tipke, Klaus; *Steuergerechtigkeit* in Theorie und Praxis, Köln, 1981

Tipke, Klaus; Die Steuerrechtsordnung, *Bd. III*, Köln, 1993

Tipke, Klaus; Vom Konglomerat herkömmlicher Steuern zum System gerechter Steuern, BB 1994, S. 437 ff

Tipke, Klaus; Über die Einheit der Steuerrechtsordnung, in: *Wendt, Rudolf/ Höfling, Wolfram/ Karpen, Ulrich/ Oldiges, Martin (Hrsg.)*, Staat, Wirtschaft, Steuern. Festschrift für Karl Heinrich Friauf zum 65. Geburtstag, Heidelberg, 1996, S. 741 ff

Tipke, Klaus; Die *Steuerrechtsordnung, Bd. I*, 2. Aufl., Köln, 2000

Tipke, Klaus; Die *Steuerrechtsordnung, Bd. II*, 2. Aufl., Köln, 2003

Tipke, Klaus/ Lang, Joachim; Steuerrecht, 17. Aufl., Köln, 2002

Torres N., Manuel; El Principio de Legalidad y las Actividades Gravadas por el Impuesto de Patente de Industria y Comercio, RDT Nr. 69, Caracas, 1995, S. 17 ff

Trantas, Georgios; Die Anwendung der Rechtsvergleichung bei der Untersuchung des öffentlichen Rechts, Dresden, 1998

Unruh, Peter; Der Verfassungsbegriffs des Grundgesetzes. Eine verfassungstheoretische Rekonstruktion (=Jus Publicum, Bd. 82), Tübingen, 2002

Valdés C., Ramón; Instituciones de Derecho Tributario, Buenos Aires, 1992

Valdés C., Ramón; Curso de Derecho Tributario, 2. Aufl., Santa Fe de Bogotá, 1996

Valdivieso A., Edna; El programa constitucional tributario en el marco de la jurisprudencia de la Corte Suprema de Justicia, in: *AVDT (Hrsg.)*, Homenaje a José Andrés Octavio, Caracas, 1999, S. 423 ff

Vallenilla T., Moisés/ Malavé V., Pedro/ Franquiz D., Víctor/ Salcedo A., Gustavo; El Régimen Tributario Constitucional in: *TTPN (Hrsg.)*; Comentarios a la Constitución de la República Bolivariana de Venezuela, Caracas, 2000

van der Velde Hedderich, Ilse; Un Tema sobre Tributación Municipal, in: *AVDT (Hrsg.)*, In Memoriam: Ilse van der Velde Hedderich, Caracas, 2001, S. 171 ff

Vidal H., Enrique; El modelo de Código Tributario para América Latina y la necesidad de su actualización, in: *PGR (Hrsg.)*, Revista de la Fundación Procuraduría, Nr. 9, Caracas, 1994, S. 299 ff

Vigilanza G., Adriana; El poder tributario antes y después de la Constitución de 1999, in: *AVDT (Hrsg.)*, V. Jornadas Venezolanas de Derecho Tributario. Aspectos Tributarios en la Constitución de 1999, Caracas, 2000, S. 239 ff

Villegas, Humberto; Curso de Finanzas. Derecho Financiero y Tributario, Buenos Aires, 1980

Vogel, Hans-Jochen; Die bundesstaatliche Ordnung des Grundgesetzes, in: *Benda, Ernst/ Maihofer, Werner/ Vogel, Hans-Jochen (Hrsg.)*, Handbuch des Verfassungsrechts, 2. Aufl. (Studienausgabe Teil 2), Berlin/ New York, 1995, 1041 ff

Vogel, Klaus; *Gesetzgeber* und Verwaltung, VVDStRL Heft 24, Berlin, 1966, S. 125 ff

Vogel, Klaus; *Steuergerechtigkeit* und soziale Gestaltung (DStZ/A 1975, S. 409 ff), abgedrückt in: *Vogel, Klaus (Kirchhof, Paul, Hrsg.)*, Der offene Finanz- und Steuerstaat. Ausgewählte Schriften 1964 bis 1990, 1991, S. 495 ff

Vogel, Klaus; Die *Besonderheit* des Steuerrechts, DStZ/A 1977, S. 5 ff

Vogel, Klaus; Diskussionsbeitrag. Aussprache. Besteuerung und Eigentum in: *VVDStRL 39*, Berlin/ New York, 1981, S. 414 f

Vogel, Klaus; *Rechtfertigung* der Steuern: Eine vergessene Vorfrage, in: Der Staat, Bd. 25, 1986, S. 481 ff

Vogel, Klaus; Der Finanz und *Steuerstaat*, in: *Isensee, Josef/ Kirchhof, Paul (Hrsg.)*, Handbuch des Staatsrechts der Bundesrepublik Deutschland, Bd. I, 2. unveränderte Aufl., Heidelberg, 1995, S. 1151 ff

Vogel, Klaus; Das ungeschriebene Finanzrecht des Grundgesetzes, in: *Selmer, Peter/ von Münch, Ingo (Hrsg.)*, Gedächtnisschrift für Wolfgang Martens, Berlin, New York, 1987, S. 265 ff

Vogel, Klaus; Der Verlust des Rechtsgedankens im Steuerrecht als Herausforderung an das Verfassungsrecht, in: *Friauf, Karl H. (Hrsg.)*, Steuerrecht und Verfassungsrecht (=Deutsche Steuerjuristische Gesellschaft, Bd. 12), Köln, 1989, S. 123 ff

Vogel, Klaus; Diskussionsbeitrag. Aussprache. Der Gleichheitssatz, in: *VVDStRL 47*, Berlin, New York, 1989, S. 64 ff

Vogel, Klaus; Grundzüge des *Finanzrechts* des Grundgesetzes, in: *Isensee, Josef/ Kirchhof, Paul (Hrsg.)*, Handbuch des Staatsrechts der Bundesrepublik Deutschland, Bd. IV, Heidelberg, 1990, S. 3 ff

Vogel, Klaus; Gesetzesvorbehalt, Parlamentsvorbehalt und völkerrechtliche Verträge, in: *Badura, Peter/ Scholz, Rupert (Hrsg.)*, Wege und Verfahren des Verfassungslebens. Festschrift für Peter Lerche zum 65. Geburtstag, München, 1993, S. 95 ff

Vogel, Klaus; Zur Auslegung des Artikels 106 Grundgesetz, in: *Lang, Joachim (Hrsg.)*, Die Steuerrechtsordnung in der Diskussion, Festschrift für Klaus Tipke zum 70. Geburtstag, Köln, 1995, S. 93 ff

Vogel, Klaus; Vom Eigentums- zum *Vermögensschutz* – eine Erwiderung, NJW 1996, S. 1257 ff

Vogel, Klaus; Besteuerung fiktiver Einkünfte, in: *Wendt, Rudolf/ Höfling, Wolfram/ Karpen, Ulrich/ Oldiges, Martin (Hrsg.)*, Staat, Wirtschaft, Steuern. Festschrift für Karl Heinrich Friauf zum 65. Geburtstag, Heidelberg, 1996, S. 825 ff

Vogel, Klaus; Die Steuergewalt und ihre Grenzen, in: *Badura, Peter/ Dreier, Horst (Hrsg.)*, Festschrift 50 Jahre Bundesverfassungsgericht, Bd. II, Tübingen, 2001, S. 527 ff

Vogel, Klaus/ Waldhoff, Christian; Grundlagen des Finanzverfassungsrechts. Sonderausgabe des Bonner Kommentars zum Grundgesetz (Vorbemerkungen zu Art. 104a bis 115 GG), Heidelberg, 1999

Vogel, Klaus/ Walter, Hannfried; Kommentierung des Artikels 105 GG, in: Bonner Kommentar zum Grundgesetz, Loseblattsammlung, Hamburg/ Heidelberg, Stand: 1971 (Zweitbearbeitung)

Wacke, Gerhard; Das Finanzwesen der Bundesrepublik. Die Einwirkung der Finanzfunktion auf Gesetzgebung, Verwaltung und Rechtsprechung im Bonner Grundgesetz (=Beihefte zur Deutschen Rechtszeitschrift 13), Tübingen, 1950

Waldhoff, Christian.; Verfassungsrechtliche *Vorgaben* für die Steuergesetzgebung im Vergleich Deutschland-Schweiz, München, 1997

Waldhoff, Christian.; Reformperspektiven der *Bundesstaatlichen Finanzverfassung* im gestuften Verfahren, ZG 2000, S. 193 ff

Weber, Harald/ Crezelius, Georg; Die Rechtsprechung des Bundesverfassungsgerichts zum Verhältnis von Art. 12 GG und Besteuerung, in: *Wilke, Dieter/ Weber, Harald (Hrsg.)*, Gedächtnisschrift für Friedrich Klein, München, 1977, S. 542 ff

Weber-Grellet, Heinrich; Die Bedeutung der Rechtsnatur des *Steuerrechts* für dessen Anwendung und Auslegung, StuW 1993, S. 97 ff

Weber-Grellet, Heinrich; Der Steuerstaat – Inhalt und Grenzen, in: *Düwell, Franz J. (Hrsg. im Auftrag der Arnold-Freymuth-Gesellschaft)*; Anwalt des Rechtsstaates, Festschrift für Diether Posser zum 75. Geburtstag, Köln, Berlin, Bonn, München, 1997, S. 395 ff

Weber-Grellet, Heinrich; Steuern im modernen *Verfassungsstaat* –Funktionen, Prinzipien und Strukturen des Steuerstaats und des Steuerrechts -, Köln, 2001

Wendt, Rudolf, Finanzhoheit und Finanzausgleich, in: *Isensee, Josef/ Kirchhof, Paul (Hrsg.)*; Handbuch des Staatsrechts der Bundesrepublik Deutschland, Bd. IV, Heidelberg, 1990, S. 1021 ff

Wendt, Rudolf; Kommentierung des Artikels 14 GG, in: *Sachs, Michael (Hrsg.)*, Grundgesetz. Kommentar, 3. Aufl., München, 2003

Wermeckes, Bernd, Das Steuerentlastungsgesetz 1999/2000/2002 und dessen rückwirkende Änderung des EStG im Lichte des Verfassungsrechts – Zur verfassungsrechtlichen Zulässigkeit rückwirkender Steuergesetze -, DStZ 1999, S. 479 ff

Wernicke, Kurt G.; Vorbemerkungen zu Artikeln 1-19 GG, in: *Dolzer, Rudolf/ Vogel, Klaus/ Graßhof, Karin (Hrsg.)*, Bonner Kommentar zum Grundgesetz, Loseblattsammlung, Hamburg/ Heidelberg, Stand: 109. Lieferung, Dezember 2003

Wernsmann, R., Grundfälle zur verfassungsrechtlichen Zulässigkeit rückwirkender Gesetze, JuS 2000, S. 39 ff

Würtenberger, Thomas; Zu den Wurzeln des Rechtsstaats in Deutschland, in *Rill, Bernd (Hrsg. in Auftrag der Hanns-Seidl-Stiftung)*, Fünfzig Jahre freiheitlich- demokratischer Rechtsstaat. Vom Rechtsstaat zum Rechtswegestaat, Baden Baden, 1999

Zacher, Hans F.; Das soziale Staatsziel, in: *Isensee, Josef/ Kirchhof, Paul (Hrsg.)*, Handbuch des Staatsrechts der Bundesrepublik Deutschland, Bd. I, 2. unveränderte Aufl., Heidelberg, 1995, S. 1045 ff

Zippelius, Reinhold; Juristische Methodenlehre, 8. Aufl. München, 2003

Zippelius, Reinhold; Kommentierung des Artikels 1 Absatz 1 GG, in: *Dolzer, Rudolf/ Vogel, Klaus/ Graßhof, Karin (Hrsg.)*, Bonner Kommentar zum Grundgesetz, Loseblattsammlung, Hamburg/ Heidelberg, Stand: 109. Lieferung, Dezember 2003

Zweigert, Konrad/ Kötz, Hein; Einführung in die Rechtsvergleichung auf dem Gebiete des Privatrechts, 3. Auflage, Tübingen, 1996

Peter Lang · Europäischer Verlag der Wissenschaften

René Schäfer

Vergleich der steuerlichen Belastung verschiedener Strukturen eines internationalen Unternehmens mit Spitzeneinheit in Deutschland und Grundeinheit in Frankreich

Betrachtung eines mittelständischen gewerblichen Unternehmens

Frankfurt am Main, Berlin, Bern, Bruxelles, New York, Oxford, Wien, 2004.
CLXXXVI, 336 S., 7 Abb., zahlr. Tab.
Europäische Hochschulschriften: Reihe 5, Volks- und Betriebswirtschaft. Bd. 3033
ISBN 3-631-51903-6 · br. € 79.50*

Die Internationalisierung der Unternehmenstätigkeit betrifft in zunehmendem Maße auch den Mittelstand. Die Arbeit greift diesen Internationalisierungsprozess auf und betrachtet den Fall einer Direktinvestition durch ein mittelständisches deutsches Unternehmen in Frankreich unter steuerlichen Gesichtspunkten. Diesbezüglich werden zunächst Grundlagen des französischen Gesellschafts- und Steuerrechts aus der Sicht eines deutschen Investors dargestellt. Anschließend erfolgt eine Analyse der Besteuerungswirkungen verschiedener grenzüberschreitender Unternehmensstrukturen hinsichtlich der Aufnahme und der Ausübung ihrer Tätigkeit in Frankreich. Zum Abschluss ergänzt ein detaillierter Steuerbelastungsvergleich in Form einer kasuistischen Veranlagungssimulation grundlegende qualitative Untersuchungen durch quantitative Aspekte und liefert dem potenziellen Investor eine wertvolle Entscheidungshilfe.

Aus dem Inhalt: Grundlagen des französischen Gesellschafts- und Steuerrechts aus Sicht eines deutschen Investors · Analyse der Besteuerung der Aufnahme und der Ausübung der grenzüberschreitenden Tätigkeit eines mittelständischen deutschen Unternehmens in Frankreich · Qualitativer und quantitativer Vergleich der steuerlichen Belastung verschiedener deutsch-französischer Unternehmensstrukturen

FSC
www.fsc.org
MIX
Papier | Fördert gute Waldnutzung
FSC® C083411

Kolibri 360 GmbH
Ferdinand-Jühlke-Straße 7
99095 Erfurt, Deutschland
produktsicherheit@kolibri360.de

Druck:
CPI Druckdienstleistungen GmbH
im Auftrag der
Kolibri 360 GmbH
Ferdinand-Jühlke-Str. 7
99095 Erfurt